图为作者在复旦大学上课的情景

汉语与中国文化

（修订本）

申小龙 著

通识教育·名校 名师 名课系列

Hanyuyu Zhongguoenhua

复旦大學出版社

目　录

新版前言

希腊语中有一个词:barbro,它既指野蛮人,也指不会说话的人。在希腊人眼里,语言是文明的标志。

汉语中有一个字:仁,它用“二人”的结构表示人的本质,所谓“人者,仁也”(《孟子·尽心下》),表明人在与他人的关系中存在;古人又说:“言谈者,仁之文也”(《礼记正义·儒行》),表明人的社会存在的表征是语言,所以说“人之所以为人者,言也”(《春秋穀梁传》)。语言是所有人类活动中最足以表现人和人性的特点的,同时它又直接塑造了人的文化心理。

伽达默尔在《文化与词》中曾经说过,动物依靠自身的体气或撒下的便溺来辨认自己的来路,人却通过语言来辨认自己的来路,一个人是这样,一个社团、一个民族都是这样。人和动物的根本区别就是人对环境认知的符号化能力,动物只有环境,而人却在对环境的符号化认知中获得了一个世界。正是这个符号世界使人类得以超越其他动物,建构文化模式,又使文化得以在漫长的年代与广阔的地理空间传播于人际和代际。

语言与文化，是人类思想史上一个古老而又年轻的课题。在当代人文科学研究中，语言的文化功能正受到越来越广泛、深入的关注。上个世纪80年代，复旦大学的张世禄、郭绍虞、陈望道等先生不约而同提出了汉语研究的民族文化属性的问题，紧接着中国文化语言学在复旦大学兴起，我们一些文史哲的博士、硕士的研究在海内外学术界引起强烈的反响。我最近收到的一本欧洲学者的德语专著，书名就是《中文的中文性研究——申小龙与文化语言学》。而文化语言学的课程也自90年代初进入复旦的本科教学，开始是中文系的课程，后来“语言与文化”成为全校的公选课。这门课在复旦大学已经讲授了十年二十个学期，是复旦大学最受学生欢迎的公共选修课之一。

《汉语与中国文化》是“语言与文化”课的教材。作为一门综合教育课程，这门课的教学采用了“两条腿走路”即理论探讨与现象分析并举的方法，理论探讨以本教材的阅读为主，现象分析以课堂讲授为主，沟通两者的是学生们在课后大量的电子邮件交流和课堂热烈的讨论。多年的教学已经形成了这样一个传统，即每次课后都会有众多来自听课同学的电子邮件，交流听课和阅读教材的感想、心得和疑问，这些邮件在课堂上交流后，形成了同学之间、师生之间充分的互动。曾听一位同学说：“上星期五我带了一个外校的同学一起来听语言与文化课，他对我们课上的Email交流之热烈感到非常惊讶，并称在他们学校这样主动的师生交流几乎是不可想象的。虽然他也就读于沪上知名的大学，却忍不住由衷地感叹两所学校学习氛围的差异。我想正是由于老师为我们这堂课设置了一个轻松的、平易近人的基调，没有令人望而却步的理论灌输，艰涩的专业术语，才使得同学们能积极地表达自己的真实想法。”

也就是通过这种形式，一届届复旦学生为这门课补充了大量生动的材料和观点,我也在编写大纲和讲义时,从自己历年撰写的有关文化语言学的论文和著作中吸收适合讲授的相关内容,并在讲课中不断修改补充。因此,这门课每个学期的内容都在不断增删中,以致同一个寝室先后选课的同学在课后的议论中总会发现这门课又有了新内容。不少听过这门课的同学,会在新的学期又来听课。

本书虽然是一本教材,但它的内容一定会使熟悉汉语汉字研究、语言学研究和人文科学研究的人们感到新鲜。看过此教材,读者会对在语言文字尤其是汉语汉字的问题上集中了中西文化和学术的最为根本的精神差异印象深刻,但正如德国学者洪堡特所说:“各种语言的确把民族分割开来,但语言之所以这样做,只是为了以一种更深在、更美妙的方式将各个民族重新更为紧密地系结在一起。”也就是说,当研究者置身于充分对立的差异之中,又用更高层次的统一性来理解和融合这种差异,此时,“差异便是同一,分离即是共有”。

一位同学告诉我:“第一次上语言与文化的课前,就听到旁边的一位同学对另一位同学说:‘这课很好的!我宿舍有人上过,回来说无论最后给多少分都值得来听!’”一位04级的同学说:“人文学科的魅力就在于此,它的吸引对象是以思想的水平和层次划分的,而不是按专业划分的。无论是学什么专业,只要有一颗感悟的心,都不会认为这种‘温暖的’探求与己无关。”语言与文化的确是温暖的,因为它无论在哪一个时空中变异,都是我们的精神家园。

引言：语言的人文性与汉语的人文性

一

20世纪80年代中期，我在进行博士学位论文《〈左传〉句型研究》的准备工作的时候，首次提出了“汉语人文性”的理论，并把它作为中国文化语言学的理论核心。我80年代撰写和出版的著作《中国语言的结构与人文精神》、《中国句型文化》、《人文精神，还是科学主义？》、《汉语人文精神论》，都是紧紧围绕“汉语人文性”这一核心的。这一理论在学术界、教育界都引起了强烈的反响和深入持久的论争。

“汉语人文性”思想具有两层涵义。

（一）人类各民族的语言，不仅仅是一个符号体系或交际工具，还是该民族认识、阐释世界的一个意义体系和价值体系。无论东方还是西方，语言都是一个民族看待世界的一种样式，都是“所有人类活动中最足以表现人的特点的”，是“打开人们心灵深处的钥匙"[①]。因而,人文性是语言的本质属性。

(二)与西方语言相比较,汉语的人文性尤为突出。汉民族从不把语言仅仅看作一个客观、静止、孤立、在形式上自足的对象。而把语言看作一个人参与其中、与人文环境互为观照、动态的、内容上自足的表达与阐释过程。正因为如此,在汉语的分析和理解中,人的主体意识有更多的积极参与。如果说西方语言是思维客体化的产物,那么汉语是思维主体化的产物。汉语的理解和分析,必须着眼于它的主体意识、语言环境、事理逻辑、表达功能、语义内涵,这与形式上自足的西方语言有很大的不同。前者是以神统形,后者是以形摄神。中西语言的这种区别,就好像中西哲学同样是智慧的学问,而中国哲学在提高境界上特别突出一样。王力先生曾说汉语是一种"人治"的语言,西方语言是一种"法治"的语言;黎锦熙先生曾说汉语"偏重心理,略于形式";郭绍虞先生曾说汉语的语法要和修辞结合;我的导师张世禄先生曾说汉语句子的成立要素不是结构形式,而是语气;张志公先生说汉语在世界语言中具有较大的特殊性……这些前辈的意见可以说都是在中西语言的比较中看到了汉语独特的人文性。

汉语人文性思想的前提是语言结构和文化结构(主要指思维方式)之间存在着同构关系,因而对语言结构的认识有必要"文化认同",而对文化结构的认识也有必要"语言认同"。中西文化之间存在着巨大的差异,而中西语言在"现代语言学"看起来却是结构基本一致的,这是一种非常奇怪的现象。这也是我们至今说不清楚什么是汉语的"词"、"词类"、"句子"、"主语"等基本范畴的一个根本原因。而要做到中西语言的这种基本"一致",就必须把汉语从中国文化母体上剥离开来,使它成为一种没有文化生命的纯粹的工具或符号,然后放在西方语言理论中认识。20 世纪的汉语研究和语文教学的主流正是这样做的。而汉语人文性理论的产生正是出于对 20 世

① 帕默尔《语言学概论》,商务印书馆,1981 年。

纪中国学术发展的一种文化反思。我在20世纪80年代的论著中就已指出，中国现代语言学是在本世纪初引进西学的热潮中建立起来的。它有着特定的历史氛围和文化心态。当时向西方寻求教育救国、科学救国真理的语言学者们无条件地接受了19世纪西方盛行的西方文化中心论、单线进化论和实证主义，建立了一个以西方文化为顶点的学术发展序列坐标。因此，语法的西方体系化、汉字的拉丁化、修辞的辞格化等等在当时都是激动人心的汉语学科学化的里程碑。然而时隔近一个世纪，中国语言学却陷入了危机：语法学中句法和词法的基本范畴受到了普遍的怀疑，汉字的性质及其与汉语思维的独特联系正在被重新认识，语言学与其他人文学科"言语不通"，中学语文教学中的语法正在被"淡化"……凡此种种，其根本症结即在于中国现代语言学把汉语仅仅看作一个单纯的工具或符号系统，忽视了汉语深厚的文化历史积淀和独特的文化心理特征，而它对汉语这个符号系统的设计，又是基本上仿照印欧语的结构蓝图。隐藏在这种设计行为之后的是一种强烈的科学主义意识，即认为只有自然科学才是知识，只有知识才能谈真与假的问题，于是具有浓郁的人文主义精神的中国语文传统在近代学者眼里失去了价值，中国现代语言学的目标就是走形式化、精确化的道路。而这条道路既然西方人走在前面，我们努力模仿并日益使之精致完善就是天经地义的。殊不知这样一种研究思路距离汉语的特点甚远，距离中国人的实际语感甚远。因为说到底，语言的本质属性是其人文性。在我们致力于克服汉语分析中缺少形式化、精确性的科学形态的同时，如果对汉语的人文内涵和人文精神施行彻底决裂，最终只能使汉语学成为游离于汉族人语文感受之外的一种理性形态，造成整个学科的僵化与滞后。

"汉语人文性"思想提出后，如一石激起千层浪，国内外汉语学界对此展开了激烈的论争。尤其在北京大学英语系高一虹教授主持翻译出版英文版 *Collected Essays of Shen Xiaolong on Chinese Cultural Linguistics*（《申小龙文化语言学论文集》）之后，国外学者发表了各种评论,著名的美国语言学家 Eugene A. Nida 认为,汉语人文性的理论把语言与文化认同是完全错误的。语言只是传达文化的一种必不可少的工具,只反映文化,语言与文化没有共同的基本精神。人类各民族文化的 90% 是相同的。美国学者 Chu. Chauncey C.(屈承熹)认为,说汉语结构是汉文化的产物,恐怕只是主观的想象而已。澳大利亚学者 Edward McDonald 认为,把汉语结构的特点直接对应于文化的某些特征,这已超出了语言分析力所能及的范围。"申小龙对现有基于结构分析的汉语语法理论的批评是中肯的,但他过分强调了民族精神对语法的影响。"Edward McDonald 引用我的一段话:"我们在心理时间流和物理空间体这一根本差异上把握中西文化不同的精神与风格、样态,就能科学地认定中西语言组织的不同构造,从而选择与之相应的分析方法",他指出:

> 这种分析路子是先在文化中找到某些"主题",然后应用于语言的分析……与申小龙的结论相比,美国人类语言学家 Charles Hookett 的观点似更加理智:"研究不同的人类共同体(许多人种学家将它们称作'不同的文化')时,我们发现它们之间有同也有异。同其他事物一样,语言模式也存在群体间的差异。尽管过去半个世纪中人类学家做了大量工作,然而可以用来衡量这些差异的适宜标准仍寥寥无几,可以用来指导'文化'整体或文化特定阶段分类的合理原则仍寥寥无几。……因此,对言语模式和其他行为模式关系的研究往往仅是印象式的。"①

Edward McDonald 认为 Hookett 这位美国结构主义语言学家对发现语言和文化之间的客观联系抱悲观态度,而申小龙所做的工作,正是美国人类学和语言学家 Benjamin Lee Whorf 所做的工作,Hooket 将之概括为:

---

① 见 Edward McDonald《"中国文化语言学"和汉语的本质:中国国情的新表现?》,《北方论丛》1995 年第 4 期。

……力图发现某种联系，这种联系并不是存在于词汇与构成群体生活环境的事物、活动之间，而是存在于语言的一般语法、语义模式与现在可称之为共同体文化的“主题”之间。

McDonald 认为“这一描述相当准确地概括了申小龙在做的事，尽管他注意的是‘高级’文化不同方面之间的联系，而非 Whorf 讨论的通俗文化中也普遍存在的‘世界观’”。McDonald 认为由语言的语音、语法、语义到文化是一个遥远的距离。语言系统首先表现出不同的功能用途（语域），其后表现出不同的记事程式（体裁），再后表现出言语共同体中人们不同的观念（意识形态），最后才到达可供表达之意义的宏观情境。因此，他认为我“坚持将语言等同于文化的做法，只能解释为对爱国心愿的满足，即直接置汉语于汉文化的中心，使其‘免疫’于外表的分析或可能的批评”。

Edward McDonald 将我的“汉语人文性”理论与 B. L. Whorf 的“语言相对性”假说联系起来。所谓“相对性”在我看来就是多元化。一般人们总是认定人类的认识过程有一种共同的逻辑结构，这种共性的认知结构先于语言而存在，独立于语言而起作用。然而 Whorf 的导师、美国人类学、语言学家 Edward Sapir 就指出，与其说人类生活在客观世界、社会活动之中，不如说人类更大程度是生活在特定的语言之中。如果以为一个人可以不运用语言而使自己基本上适应现实，那是错觉，因为“现实世界”是建立在语言之上的。Whorf 则进一步认为语言体系本身决定了一个人在世界上发现什么以及对此有何想法。由于各民族语言体系不同，导致不同的语言集团有各自特定的思想和认知方式，有根本不同的世界观。美国理论生物学家、一般系统论的创立者 L. Von. Bertalanffy 在《一般系统论》一书中专章讨论“范畴对语言因素的依存性”这个“沃尔夫命题”。他指出，语言决定认知范畴的思想不是某个有点放肆的人的孤立之语，而是认识过程中修正的一个部分，是自 19 世纪 Karl Wilhelm Von Humboldt 以来发展起来的文化相对论的总概念的一部分。它的基础是有力的现代思维潮流,可以从哲学和生物学找到来源。1993年我在《光明日报》就发表文章指出:

语言与文化的关系,是人类思想史上一个古老而常新的课题。人类几乎从它诞生的第一天起就思索着自己与语言的不解之缘,并在语言的规范下创造和传承着不朽的文化。然而以往人们谈论语言与文化的关系多限于词汇的层面。早期人种语言学的工作就是为一种文化内容中各方面的相对比重给出词汇指数。这种浅层的对应使一些有追求的人类学家断然否认语言与文化的关系,因为语言的本质在于其结构系统,语言与文化的本质联系应在于它们内在形式格局的一致性。为这个"结构"难题打开经验视界的是美国人类语言学者沃尔夫。他对美洲印第安霍比语的研究证明,霍比族的文化和环境塑造了霍比语言的型式,反过来,它们又为霍比语言的型式所塑造,从而逐渐地形成了霍比的世界观。沃尔夫由此认为,语言的体系性决定了它对文化发展的内在建构形式具有权威性。作为中国的语言学者,我深感"沃尔夫假说"的挑战意义。

汉语与中国文化的结构通约,对于在印欧系语言理论和汉语事实的百年冲突中陷入困境的中国语言学,是一个时代性的课题。根据我十多年来对古代汉语和现代汉语句型系统的研究,以及近年来对汉字构形的研究,我认为汉语与中国文化之间存在着内在形式格局的一致性。

印欧语的句子组织是以动词为核心的,句中各种成分都以限定动词为中心,明确彼此关系,这种句子格局本质上反映的是西方民族焦点透视的思维方式,西方绘画的构图,其每一部分都可以通过透视线与视焦作直观的、几何学的联系。汉语的句子思维不是采用焦点透视的方法,而是采用散点透视的方法:我们的古人认为焦点透视在思维上受到很大限制。拿绘画来说，山川胜景，变化无穷：古人希望从整体上把握平远、深远与高远，以景外鸟瞰和景内走动的思路使千里之景收于一幅，因而创造了移动视点的运动透视法。这种方法与注重空间的几何布局的凝固的定点构图法不同。它不受视阈的局限，在同一个画面上画出不同视阈的景物。由于视线是流动的，转折的，便形成了节奏感。汉语句子不以某个动词为核心，而是用句读段散点展开，流动铺排，有头有尾、夹叙夹议、前因后果地表达思想。这种句子铺排之“散”，并不是一种随意而杂乱的“散”，而是“形散而神不散”。这里的“神”，就是汉语句子的表达功能和句子铺排的逻辑事理性。中西语言造句、艺术构图的不同就在于形态上的散点视与焦点视之分，过程上的动态视与静态视之别。

一般来说，西方文化注重的是自然时空，而且特别偏重空间的自然真实性。英语的句子以定式动词为核心，运用各种关系词组成关系结构的板块，前呼后拥，递相叠加，这正是一种空间型的构造。中国文化注重的是心理时空，而且特别偏重于时间。即使是空间，也常表现为流动空间，因而“搜句忌于颠倒，裁章贵于顺序”、“事乖其次则飘寓而不安”，在造句上采用句读按逻辑事理铺排的方法。这正是一种时间型的构造。如果说西方语言的句子是一种物理空间体，那么汉语句子是一种心理时间流。中西语言所表现出的在时空观上的差异，在中西艺术中也有同样表现。西方戏剧中舞台时间的结构偏重于结构上的逻辑性。它尽量使情节集中，空间的选择与转换也是以人物关系的聚合为主要目的。这是一种关系型的空间构造。中国戏曲的舞台时间结构偏重于生活本身的逻辑性、情节的自然进展。它不讲究人物关系结构的丰满度，而贵在情节的曲折多变。从系结到解结，由主情节线一贯到底。这是一种事理逻辑型的时间构造。中国古代建筑追求由空间的直观向时间的知解渗透，结构以横向排列的木构架为主,造型以横向构图为主,铺陈舒展形成层叠的序列节奏。建筑的艺术形象不在于单体的造型欣赏,而在于群体的序列推移。中国的戏剧造型不像西方的造型姿态那样通过一个个静态凝重的孤立的造型来体现人体特有的美,让观众在静穆中得到雕塑性的欣赏,而讲究在连绵协调的姿态运动中追求一种势、韵、味、境界。

汉字的结构特征同样具有文化通约性。结构主义语言学者索绪尔曾把西方语言和文字的关系经典地解释为一个人的相貌和他的照片的关系,然而他紧接着又指出:“对汉人来说,表意字和口说的词都是观念的符号;在他们看来,文字就是第二语言。”汉字是一个以形达意、与思维直接联系的独立的表意系统,因而汉字的结构系统体现出汉民族看待世界的样式。这种样式不把客观世界和思维主体对立起来,不以外部事物及其客观性质作为思维对象,而是从内在的主体意识出发,按照主体意识的评价和取向,赋予世界以某种意义。正如姜亮夫所说:“整个汉字的精神,是从人(更确切一点说,是人的身体全部)出发的。一切物质的存在,是从人的眼所见,耳所闻,手所触,鼻所嗅,舌所尝出的(而尤以‘见’为重要)。”许慎在《说文解字序》中将汉字的构形方略归纳为“仰则观象于天,俯则观法于地”、“近取诸身,远取诸物”。无论是天上之“象”还是地上之“法”,都需要人的“仰”“俯”去摄取。俯仰之际就为万物之象打上了人的印记,因而“物象”从本质上说是一种“人象”,文字的结构赋予经验以主体意识的特征,使之带有人的需要、人的态度、人的评价的色彩。汉字构形要解决的不是事实问题,而是意义问题,即客体与人的关系问题:在一些情况下,甚至不是真假问题,而是价值选择问题,即客体与人的情感需求的问题。

汉语与中国文化结构通约的研究,为中国语言学本体论和方法论的变革提供了新的范式,也使语言学与整个中国文化研究有机结合、真正成为一门人文科学。我们相信，把汉语规律的揭示建立在文化认同的科学基础上，将使中国语言学为中国的建设事业和文化事业作出贡献。世界和未来都在呼唤着作为新科学的中国文化语言学！

二

汉语人文性的思想否认人类文化发展的单线进化论，肯定不同文化之间的不可通约性。新西兰 Waikato 大学哲学系的孔宪中教授对此提出质疑。他发表文章针对我的“汉语的句子思维不是用焦点透视方法，而是采用散点透视的方法，形成独特的流水句的格局”这一观点，指出：

> 大概众人都承认这所谓流水格局是汉语文句的特征，但是否如申小龙所说，是由于认知心理和思维方法所导致呢？假如是的话，那我自己身为中国人会觉得很羞耻，因为流水格局是单纯的。①

他以汉语句子“何同礼听完了录音带便皱眉头”和它的英文翻译“Having listened to the tape, He Tongli frowned”等为例，指出英文句子由于有分词等“正面语法”，所以句法上有中心，有轻重，有起伏，汉语则把动词“平平的一串珠子般串起来”，“平铺直说，无起无伏，不分轻重”。他的结论是：“汉语缺乏正面语法，所以逼不得已，描述时要采用流水句格局。”孔宪中认为汉语的流水句格局就像新西兰一篇五岁孩子的读物中的语言“数碗数碟”；至于我所说的中国画的“散点透视”法，在他看来不过是五到十岁孩子的画图方法罢了。孔宪中说：

① 孔宪中《语法与文句的格局》，《语文建设通讯》，1990 年，第 29 页。

> 申小龙的分析汉语结构我不能同意,而且他的什么"散点透视"可能会影响到读者有满足之感,以为汉语跟西方语言,只是不同(一个是焦点透视,一个是散点透视),而无甚不足或缺陷,因而不求上进。……并非国人的认知和思维法与西方不同,而在流水句格局反映出来。反之,流水格局的文句可能会局限国人的认知和思维在流水句格局之内。……不求比较,便不知他人的东西较为优越。

孔宪中的论点就像他的语言一样,是以西方文化为标准来认识中国文化的。只要离开他的标准,我们就可以问一下:句子结构在描述事象的时候,是有"轻重"好,还是没有"轻重"好?是有"中心"深刻还是没有"中心"深刻?是形式限定有效还是形式暗示有效?汉语造句不采用单一的动词核心,将英语造句"叠床架屋"的空间关系构架化作连贯铺陈的时间事理脉络,句子的"魂"不是系于某个核心动词,而是系于各个动词实际上或逻辑上的时间顺序,系于一个个句读段随事态变化的需要首尾衔接。汉语句子中每一个句读段都是一个声气的自然单位,句读段的流动依托声气节律的轻重缓急,把复杂的事件、思想过程描绘得有声有色,简洁有力,意蕴丰润。当孔宪中强调英语"精确"的时候,他可能没有想到这种"精确"带来的"缺陷"——缺少暗示、缺少音乐性、缺少诗意;当孔宪中为中国人的"思维局限"感到"羞耻"的时候,他可能没有想到,他的"羞耻"感不过是重弹了19世纪西方文化研究中"单线进化论"的陈词滥调。

黑格尔曾说:"一种语言,假如它具有丰富的逻辑词汇,即对思维规定本身有专门的词汇,那就是它的优点;……中国语言的成就,据说还简直没有,或很少达到这种地步。"

Herder以德语为标准批评东方语言说:"东方人的感觉是混沌一片的,他们的概念是含糊不清的。"Fichte则直言不讳德语是"表达真理的语言"。

Widney称英语“覆盖面更广、更深刻、更丰富、更适合表达一个成熟的民族各种细微的思想”。他把东方语言尤其是汉语统称“蒙古语言”,认为“在民族进化中,语言和思维应步伐一致。如果不一致,如果语言落后于思维,它就会成为心理发展的障碍,蒙古语言便是这样。这些语言对于蒙古人头脑的作用就像裹足带对于他们脚的作用一样”[①]。

然而,由20世纪就从美洲人类学、语言学中发展起来的语言相对论对这种西方文化中心论、单线进化论进行了深刻的批判。著名学者Edward Sapir在谈到汉语时称汉语的结构是“Soberly logical”,认为汉语语法的逻辑性特别强,不像英语那样拖泥带水,也就是说,汉语句子结构的流水样态反映出汉族人语言思维清晰顺畅的逻辑脉络。Sapir的学生Whorf在谈到汉语的独特性时也指出:

> 我们还没有充分意识到,如果我们没有能力进入和理解其他国家兄弟的认知和情感,全世界兄弟团结合作的理想就不会实现。西方人已经通过美学和文学,对东方人的情感有了一些了解,但这还远不足以在思想之鸿沟上架起桥梁。真正东方形式的科学思想以及对自然的分析,其逻辑思维基础究竟是怎样的类型,我们仍知之甚微。这就需要对当地语言的逻辑进行语言学研究,而且必须意识到,它们的逻辑与我们自己的思维习惯有着同等的科学效力。[②](文中着重号为笔者所加)

这是何等博大的人文主义思想,与这种多元文化主义相比,国外那些说“汉语文在语构(包括语法)上有更多严重的缺陷,而这些缺陷是致命性的”学人,的确应该感到羞愧。

汉语人文性思想在国外学者中引起的论争,受到国内学术界的关注。北京大学英语系对此展开了热烈的讨论与争鸣。《北京大学

---

①② 高一虹《语言相对论:“实证性假设”与“启发性假说”》,第二届全国语言文字应用研讨会论文,1998年。

学报》、《现代外语》等刊物用中文和英文发表了北大英语系的几次讨论的详细内容。在谈到孔宪中与我的争论时,一位发言者说:"孔宪中关于'汉语缺乏语法'的观点与申小龙的观点并不冲突。孔宪中使用'语法'概念是在想当然的西方学术的意义上,而申小龙努力要建立的是适合汉语的语法。孔宪中忽视了申小龙关于文化之间不具有通约性的立场。他使用英语句子来否定申小龙关于汉语特点的观点,结果却是从反面证明了申小龙所肯定的每一种语言的文化个性。"①

汉语人文性理论在和西方文化中心论、单线进化论论辩的时候,也有一些研究者认为我们自己并未完全超越民族文化的立场。表现在我们的写作文本中,有些文字是描述性的,有些文字则是评价性的。前者如:

> 西方哲学、艺术和语言注重的是自然时空,而且特别偏重空间的自然真实性。……中国哲学、艺术和语言注重的是心理时空,而且特别偏重于时间。

后者如:

> 汉语语流中单位实体的弹性,使人很容易联想到中国毛笔的弹性。毛笔不像西方的油画刷子那么笨拙,不像西方的钢笔线条那样死板。……在点画运动中灵活调节,尽兴地表现点画的精神、润枯、方圆、浓淡、重轻、起伏、正侧,且因人而异,因笔而异,不像西方的硬笔,粗不得,细不得,润不得,枯不得,出墨如一,缺乏变化。

一些学者因此认为,在我的叙述中已存在与"文化定型"(stereotype)相联系的"本群体中心主义"(ethnocentrism)。他们认为,作为认知

---

① 高一虹《"散点透视"与"焦点透视"、"筷子"与"刀叉"——北大英语系学生笔谈》,《现代外语》1995年第4期。

成分的定型、作为情感成分的偏见以及作为行为成分的歧视共同构成群体间的对立。而由于语言是人的创造，文化研究中的“描述”与“评价”、“认知”与“情感”往往难以分清。描写文化特征的本身可能蕴涵着褒贬评价和好恶选择。他们指出：

> 中国文化语言学所隐含的“汉语优越论”已经在国际学术界引起注意。……西方学者认为，作为一种文化现象，将语言和文化直接联系起来的“认同派”中国文化语言学在另一意义上与中国文化“认同”：它反映出中国知识分子，特别是“文革”中成长起来的一代知识分子在特定历史时期和文化背景中的特定心态。他们在经济上向西方开放，文化上却主张东西方隔绝，闭关自守；同近代以来许多中国知识分子一样，他们对“改革”的意义以及本民族在世界上的位置充满了矛盾心理。①

我对这些评论的第一反应是诧异，因为面对西方语言理论一个世纪的权威话语，我们努力争取的只是平等对话，几乎没有想过“汉语优越于任何语言”。这让我想起在中国改革开放后西方世界的“中国威胁论”。汉语研究刚刚显露本民族文化认同意识，就被一些西方学者指责为“民族中心主义”。那么，套用一句政治术语，这到底是“中国威胁论”呢，还是“威胁中国论”呢？

诧异之后，我陷入了深深的思索。

首先，国外和国内的学者从我对汉语特点的“描述”中读出了“评价”，这也许是因为我潜意识里确实有对母语的偏爱，同时也深受我的导师张世禄先生的影响。陆丙甫先生在与我论争中曾撰文指出：“他对郭绍虞、陈望道、张世禄诸位前辈学者强调汉语独特性的学术思想作了全面的、更深刻的发挥，可以说是上述三位前辈语言学术

---

① 高一虹《“西有汉亡”与“西死汉活”——从反事实假设之争看跨文化比较的标准与方法》，《建设中国文化语言学》，戴昭铭主编，《北方论丛》增刊。

思想在年轻一代语言学者中最集中的代表和最出色的继承者。"①我固然难当此誉,但这些老先生包括我祖父申石伽、父亲申二伽(他们都是著名的国画家)对传统文化的深邃的理解和领悟,无疑是汉语人文性理论的生命之源。

其二,汉语人文性理论要挑战的是语言学延续一个世纪的西方话语霸权。这一霸权只要从美国学者 Eugene A. Nida 对我的文章英译本的点评所用的词语即可一目了然,如"not well informed","quite wrong","very confusing","very obscure","especially suspect","hopelessly inadequate","largely meaningless"。Nida 甚至使用了 appalling (惊吓)这个词,认为我的文章"would surely be appalling to people outside the Chinese context(肯定会让汉语语境之外的(西方)人大吃一惊)"。北京大学参加讨论的学者形象地称之为"文化休克"。对 Nida 的这种"休克",对这样一位著名的美国语言学者所表现出来的倨傲,我当时也有"休克"之感——人类文化有多少"共性"不是一个西方人说了算的问题。他们有我们对自己文化的体验吗?对于自己看不懂的东西,尤其是另一种文化的东西,最好虚心一点。说别人只有"limited acquaintance",适足表明自己的局限。Nida 的批评表现出典型的西方话语中心,他说的一切都以西方的范畴为前提。当面对东方人的语言范畴时,他的第一反应不是努力去理解东方文化,寻求对话的途径,甚至不是意识到自己的话语权威受到了东方文化的挑战,而是不假思索地认定东方人"not well informed"。这种思维习惯上的"无意识",深刻体现出西方人面对世界时根深蒂固的文化中心意识。其实在我们口口声声"中国特色"、"汉语特点"的时候,我们已经证明了西方的强大。我们从来没有说"主题句"是人类语言的共性,从来没有说"散点透视"是人类思维的共性,而西方人却惯于动辄将自

① 陆丙甫《加强共性研究更是当务之急——对中国语言学研究反思的反思》,《汉字文化》1990 年第 1 期。

己的范畴说成"universal"。在这样的语境之下，我们也许不得不"站稳"甚至"强调"自己的文化立场，作为一个中国人，我实在无法在"对话"或者说"反抗"与"挑战"一开始就"超越"民族文化立场，实在无法在对话伊始就"潇洒"起来。北京大学参与讨论的一些学者也指出：

> 超越自身立场需要历史条件。申小龙的"极端"立场是阶段性、策略性的。就好像在一次国际贸易交易会上，有人故意砸碎茅台酒，让扑鼻的香味把那些围着洋酒的外国商人吸引过来。当西方学者没有足够的耐心坐下来跟我们进行平等的学术对话时，轻敲玻璃杯不足以引起他们的注意。"极端"形式的呐喊很必要，这是争取平等对话的条件。矫枉必须过正。
>
> 约翰·穆勒在《论自由》一书中用了同一策略。他认为不把自由推至极端，就没有任何自由可言。不同的群体自然有不同视界，然而成为规范的，却只有属于权势群体的视界。这是相互理解的困难所在。①

其三，在我们批判"以西律中"的时候，我们也许又在无意识中进行了"以中律西"的比较。这种无意识即使像 B. L. Whorf 这样"早在半个多世纪以前，就超越了自己语言和皮肤的颜色，用近乎童真的眼光来观察、理解和欣赏其他民族语言，并以先知者的洞察力，为后人设计了一条精神探险之路"的学者，也难以避免。他曾经这样比较英语和他所调查的霍皮语：

> 比起自高自大的英语，霍皮语是不是显示出更高层面的思维，对情境更富有理性的分析？结论当然是肯定的。在这方面

① 高一虹《再议"散点透视"和"焦点透视"——关于语言文化特性与可译性的讨论》，《北京大学学报》，《外国语言文学专刊》，1997 年。

以及其他许多方面，英语就像一截短棒，而霍皮语就像一柄短剑。①

这就让我思索一个很深刻的问题：怎样看待在中西文化对话中的民族文化立场？一个人在做“文化定型”和文化比较工作时是否可能超越自己的民族文化立场？是有立场深刻，还是没有立场深刻？问题再回到我们前面说的毛笔。我最近在文汇报上看到周汝昌先生《笔墨是宝》一文，他对毛笔的理解，比我的“评价”深刻得多：

有人说，西方欧美之民，人家不用毛笔，也不曾造出“毛锥柔翰”，人家的科技却领先——毛笔又算“老几”？

问题恰在于此。

西方文化艺术，其所以不与中国相同——表现不出生动的气韵、遒媚的点画、高深的境界，正是由于不懂毛笔，不会使用毛笔，不理解毛笔的性能功用之奇妙。

没有毛笔，不仅仅是中国艺术不会是“这个样子”的，就连整个中国文化的精神面貌，也要大大不同。……

在真正的中国文化人看来，毛笔不是什么“工具”——我很讨厌这个口吻轻薄、识见肤浅的名词。毛笔不是锤子、刀子……它能“通灵”，具有灵性。否则，它如何那么擅长表现使用者个人的千变万化的不同气味、气质、性情、意志、精神世界、生活态度……

……笔(不是西方的短毛、齐头的“小刷子”或“钢钉子”)，是中国文豪艺匠的心和气，是血肉相连的生理的一个“组成部分”。……这一点需要文化的消化与悟知。

没有毛笔(名称、概念、理解、使用实践)的异文化，当然无法承认中国有“五大”发明创造。因为，“四大”皆是形而下的科技

① 高一虹《语言相对论：“实证性假设”与“启发性假说”》，第二届全国语言文字应用研讨会论文，1998年。

文化，所以西方能晓能用能估价。至于毛笔，已是涉入于形而上的物情事理了，因而异文化对它就十分陌生而无法认识评估了。

周汝昌先生的话是针对一些人否定中国画“笔墨”方法的价值而言。这种否定就像否定中国语文传统一样，显然是“以洋律中”的结果。在一种占优势的权威话语之下，起而对话的总是弱势的一方，此时惟有深刻的民族文化立场才能揭示民族文化的精髓，才能使对话真正具有意义。

日本学者甲斐胜二将我的著作译成日文后发表译后感指出，文化语言学近年来在中国影响很大，其中申氏的理论是最为“先锐”的。随着中国近年来经济的迅速发展，对传统文化也日益重视。申氏理论出于传统文化，但它能否从传统中产生新的观点，能否成为具有国际性的观点，这是令人感兴趣的。也就是说，申氏的文化语言学要能成为不只是本国传统的延长，而且也适合其他文化的理论。申氏今后的研究进展令人关注①。我想汉语人文性理论从诞生伊始就有一个如何同其他理论、其他文化对话的问题。在这个意义上，它并不完全是“传统的”。我们在“文化认同”中确认了自己的文化立场和在世界文化中的位置，从这里开始与其他文化对话；我们通过对话，通过对其他文化和理论的理解和悦纳，又找到了更真实、健全的自我。北京大学钱军先生最近撰文指出：“近年来，中国语言学界在引进和输出语言学思想方面，有两件事情引人注目。其一，姚小平教授翻译出版了德国学者洪堡特的名著《论人类语言结构的差异及其对人类精神发展的影响》。其二，高一虹教授主编出版了英文版的《申小龙文化语言学论文集》。”②我想，这是中西语言人文主义对话的开始。这种对话的精神也已深入地体现在本书的写作中。我相信它会对我国的语言学和语文教学产生积极的影响。

---

① 〔日本〕《福冈大学综合研究所报》，1997 年，第 191 页。

② 钱军《论西方语言学的范围与借鉴》，《山东外语教学》1999 年第 1 期。

第一讲

欧洲文化的语言视界

20世纪人类文化的研究有一个引人注目的现象:语言研究成了人文科学家们共同关心的焦点。不同领域的科学家们从不同的侧面提出了人与动物的最根本的区别特征:人是象征符号的动物,即能利用象征符号去创造文化的动物。人能把他认识的世界用象征符号固定下来,反映出来,在人际和代际传播。人用象征符号赋予世界以“意义”和“秩序”,从而拥有了一个世界。正如民族学家莱斯利·怀特所言:“所有人类行为都起源于象征的使用”,“正是象征,它把人类的一个婴儿变成人。"[①]文化哲学家卡西尔也认为,人类生命的特殊标志就是除了一切动物都有的感觉器系统和效应器系统(生物体对刺激作出反应)之外,人还有符号系统。人与动物的根本区别在于,动物只能对"信号"(signs)作出条件反射,人能够把这些信号改造成为有意义的"符号"(symbols)。人不再生活在一个单纯的物理宇宙之中,而是生活在一个符号宇宙之中。这里所说的符号包括艺术的想象、神话、宗教仪式等,但其中最典型、最稳定的是语言的形式。象征符号织成人的世界之网,人不通过这个中介,就不可能看见和认识任何东西,也不能创造任何文化。人的生活就会被限定在他的生物需要和实际利益的范围内,找不到通向"理想世界"——人类世界的道路。正是在这个意义上,语言成为人之所以为人的根本源泉,它构成人最重要的文化环境,直接塑造了人的文化心理。如卡西尔所言:

> 在这个人类世界中,言语的能力占据了中心的地位。因此,要理解宇宙的意义,我们就必须理解言语的意义。[②]
>
> 正是言语的一般符号功能赋予物质的记号以生气并"使它们讲起话来"。没有这个赋予生气的原则,人类世界就一定会是又聋又哑。有了这个原则,甚至聋、哑、盲儿童的世界也变得比最高度发达的动物世界还要无可比拟地宽广和丰富。[③]

从这里,我们看到了这样一种人类生存的公式:人——符号(语言)——世界(文化)。在人和世界的联系中,语言符号成为根本的纽带。

在人类语言研究历史上,用"文化的"观点看待语言、研究语言、阐释语言的传统源远流长。这种语言人文主义传统由于各文化区域社会历史条件不同,形成不同的类型。其中主要有欧洲语言人文主

---

① 《语文导报》1986 年第 11 期,第 29 页。
② 卡西尔《人论》,上海译文出版社,1985 年,第 143 页。
③ 卡西尔《人论》,第 46 页。

义、美洲语言人文主义和中国语言人文主义。欧洲语言人文主义是同哲学联系在一起的，带有很强的思辨性；美洲语言人文主义是同人类学联系在一起的，带有很强的实践性；中国语言人文主义是同经学联系在一起的，带有很强的释义性。这三大语言人文主义传统有各自深厚的文化哲学。它们从各自不同的角度阐述了人类各民族对语言与文化相互关系的具有深刻一致性的丰富思想。尽管它们各自出现的历史条件不同、哲学背景不同、研究范式不同，但它们都关注语言的人文精神，都从不同的角度揭示了语言的人文性和人的语言性。

欧洲语言人文主义具有悠久的历史。古希腊哲学中语言就踞有重要的位置。亚里士多德认为“口语是心灵的经验的符号”，虽然“所有的人也并不是有相同的说话的声音，但这些声音所直接标志的心灵的经验，则对于一切人都是一样的”[①]。欧洲哲学自古希腊以来就认定人对自己及其世界的理解是在语言中形成和表达的，由此在欧洲思想史上形成源远流长的语言人文主义传统。

1　语言是世界的尺度

在欧洲思想史的早期，人们虽然重视语言与思想和世界的联系，但这种联系的意义却是被动的，即认为语言仅仅是世界的事物和存在的观念的简单、直接的反映，就像镜子和油画一样。这一观点在17世纪受到了思想家的普遍怀疑。

一、洛克：语言范畴构成经验

英国哲学家洛克在《人类理解论》中指出，物种的本质、事物的分类，都只是理解的产品。因为理解在事物中概括出相似性，形成抽象

① 亚里士多德《范畴篇·解释篇》，商务印书馆，1986年，第55页。

洛克

观念,立下名称,从而成为事物的模型或形式。因而"本质"不属于事物,而属于类和种这种人为组织。人对外界事物的认识不是照相般的精确模拟。人的认识将某些观念集合为许多特殊物种的观念,而又忽视另外一些也分明为外物所提出的观念,不给予特殊的名称和分类。人在形成观念的时候显然是在有目的地自由选择事物范畴,一个词就好像是几个观念聚集在一起的一个结,在事物观念 A-B-C-D-E……错综复杂的联系中,有的言语集团为 BCD 结一个结,有的言语集团为 ABE 结一个结。所以一个民族所形成并加以定名的观念,在另一个民族却不一定存在。而使某些松散的观念聚合为一个物类或事类的又是语言的名称。因为这些松散的观念是人心把它联系起来的,在自然界没有这样的类,如果没有一种东西把他们维持住,这种联系就会消失,思想范畴也就不存在。

显然,洛克在词、概念和事物本质之间画上了等号。他举例说,人们都会认为"冰"和"水"是两种特殊的物种。但一个英国人如果生于詹麦克,而且从未听说过或见过冰,那当他到英国,看到晚上置于盆中的水在早上成了冰,他会叫它"凝结的水"。"凝结的水"和"水"在他眼里是同一种事物,就像火炉中流动的黄金和工人手中的硬块黄金是同一事物一样。可见"水"和"冰"之所以是两种物体,不过是因为在语言中分成了两个范畴。语言的分类和事物的实在的本质不是一回事,它是人根据自己的看法所作的分类。又如"凯旋"一词把许多不同的观念维系住,给了我们一个事类概念。如果没有这个词,人们只能叙述那种庄严行动中的一切经过。"任何现象,如果只发现一次,而且并没有集合为一个复杂的观念,亦没有得到一个名称，则它便不会成为一种东西。”因为“人们不会注意到这些事类（或物种）或者竟然不以为它们是事类（或物种）”①。洛克承认在语言初创时是先有观念，才有名称。但在语言通行后，则是先学会了名称，然后才得到概念。这表明，正是语言帮助人们形成了他们所命名的经验。语言范畴显然已是经验的一部分。如果没有语言，概念乃至经验都是不可能产生的。这当然不是说语言创造了现实，而是说现实事物都是我们对世界加以规定的范畴，而这些范畴在很大程度上就是语言的范畴。在这个意义上，我们说人的本质在于其语言性，是一点也不过分的。正如洛克所说：“人天生宜于发出音节分明的声音——上帝既然意在使人成为一个社会的动物，因此，他不仅把人造得具有某种倾向，在必然条件之下来同他的同胞为伍，而且他还供给人以语言，以为组织社会的最大工具，公共纽带。”②

二、维柯：诗性智慧与诗的语言

意大利哲学家维柯从人是世界的尺度来论述语言对人的重要意义。他在《新科学》一书中认为，人类从理解环境的那一刻起就展开了他的心智，对事物赋予意义，从而吸收进来；而人在不理解环境时就凭自己的心理经验来体会外在事物，凭自己的心智能力来“造出”外在事物，并且通过移情，把自己变成事物。在这一过程中，语言和符号象征成为一个民族看待世界的巨细无遗的完整样式，人把自己变成了整个世界。对于一个儿童来说，他从“无知”到“有知”地进入一个世界，也就是进入了语言。

维柯用大量例证来论证原始人类的诗性智慧和诗的语言正是一种人化了的世界。例如，在许多语言中大部分涉及无生命的事物的

① 洛克《人类理解论》，商务印书馆，1983 年，第 420 页。

② 洛克《人类理解论》，第 383 页。

维柯

表达方式都是用人体及其各部分以及用人的感觉和性欲的隐喻来形成。在这里语言的“名称”和事物的“本性”是同义的。比方用“首”（头）来表示顶或开始，用“额”、“肩”、“腰”、“脚”来表达一座山的部位，针和土豆都可以有“眼”，杯和壶都可以有“嘴”，耙、锯、梳都可以有“齿”，任何空隙或洞都可以叫做“口”，麦穗的“须”，鞋的“舌”，河的“咽喉”，地的“颈”，海的“手臂”，钟的“手臂”、“心”，船的“腹部”，果实的“肉”，岩石或矿的“脉”，天或海的“微笑”，风“吹”，波浪“呜咽”，物体在重压下“呻吟”，大地“干渴”，葡萄长得“欢”，流脂的树在“哭泣”，磁石“爱”铁，而酒则是“葡萄的血”。维柯认为原始人类的世界观具有浓厚的诗性智慧，这种诗性智慧正表现在语言的象征和隐喻上。拉丁人首先根据雷声把天帝叫做“幼斯”，希腊人根据电闪雷鸣把天帝叫做“宙斯”，东方人根据烈火燃烧声把天帝叫做“乌尔”。最初的事物命名就是用感性意象来替换和转喻，以后将个别的事例提升为共相，替换就发展为隐喻。隐喻既可指以己度物，创造一个人化的世界，又可指以殊相喻共相，例如埃及人用一个有才能的发明家赫尔弥斯的名字来指称所有的发明家。语言的隐喻为人类造就了一个世界，这也就是当代西方哲学的重要命题——语言是存在的家，可能被理解的存在就是语言。

维柯在人类文化研究史上第一个从符号学、文化语言学的角度对原始人类的人性、思维、意识形态、宗教、社会制度、法律、历史、习俗等文化现象作出统一的全新的解释。尽管他把诗与哲学、具象思维与抽象思维过于绝对地对立起来，武断地否认了原始民族有任何理智性的逻辑，但他揭示的原始人类认知世界的独特方式——诗性智慧，无疑是深刻的。正是这种诗性智慧指导着原始人类对周围环境的反应，从而产生了隐喻、象征、语言、神话等“形而上”的形式。维柯也正是从这种诗性的原则，反过来又打开了人类语言的文化视界。

三、洪堡特：语言把世界变成精神财富

历史进入18世纪，语言与思维形式乃至世界格局的关系越来越清晰地在学者们面前呈现出来。德国哲学家康德认为，事物的本质是不可认识的，通过感性认识只能提供一些个别现象，惟有借助于理性先验范畴，才可能在杂乱无章的孤立的感性材料中整理出规律和秩序。人具有一种接受感觉经验的先天的能力。这种能力能将外物的刺激所提供的质料安排在一定的关系之中，赋予它们以一定的形式。没有这种形式，质料只是一堆杂乱无章浑浑沌沌的东西。而一旦有了这种形式，所得的感性知识也就打上了先天的烙印，并非事物的本来面貌。因此，人对外界的反映受主观世界中先验的思维逻辑范畴的影响。先验的纯形式，就像生来戴着一副永远摘不掉的有色眼镜来看东西。眼镜是蓝的，看到的一切东西也是蓝的；眼镜是红的，看到的一切东西便是红的。这样一副眼镜，即人的理性先验范畴，在德国语言学家洪堡特看来，就是语言的内蕴

洪堡特

形式。

语法学家们一般认为语言的形式就是语法的变格变位形式。洪堡特则认为语言形式不是来自外部交流的需要,而是来自内部认知的需要;不是外部的物质形式,即由发音器官动作产生形式上有组织的物理实体(语音体系及其所表现的语法形式、词源形式),而是把发生的语音提高到表现思想水平的那种精神活动中永恒不变的职能,那种精神活动中固定、单一的东西,即语义结构。语言的这种内蕴形式支配其外部的语音、语法和词汇的结构。它是一种观念。就像艺术的完美表现需要将观念与材料相结合,而非仅仅靠雕塑刀、画笔之类器具将割裂的观念简单复写到材料上一样,语言形式也是观念和物质的统一、内蕴形式和它所表现的外部形式的统一。前者是后者之差异的多样化表现的根源。

由于将语言的本质界定为内蕴形式即一种精神格局,因而语言的作用显然就是将特定民族的人所感知的经验材料分类或范畴化,从而将世界纳入一种特定的秩序。每一种语言都戴着这样一副"内蕴形式"的眼镜。它决定了人与事物的关系、人对事物的态度、人对世界的认识。因而操不同语言的人生活于不同的世界之中,具有不同的世界样式。洪堡特深刻论述了语言带给人们对世界的"观点":

> 每一种语言都包含着一种独特的世界观。正如个别的音处在事物和人之间,整个语言也处在人与那从内部和外部向人施加影响的自然之间。人用语音的世界把自己包围起来,以便接受和处理事物的世界。我们的这些表述绝没有超出简单真理的范围。人同事物生活在一起,他主要按照语言传递事物的方式生活,而因为人的感知和行为受制于他自己的表象,我们甚至可以说,他完全是按照语言的引导在生活。人从自身中造出语言,而通过同一种行为,他也把自己束缚在语言之中;每一种语言都在它所隶属的民族周围设下一道樊篱,一个人只有跨过另一种

语言的樊篱进入其中，才有可能摆脱母语樊篱的约束。①

人类对任何事物的观察都可以置身其外，以之为观察对象，唯独对语言不能如此。人类对任何工具的使用都可以将工具与操作者分开，将工具与操作对象分开，唯独语言这种工具与人类一体、与实践一体、与世界一体。洪堡特认为由于每一种语言都包含着属于某个人类群体的概念和想象方式的完整体系，所以学习外语就是学习一种新的世界观，或者说在业已形成的世界观的领域里赢得一个新的立足点。

语言世界观的提出是欧洲语言人文主义的一大建树，语言从人创造世界的角度说是一种人的尺度，人的主观行为，语言从制约人对世界的认知的角度说是一种物的尺度，具有客观性。人用自己创造语言的主观行动将自己置于语言的客观支配之下，语言世界观体现了主体和客体的统一。它既是人的心灵的解放和创造，又是人的心灵的束缚和规范。它成了人性与文化探究中一个深刻的命题。

四、魏斯格贝尔："语言中间世界"

洪堡特的语言世界观思想肯定了语言把世界变成精神财富的作用，这与他反复指出的语言不是已经完成的产物，而是一种正在进行的活动的观点是一致的。这种对语言世界观中主体性一面的强调，在 20 世纪的新洪堡特学派的学说中得到进一步的阐说和发展。这一学派的代表人物、德国语言学家魏斯格贝尔认为，语言世界观就其存在和本质而言，是语言内容的荟集，是一种静态的产品和结果。但从语言的作用力来看，它用内在的力量把世界转变为精神财富，这种转变的过程是动态的。为了执行塑造精神的使命，语言世界观始终

① 洪堡特《导论》，转引自姚小平《洪堡特——人文研究和语言研究》，外语教学与研究出版社，1995 年。

活跃在一个语言集团中。它不是静态、简单地反映事物，不是一种已经完成了的、处于平静状态的构成物，而是在积极活动中的力量。

魏斯格贝尔

魏斯格贝尔否认语言的本质是交际工具。在他看来，如果把语言看作交际工具，就像把水定义为洗涤和解渴的材料一样毫无意义。洪堡特在谈到语言的工具作用时也曾认为，如果说语言作为工具是在确立已知的真理，不如说语言作为工具在揭示未知真理。前者意义上的工具是被动的、客观的，后者意义上的工具是能动的、主观的，亦即人只有在同自己认识和感觉的方法（即语言世界观）相适应之时，才能接近客观世界，揭示未知真理。魏斯格贝尔进一步认为语言只有在它作为精神的中间世界，作为把世界转变为精神财富力量的意义上才是“工具”。这种“工具”，实质上是人认识世界的一种必然的中介。它积极地规范了人的认识形式，具有本体论的性质。

显然，语言世界观的能动作用，本质上在于其中介的力量。语言把世界“词语化”，把世界转化为精神和思想。它就像一张网，对由外部世界作用于人的感官而获得的材料进行过滤和规划。规划之后的认识成了人的意识内容，而认识的“规划性”体现了清晰的“语言性”。正基于此，魏斯格贝尔把语言视为主体和客体之间、人与外界之间一个特殊世界，一个具有根本意义的中间环节。客观的“自在”世界因语言之分类整理而成为被认识的存在，此时的它与其说是客观现实，毋宁说已是人对客观现实的主观态度。

魏斯格贝尔用大量例证来论证其“语言中间世界”的理论。例如满天星辰因语言而被规划为大熊星座、小熊星座、金牛星座、天蝎星座、双子星座、猎户星座等。星空的这一格局并非客观的物理存在,而是一种精神格局,即人由其地面视野而将星辰分布的某种形状语词化。同一星座的星其实并无内在联系,甚至可能相距数百光年,运行轨道也不相同。再如各种植物因语言而被规划为青草、杂草、水果、蔬菜、庄稼等。这种植物格局亦非客观的物理存在,而只是由于各种植物对于人的需要有不同的意义和价值。可见语言的"意义"体现的是人的判断、人的需求,如果说"事物"属于客观世界,那么"意义"属于精神中间世界。又如在中古高地德语中各种动物因语言而被规划为家畜(Vihe)、奔跑动物(Tier)、飞禽(Vogel)、爬行动物(Wurm)、浮游动物(Visch)。其分类不仅与动物学的分类不同,而且与现代德语的规划也不同。现代德语中 Wurm 只指软体虫,而中古高地德语中 Wurm 泛指蛇、飞龙、蜘蛛、毛虫。现代德语中 Vogel 只指飞禽,而中古高地德语中 Vogel 还包括蜜蜂、蝴蝶、苍蝇等。可见语言的世界图景和客观的"自在"世界不能等同。在人认识活动的两个主要角色——人和客体之间,存在着第三个特殊的、独立的角色——语言。它就像一个检验员,在积极的中介活动中核准哪些东西可以成为类或范畴,可以成为意识的财富。它不以自身为目的,而始终作为一种塑造力——精神的塑造力量,渗透于人的行为之中。

由于把语言视为精神中间世界,视为认识的必然中介,魏斯格贝尔的语言研究就注重认识和把握语言的精神构造,即语言的内容结构。他确立的语言范畴,例如词义、词缀、句型,都以语义为根据。他把这种研究称为超越"形态相关"的研究的"内容相关"研究,深入探究语言的语义结构,然而又由于把语言视为精神的塑造力量,视为变世界为精神财富的转化者,"内容相关"研究的静态、平面的性质就不能揭示语言的本质。为此,有必要把一切语言范畴看作一种"语言行动",动态地分析其蕴含的精神功效,确定它作为一种塑造力渗透于人的行为之中的作用,即语言在使用中所起的作用。这种"功效相

关”和“作用相关”的研究,因其把语言作为一种精神过程,一种行动,在魏斯格贝尔看来才是真正语言学的方法。魏斯格贝尔说:

语言学家从这样一个原理出发来确定语言最重要、最本质的功能:语言之所以是精神的构成力量,是因为它从现象世界和人的精神的前提中形成思维的中间世界,在这一中间世界的精神“现实”中反映出人的有意识的活动。在这里我们谈的是把现实世界“改造”成“精神财富”。这一“改造”的结果表现在具体语言的世界观中。洞察语言的世界观对所有类型的语言研究来说,都是使工作富有成效的前提。从这个原则出发,也可以确定今后从运动上研究语言的任务:把语言作为形成文化的力量来研究。因为语言正是创造人类文化的必要条件,并且是形成文化成果的参与者。这一原则也规定把语言理解为创造历史的力量,因为语言……包括了并在精神上刺激着历史生活的经常体现者——人民。①

2 思想史的语言转向

欧洲语言人文主义自17世纪以来在语言与世界关系问题上的发展,至20世纪魏斯格贝尔对语言世界观、语言塑造力的阐述而达到了高峰。它同时也鲜明地反映了20世纪人类思想史上语言转向的特点。这一转向可以说是渊源有自。

一、从苏格拉底追问到笛卡儿怀疑

早在苏格拉底时代,这位伟大的哲人就到处问人:“什么是正义?

① 魏斯格贝尔《论德语的宇宙观》,转引自兹维金采夫《普通语言学纲要》,商务印书馆,1981年。

什么是知识？什么是感觉？什么是勇气？”这些意义问题在当时就被看作关于真实的抽象存在之本质问题。可以说人类思想史从一开始起就试图通过考察我们用以谈论世界的语言的基本特征来把握世界，通过语言分析来认识事物所属的最基本的范畴，并对范畴之间的相互关系作出描述。柏拉图在其《国家篇》中就指出，人们只要看到一些个体有一个共同的名称，自然会认定与这个名称相联系的还有一个相应的观念。例如“树”这样一个名称，或“锐利的”这样一个形容词，它们之所以可以在同样的涵义上指称大量不同的具体事物，就是因为与名称相应的存在着树性（treeness）或锐利性（sharpness）的观念。

苏格拉底

亚里士多德也认为，范畴一方面是一种最单纯的语言表现形式、逻辑概念形式，另一方面也是存在的最基本形式与最普遍关系的表述。他注意到这样一种语言形式，即：除非与主词连用，否则我们便不使用动词。单独说“坐”或者“行走”都是不被允许的，语法要求把“坐”和“行走”归属于特定的主体，即“他正坐着”，或“她在行走”。由此种语言形式，亚里士多德看出，与行动相比，实体（substances）更为独立，更为基本。没有一个动作能够脱离实体而自我虚存（self-subsistent）。实存（existent）的东西只能是那个施动者。存在的基本形式和普遍关系就这样表现在实体的语言范畴中，也蕴涵在表示动作、性质的谓词中。显然，人对自己及世界的理解形成在语言中，表达在语言中，这在古希腊时代就为思想家所承认。

当然，古希腊的哲学家首先关心的是世界的本源。泰勒斯所说的“水”,阿那克西曼德所说的“无限”,阿拉克西美尼所说的“气”,毕达哥拉斯学派所说的“数”,德谟克利特所说的“原子”,都表明那时的哲学思路是要跳出自己生存的世界,反观这个世界是什么,它是由哪些最终成分构成的,以此来寻找现实存在的本源,现象背后的本质,或某种形而上学的“本体”。然而到了近代,以笛卡儿为开端的近代哲学对这种本体论哲学的独断产生了怀疑:有关客体世界的各种论断、各种知识,它们的根据在哪里?它们凭什么获得人们的信任?更进一步说,主体能不能反映客体?又如何反映客体?是经验给予我们认识,还是理性决定我们的认识?于是知识的确定性、人的认识能力的界限、人认识世界的途径和方法,成为人们关注的焦点。哲学的中心从本体论转向了认识论。

亚里士多德

如果说本体论的哲学以客体的研究为核心,那么认识论的研究返身关注起知识的主体来。主体和客体是一种什么关系?思维和存在是一种什么关系?主体能否超越自身来达到对客体的纯客观的认识?人们开始意识到,人需要通过某种主观的形式才能感知对象,感知的结果是给被感知的对象打上主观的烙印;人们需要通过某些先天的理性范畴来整理感性知识,整理的结果是使零碎、个别、缺乏联系的感性的东西组织起来,形成某种秩序和规律。这种主体和客体相结合的认识论,深刻表明人是自然的立法者。

二、语言之于世界:从“同构”到“度量”

主体在认识中的作用是由理性范畴的投射来实现的。由于理性范畴过于抽象和难以捉摸,一些哲学家开始把目光投向了语言。如果说离开认识来讨论存在是不可靠的,那么认识说到底只是一种表达,一种陈述。只有从语言形式入手才能真正使思想和知识成为可传达的,而非内省性的,只有语言分析才能使思想和知识清晰起来。在这个意义上,全部哲学问题归结为语言问题,哲学的任务就是解释科学语言或日常语言的意义。人们期待通过对语言的哲学理解来真实地理解思想,理解世界。

语言能够承担这一重任吗?意义难道不是存在于意识之中,而是存在于语言之中?不少人认为意义具有意识性。语言之所以有意义是由于意义来自于人的意识,而不是语言符号有自己独立的意义。人的意识渗透在语词中,才使语词有了活力。这样一来,对于意识而言,语言是某种被经验的对象。奥地利哲学家维特根斯坦对这种观点作了生动的形容:每一个语言符号似乎都是死的,只是在使用中它才活了。那么,是生命被注入进了语言符号,还是符号的使用就是它的生命?

维特根斯坦

维特根斯坦认为,就像如果象棋游戏的技术不存在,我们就不能臆想去玩象棋游戏一样,如果语言中不存在一种句子的结构,我们就不能在说这个句子前预先意向这个句子的结构。因此人的意向毫无疑问体现在人类的习惯和条例制度中。正是语言使意向成为可能,而不是相反。由于语言表示特定现象出现的模式,因而它具有和意识、经验这些概念同样的逻辑地位。作为一种经验现象,一种活动过程,语言和世界是同时出现的。意义存在于语言自身,存在于人对语言的使用之中。因而"关于语言"和"关于世界"之间并没有严格的界限。世界就是我们描述的那个世界,那个在我们概念体系中存在的世界。考察我们的语言,就是考察世界。

由此,在进入20世纪之后,过去被视为一种或多或少是无需多加关注就能简单运用的媒介的语言,不再是招之即来,挥之即去,无色透明的了。人们渐渐发现,语言是人的存在的一部分,它不再是一种简单的工具,供人们用来给经验、社会关系、物体命名,而是蕴含着人类对世界的某种基本信念的范畴体系。由语言产生的人类抽象思维能力,使人类能够以概念和符号面对和掌握眼前的和想象中的现实,把人和世界紧紧联系起来。这样一来,人类思想史在经历了由神学世界转移到人类世界,由人类外部世界转移到人类内心世界的重心变化之后,第一次将焦点转移到了人类所使用的符号媒介上。在这一"语言转向"中,人们提出了关于语言是世界尺度的种种观点。

罗素

英国哲学家罗素指出,语言和世界的关系是一种"符合"或者说"对应"(correspondence)的关系。语言表现世界,语言结构和世界结构"同构"(isomorphism),理解语言的性质有助于理解世界的结构,语言使我们能够对有关实在由以构成的那些事实类型和其中每个事实的结构有清晰的认识。通过分析我们所使用的语句有哪些类型(例如是主谓句还是存在句),这些句型在逻辑上是如何关联的,我们就会知道构成客观现实的那些事实的基本类型,那些不同类型的事实是如何相互关联的。语言与世界的这种同构关系在罗素看来是由于语言的两个相互关联的优点,即语言是社会性的,语言为理想提供了共同的表达方式。如果没有语言,人类的知识就会局限于感官的认知,肢体的推理,人与人之间就无法进行思想的交流,稍复杂一些的思想甚至就不可能产生。

维特根斯坦则认为仅仅说语言与世界相符还只是一种消极的语言观。语言本质上是思想对世界的认识。它是一把独立的"量杆",可以用来衡量世界。由于世界是"我"的世界,且人的认识取决于语言,所以语言的界限就是我的世界的界限,即我对世界认识的界限。认识论乃至一切哲学问题都归结为语言问题,研究哲学的正确方法也就是语言批判,因此除了能说的之外,什么也不要说。维特根斯坦深刻揭示了语言在人的认识中积极、能动的作用。就好像康德用先验的理性范畴来度量世界一样,维特根斯坦用作为"实在的图画"或者说"逻辑图画"的语言来度量世界。

由此看来,哲学要想获得一种关于世界基本结构的恰当概念,要想认识真实的世界本质,光靠理论性的沉思是不够的,因为并不存在一种独立于我们的思想和话语的知识实体,也不能依靠内省来发现知识的内部组织。唯一可能的途径是澄清我们用来思考世界的基本概念,这就需要分析语言,阐明各种词语和陈述形式的确定的意义。这就像化学科学收集化学反应的事实,地质科学收集岩石构成的事实,社会科学收集社会结构的事实,语言则成为哲学的分析对象、思想的实验室。

三、海德格尔:人是"语言的"存在者

德国哲学家海德格尔进一步指出,世界万物只有为我所用才有意义,意义就是事物与人的实践关系。世界不是既定不易的东西,而

是为人类服务的无限可能性。一切事物只是在为我们所用时才同我们发生关系,即人把它"作为"什么,它才能是什么。这个"作为"体现了事物对于人的意义。例如一个炉子作为炉子,就必须发热。发热是炉子的意义。如果不与人发生关系,事物就毫无意义。这样看来,人是世界的主人,意义是一种存在方式,语言的意义从存在的意义派生出来,因而语言是存在的家,在语言的寓所中居住着人。

海德格尔

人是"语言的"存在者,意味着人性的本质结构是其语言性。人生来要经受语言的体验,接受和服从语言的要求,在说语言的进程中一点一点地被语言的体验所改变、所融化。当我们说一种语言的时候,我们只是不断在追随语言,跟在语言的后面亦步亦趋。语言是"给出者",它"给出"我们的存在。所以我们在讲话之前,我们已经"听"了语言,我们所讲的只是我们"听"到的,或者说,不是我们在讲语言,而是我们经由语言来讲,是语言在说我们。人类在讲话的时候,也就是在倾听和回应语言的时候。海德格尔说:

> 如果讲作为对语言的听,让"说"对讲说出来,这个"让"只能在我们的本质被准许进入"说"时,才得以发生。我们听得见"说",只是因为我们归属于此一"说"。"说"仅仅允许那些归属于"说"的人讲,即让他们听语言。这样的允许居于"说"中。它让我们获得讲的能力。语言的本质正是作为这样的允许而在"说"中出场。①

---

① 海德格尔《通向语言之路》,转引自《人,诗意地安居》,上海远东出版社,1995年。

海德格尔的观点深刻地表明，人永远以语言的方式拥有世界，人只有归属于语言才能认识世界，才能开口讲话。哪里有语言，哪里才有世界。语言因而有了本体论的意义。它不再仅仅是交流思想的交际工具，不再是人类所拥有的各种工具中的一种，而是存在本身。它既表现出世界的存在，也使人第一次处于存在之中。人之所以是“语言的”，正是由于人是从“语言的说”中产生的，或者说，人被语言带入语言自身。

四、伽达默尔：语言是人与世界的本质关系

海德格尔的学生伽达默尔，又进一步向我们展示了一个由语言的特征所决定的世界图像。在他看来，世界不仅仅是生物世界，也不仅仅是物理世界。因为这些自然科学的研究对象具有相对性，具有一种规定的自在。人们完全可以站在生物世界或物理世界之外来看它们。此时人的视界是有限的。然而在语言中出现、由语言构成的世界则不是这样。人不可能站在语言的世界之外看世界，不可能把世界作为脱离语言的自在对象来认识。因为语言存在于我们与世界以及我们之间的关系中，它是理解的普遍中介。一切客观的事态及其与一切个体的、社会的、人类历史的主体之间的关系都包含在语言之中。人与世界的一切关系表现在语言之中，人的每一个有意义的行为方式都有语言的基础。人不仅是拥有语言，而且是依赖语言才拥有了世界。反过来，语言也由于表现世界它才真实存在，语言的生命和世界不可分离。语言的人文性和人在世界上存在的语言性是一致的。

伽达默尔

伽达默尔把语言看作一种世界观,即人通过语言而有了一种对世界的态度、看法或"观点"。世界上存在着各种各样的语言,也就有各种各样的世界观。每一种世界观中都蕴涵了世界自身的存在,世界在不同的语言中具有语言上的细微差别。由于各种语言世界观都只是对世界的一种态度或关系,所以它们之间是相对的。人的世界图式在不断扩大,这不是由于存在着一个所有语言之外的自在世界(world in itself),而是由于特定语言对世界的看法在不断扩大。而相对于其他语言来说,这种看法只是一个局部,一个方面。通过学习另一种语言,我们可以克服我们以前世界经验的局限。这充分表明,我们的世界经验的语言性是第一性的。语言并不创造世界,但它揭示了我们的世界。它是我们遭遇世界的方式,它是我们与世界的根本纽带,它是我们与世界的本质关系。

五、卡西尔:符号化的人类智慧

当代文化哲学家卡西尔从语言的这种中介性质提出人是符号动物、人类社会是符号社会的观点。他认为必须把"信号"(signs)和"符号"(symbols)区别开来。动物的行为中有相当复杂的信号和信号系统,但动物对信号的敏感远远不是对符号和人类语言的理解。前者只是条件反射。如果要说语言的话,动物的语言只是情感语言或主观语言,动物的智慧只是适应环境的实践智慧。与作为物理世界一部分的信号不同,符号是人类意义世界的一部分,它不依托某种物理实体。人类的语言具有命题语言、客观语言的性质,它远远超出了动物的能力。人类的智慧是符号化的智慧。

从某种意义上说,动物也有"世界"。有多少种不同的生物体,就有多少种不同生物体存在的样式。每一种生物体都有它自己的经验,因而有它自己的世界。在某些生物种属的生命中可以看到的一些现象,无法转移到其他种属上去。苍蝇的世界中只有苍蝇的"事物”,海胆的世界中只有海胆的“事物”,不同生命体的经验是不能比较的。然而动物的“世界”,只是我们所生存的自然环境或自然界。人类则通过符号行为来确认自己与其他灵长类动物的根本不同。语言的运用使人类有了一个意义世界,有了创造文化的能力,有了事实与价值、时间与空间、实践与创造、历史与未来,有了无比丰富多样的人类世界。正如卡西尔所言:与其他动物相比,人不仅生活在更为宽广的实在之中,而且还生活在新的实在之维中。动物对外界刺激的反应(reaction)是直接而迅速地作出的,人对外界刺激的应对(response)则因思维的缓慢复杂而延缓。人不再生活在一个单纯的物理宇宙之中,而是生活在一个符号宇宙之中。人不再能直接地面对实在。人的符号活动能力进展多少,物理实在似乎也就相应地退却多少。在某种意义上说,人是在不断与自身打交道,而不是在应付事物本身。他是如此地使自己被包围在语言的形式、艺术的想象、神话的符号、宗教的仪式之中,以致除非凭借这些人为媒介物的中介,他就不可能看见或认识任何东西。正是在这个意义上,人应当被定义为符号的动物。“只有这样,我们才能指明人的独特之处,也才能理解对人开放的新路——通向文化之路”①。

卡西尔

通观欧洲思想史的语言转向,欧洲语言人文主义有着深厚的哲学渊源。作为一种世界观的语言,它不仅是一种可以对象化、客体化的认识框架或思维格局,而且是一种具有主体能动作用的精神世界和文化、历史世界的塑造力量。语言以它独有的作为认识中介的符

① 卡西尔《人论》,第34页。

号体系,在把现实世界改造为精神财富的伟大转化工作中,积极参与着民族文化、民族精神的建构。作为人性本质的语言,它使人类得以超越许多生物性的限制,构成文化模型并传诸后世。人类创造世界、创造自身的伟业和语言的产生同步开始,须臾不可分离。不能设想没有语言的人类,没有语言的实践,没有语言的人类世界。因此,语言是人性的最高表现。

3 语言是创造性的精神活动

语言是什么? 在欧洲语言人文主义历史上,除了从人与世界的关系来界定语言的作用之外,语言本身的形态——它是一种"产品",还是一种"活动"——引起了人文科学的深入探讨。18 世纪德国文艺理论家赫尔德曾积极否定了语言的诸多"机械"的性质。他认为要认识语言"是"什么,就必须要分清语言"不是"什么。语言不是人的发音器官说出来的"结果",因为那些不说话的聋哑人也有自己的思想和语言。语言不是人的感叹与呼叫,因为语言不是出自一台呼叫的机器,而是出自一个人的反思。语言不是机械的模仿,因为模仿本身只是手段,而无目的,语言则是思想的主观的流露,有很强的目的性。在语言中有一些人为约定的东西,但即使孤独的原始人也能为自己创造一种语言,可见人为约定也不代表语言的本质。那么语言究竟是什么呢? 赫尔德认为如果要说"约定",那么语言是心灵和它自己的约定。这个约定就像人之所以是人那样必要。把心灵、精神因素提到语言的本质上,把语言视为人类心灵的首要问题,这是欧洲语言人文主义一脉

赫尔德

相承的语言观。

一、洪堡特:语言是精神不由自主的流射

人类语言的精神属性,而非物质属性,受到欧洲语言人文主义的关注,这与欧洲哲学的先验论也有一定联系。康德的认识论承认知识始于经验,同时又认为知识不仅仅局限于经验。经验的知识只是个别的知识,偶然的知识,而知识的普遍性、必然性,知识与知识间的内在联系,都取决于人的先验的认识能力,取决于人的知性所固有的先天形式。"感性认识绝不是按照物本身那样表象物,而是仅仅按照物感染我们感官的样子表象物,因此它提供给理智去思考的只是现象而不是物本身"①。语言无疑是一种认识形式,而它所反映的也不是"物本身",而是作为一种先验的认识形式对人所看到的物象作了综合。

康德的认识论在洪堡特对语言的一般性质和特点的论述中得到了生动的体现。洪堡特认为,对某个现存事物作"单纯接受性"的观察,是难以产生表象的。观察必须与"精神的内部行为"相结合。这样产生的"客体",既对立于人的主观精神,又回到人的主观中来。这样一个认识过程,没有语言的参与是不可能实现的。因为人的思维依靠语言才能"开辟通向外部的道路",同时,被语言化了的思维结果又通过耳朵返回说话人的精神世界。表象借助语言而获得客观性,同时又不失其主观性,甚至可以说其主观性得到了强化。因为获得语言表达的表象成为一种观念,为他人所接受。因此,洪堡特指出:"在形成思想的简单行为中,语言是不可或缺的;在人的精神生活中,自始至终也同样需要语言。通过语言进行的社会交往,使人赢得了从事活动的信心和热情。思维的力量需要有某种既与之类似又与之

① 康德《导论》,商务印书馆,1978 年,第 52 页。

有别的对象:通过与之类似的对象,思维的力量受到了激励;而通过与之有别的对象,思维的力量得以验证自身内在创造的实质。"[①]显然,语言的参与,是思想的形成和精神生活的重要的、根本的内容。它是精神的创造活动,源于精神又反作用于精神。在洪堡特看来,要问语言是如何对精神发展产生影响的,只要问一下:语言是否以及在多大程度上为人们对概念进行明晰确当的整理?语言在多大程度上在思维表象中保持了它们原有的感性直观形式?语言优美和谐的声音在怎样强劲有力地反作用于精神?

由于把语言看作精神的创造活动,因而语言只有在运用中才有生命力,而运用中的语言作为一种"活语言"是不能分解的。这又是洪堡特的一个重要观点。洪堡特十分强调语言的"生命体"。他认为从本质上来看,语言是无时无刻不在运动、发展中的事物。即使用文字把语言记录下来,使语言像木乃伊那样保存在书面上,后来阅读的人们还是要将它重新激活,成为生动的语言。语言存在于运用和表达中,是"精神上不断重复的活动"赋予它生命。洪堡特认为,语言的精髓,那种最深奥、最微妙的东西,绝非体现在散乱的词汇、规则、孤立的要素中,而是体现在每一个生动的说话行为中,体现在连贯的话语中。只有在现实发生的语言中,我们才能深入探讨语言的生动本质。洪堡特对此作了一个形象的比喻,即语言的过程是一个生理学的过程,而不是一个解剖学的过程。解剖学只对一个无生命的机体作静态的割裂的研究,而生理学却要面对一个生命有机体作动态的整体的研究。解剖学的研究中语言是一个无生命的制成品,生理学的研究中语言是一种创造;解剖学的研究中语言是一种结果,生理学的研究中语言是一种积极作用的力量;解剖学的研究中语言是一个活动的产物,生理学的研究中语言是精神的不由自主的流射。

---

① 洪堡特《论人类语言结构的差异及其对人类精神发展的影响》,商务印书馆,1997年,第66页。

康德

洪堡特十分注重精神力量的创造性。他认为人类历史的发展中存在着一种具有创造潜能的精神力量，人类的民族区分、文化差异，都与深不可测的精神力量的创造活动有关，语言则是这种创造活动的主要表现形式。在洪堡特看来，语言永远处在一种不停顿的创造活动中，其方法是用有限的手段作无限的运用。因为人们所掌握的语言要素是有限的，而人们面对的领域是无限的。人有能力将语言要素作创造性的组合。这种语言能力不是后天习得的，而是后天在心灵中被“唤醒”的。语言能力的这种创造性贯穿于人类的语言习得、语言运用的全过程。“语言只确定句子和言语的规则及形式，允许讲话者自由构筑具体的句子和言语”。由于“自由驰骋的思想是无边无垠的”，因而语言所能进行的组合也是无限的①。洪堡特的语言创造性思想受到当代美国生成语言学的高度评价。生成语言学的创建者乔姆斯基认为，正是由于洪堡特的远见卓识，用一种固定不变的生成原则为构成正常的语言应用的无限量的个人“创造”行为确定了范围，才会出现生成语法这一崭新领域。因为“一个人的语言知识是以某种方式体现在人脑这个有限的机体之中的，因此语言知识就是一个由某种规则和原则构成的有限系统。但是一个会说话的人却能讲出并理解他从未听到过的句子及和我们听到的不十分相似的句子。而且，这种能力是无限的。如果不受时间和注意力的限制，那么由一个人所获得的知识系

① 洪堡特《导论》，转引自姚小平《洪堡特——人文研究和语言研究》，第128页。

统规定了特定形式、结构和意义的句子的数目也将是无限的。不难看到这种能力在正常的人类生活中得到自由的运用。……这些关于人类语言的关键性事实在洪堡特的名言中得到了正确的表达"①。现代意义的生成语法思想正是洪堡特的语言作为创造性精神活动思想的发展。

洪堡特的语言创造性活动的方法，不仅适用于语言组织本身，而且运用于语言艺术创作。他认为从根本上说语言的形成类似艺术创作，它不是一种单纯的理性活动，不具有目的性和意向性，而是一种想象活动。想象力的不同造成各民族语言的不同样式、不同个性。语言的个性正是各民族创造者的天才表现。这种创造活动具有其自身也无法解释的性质。当然，这种非理性、非规律的创造主要表现在语言的形成期，人的情感和本性激起了最初的语言表达，由此引起的想象转瞬即逝，奠定了语言个性的基础，并在此基础上理性地延伸语言的结构体系。这样一来，语言的起源、语言的个性，都归因于某种不可测知的精神力量的作用。语言的无限创造也因而是超越规则和理性，像精神那样自由驰骋的。从这里我们可以看出，洪堡特将语言的创造性归结为精神的创造性，在语言的创造活动中，精神起着决定的作用。由于精神力量的动因是内在的、自由的、隐蔽的，它与语言的发展进程就难以用因果关系来索解。而语言面对精神力量又不是完全被动的，语言来自精神又反作用于精神，语言的细致、和谐既是精神的产品，又蕴含着自我创造的生命力。洪堡特生动地论述了语言创造与精神创造这种密不可分的关系：

> 至于语言，它与个性的关系极其密切，二者十分频繁地相互影响。借助语言媒介，极不同的个性通过相互传告各自的外向意图和内部感受而统一了起来。心灵是最有力、最敏感、最深刻亦且最富足的内在源泉。它用自己的力量、温暖以及深奥的内

① 乔姆斯基《乔姆斯基语言理论介绍序》，《外语学刊》，1982 年。

蕴浇灌着语言，而语言则回应以一些相似的音，以便在他人身上引发相同的情感。个性逐渐变得完善和细腻，从而使心灵的各个不同方面平衡和一致起来，并且赋予它们一种高度统一的，一如造型艺术所具备的形象。这种形象每一次的表现都发自内心深底，而且一次比一次轮廓鲜明。语言正适合于表达和促进这种统一的形象。因为，在语言中存在着一种美妙的和谐，这种和谐虽在一些具体细节方面往往不可把握，但就整体而言却是一个出色地织造成的符号网络。①

二、克罗齐：语言是直觉的创造与表现

语言和艺术统一在精神力量的创造性活动上，洪堡特的这一思想在意大利哲学家克罗齐的“美学语言学”中得到了完美的体现。克罗齐把语言和艺术都看作主观直觉的创造，把语言学和美学都看作“表现的科学”，因而在他的美学研究中贯穿着语言学的论述。他把他的《美学原理》称为“美学作为表现科学和普通语言学”（该书的副题），把他的《美学的历史》也定义为“作为表现的科学和普通语言学的”。在他看来，“发声音如果不表现什么，那就不是语言。语言是声音为着表现才连贯、限定和组织起来的”②。而美也就是成功的表现。所以，“艺术的科学与语言的科学，美学与语言学，当作真正的科学来看，并不是两事而是一事。世间并没有一门特别的语言学。人们所孜孜寻求的语言的科学，普通语言学，就它的内容可化为哲学而言，其实就是美学。任何人研究普通语言学或哲学的语言学，也就是研究美学的问题。研究美学的问

① 洪堡特《论人类语言结构的差异及其对人类精神发展的影响》，第30页。
② 克罗齐《美学原理·美学纲要》，外国文学出版社，1983年，第153—155页。

题,也就是研究普通语言学”①。

克罗齐

克罗齐关于语言学和美学统一的思想,根源于他对语言本质的看法。克罗齐认为,直觉是最基层的感性认识活动。它所产生的是个别事物的意象,所以它其实就是想象(或形象思维)或意象的形成。例如直觉到太阳红,心中就有一个红太阳的意象。意象是直觉创造出来表现人的主观感情的。而语言,正是“精神最原始的表现”。语言与艺术一样,因为采用物质资料来表现,因为心灵活动的创造。“我们开口说新词时,往往改变旧词,变化或增加旧词的意义;但这过程并非联想的,而是创造的”②。这就是说,语言始终表现为精神的创造。即使我们在用旧的词语的时候,我们不仅仅是在复述,而且是不断随客观情境与主观思想感情的变化而赋予它们新的意义、新的生命,亦即不断地凭直觉创造。由于语言和艺术在直觉表现上的统一,语言学和美学也是统一的。

克罗齐既然把语言和艺术一样作为一种直觉的创造,而直觉是每个人在一定情境里的心境或情感的表现,是整一不可分的,因而语言和艺术一样,是一个不可分割的表现有机体。

在语音上,如果把一串较长的物理声音分为较短的单音、母音、子音、音组、音节,将这些东西单提出来说,都没有确定的意义,都不能叫做“语言的事实”,都只是声音,只是从物理方面抽象出来、分成类的声音。克罗齐认为,原始的语言是个连贯体,人们不曾意识到把一句话分成单字或单音那些经院派所造成的不实在的东西。真正的

① 克罗齐《美学原理·美学纲要》,第153—155页。

② 克罗齐《美学原理·美学纲要》,第153—155页。

语言学的规律不能以单字单音的区分为基础。

在语法上，同样，“表现品是一个不可分的整体”。名词或动词，不过是毁坏唯一的语言实在——句——以后所得的抽象品。语法在人的心中引起一个偏见，以为语言的实在性可以在分散而又可以组合的单字上看出来，而不是在活的言语作品中看出来。而后者正是不可割裂的表现有机体。

在词汇上，克罗齐认为没有两个词是真正相同的，这是审美事实不可简化的个性。在这个意义上，同义词、同音异义词都不存在。把某个词翻译成其他语言或方言的另一个词，是不可能的。

克罗齐否认语言分类的可能性，因为在他眼里，语言并不是一个军械库，装了已制好的军械；不是一部字典，搜集了一大堆抽象品，也不是“坟园中抹油防腐的死尸”。语言就是某时期某民族真正说出或写出的文句及其组合。语言只存在于活的作品之中。而活的作品各有独自的精神与风格，出现在特定作品中的语言也就神貌各异。语言是常流不断的创造。已用语言表现过的东西就不再复演，除非根据已创造的东西再造。生生不息的新印象产生音与义的连续不断的变化，产生生生不息的“新表现品”。

从语言作为“表现品”不可割裂出发，克罗齐认为文法属于语言事实的审美方面，逻辑属于语言事实的理智方面。逻辑形式不能离开文法形式，文法形式却可以离开逻辑形式。例如，我们看到描绘一个人在乡间路上行走的画，用一句话来代替，我们可以说：“彼得在一条乡间路上走”。这是一个审美的事实。如果我们毁去审美的事实，用“动词”（运动或动作）、“名词”（物体或动作者）、“专门名词”、“普通名词”来说明这句话，这是逻辑的分析。但我们不能从这种逻辑的分析来反观运动、动作、物体、人物、普通、个别等等在“表现”什么，也不能说这种逻辑的范畴也就是语言学的范畴，因为“表现品是一个不可分的整体”。克罗齐在这里把文法作为语言审美事实的一部分，即文法体现功能整体。而对语言的分析、分类则属于逻辑。从审美的角度看,逻辑的分析绝不是文法的分析。至于根据有没有逻辑词类中的某一类(如动词)来确定“成形的”语言表现或“未成形的”语言表现,在克罗齐看来属舍本逐末,更是荒谬的。

正由于语言是一个不可分割的生生不息的表现有机体,所以克罗齐认为对文法实行“规范”是不可能的。“你,恺撒,你能公布法律于民众,却不能公布语言于民众。”克罗齐用这句著名的对罗马皇帝说的话来证明凭意志勉强地创造语文是不可能的。但克罗齐并不把这归之为语言的约定俗成,而归之为语言的审美本质。因为语言是审美的,所以试图用规范文法去定出正确的语言规律,是一个“错误的观念”。连文法教师也承认写得好的作品是不能按规矩学来的。但是,如果把文法只看作一种经验的训练,一种便于学习语文的格式的汇集,一种为教导而设的方便法门,那么文法这种“抽象品”也还是有意义的。克罗齐从语言的生生不息的表现出发,不赞成语言的规范化,认为使语言的习惯用法归于统一,不过是寻求“动的不动”。按照某种“模范语言”去说话,那人们不是在说话,而是在自语自听;不是认真、诚实的人,而是学究和戏子。因为每个人都应按照事物在他心灵中所引起的自然反响、自然印象去说话。在这个意义上,寻求普遍的、规范的、格式固定的语言,是荒谬的。

克罗齐从语言是一种直觉的创造与表现出发,认定语言学中的一切科学(而非技术)问题都是美学问题。如果说语言学和美学有什么不同的话,那不过是由于人们把语言学看作文法,或一种哲学与文法的混合,一种牵强的备忘表格,一种教书匠的杂凑,而不把它看作一种理性的科学,一种纯正的语言哲学。克罗齐做了一个形象的比喻:凡是有哲学头脑的语言学家们在彻底深入语言问题时,常发现自己很像掘地道的工人们,到了某个地点,他们必能听到他们的伙伴美学家从地道的另一头挖掘的声音。克罗齐也正是从这种语言和艺术、语言学和美学统一的观点出发,评价了19世纪前的语言学史。

例如,对于古希腊罗马时代的语言学,克罗齐把当时关于语言与事物的关系是自然的(由事物性质决定的)还是人为的(约定俗成的)这一争论看作对语言本质的最初的讨论。自然论强调语言非逻辑的性质,人为论强调语言的逻辑的性质。亚里士多德持人为(约定)论的观点,但它的论述中又不乏自然论的意见。例如,从人为论来看,一个淫秽的东西不管用什么词来表示都是淫秽的,语言中介不起任何作用。而亚里士多德认为一个淫秽的东西用一些言词可以把它们赤裸裸地置于人的眼前,用另外一些言词却可以给它罩上一层面纱。亚里士多德还认为语言中除了表示真和假(逻辑)的叙述句外,还有既不表示真也不表示假(逻辑)的语句,比如心急和抱负,它们是心灵的所属,不是逻辑的,而是诗和修辞的。克罗齐认为这些思想本应导致将语言功能和逻辑功能区别开来,把语言功能和艺术功能结合起来,但亚里士多德却日益注重语言的形式逻辑,走上了另一条路。克罗齐肯定了在这场讨论中持自然(本质)论的斯多葛学派和持中间立场的伊壁鸠鲁。伊壁鸠鲁认为不同民族表明同一事物的名词之不同,不只源于那个民族的约定俗成和人为作用,而且源于那个民族与其他民族的不同本性和那些事物在那些不同民族中所产生的不同印象。

根据同样的观点,克罗齐又批评了16至17世纪的逻辑语法、普遍语法,认为这是把语言非理性的,亦即想象的方法理性化,把出于讲授目的而在非理性方法基础上建立的经验语法理性化。克罗齐肯定了维柯关于语言与诗统一的思想,肯定了洪堡特、施坦达尔关于语言是一种创造性的精神活动的思想,同时又批评了洪堡特关于各种语言的结构差异之中存在着一种和语言目的更相吻合的理想结构的思想,批评了施坦达尔关于语言学有别于修辞学和美学的思想。克罗齐指出,洪堡特开创的对语言学概念的根本更新应该在诗学、修辞学和美学那里引起反响,并在改造它们的过程中统一它们。从这里我们可以看到克罗齐的语言观继承了维柯、洪堡特等对语言本体的看法,在语言学的逻辑学传统之外,拓展了欧洲语言人文主义传统。

三、浮士勒:语言变化源于精神选择

洪堡特和克罗齐关于语言是创造性的精神表现的思想,在20世纪上半叶德国语言学家浮士勒的唯美主义语言学中得到进一步的论述。浮士勒认为,语言作为一种精神的创造,它是不能够由别人来传授的。鹦鹉可以学会"说",可那只是"学舌",与精神无涉,与创造无涉,因而没有"风格"。而语言如洪堡特所说,只能"唤醒"。语言的"唤醒"首先是个人的自我表现,它渗透了个人的意识、个人的创造。任何创新的语言成分都来自个人的语言习惯;任何新的语言变化都是出于对个人创新成分的模仿和传播。其中有的创新者由于社会地位较高,文学影响较大,他们的个人语言表现风格更容易在社会上传播,产生一呼百应的效果,就像但丁的作品对于意大利语的影响那样。每一个个人的语言创造都在无意中改变着民族语言,因为个人是民族的一部分,个人的精神是民族精神的一部分。

浮士勒和克罗齐一样,把精神的表现作为语言和艺术的本源。在克罗齐看来,语言和艺术同样采用物质形式来表现心灵的创造活动,因而语言就是艺术,只不过语言在精神的表现上更为原始。在浮士勒看来,由于同为精神表现形式,人类语言发展的历史可以看作最广义的人类艺术史。浮士勒对语言学研究中的实证主义态度作了深刻的反思。他认为语言研究不能把语言事实本身作为目的,不能把语言材料的积累视为工作的全部,不能埋首于材料以期建立起语言现象之间的因果关系,而应立足于语言深处的精神活动,超越表层语言资料去探寻语言现象发生的原因。例如古代法语中"车"这个词有单数主格 chars 和宾格 char,后来的发展中作为格标志的 s 消失了。这是什么原因呢?从表层语言材料来看,我们只能说在法语的发展中语音在逐渐失落,语序在逐渐稳定,这使得作为格标记的 s 不再有可能,也不再有必要继续存在。然而从语言的精神内涵来看,新法语具有一种“经济”精神和“逻辑”精神，它要求语言的表达更简洁、更合理、更自然。在这种精神的作用下，新的更依顺逻辑事理的词序渐渐取代了旧的词序，旧的格标记也就成了一种累赘而遭淘汰。由此可见，语言的新旧形式之间那种表面的因果联系是肤浅的。语言发展变化的根本原因是语言的精神。

任何语言变化都是精神选择的结果。这同样可以解释语言运用中个人的创造与普遍规范的关系。浮士勒认为，实证主义者仅仅站在语言的表层，热衷于调查某个语言单位的使用频率，认定使用频率的高低决定了一个语言创新形式是否变成一般性的规则而为大众所接受。至于大众为什么会接受这种形式而不是另一种形式，实证主义者并不关心，也无法回答。事实上这仍是精神选择的结果，即一种被容纳的语言形式必须符合大众的精神需求和精神倾向。个人的语言创新如果背离民族的文化精神，它就不可能一呼百应，不可能广为传播，也就不能成为语言中规律性的东西。在这个意义上，一个民族的语法规则正是以该民族文化精神的基本特征为建构基础的。

由于把语言和艺术同样视为直觉的创造，视为一种不可分割的生生不息的表现过程，克罗齐认为语言不能分类，分类只是为了便于教学而采用的训练方法，无关语言的本质。浮士勒也认为，为了研究工作的便利，生理学家可以把人的身躯分成四肢，但人不是由四肢组合起来的，人的有机体的统一性在于人的灵魂。把语言由大到小地切分成一个一个的单位，再把这些单位一层一层由小到大地组合起来，这样一个过程绝不反映语言内部的有机联系和因果性。语言统一于精神，而精神的表现就是风格，亦即美学。对语言的语音学、形态学、构词法、造句法的研究，其真正的科学的解释，只存在于风格论中。前者是“低级科学”，后者是“高级科学”。前者研究的是从每个人的具体语言实践中归纳、概括出来的“死的”规则，后者研究的是每一个人“活的”语言创造。浮士勒认为“规则”不是科学，科学的语言研究不能把“规则”作为孜孜以求的目的，而应把“规则”的研究完全溶解于“风格”即美学的研究中。实证主义者对语言的层层分割，把语言变成了一具“规则”的僵尸；实证主义者分析出的一个个范畴，就好像一座座坟墓，把已经死去的语言机体埋入其中，而风格论的研究则要为这个语言的“僵尸”注入生命和活力，即在进行语音学、形态学、句法学研究的同时，将这些语言事实与个人的精神活动联系起来，与整体的民族精神联系起来，与文化、社会、历史的发展联系起来，探究精神、风格对语言形式的影响，揭示个人创造对语言发展变化的推动作用。

显然，风格是个人选择的结果，风格是个人创造的结果。这种选择和创造，对于大多数的交际者来说，往往是在有意无意中进行的，是一种潜意识的精神活动。风格外化为各种语音、形态、句法的事实，实证主义者将这些事实抽象为规则。然而决定这些事实的并不是“规则”，而是“风格”，即在个人的语言选择、创造活动中所表现的民族精神、民族文化心理及社会历史氛围。浮士勒的“风格论”本质上正是一种语言的功能论、语言的文化精神论。

欧洲语言人文主义的精神语言观、活动语言观、有机整体语言观，是人类语言与文化研究的宝贵遗产。在当代语言研究中物理语言观、实证语言观、机械语言观、工具语言观盛行的情况下，欧洲语言人文主义提示我们反思语言的本质、语言研究的目的、语言与文化精神的关系、语言研究的人文科学方法，这无疑具有深刻的意义。

4 语言的灵魂是民族精神

18 世纪以来，在欧洲的学术思潮中，语言人文主义是源远流长的一支。它之所以吸引众多学者的研究和参与，同当时民族自觉意识的增长有深刻的联系。在中世纪的语言学科中，拉丁语具有无可争辩的主导地位。它是唯一被研究的语言。即使在中世纪后期，出现一些用欧洲各民族语言写成的语法著作，它们或是学习拉丁语的工具书，或附在拉丁语法之后的本族语法说明，并没有自觉的民族语言意识。14 世纪以后，文艺复兴运动的兴起，打破了作为神学和经院哲学基础的一切权威和传统教条，欧洲各民族的民族意识开始觉醒，民族文化的发展自觉性与民族语言的文化认同齐头并进，语言识别成为各国民族主义运动的重要标志。当时的人文科学研究普遍关注语言的起源、语言的本质、语言与民族文化、思维方式的关系、语言与人民的历史、生活的关系。人类语言的丰富的多样性得到人文科学研究的热情的肯定。尤其到 18 世纪末、19 世纪初，浪漫主义思潮弥漫欧洲大陆，人们用热情奔放的语言来抒发感情，表现对理想世界的热烈追求，语言的人文性、民族性受到了研究者的空前重视，由此形成了欧洲语言人文主义的一个重要的理论特色。

一、洪堡特：民族语言即民族精神

德国语言学家洪堡特从个体和群体的关系来论述语言的民族性。语言既是一个民族的创造，同时又是这个民族中每个成员的自我创造。从个体的角度看，精神气质相同，生活经验相同的群体中，每一个人对事物都会有具有个性的理解和反应，语言中也就充满了反映心灵深处奥秘的个性化表述。语言的运用不仅始终以个人为出发点，而且始终为了个人自身的目的。由于语言对精神的阐释和提炼，它甚至扩大了个性的差异。我们可以说语言之所以被创造出来，正是为不同的个性服务的。语言的一般性不会遮蔽个性的差异。但语言在张扬个性的同时，又在个体与个体之间架起了沟通的桥梁。语言在民族内部划分为无数个性化表达的同时，又在这无数个人语言中保持着统一性，就像人的脸型那样，每一个人的脸型都有个性，但一个民族群体的脸型却有某种共同的特征。每一个优秀的作家都有自己特殊的语言风格，但一个民族的语言在和其他民族语言相比较时却会显示出明显的统一性来。所以，一方面语言的创造性活动只有通过个体才能进行,另一方面,创造语言的个体只有在他人的理解中才能进行创造。不论人们怎样关注语言中的个性表现,语言始终是富有民族共性的精神表现。洪堡特认为,要真正认识语言的本质,必须从纷繁多样的个性要素上升到民族性的高度。不了解一种语言的民族性,也就无法认识各种个性化语言要素的真实特质,更无法认识这些个性化要素间的联系。因为,"属于同一个民族的所有个人保持着民族同形性,这种民族同形性把每一具体的认识倾向与其他民族的类似的认识倾向区别了开来。从这样的民族同形性之中,从每一语言所特有的内在动力之中,便形成了语言的个性"①。语言事实也证明,"有些精神创造绝非源自个人,再由个人传递给其他的人,而是导源于所有个人同时进行的自主的活动"。总之,"语言无时无刻不具备民族的形式,民族才是语言真正的和直接的创造者"②。

洪堡特又认为,语言作为一个民族的创造,绝不是被动的。因为语言并非由人的本性在不经意中创造出来,而是扎根在人的本性中自主地、独立地生成的。一个民族的"智力特性"与该民族的语言可以说是相互塑造,互为因果。"语言不仅只是被动地接受印象,而且还从无限多样的、可能的智力发展途径中选择一条确定的途径,并通过独立自主的内部活动改变每一种加于它之上的外部影响"③。

语言与民族智力特性相互塑造的观点,成为洪堡特论述语言与民族关系的理论基点。洪堡特认为,语言的建构对于一个民族来说,是迈出了非常关键的一步。从此这个民族进入了一个新的、更高的层次。语言的运用为一个民族的文化的发展提供了必要条件,民族文化中哲学、文学艺术的发展反过来又对语言中语音、语法、语汇的发展产生积极的影响,二者相互促进,密不可分,沿着共同的路径。

---

① 洪堡特《论人类语言结构的差异及其对人类精神发展的影响》,第 199 页。

② 洪堡特《论人类语言结构的差异及其对人类精神发展的影响》,第 45 页。

③ 洪堡特《论人类语言结构的差异及其对人类精神发展的影响》,第 47 页。

为什么一个民族的精神文化和语言的关系如此紧密呢？在洪堡特看来，这是由于二者都是从同一个源泉产生的，而这个共同的源泉目前人类的认识尚不可企及。正是由于这种发生学意义上的共源性，所以，“智能的形式和语言的形式必须相互适合。语言仿佛是民族精神的外在表现，民族的语言即民族的精神，民族的精神即民族的语言，二者的同一程度超过了人们的任何想象”①。以致我们既可以从民族精神中推导出民族语言，又可以从民族语言中推导出民族精神。

洪堡特对语言之于民族的重要性有深刻的认识。一个民族的人，是什么使他们具有了一种民族的共同性？是共同的地域吗？是共同的生产活动吗？这些虽然能维持和增强民族共同体，但还不能说是形成民族性的根本原因。在洪堡特看来，每个人的心、身结合方式都与他人千差万别，使这种千差万别统一起来的是一个民族共同的“自然禀性”。这种“自然禀性”藏在民族性的后面，似乎难以把握，但它另一个外化形态就是语言。语言与民族性源于共同的基础，但它比民族性更清晰、更强烈，以至于民族性须由语言来传导。人们可以说属于同一个民族的人是因为他们“自然禀性”相同，生活环境相同，但人们更直截了当的说法是属于同一个民族的人说着同一种语言。显然，语言的存在是民族的存在的最显著的标志，或者说，民族的存在首先是一种语言的存在。因为任何民族都需要用自己的智力把握世界，在世界中体现自身，而这种把握和体现，需要有清晰的智力结构，这只有通过语言才能达到。洪堡特指出：“语言使人逐渐上升到他所能企及的智力高度，与此同时，蒙昧的、不发达的感觉领域便渐渐趋向明朗。作为这一发展过程的工具，语言自身也获得了十分确定的性质。与风俗、习惯、行为、活动相比，语言的特性能够更好地说明民族的特性。”“在所有可以说明民族精神和民族特性的现

① 洪堡特《论人类语言结构的差异及其对人类精神发展的影响》，第50页。

象中,只有语言才适合于表述民族精神和民族特性最隐蔽的秘密”①。所以,任何一个民族在它创始之初,都必然优先建构语言。他们倾注的精力是如此之大,以致远古时期的语言形态变化异常繁复,随着岁月的流逝才渐渐简化。

语言在一个民族中代代传播,它对民族中的每一个人都起着强大的限制作用。但这种限制与每个人的“原初的真正本性”是相通的。每一个人一方面在把语言作为工具使用,并在交际中表现出一定的个性色彩;另一方面又在语言的制约下和本民族的其他人保持着共同的世界观和理解的可能性。洪堡特认为前者即个人对语言的作用是一种自由性原则指导下的动态作用;而后者即语言对人的作用是一种生理学的作用,它使每一个人都清楚地认识到自己是整个民族的一个成员。在语言强大的规范下,个人对语言的创造作用是微不足道的,“民族的产品必定先存于个人的产品”②。

语言中的这种巨大的民族共同性,对于民族中每个成员和民族整体性的塑造,都有很大的影响,但洪堡特认为这一影响仍是一种反作用,因为语言的特性是通过民族精神而获得的。如果说存在一种人类精神力量的话,那么各个民族对它的选择程度、发展路径都不一样。这种精神选择的差异在各民族的语言中表现出来。在这里,精神力量是生动的、自主的,语言则是依附性的。洪堡特打了一个形象的比喻:精神好像灵魂,语言是它造就的肉体。一旦精神在语言中生下了根,语言就获得了生命。洪堡特说:

> 语言的特性是民族精神特性对语言不断施予影响的自然结果。一个民族的人民总是以同样的独特方式理解词的一般意义,把同样的附带意义和情感色彩添加到词上,朝同一个方向联结观念、组织思想,并且在民族智力独创性与理解力相协调的范

---

① 洪堡特《论人类语言结构的差异及其对人类精神发展的影响》,第52、201页。

② 洪堡特《论人类语言结构的差异及其对人类精神发展的影响》,第49页。

> 围内同样自由地构造语言。于是,这个民族便逐步地使其语言获得了一种独一无二的色彩和情调,而语言则把它所获得的这类特征固定了下来,并以此对该民族产生反作用。所以,我们从每一种语言都可以推知与它相关联的民族性。①

洪堡特描述的这样一个过程,表明民族精神是语言的生命所在。不仅如此,在语言的发展中,民族精神不断地在将新的血液和生命注入语言。人类语言由语系分化出语言,语言分化出方言,方言分化出不同时代、不同区域、不同风格的更小的方言,都是由于民族精神的影响。例如希腊民族思维敏捷而细腻,希腊语的形式也就显示出“成熟的智力倾向”,反映出丰富多样的想象力。罗马民族刚健而严肃,罗马语音就难以自由地变化和扩展。印度民族的精神重在对思维范畴的细致区分,梵语中就存在大量精细的科学术语。洪堡特更强调指出,反映特定世界观的民族精神,不仅体现在词汇上,而且体现在语言的组织方式上。所以,在语言的“实际研究中,特别重要的是注意不要停留在任何较低层次的语言解释原则上,而是要上升至最高层次的、终极的解释原则,并且把下面的论点确定为讨论精神发展对语言形成的影响问题的可靠基础:人类语言的结构之所以会有种种差异,是因为各个民族的精神特性本身有所不同”②。

一般说来,语言的意义与民族文化、民族精神的关系较为直观,一个民族的社会历史、风俗习惯、文学艺术都会在语义上表现出来。但要在语言结构的背后探究民族文化精神的特性,却需要极大的理论勇气。洪堡特认为语言的外在结构(语法和词汇结构)是由其内在特性决定的。这种内在特性扎根在语言深处,就像灵魂寓于肉体之中。它来自民族的精神特性。从人类的大家庭来说,每一种民族精神都可以视为一种人类个性,每一种民族精神都有其独特的、内在的

① 洪堡特《论人类语言结构的差异及其对人类精神发展的影响》,第201页。
② 洪堡特《论人类语言结构的差异及其对人类精神发展的影响》,第51页。

精神发展途径。由这种民族个性决定的语言结构,也有着独特的面貌和精神内涵。它会在本民族的每一个人身上唤醒一种路向一致的精神力量。这就是语言结构何以能与文化精神、思维方式通约的原因。洪堡特以梵语、希腊语、拉丁语为例,指出它们虽然在词法和句法上有许多相互类似的组织方法,但人们还是可以感到它们各自由语言特性决定的独特结构。同样,美洲土著居民的语言以奇特的概念组合和比喻,及用生命体的范畴容纳无生命事物的方法形成结构特色。"这些语言在语法上并不作性的区分,却在相当广的意义上区分了有生命性和无生命性。我们从这种语法范畴的运用就可以推知使用这些语言的人对有关事物的看法。例如,他们把星辰与人、动物归为一个语法类别,这就意味着,他们显然是把星辰看作自行运动的、具有个性的物体,认为它们可能在天上操纵着尘世的命运"①。显然,深入分析一种语言的形式,就要探寻这种语言形式的文化精神上的内涵,这样的研究才是有价值的。也只有这样的"文化认同",才能深刻认识语言的结构形式。如洪堡特所言:"通过认真细致地分析这些语言的形式,能够揭示产生出这类语言结构的精神组织。所以,这样的语言研究可以避免枯燥乏味,流于平庸。"②

不少研究者认为,语言的产生和运用仅仅是出于人类的一种实用目的,它和思想无关。因而分析语言、研究语言,也只需像对待工具那样,把它作为一个物质来机械地解析。甚至对运用中的活的语言,也需实行解剖术,在它"死"去之后进行分析。因此,语言是不是和思想有关?语言的本质属性究竟是其人文性,还是其物质性或工具性?语言分析的目的究竟在于其表面形式的纯物理的分析,还是在于其形式与民族精神的内在联系?这是语言研究中人文主义与科学主义的深刻分歧。洪堡特认为,任何语言中都有单纯实用的功能。但语言的工具性、实用性只是语言的一个次要方面。从语言的起源

---

①② 洪堡特《论人类语言结构的差异及其对人类精神发展的影响》,第202页。

来说，工具论观点会认为语言产生于个人与他人交往，求得他人帮助的需要。但洪堡特认为生物个体间的交往绝不是由于个体本身的弱小、孤立，否则就无法解释即使像大象那样强大的动物也需要和喜好群体交往。任何生命的活动，其动力都来自“内在的自由”即精神。语言的产生和运用纯粹是思想和感觉的表达。精神特性，或者说人文性，才是语言的本质。

洪堡特认为语言中有两种运用。一种是纯科学的、日常生活的，比如一个人命令另一个人把树砍倒。这种运用的语言语义比较单纯，例如“树”的词义只指具体的树干，它反映的精神活动是分散的、孤立的，它服务的目的是片面而有限的。一种语言如果仅仅用于这种目的，它的发展会受到很大的限制，尤其当语言仅仅用于科学目的的时候，它连日常语言运用中尚存的一点“感觉和热情”也所剩无几了。语言的另一种运用是和思想、感觉的整体相联系的。就像“树”这个词出现在文学作品中，它的词义不再单纯，而是充满着与“理解者的不同情绪和感受”相关的丰富的内涵与联想。这个时候，民族的精神和思想对语言运用产生强大的影响，“一个民族对世界的独特的感觉和看法”即一种世界观和文化精神也在语言中得到了充分的表达。“一旦人在心灵中真正感觉到，语言不仅仅是实现相互理解的交流渠道，而且也是一个实在的世界，即一个精神必须通过内部创造活动在自身和事物之间建立起来的世界，他便走上了一条恰当的道路，能够不断地从语言中汲取到新的东西，不断地把新的东西赋予语言。”①显然，这种语言与文化精神的贯通，与人文精神的相互塑造、相互作用，才是语言分析和研究的意义所在！

① 洪堡特《论人类语言结构的差异及其对人类精神发展的影响》，第206页。

二、孔狄亚克:语言中的民族偏见与热情

洪堡特对语言的民族性的研究,在欧洲语言人文主义思潮中具有代表性的意义。在洪堡特之前,法国哲学家孔狄亚克也探讨过语言民族性。与洪堡特的精神决定论不同,孔狄亚克认为民族性是由地理环境决定的。气候决定了一个民族或是活泼开朗,或是麻木阴沉的性格,国家的处境形势又对民族性施加影响,而民族语言则忠实地表现着民族性。例如,为什么在拉丁语中与农耕有关的术语都显示某种高贵的意识?因为罗马民族创业之初只掌握有限的农业技术,无论是平民还是将军都亲身从事耕作技术。农耕技术受到社会的普遍尊重,农耕术语也就含有尊贵的意识了。而在法语中,由于法兰克人把军事技术视为强国之本,农业耕作主要差遣奴隶去完成,所以农耕术语不含有尊贵意识。孔狄亚克认为,语言真实地记录了每一个民族的性格和特点。它就像一面镜子,人们可以从中看到各种观念是如何按照偏见和热情组合起来,可以看到一个民族是如何形成一种与其他民族不同的精神。一旦一种民族性在语言中扎根,它又会反过来极大地促进民族文化的发展。人们无法从粗糙的语言中获得完美的优点,但随着语言的完善,它就能扩大人们的视野,扩充精神的世界。在自然科学中,“生理机能最为健全的天才们的成功,莫不有赖于他们生活的时代的言语的进步,因为那些单词已对几何学家们的符号提供了答案,而使用那些单词的

孔狄亚克

方式又给计算方法提供了答案"[①]。因此,"各民族只能在他们的语言已经取得了可观的进步之后,才能产生出类拔萃的天才"[②]。

在18世纪的欧洲,与语言人文主义不同,一些研究者认为语言符号的创制具有很大的任意性,声音和它所表达的内容,内容和它的符号概括,都没有必然性,因而不具有文化特征。孔狄亚克认为,一个民族根据自己的民族性格特征,将观念区分为主要的和次要的,将观念作出适合民族性的组合,这是很自然的。这种来自民族文化独特意识的语言组织习惯,构成了一种语言的特质,任何人都不可能改变它。一个人的说话如果离开了该语言的民族特质,就难以为他人所理解。只有当一个民族随着历史的发展,其观察事物的方法有了根本的转变时,语言的特质才会随之改变。

三、施坦达尔:语法的最高使命是民族逻辑

在洪堡特之后,德国学者施坦达尔吸收了洪堡特关于语言的精神性、人文性高于工具性的思想,提出语言自始就是一个民族共同精神的自我意识,是民族精神的产物,而非"告知"即交际的手段。在语言与民族精神的相互关系中,施坦达尔更注重语言的作用力。他认为语言能使人的心灵冲破压抑与束缚,获得释放与安慰。一个民族人与人之间精神上的统一,是由于语言对个人自己和他人的内心世界的理解,唤起了心灵深处的民族精神。在这个意义上,语言是解放,是民族精神的觉醒。它在构成民族精神内部特征的诸要素中居于关键的地位。因此,语言研究本质上是民族心理研究,它的目的是建立语言类型同民族思维和精神文化类型之间的联系。这种联系不仅表现在语言的表层语音形式上,更表现在语言的深层语法形式上。

① 孔狄亚克《人类知识起源论》,商务印书馆,1989年,第226页。

② 孔狄亚克《人类知识起源论》,第228页。

在施坦达尔看来,在一种语言的语法中,“情感的所有力量、感觉、幻想和理解都在起作用;所有这些力量是用特有的适合于民族精神实质的方式起作用的”①。语法体现了一种精神格局,民族精神则在语法中认识了自身。由此,施坦达尔提出:“语言即是民族的精神,民族的精神即是民族的语言。这就是精神的自我理解。在语言中存在着民族的逻辑,即民族对思想的观念和原始关系的认识。这样,语法在其最高的使命上就是民族逻辑的历史。”②这实际上揭示了民族语法和民族思维方式的文化通约性。

四、魏斯格贝尔:母语决定人一生的精神格局

当代新洪堡特学派的代表、德国语言学家魏斯格贝尔对语言的民族性有高度的评价。他认为从群体来说,语言是一个群体的文化财富和精神力量,这种力量决定了人类历史的发展。从个体来说,一个孩子从出生之日起就进入了民族语言流,他的母语决定了他一生的精神格局和语言行为。因此,对于一个民族来说,语言绝不是简单的交际手段。语言的这种精神与文化的内涵,使语言与语言之间在结构上的差异具有巨大的哲学、文化学、美学甚至法学的意义。每一种语言都可以视为人类观察世界、认识世界的一条途径。这种途径如果只有一条或很少的几条,那么人类认识世界的可能就非常有限,人类看待世界的样式就难免片面和主观,狭隘而自闭。语言一多则意味着世界观的丰富多样。人类可以从不同的角度、适用不同的方法去观察世界、认识世界。如果说语言仅仅是工具,仅仅是可以作技术分析的形式,看不到语言形式的文化规定性,看不到语言与民族精神的结构通约,我们就无法深刻把握语言的本质,我们就失去了一条通向民族文化心理结构、通向民族心灵深处的重要途径。

①② 赵世开《国外语言学概述》,北京语言出版社,1990年,第306页。

以人类的星空世界为例，不同的民族显示了通向星空的不同途径。中国古代的星空格局是二十八宿。其中有四星相连如簸箕形的箕宿；有六星相连如舀酒之斗的斗宿，斗柄指东则季节为春，斗柄指南则季节为夏，斗柄指西则季节为秋，斗柄指北则季节为冬。二十八宿中东方七宿看上去像一条龙，其中角宿像龙角，氐、房二宿像龙身，尾宿像龙尾，整个七宿由此聚为一体，名为“苍龙”。南方七宿看上去像一只鸟，其中柳宿像鸟嘴，星宿像鸟颈，张宿像嗉囊，翼宿像羽翮，整个七宿由此聚为一体，名为“朱雀”。另外北方七宿以龟形而聚为一体，名为“玄武”，西方七宿以虎形而聚为一体，名为“白虎”。这样一种认知途径，与古希腊语根据希腊神话中的形象，将星空分为四十个星座，是完全不同的。魏斯格贝尔认为，星空结构的不同并非各民族居住地区的观察角度不同，而是各民族思维特点的不同。在语言的星宿称谓后面，是民族精神对星空世界的塑造与条理。

五、伽达默尔：语言工具论批判

当代哲学释义学也延伸了洪堡特的思想，对语言的工具论进行了深刻的批判。德国学者伽达默尔指出，语言并不是人类的意识在与世界发生关系时所使用的一种工具。从表面上看，语言在我们要说话时从口中说了出来，不说话时又回到语言的储备库中待用，就像工具那样呼之即来，挥之即去。但实质上，我们谁也不能在没有语言的状态下拿起理解的工具。一切关于语言的思维，其本身就已经是语言。人类任何对于自身和外界的知识都浸润在语言中。语言工具论者试图人为地把我们生存其中的语言从我们身上排除出来，而成为我们所能掌握的器械或工具。这就像要把世界从我们生活中排除一样，是完全不可能的。语言是我们存在的家，就像世界是我们居住的地方一样。学习一种母语就意味着在这个语言世界中成长，语言本身对世界解释的有限性（所谓偏见）也就决定了人的有限性。人不可能超越语言。

当我们把语言视为一种工具的时候,我们会对它的结构、语法津津乐道,以为这些抽象的规则就是语言,语言在我的分析掌握中。然而伽达默尔告诉我们,语言具有一种自我遗忘性。在活语言中语言学家运用巨大抽象能力所研究出的法则完全消失了。越是生动的语言越难以使人意识到"语言",因为语言实际存在于它所说出的世界里,语言本身构成了人生活其中的文化环境。

当我们把语言视为一种工具的时候,我们会以为语言在我的处置之中,说话是我个人的行为。然而伽达默尔告诉我们,语言具有无我性,说话不是个人的行为,而是与他人共同参与的一个行为。一个人说话不可能使用他人不懂的语言,也不可能不期待他人的理解。语言不属于"我"而是属于"我们","说话"的本质不是"独语"而是"对话"。语言这种把你、我、他统一起来的精神,远远超越了工具的属性。

当我们把语言视为一种工具的时候,我们会以为语言的作用就像工具的作用那样是有限的、封闭的。然而伽达默尔告诉我们,语言的作用是普遍的,它包容一切。人类面对的世界是一个意义的世界,人类只能看见与人发生关系的有"意义"的事物。在这个意义上,世界对人而言是一个语言的世界。人生活在这个世界中,没有任何东西是无法言说的。语言的界限也就是理解能力的界限,语言作用的这种普遍性使人与人之间的对话具有无限的内容。每一次对话的结束都具有开放性和延展性,新的对话会与此衔接。如果说语言是一种"工具",那么没有一种工具会如此包容一切,甚至把人的全部理性也包容其中。

伽达默尔十分赞成洪堡特关于语言在其本质上具有人文性,而人的根本属性是其语言性,人是语言的生物的观点,赞成洪堡特关于语言对于人的世界观具有根本意义的观点。他认为,这种对语言本质的认识,必然导致对人类语言结构多样性的关注。因为不同的语言作为不同民族的生存世界，是人类文化的巨大财富。通过民族语言的不同样式可以了解不同文化的世界观乃至不同文化发展的细节。但语言深刻的民族性对文化之间的相互了解又是巨大的障碍。通过语言了解一种文化，很重要的工作是翻译。译者必须首先成为被译语言的一个“说话人”，而成为“说话人”意味着他须获得被译语言中人与人之间对话的无限性的内容。仅仅做到“文从字顺”，是无法使译文的含义具有无限伸展空间的。因为一种语言形式平面地交换为另一种语言形式后，原文语词的背景和言外之意都消失了。它们只存在于原文的语言中，拒绝异族语言的替代。翻译的艰难就在于要真正成为另一个民族的“说话人”，获得对话的无限可能性。在这个意义上，翻译的限度也就是语言的民族性的限度。

六、海德格尔：人的语言本质决定人的文化属性

对于翻译的限度，伽达默尔的老师、德国存在主义哲学家海德格尔也有深刻的阐述。从语言的人性意义必然导致说不同语言人的不同的民族性，从语言是存在的家也必然导致不同民族的人居住在完全不同的“家”中。人在翻译中能够跳出这种“家”吗？海德格尔认为，人们为了谈论语言，总是想象对待工具那样超越语言、占有语言、控制语言，然而事实上人们谈论语言只是在“让语言从语言那里并且在语言之中用语言对我们讲它自己”①，也就是说，不是我们在说语言，而本质上是语言在说我们。我们的一切思考都已经是语言规范了的。“我们的讲只是不断地追随语言。我们谈论的东西，语言，总

① 海德格尔《通向语言之路》，转引自《人，诗意地安居——海德格尔语要》，上海远东出版社，1996年，第67页。

是走在我们的前头。因此,我们总是跟在语言后面跛足随行”①。人类在言说的时候,也许不会想到实际上是语言在“给出”。语言工具论者更难以想到“语词乃给出者。它给出什么呢?按照诗的体验以及思的悠久传统,语词给出存在”②。人是如此深陷在语言之网中,他不仅从“网”中看世界,而且从“网”中思考自己的存在,更在“网”中表达自己的见解以与他人对话。当讲话成为“网”中之说的时候,这个“说”归属于“网”,实质上是对“网”的倾听。这种倾听作为人与网的关系发生在讲话之前。海德格尔说:“我们不只是讲这语言——我们经由语言来讲。我们能这么做,只是因为我们总是对语言已经有所听。我们此处听到什么呢?我们听见语言在讲话。”③语言的讲话即语言向我们“显示”一系列在内容上无所不包的范畴。这些范畴表现出人对世界的条理、事物对于人的关系,使我们在运用这些范畴时会意识到“我们总是让某物对我们而被说出来,而且一切知觉与观念都包含在这一事实中”④。于是,我们的说话,其实质也就是“作为对语言的听,我们又把我们已经听到的语言之说说出来”⑤。海德格尔在这里深刻说明了人的本质的语言性。人是从语言的“说”中产生的,因为语言使我们认识了世界,也认识了自身。人一生下来就被交给了语言,在语言“寂静的轰鸣”声中形成了人的本质,在语言“寂静的轰鸣”声中认识了世界与万物的差异,然后人们才开始以自己的方式说话。这种“说”是由于我们归属于语言而得到语言的允许。显然,人的思考和说话,是对本民族语言的倾听和回应,这就为不同民

---

① 海德格尔《通向语言之路》,转引自《人,诗意地安居——海德格尔语要》,第67页。

② 海德格尔《通向语言之路》,转引自《人,诗意地安居——海德格尔语要》,第68页。

③④ 海德格尔《通向语言之路》,转引自《人,诗意地安居——海德格尔语要》,第71页。

⑤ 海德格尔《通向语言之路》,转引自《人,诗意地安居——海德格尔语要》,第72页。

族语言之间的理解和对话规定了某种根本性的限度。

海德格尔以希腊词 physis 的翻译来说明这一限度。希腊哲学是西方哲学的源头，一些重要而关键的概念源出于此。“希腊人第一次提出了作为整体的存在事物的本真性问题。他们称存在事物为 physis，这个意指存在的基本的希腊词，通常译作‘自然’，它来自拉丁语对 physis 的翻译：natura，其意应为‘出生’、‘降生’。”[①]但是，“希腊人不是通过自然现象了解 physis，而是通过其他途径：通过对存在的一种基本性的诗与理智的体验，他们发现他们不得不称之为 physis 的东西。正是这一发现，才使他们得以窥见严格意义上的自然”[②]。因此，physis 在希腊语中的涵义比其拉丁语译文“自然”要丰富得多。它不仅指天、地、植物、动物，还指人和人类历史，更重要的是它还指“从属于命运的众神本身”，指“受其支配出现的力量以及受这种力量支配的存在”[③]。显然，一经翻译成拉丁语的 natura，希腊词 physis 的本义就被遮蔽了，其哲学涵义也被曲解了。海德格尔认为，这种由翻译带来的遮蔽和误解，不仅存在于拉丁语对希腊哲学语言的翻译，而且存在于所有其他罗马语对希腊哲学语言的翻译。由于“言词和语言不是把事物包装起来为写作者和说话者的交流服务的包装材料。事物只有在言词和语言中，才首次进入存在并存在起来”，因此由翻译带来的语言的“误用”，“破坏了我们和事物本真的关系”[④]。不同民族语言之间的翻译，由于语言是各自民族“存在的真理的家”，其误解和遮蔽是不可避免的。尤其当我们面对东西方语言之间的翻译时，这种“不可译性”表现得更为深刻。海德格尔说：

①② 海德格尔《通向语言之路》，转引自《人，诗意地安居——海德格尔语要》，第 77 页。

③ 海德格尔《通向语言之路》，转引自《人，诗意地安居——海德格尔语要》，第 78 页。

④ 海德格尔《通向语言之路》，转引自《人，诗意地安居——海德格尔语要》，第 77 页。

> 我到现在还闹不清楚,我当作语言的本质加以思考的东西,是否也适合于东方语言的本质。①
>
> 一些时间以前,我曾经极其粗略地称语言是存在的家。如果人通过他的语言居于存在的宣告和召唤中,那么,我们欧洲人和东方人也许居于完全不同的家中。……因此,两家的对话仍然近于不可能。②

这是由人的语言本质极其深刻地阐明了语言的民族本质。人的语言规定性同时就是人的文化规定性。人在进入一种语言的同时进入了一种文化。语言之间的"不可译性"即文化之间的"不可通约性"。由这一观点出发,我们学习、传授,运用我们的母语,本质上是在进行着生生不息的文化认同工作。我们语言分析如果离开了其文化限度,就背离了语言乃至人的本质。这是欧洲语言人文主义给我们的深刻启迪。

---

① 海德格尔《通向语言之路》,转引自《人,诗意地安居——海德格尔语要》,第77页。

② 海德格尔《通向语言之路》,转引自《人,诗意地安居——海德格尔语要》,第76页。

第二讲

美洲文化的语言视界

1 人类学的语言视野

一、思想背景

20 世纪初，就在欧洲人文主义语言学沿着洪堡特主义的路线，深入发展的时候，美洲的语言学人文主义却在新的历史条件下独立地成长起来。这一变化基于两个重要的背景因素：其一，哲学、人文科学研究方兴未艾的语言本体论思潮；其二，人类学对语言研究和语言调查的全方位地介入。

语言本体论是作为对思维本体论的反拨而出现的。在方法上,它则是亚里士多德以来泛逻辑主义的对立面。从古希腊罗马时代开始,思维和语言的关系就被简单地看作内容和形式的关系。亚里士多德认为,思维范畴决定语言范畴,“口语是心灵的经验的符号”①。“正如所有的人的书法并不是相同的,同样地,所有的人也并不是有相同的说话的声音;但这些声音所直接标志的心灵的经验,则对于一切人都是一样的,正如我们的经验所反映的那些东西对于一切人也是一样的”②。从这一点作逻辑的推论,首先,语言作为形式,其发展是由思维内容、思维方式的发展需要所决定的。其次,在语言中所有取得表达的东西一定是属于逻辑学的东西,语言思维一定是合乎逻辑的思维。其三,思维是人类对客观世界的认识活动,具有人类共性;同一思维内容可以用不同的语言形式来表示,语言具有民族性。在这种思维本体论的影响下,古希腊罗马时期的语言研究,主要关注思维范畴对语言范畴、首先是对语法范畴的影响。人们不仅把语法范畴和逻辑范畴等同起来,而且还把自己的研究任务看成是通过逻辑范畴和用逻辑范畴的术语来描写语法范畴。这种泛逻辑主义在整个 18 至 19 世纪的欧洲语言学人文主义传统中受到尖锐的挑战。进入 20 世纪以后,西方哲学思潮开始关注语言范畴对认识过程和思维范畴的形成的影响。维特根斯坦指出,世界是一切的实际事况(事实),事实的逻辑图画是思想,思想是有意义的语句。因此,“我的整个任务在于解释语句的性质”③。“哲学的整个云团凝结成语法的一滴两点”④。许多典型的哲学难题的存在主要不是由于缺少某种观点的证据或强有力的论证,而是由于不能在词的多种使用中作出必

①② 亚里士多德《范畴篇·解释篇》,商务印书馆,1986 年,第 55 页。

③ 维特根斯坦《笔记,1914 年—1916 年》,1961 年,牛津德英对照本。

④ 维特根斯坦《哲学研究》,引自《现代西方著名哲学家述评》,三联书店,1980 年,第 175 页。

要的区别。一旦进行了语言分析,澄清了语言的多种用法,许多困惑也就消失了。因此,当代哲学关注达到语言意义的明确性的方法是什么?达到真理的可靠的探究方法的特点是什么?作出正确有效论证的条件是什么?为此就必须研究语言在实践和思维中的作用,研究怎样在语言的使用中识别意义、获得意义,或确保意义的存在。于是,正如卡尔纳普所说,“一切有意义的哲学问题都归属于语法”①。对语言意义及其类型作出分析,以求出逻辑范畴和确定辨明真理的程序,形成了20世纪哲学和人文科学研究共同的泛语言主义风格。这种泛语言主义与贯穿于19至20世纪的欧洲语言学的语言世界观的思想史传统一起,最终促成了以萨丕尔—沃尔夫为代表的美洲语言学人文主义的高峰。

美洲的语言学人文主义的另一个直接起因是人类学对语言学的全方位地介入。从人类学的观点来看,人类文化的传承基本上是依靠一个比任何动物都更为复杂的信息传播系统。因为人类必须学习文化,每个人都必须向别人学习适应他在社会中充分参加活动的知识和行为准则。在没有语言的情况下,由一些符号和语符指导,通过观察和模仿,人类也能够并且确实进行学习。但今日所知的所有文化,内容都如此丰富,以致它们需要有一些不仅能准确表示多种现象,而且还能让人们探寻过去、将来与现在经验的信息传播系统。语言是人类信息传播主要的和最高度发达的系统。任何一种人类学研究都不可缺少语言活动的知识。从20世纪初的人类学研究来看,美洲大陆的第一批居民——印第安人部落的文化和语言是20世纪初美国人类学的热点。这些语言散布在美国和加拿大广袤的大地上。它们几乎全部处于前文字状态,并且置身于较小而趋向消亡的社团之中。其数目之多、差别之大,超过全部欧洲的语言。从数量上看,它的总数达一百五十个以上的语条和上千种的语言。从差别上看,

① 卡尔纳普《语言的逻辑语法》1937年英文版,第280页。

无论是语音成分还是语言结构，德语、法语、爱尔兰语、波兰语、立陶宛语、阿尔巴尼亚语、希腊语、巴斯克语、土耳其语、匈牙利语、芬兰语和契尔克斯语（所列为欧洲差别最大的语言）之间的差别，都比不上从加利福尼亚洲选出同等数目的语言之间的差别那么大。而这些语言几乎年年都在消亡（例如，加利福尼亚州雅那语（yana）的雅西方言（yahi）消亡于说这种话的最后一个人死去的1916年3月25日）。人类学家的使命感使他们竭力要在为时不致过晚的时候把美洲印第安语的材料记录下来（在早期（1890年以前），这项工作主要是由传教士和那些旨在把宗教书籍译成土著语言以便推广宗教教育的人来做的）。语言学家正是在人类学的感召下全力投入记录和分析美洲当地语言的，由此形成了人类语言学（Anthropological Linguistics）。语言学的人类学紧迫感还由于当时新教教派为在国外广泛传教而对传教士进行的语言培训。它使许多宗教语言学家又从已建立在美洲的一些印第安部落的小哨所中走出来，把活动从哥伦比亚扩展到新几内亚。第二次世界大战期间，语言学的人类学紧迫状态达到了顶点。当时美军要统治太平洋上的许多岛屿，却因没有人能跟当地居民交谈而陷入困境。他们求助于人类学语言学家为他们开设语言课程。正是在这样的紧张状态下，人类学和语言学的研究目的和方法日益紧密地结合起来。语言不容置疑地被包括在从一切方面研究人类文化的人类学范围之内。

人类学和语言学联姻，加上所调查的又是远离欧洲文明的不为人所知的文化的语言，这为语言学家打开了语言—思维—文化的新的视野。人们从来没有像现在这样强烈感觉到每一言语社团都生活在多少不同于其他言语社团的社会中。这些不同既反映在言语社团的文化组成成分中，也在它们的语言中出现和存在。对一种远离欧洲影响的文化作人类学的调查研究，要求调查人在某种程度上精通该社团的语言。例如一个民族的生活方式中的许多最重要的细节，大都是用属于不同领域（宗教信仰、伦理道德、亲属关系、社会等级等等）的一些关键词来表述。换句话说，在描述某种文化时，如果对这一文化所包括的语言比较熟悉，那么文化的描述将会更透彻；反过来说，如果利用文化的其他方面的某些知识对语言作出描述，将会对语言的特点和它作为一种符号交际系统在社团中的作用提供更加全面的说明。而且，人类语言学家在他们对美洲土著语言的调查中第一次获得了语言—思维—文化之间存在直接联系的强烈印象，这就促使他们认真思考人类主要是通过语言去理解世界的这个欧洲语言、人文主义命题。

二、基本原则

人类语言学的先驱是现代普通人类学的创始人鲍阿斯。他不是一位职业语言学家，然而他在对印第安语的研究中提出了人类语言学的一些基本原则。

鲍阿斯

首先，每一种语言不应依据一些预定的标准（如希腊—拉丁语法）来描写，而只应依据它本身的语音、形式和意义的模式来描写，因为这些模式是从土著语言本身归纳出来的。对于没有书面形式的语言，尤其是对在人类经验的整理方式上有着根本差异的模式中形成的多种语言而言，印欧语言的语法范畴是完全不能照搬套用的。比如美洲印第安各语言的动词，就可能没有时态体系。时间的概念可能被划归为人类的反应、记忆或期望的一部分；某事在视野内的不出现等等。为了确实保证语言描写按语言的实际用法而不是按事先确立的语法模式，鲍阿斯提出，一个特定的语言体系可以分析成三个次体系：①操这一语言者所使用的各个语音；②由语音组合构成的意义单位的各种范畴；③将这些意义单位组合起来传达复杂意思和经验的各种体系。于是从语音入手循序渐进，成为一种“描写语言学”的研究规范。

其次，在对于主要的种族思想之形成的研究中，语言是最有启发的研究领域之一。因为，语言学中所形成的那些范畴，始终是人们所未意识到的，这就给研究民族思想文化带来极大的便利。人们可以研究这些范畴的形成过程，而不受第二性的解释中那些引人误解和造成混乱的因素的影响，而这些第二性解释的因素，在人种学研究中正在普遍模糊思想发展的真正的历史。鲍阿斯在人类学研究中较早地认识到一种文化中语言是文化最有特征的创造。印第安居民的文化、风俗习惯、道德和宗教观念跟语言结构的关系极为特殊，在语言、文化和思维之间存在某种直接的关系。

鲍阿斯的传统由他的学生、职业语言学家萨丕尔忠实地继承了下来。

2 语言纲目与文化模型

爱德华·萨丕尔（Edward Sapir）是现代最出色的北美印第安语专家。他通过广泛的人类学调查，系统地研究了北美印第安语言和语群，第一个用非印欧语的材料提出了人类语言一般理论学说。这对非印欧语民族、尤其是语言类型迥异的汉民族的语言研究，具有深刻的启示。萨丕尔的人类语言学思想集中体现在他的语言观和“模型”理论上。

萨丕尔对语言本质的看法简单而又明晰。他把人类的语言功能和走路功能加以对比，给人以深刻的印象[①]。

走路是人类的遗传的生物的功能。学走路时，文化或者说社会

① 爱德华·萨丕尔《语言论·言语研究导论》，商务印书馆，1964 年。

习惯的系统不起什么重要作用。人天生具有走路所必需的一切肌肉、神经适应系统。学语言却是由于人不仅出生在自然界，而且也出生在社会怀抱之中。社会一定会带领他走向社会传统。

萨丕尔

没有了社会，如果人还能活下去的话，无疑他还会学走路，但他永远学不会说话，也就是说，不会按照某一社会的传统体系来传达意思。

如果把一个刚生下来的人从他出生的社会环境迁移到另外一个社会环境去，他当然也会发展走路的技术，差不多像老环境里一样，然而他的言语会和他本土环境的言语全然不同。可见，走路是种普遍的人类活动。人和人之间，走路的差别是有限的，这种差别是不自主的、无目的的。言语这种人类活动，从一个社会集体到另一个社会集体，它的差别是无限度可说的，因为它纯然是一个集体的历史遗产，是长期相沿的社会习惯的产物。

总之，走路是一种机体的、本能性的功能；言语是一种非本能性的、获得的“文化的”功能。

萨丕尔对他的语言观作了极其细致的论证。

一、语言的非本能性

言语中最接近本能的可能是感叹之声了，感叹确实是本能的，然而却不是符号性的。疼痛之声也好，欢乐之声也好，它所做的并不是宣称某种情绪正在被感觉到，而只是教情绪的力量多少自动地流露出来。它本身只是情绪的一部分，或者说一种本能反应，并不是对任何人有目的地发出的。如果有人听到的话,也只不过是偶然听到,就像听到狗叫、风声一样。而感叹词是自然声音的习俗的定型,它同感叹之声的关系正像艺术同自然原型的关系一样。艺术纯粹是社会、文化的。人类的本能喊叫本身差不多是完全相同的,就像人的骨骼或神经系统是人体组织的固定部分一样。而感叹词在各种语言中语音特性有很大差别,而且,"感叹词只是语言词汇中极小和功能上最不重要的部分;在任何时候,在有记载的任何语言领域中,都没有看到它们有组成语言经纬的明显趋势。它从来就至多不过是这块宽阔而复杂的织品上的装饰花边而已"①。总之,语言是纯粹人为的、非本能的,凭借自觉地制造出来的符号系统来传达观念、情绪和欲望的方法。不管本能表现和自然环境能给某些语言成分的发展多大刺激,不管本能的趋势在多大程度上规定了语言表达的范围和方式,人类语言并没有可以觉察到的本能基础。

语言的非本能性,同时也就否定了把语言的生理—物理属性作为本质属性。萨丕尔指出,语言作为听觉符号是由说话器官产生的,但说话本身并不是一种本能的、由生理决定的活动。首先,肺、喉头、上颚、鼻子、舌头、牙齿,嘴唇都用来发音,但它们不能认为主要的是说话器官。它们有各自的主要功能。说话对于它们只是一种"上层的功能"。正像手指不能认为主要是弹钢琴的器官,膝盖不能认为主要是祈祷的器官一样。其次,语言从外观方面看,或者从心理—物理方面看,是由脑中的联合位置和下导神经路所组成的一张大网。但位于脑中的一个语音,即使已经和发这个语音所必需的"说话器官"的一定动作联合起来了,也还远不能成为一个语言成分。它必须进一步和人的经验的某个成分或某些成分(例如某个或某类视觉印象,或对外物品某种关系的感觉)联合起来,否则不可能具有起码的言语意义。这个经验"成分"就是一个语言单位的内容或"意义"。说话

① 爱德华·萨丕尔《语言论》,第5页。

和听话的生理“动作”只不过是“意义”的复杂符号或标记。在这里，萨丕尔摒弃了当时美国心理学界、语言学界流行的行为主义思潮。行为主义心理学力图把人的心理完全生物学化和动物学化，认为在人和牲畜的行为之间不存在分界线，必须在同一平面上考虑。例如人类的思维只是“筋肉活动”的一种形式。它的同义词是“喉头的习惯”，于是发音器官成了“思维器官”。语言也是如此。由于把人类特有的语言、思维完全归结为身体内部的肌肉动作，行为主义心理学极端藐视语言在塑造人类心理方面的重大意义，将人类和动物之间的心理差别减缩到微不足道的地步。心理学成了一门毫不涉及心理现象的纯生物学和纯生理学。在行为主义思潮的影响下，布龙菲尔德等语言学家也把语言确定为一种生物学过程，一系列的刺激和反应，把人类的语言同咳嗽、打喷嚏、呃逆（打嗝），同动物的叫声等同起来，把语言只看作一种没有内容的形式结构来加以描述。萨丕尔指出，语言是一种特别的符号关系。一方面是一切可能的意识成分，另一方面是位于听觉、运动和其他大脑神经线路上的某些特定成分。一个词所指的并不是它的音响效果、发音过程及其触觉，发音动作及其视觉，而是指它所联系的某种经验成分。这个经验成分也不是单个的知觉符号或对某一事物的意念符号，而是一个包括着成千累万不同经验的概念符号，是一个可以“顺手把思维包装起来的胶囊”。因此，“我们没有别的办法，只有承认语言是在人的心灵或‘精神’结构中充分形成的功能系统。我们不能把语言当作单是一种心理—物理的事来给它下定义，虽然这心理—物理基础是很必须的，否则语言不能在人身上发生作用”[①]。

① 爱德华·萨丕尔《语言论》，第7页。

二、语言的内面是思维模式

如前所述,语言的单个意义的成分是概念的符号,那么实际上,连串的言语就可以认为是把这些概念安排起来,在它们中间建立起相互关系的记录。从概念的产生来说,一个概念在具有明确的语言形象之前不会获得个别的、独立的生命。有了一个词,我们就像松了一口气,本能地觉得一个概念现在归我们使用了。没有符号,我们不会觉得已经掌握了直接认识或了解这个概念的钥匙。假如"自由"、"理想"这些词不在我们心里作响,我们会像现在这样准备为自由而死、为理想而奋斗吗?从语言符号能够很容易地由听觉符号转变为视觉符号,由语音、文字形式转变为电码手势形式来看,仅有语音并不是语言的基本事实。语言的基本事实在于概念的分类、概念的形式构造、概念的关系。语言学家要研究的,与其说是言语的物理事实,不如说是思维模式的抽象事实。萨丕尔明确地指出:"语言和我们的思路不可分解地交织在一起,从某种意义上说,它们是同一回事。""语言形式的无限变异,也就是思维的实在过程的无限变异"①。"思维只不过是脱去了外衣的语言"②。

语言的内面是思维模式,还意味着思维模式受制于语言结构。例如词不只是了解概念的钥匙,它也可以是限制概念的桎梏。语言的分类格局一旦"打定了主意,认为一东西不是好定了的,就是坏定了的,不是黑定了的,就是白定了的,就很难改变态度,承认某些东西可能是又好又坏的(或者说,无所谓的),又黑又白的(或者说,灰的),也更难认识到好坏、黑白这些范畴可能根本用不上"③。萨丕尔

---

① 爱德华·萨丕尔《语言论》,第135页。
② 爱德华·萨丕尔《语言论》,第138页。
③ 爱德华·萨丕尔《语言论》,第60页。

在《语言论》中，经常求助于语言“感觉”的概念，指出语言感觉使语言不但是一种客体的东西，而且也是一种主体的东西。萨丕尔后期又吸收了当时英美分析哲学关于“语言的界线，就是世界的界线”的思想，指出“语言大大地制约着我们对于社会问题的一切思考。我们之所以看，所以听，或甚至所以经验，正如我们之所以做这个或那个一样，都是因为我们社会的语言习惯预先安排好了一定解释的选择”。“连我们的表象的原生物也要依靠于那些叫做词的社会模型”①。

从语言的内面是思维模式的观点出发，萨丕尔较早地从思维与现实的角度论证了语言的符号性。他指出，所有的行为都既可以视为一种功能，又可以视为一种符号，或视为二者的结合。如果为了进屋而猛地打开一扇门，这个行为的意义就在于它允许方便地进入。而如果敲门，这敲的本身就表明门并未打开，它仅仅是一个信号，表明将有人来开门。敲门是更基本的主动的开门行为的一个代用品。这个例子初步解释了什么是语言。人类大量的行为都是语言行为。它们对于我们的意义不在于直接的动作本身，而在于作为别的更重要的行为的间接的信号。一个基本的符号总有它所代表或所指称的某种客观相似物。因此，敲门与对于门的有意图的行动是明确相关的。有些符号已变成行为功能的缩略形式，例如向人挥拳就是一种简略的、无害而又实际上威胁了别人的方式。如果这样的手势在社会中逐渐明确并构成侮辱和威胁的等价物，它就成了一个符号。

然而这种符号与它所代表的事物有相似性，它还不是最基本的，随着时间的发展，符号形式会完全褪尽这种相似性，失去与它所代表的事物的外部联系，就像红、白、蓝三色和美国毫无相似之处，三色星条的美国国旗是一种第二性的符号。对语言的心理学的理解，就是把它看作社会演变的第二性的符号系统。这是一种最为复杂的第二

① 见 E. Sapir, *The Status of Linguistics as a Science*, *Language*, Vol. 5. No. 4. 1929。

性符号系统。也许人类早期的叫喊等符号形式与他们的感情态度、观念存在一定联系,但语词和它们所代表的事物之间已无这种有迹可寻的联系。

语言的内面是思维模式,并不等于说语言与思维同义。语言就像一架乐器,能够奏出不同高度的心灵活动。语言的流动不只和意识的内在内容相平行,而且在不同的平面上和它平行。这个平面可以低到为个别印象所占据的心理状态,也可以高到注意焦点里只有抽象的概念和它们的关系的心理状态,就是通常所谓推理。语言只有外在形式是不变的;它的内在意义、它的心灵价值或强度,随着注意或心灵选择的方向而自由变化。语言只有在符号表现得最高、最概括平面上才能作为思维的外表。它逐渐地接近思维,而并非贴在完成了的思维上的标签。

三、语言是一种文化模型

萨丕尔在1921年出版的《语言论》一书中对语言与种族、文化的内在联系曾有不十分确定的看法。一方面,他认为语言有一个底座。说一种语言的人是属于一个种族(或几个种族)的,也就是说,是属于身体上具有某些特征而不同于别的群的一个群。语言也不脱离文化而存在,就是说不脱离社会流传下来的、决定我们生活面貌的风俗和信仰的总体。因此人类学家总是凭种族、语言和文化这三个纲目来研究人,根据这三重视点来为一个自然区域画地图。例如,这个区域从生物学的角度看,人有哪几大类?语系有哪些个?如何分布的?作为文化的人是怎样分类的?显著的"文化区"有哪几个?每一区的主导思想是什么?(如北非的回教文化;南非的原始狩猎、非农业的布须曼人文化;物质上贫乏而礼仪上高度发展的澳大利亚土著文化;比较进步的、高度专门化的玻利尼西亚文化等)但是另一方面,萨丕尔又认为语言和种族、语言和文化都没有内在联系,完全不相干的语言可以在同一种文化里共存，密切相关的语言，甚至同一种语言属于不同的文化区域。“在文化的地理、政治和经济决定因素已经不再相同的时候，共同语言也就不能无限期地作为共同文化的印证”[①]。虽然种族和文化的分界线确有点和语言的分界线相应的趋势，但这种界线上的一致不过是“浅显的历史上的联系”。例如，地理和历史上的孤立造成人种的差别，自然也有利于深远的语言和文化上的差异。历史上有接触的种族和文化，久而久之会趋向于同化，而同时相邻的语言只偶然在表面上同化。因此，“语言的发展以及种族和文化的特殊发展这二者之间没有深刻的因果关系”[②]。至于说到民族的“气质”或“集体心理品质”决定了语言与文化的共同特征，萨丕尔认为很难证明“气质”是一种文化的趋势和沿流的决定因素。就算气质对文化的形成起了某种作用，也不能就此说它对语言的形成也起了同样的作用，没法证明语言形式和民族气质有任何一点联系。从语言结构里去找分别，以相应于据说是和种族有关的气质变异，那是徒然的，因为“观念在语言中居统治地位，意志和感情显然是次要因素”[③]。因而“气质”作为民族的一种情绪倾向是很少在语言体格中表现出来的。

萨丕尔早期思想的这种认识是同他当时尚未摆脱的科学主义传统对语言的认识联系在一起的。他把文化和语言的关系看作一种“道”与“器”的关系，他给文化下的定义是“一个社会所做的和所想的是什么”；给语言下的定义是“人具体地怎样思想”。从他打的着重号来看，文化是一种内容，具有本体论的性质，而语言仅仅是“术”，即方式。很难设想文化这种社会所精选的东西、经验的摘录和社会表达一切经验的具体方式这二者之间会有什么特殊的因果关系。文化的沿流，也就是说历史，是社会摘录上的一系列复杂变化——有

---

①② 爱德华·萨丕尔《语言论》，第134页。

③ 爱德华·萨丕尔《语言论》，第24页。

增,有减,也有重点上和关系上的改变,而语言的沿流一点也管不着内容的变化,只管形式表达的变化。这种“道”、“器”之分限制了他对语言本质的探究。

另一方面,萨丕尔认为语言与文化的因果联系应该是一种内在形式格局的一致性。语言的内容当然是同文化有密切关系的。例如不懂神通论的社会,用不着神通论的名称;从未见过或听过马的土人遇见了马,不得不为这种动物创造或借用一个名词。又如每一个文化浪潮都在语言上沉积下一层借词,研究这样的借词可以为文化史作有意味的注疏。从日语中的汉语资源,暹罗语、缅甸语、柬埔寨语中的梵语和巴利语印记,英语中的罗马和雅典传来的词,都可以看出早期中国文化、佛教和古典地中海文明在历史上所起的巨大作用。可见语言的词汇多多少少忠实地反映出它所服务的文化。从这种意义上说,语言史和文化史沿着平行的路线前进,是完全正确的。但这种肤浅的、外加上去的平行对语言学家没有真正的价值。因为在萨丕尔看来,语言的实质不在于内容而在于它的形态结构,因而语言与词汇不能混为一谈(尽管研究一种语言在面对外来词时起怎样的反映——拒绝它们,翻译它们,或是随便接受它们——很能帮助我们了解这种语言内在的形式趋势)。词汇和文化(包括神话、宗教思想、社会组织类型、工艺技巧等)可以在语际之间“蔓延”,但这种“蔓延”只是加在语言形态核心的表面上的,不能产生深刻的形态影响。从异文化的影响来说,语言(这里指的是它的形式)也许是“最闭关自守,最顽抗的社会现象”。“把它灭绝了倒比瓦解它本身的形式还要容易些”[①]。因而语言形式的主要的一致性和分歧性归因于语言自主的沿流。从本民族文化的影响来说,如果可以证明文化在一切种类的具体内容之外,另有一种内在的形式,一套规模,那么,才可以说在文化上找到了可以和语言类比的名义,可以和语言发生关系的手段。

① 爱德华·萨丕尔《语言论》,第128页。

而在没有发现和揭露这种文化上的纯粹形式格局之前，最好还是把语言沿流和文化沿流当作两个不能比较的、没有关系的过程。萨丕尔说，在文明进化的任何水平上都有形形色色的单纯类型和复杂类型的语言。“就语言形式说，柏拉图和马其顿的牧猪奴是同伙，孔夫子和阿萨姆的猎取人头的野人是同行”①。

显然，萨丕尔这种对语言与文化关系的理解和武断是肤浅的、简单化的。但是，如果把萨丕尔的观点放在他所处的早期人种语言学历史背景中，我们又可以看到他的思想有其积极的意义。早期人种语言学（Ethnolinguistics）的研究专注于词汇与非语言学的文化的关系。它显示词汇给文化内容提出的一个指数，并借此表明一种文化的几个方面的相对重要性。例如美国西南部的阿帕车（Apache）部落，以狩猎和采集食物为主，有关野兽、植物和环境特征的词汇就十分丰富。北太平洋海岸的印第安人以渔业为主，有关鱼类和捕鱼工具与技术的词汇就特别多。在日语和朝鲜语里，一套社会等级的复杂体系不仅反映在一般词汇中，而且也反映在代词体系这样的词汇形式特点中。萨丕尔认为词汇层面上这种显而易见的语言与文化的关系并不是本质性的关系。如果要追寻语言与文化的本质联系，就必须在它们的各自的结构系统中找到对应之处，探寻那种整体结构上互为映射的内在联系。而这里说的结构，不是词汇结构，而是语言的生命格局——语法结构。因此，萨丕尔早期研究中对语言与文化相互关系的保留态度，预示着作为一个人类学者对这个课题的更高的追求。

事隔数年，在萨丕尔 1929 年的著述中，他对语言与文化的关系有了全新的认识。首先，萨丕尔对语言本质的认识由“器”上升为“道体”。他指出，语言是了解“社会现实”的向导。人类并不像一般理解那样仅仅生活在一个客观世界、一个社会生活的环境中。更重

① 爱德华·萨丕尔《语言论》，第 136 页。

要的是人类生活在作为他们的社会的表达媒介的语言支配之中。很难设想一个人不用语言能够适应现实,也很难设想语言仅仅是解决交际或思考的特殊问题的一种偶然的手段。事实上,“现实世界”也很大程度上是无意识地建筑在该社会集团的语言习惯上的。从来没有这样相似的两种语言,我们能够把它们看作是表现了同一个社会现实。不同社会生存的世界是互有区别的世界,而非仅仅是插着不同标签的同一世界。就拿理解一首简单的诗来说,不仅要在一般意义上读懂词义,而且要充分理解词所映照或者说折射的社会的整体生活。甚至,其他比诗更简单的理解也出乎我们想象地受制于语言这种社会模型。举例来说,如果画十几条不同形状的线,它们给人的感觉是“直”、“弯”、“曲”、“Z 字形”等,这些类正是语词本身所暗示的。我们大体上是像一般人那样来看、听或者经验的,因为我们社会的语言习惯使我们倾向于选择某种解释。

萨丕尔在《原始语言的概念范畴》一文中还指出,语言和经验,并不是人们通常理解的那种反映和被反映的关系,语言也不是一张被动的目录,记录着人类的各种试验,在语言和经验发生关系的时候,它实际上是一个独立的、创造性的符号体系。人类在思索、认识世界的时候运用着语言,这实际上是在把语言中所隐含的成体系的“预期”投射到现实世界中。这种“预期”体现在语言的完整的形式中,人的思维在不知不觉中受到语言形式体系的牵引。因此,如果说语言反映经验,不如说语言实际上是在为人们规定经验。人只能“看”到语言中规定了的东西,这就是人的语言性和人的经验的语言性。萨丕尔认为语言的这种“预期”性很像数学符号。数学符号也是自成体系,数学概念是个独立而自足的封闭系统。在数学符号的运用中,其形式体系可以“预期”一切可能的经验因素。萨丕尔断言,经验的世界本质上是一个意义的世界。事物的意义并非来自经验,而是来自投射在经验上的语言形式,于是人对现实的认识只得屈从于语言的暴力。

显然,萨丕尔已把语言看作一种世界观。他认为每一种文明都有自己的文化模型,这一模型的纲目是在这种文化的语言中编织的。因此,要观察和了解一种文化的网络及其要义,语言符号系统是一条必要的途径。只有在语言系统中,一种文化模型的要目才清晰地显现出来;只有在语言研究中,才能真正把握一种文化的精髓。

四、语言学巨大的文化研究价值

出于对语言体现文化模型的深刻理解,萨丕尔对当时美国语言学界盛行的描写主义思潮作了适时的反思。他痛感语言学对于人类学和文化史的价值长期以来被忽视了。他明确地指出:随着语言研究的发展,语言已被证明是人文科学的有效工具。语言本身也需要并且得到了其他人文科学的大量启示。对于一个现代语言学家来说,把自己限定在传统研究领域内是困难的。如果他不是很迟钝的话,他肯定从语言学和人类学、文化史、社会学、心理学、哲学,甚至物理学和生理学的互惠的联系中获益不少。从这一点出发,萨丕尔提出了"语言学作为一门科学的地位"这个具有时代意义的问题。他对把语言学作为一门自然科学来研究的结构主义传统提出了大胆的怀疑。

布龙菲尔德

美国结构主义语言学的代表布龙菲尔德努力想使语言学成为一门科学。然而通向"科学"的途径在他看来不外乎:①科学只能同当时当地每一观察者都感受到的现象打交道(严格的行为主义);②科学只能同处于一定时间地点坐标上的现象打交道(机械主义);③科学只能采用能导致进行实际操作的初始陈述和预断(效验主义);

④科学只能采用从物理现象有关的常用术语中通过严密的定义得出的那些术语(物理主义)[1]。在布龙菲尔德看来,论述人类活动和经验所用的术语,必须全部与任何一个观察者在一定的时间和空间所能观察到的现象有关联。他不承认人类行为具有某种非物质因素的参与,也就是每一个人内在的精神、意志或心理的参与。他认为语言论就是一种机械论或物理论。人类行为的因果序列"就和我们在物理或化学研究中所观察到的一样"[2]。语言学是一门自然科学。语言学的首要任务是研究可以观察到的物质现象——语音形态。因为语言不过是"一系列喉音习惯"。和语义有关的研究是徒劳无益的。例如,语言学家怎么给"原子"下定义呢?那只有等待物理学家对原子研究得十分彻底。而语言学家怎么描写一种语言呢?那只有将这种语言的历史知识全部抛弃。

萨丕尔针对把语言看成"一系列喉音习惯"的行为主义观点,不无嘲讽地指出:按照行为主义心理学的这种观点,我们可以推论语言也不过是一种"无声的喉音物"。然而事实上,语言不仅仅是一种机械的物理现象,在语言形式的背后,是将它凝聚起来的历史。每一种语言结构都是历史的延伸,都是历史结构,是长期而复杂的历史发展的结果。抛开历史发展的过程,抛开语言结构的功能,语言形式本身也就不可理解。我们固然可以把语言研究的崇高目的置于语言形式上,但这绝不意味着语言就只能理解为形式,而不是功能或历史过程。因为每一种语言结构都离不开特定的时间和空间条件。

萨丕尔认为,语言学自然感激物理学和生理学,例如语音学就离不开声学和言语器官生理学。一方面,语言行为的实际技巧包含非常专门的生理学意义上的调节;另一方面,与语言过程的规律性和典型性相比较,从其他文化立足点研究的人类行为具有明显的自由与

---

① 见 L. Bloomfield, *Linguistic Aspects of Science*, Chicago. 1960, p. 13。

② 布龙菲尔德《语言论》,商务印书馆,1980年,第35页。

不确定的特点。但是,“语言基本上是一种文化和社会的产品,它必须从文化和社会上来理解”。“语言学对于社会科学的方法论具有战略上的重要性。因为语言是像文化的其他表现那样严格社会化的人类行为类型。它在基本原理和倾向上背离那种只有自然科学家才惯于公式化描述的常规”①。因此,不仅没有必要为语言研究提供可资机械地运用的精确程序来分析素材或检验任何特殊的分析方法,而且还应批判那种认为在一切科学中严格地运用自然主义方法以抽象地说明研究者的信念,随便怎样也有助于解决科学问题的错觉。当然,在社会现象明显的无规则的背后,存在着其构造和倾向上的规律性,这就像力学世界的物理过程的规律性一样真实,虽然这种规律性在萨丕尔看来是很不确定,而且属于另一种理解方式的。萨丕尔指出,严格的语言学领域正在不可避免地被超越。理解语言机制对于历史研究和人类行为的研究正充分显示其必要性。语言学家将不断在科学的一般领域内理解他们研究课题的意义,而不顾忌因他们未关注正统的语言本身的问题而被指责为卖弄学问。

语言学是如何超越它的自然科学园囿的呢?萨丕尔列举了四种有关人文科学的研究。

人类学——人类学研究面临的最基本的问题是,随着我们对社会行为的分析越来越精密,语言结构及其历史发展的知识正变得越来越重要。语言事实上成了文化的符号指南(symbolic guide to culture)。许多文化事物和观念往往在语词上被混淆了。因此研究具有文化涵义的语词的分布常常使我们对各种发明创造和观念的历史的认识有意想不到的启发。

社会学——社会学家必然对人类相互之间的交际的技巧有兴趣。从这一点出发,对语言交流的便利和障碍的研究是绝对重要的,而且必须把它们放在那些决定行为模式和观念的交流的难与易的许

① 见 E. Sapir, *The Status of Linguistics as a Science*, *Language*, Vol. 5, No. 4. 1929。

多其他因素的相互作用中加以研究。社会学家还必然对在任何社会中产生的符号意义的不同感兴趣。言语或言语的社会风格问题远不止是美学或语法的问题,发音的特殊方式、短语的特征、言语的俚语形式、各种职业术语……社会正是在如此多样的符号中组织自己的。这些符号对理解个人和社会观念的发展是极其重要的。

心理学——心理学家正越来越关注语言资料。虽然迄今为止,他们能否在语言学家根据他们的材料所作的系统阐述之外更好地理解语言行为,还令人怀疑,但语言学家自己所做的心理学的解释需要用更一般的语言来重新阐释,纯粹的语言学事实可以作为符号行为的一种特殊形式来看待,这已是一种普遍而自然的看法。心理学家也许过于狭隘地只关注简单的言语心理基础,未深入研究言语的符号本质。这可能是因为心理学家大都没有意识到行为的符号系统的重要的基础意义。在符号学的领域,语言学的进展对于心理学的进展肯定会有很大贡献。

在所有的文化形式中,语言的基础形式最完整地独立于其他文化模式。因此语言学有希望成为最大限度地理解文化的"心理学—地理学"指南。在日常生活中,行为的基本符号体系荷载着令人为难的功能交错的变化形式,因为人类行为的单个动作往往是多个清晰的符号形式的相遇点。我们很难把握行为中上下文的和非上下文的意义。语言学对于符号构形的研究却有特殊的价值。因为语言模型在很大程度上是自足的,不受其他非语言的相互交错的符号形式的控制。

哲学——哲学正前所未有地关注着语言问题。语法形式和步骤被哲学家天真地翻译为形而上学问题的时代早已过去。哲学家需要理解语言,以防止他受限于自己的语言习惯。为了把逻辑从语法的束缚中解放出来,为了理解符号的知识和意义,哲学不得不对语言学的进程作出起码的评论,而语言学家将以极大的优势来帮助弄清我们所使用的词语和语言程序的含义。语言学家得天独厚地成为语言感情上的相对论者,因为他最少受他自己的语言形式的欺骗。

萨丕尔充分肯定了语言学在社会科学、人文科学体系中的重要的、独一无二的地位。一方面,他明确认识到人类社会文化的发展既不模仿也不企图接受自然科学的不可更改的概念,否定了用机械的、不可移易的物理学或生物学概念研究人文现象;另一方面,他又指出在人文科学中语言学的材料和方法比其他研究社会化行为的学科更容易确定。当语言学明确自己研究对象的人文本体论,明确自己作为一门人文科学的基本属性的时候,语言研究的特点,即它类似自然科学的容易确定性,就在人文科学中显示出极大的优势。这使它能对社会做真正科学的研究。萨丕尔指出:"对于经常被指责为在自己的研究课题的精致模型外一无所知的语言学家来说,重要的是认识到他们的研究对于人类行为的一般意义上的解释所具有的意义。不管他们喜欢不喜欢,他们必须不断关注许多侵入语言领域的人类学、社会学、心理学问题。"①

五、语言模型的本体论意义

萨丕尔的语言学人文主义思想是对在欧洲结构主义和美国行为主义双重作用下形成的语言学科学主义思潮的激烈的反叛。这不仅表现在他的语言观和语言学价值观上,而且深刻地体现在他的语言模型学说上。

萨丕尔在讨论语言特点的本质的时候,一直严格区分语言和词汇,形式与价值。他认为语言的基本形式是人类直觉的符号表达。形式可以有上百种。使用母语形式的人对自己母语的形式是不自觉的,因为这种形式本质上是一种语言的内在模型。对语言的内在模型应作纯正的研究。即:一方面,语言模型如何,与使用语言模型的

① 见 E. Sapir, *The Status of Linguistics as a Science*, *Language*, Vol. 5. No. 4. 1929。

民族在物质上进步还是落后无关;另一方面,语言模型如何,与该语言的词汇是否丰富无关。所有的语言都有足够的资源,只要有需要,可以随时用来创造新词。一种伟大文化的语言媒介可能会有丰富的词汇,但这跟该语言的模型无关,跟该语言模型的价值无关。可以设想,一种语言的每一个声音,每一个词,每一个具体概念都改变了,而它的内在的现实一点也不改变,就像可以往一个固定的模子里倒水、倒石膏,或是倒融化了的金子。语音也不是语言。简单地说明一种语言如何从几乎无穷无尽的语音里选送出某些特定的语音来使用是不够的,甚至经过艰苦的语音分析得出一种语言纯粹客观的语音系统也是不够的,因为在语音系统的背后,还有一个更有限制的、"内部的"或"理想的"系统。它"是一个完成的格局,一个心理机构"。这种内部的语音系统或者说语音"模型"与语音的物质本质无关,表现为一种语音组合关系的功能系统。可能历史上有亲属关系的两种方言没有统一的、共同的语音,但它们的语音系统的"模型"是相同的。例如某种语言的 p、t、k 这三个音,其中 p 被与它相当的浊音 b 代替了,它原先的系统也就被破坏了,但假如剩下来的 t 和 k 也随之被与它们相当的浊音 d 和 g 替代,那么它原先的系统又恢复了。物质的语音变了,"模型"却保存了下来。萨丕尔指出,语音模型"是语言生命里一个真正的、非常重要的原则。甚至在它的语音内容久已改变了之后,它还能作为一个格局坚持下去,包括语音成分的数目、关系和作用"①。因此,客观地比较两种或两种以上不同语言的语音是没有心理或历史意义的,除非先确定这些语音在内部格局中的"价值",即语音在实际言语里的一般用法和功能。萨丕尔在他的语言调查中发现,教一个印第安人区分语音时,如果一种分别不相应于他的语音格局中的点,就有困难,甚至不可能,尽管这种分别在我们客观的人听来非常明显。但是隐微的、刚刚能听出来的语音分别,只要碰上了

① 爱德华·萨丕尔《语言论》,第 33 页。

格局中的点，他就能容易地并且自主地在写法上表现出来，语法也是如此。萨丕尔指出，凡是已经略微体会到某种外国语的精神的人一定会明白：每一种语言都像有一个基本规划或固定的体裁。语言的这种类型或规划或结构“本性”，比我们所能举出的任何单一现象都更是根本性质的、更是弥漫一切的；单只罗列零碎的语法事实并不能使我们恰如其分地了解某种语言的性质。由此看来，一种语言是通过它的内部模型（包括语音格局、语法结构、概念结构）来表现它的特性的。语言学家不能埋没在大量烦琐的观察里，而应把握住语言的内部模型。它决定了语言的一切变化。另外，言语的实质，既然不是纯净地在实践中实现的，它只存在于语言的“模型”当中，那么在经验上观察到的语言事实里是找不到这个内部模型的充分表现的。“模型”是观念选择的结果。它预先决定了语言发展的方向，同时构成了历史变化的某些经常的不可知的东西，使一种语言的“结构天才”区别于另一种语言的“结构天才”。

与语言是一种内部模型相联系的，是语言的类型。各种语言都有自己的固定化和系统化的内部模型。这种“模型”规定着语言的形态类型。萨丕尔用大量的事实论证了语言的多样性给人的深刻印象不亚于它的普遍性。他形象地指出：从拉丁语到俄语，我们的视觉所及，景象是大体相同的，不管近处的、熟悉的地势已经改变了。到了英语，我们好像看到山形歪斜了一点，不过整个景象还认得出来。然而，一来到汉语，头上的天都变了。一方面，某些说英语的人认为是主要的概念，在其他语言中可以不理会。例如英语中“the man kills the duckling”这句话，汉语的表达是“人宰鸭”，相当于 man kill duck。这种表达在说英语的人看来是幼稚、犹豫、空虚的。它把三个具体概念用三个单音词直接表示，主语和宾语这两个关系性的概念只由具体词处在动词的前后来表达，而指称的确定不确定、数、人称、时制、性别这些在英语看来是重要的概念都没有表达出来。然而这句话在汉语中却又是完全适当的传达，没有传达的东西在上下文和共同了解的背景中都传达了。相反,一个聪明而敏感的中国人,习惯于"彻骨地"使用语言形式的,又会说印欧语的句子是"何等学究似地闹玄虚!"当他第一次面对欧洲语的不合逻辑的复杂性时,会感到把说话的素材跟形式格局这样大量地混成杂伴儿,或者更正确地说,把某些基本上是具体的概念,转用为虚薄的关系概念,这种态度实在叫人难受。另一方面,某些说英语的认为不重要的概念,在其他语言中却必须表现出来。例如 the man kills the duckling 并未提到人、鸭子、说话的人、听话的人的位置关系。在说话的人看来,人和鸭子都看得见呢,还是其中的一个看不见呢?二者都处在说话人、听说人的视野之内呢,还是处在远远的没有指定的一点呢?那小鸭子是属于你的,还是属于他的呢?这种潜在的"指称"观念,说英语、汉语的人都是不会想到铺张地表达出来的,但对于夸丘脱尔印第安人,这种形式上的铺张却是很自然、不可少的。

萨丕尔对人类语言类型,特别是与印欧语显然不同的美洲语言的类型之多样化的深刻印象和阐述,使他逐渐形成了新的类型学思想。

首先,人类语言的类型区分不能套用印欧语的类型范畴。萨丕尔在他对美洲语言的大量调查中感到,在印欧语材料上建立起来的历史比较语言学的语言分类原则不适于美洲语言。一方面,美洲语言缺乏历史的材料,无法对比它们发展的相连贯的各个阶段,也无法把它们列入"语系",按发生学进行分类。萨丕尔主张以广泛的结构标准作为语言的分类标准,而不取发生学分类所依据的标准。另一方面,美洲语言的类型极其多样,它们与已知的欧洲、亚洲、非洲等其他文明的语言有着根本的区别。萨丕尔认为,迄今为止的语言分类法与其说是把所知的各种语言都包罗进去了,不如说是强迫各种语言坐在窄小的直背椅上。面对这种僵硬的排列,人们不禁产生种种疑问:

一种语言有多种面貌,究竟选择哪一种作为分类的"观点"?

分类的“观点”只需一种够吗?

只选用跟我们相近的、我们最直接感兴趣的几种语言,再补充一星半点不熟悉的语言,就能给语言分类了吗?

用“孤立——黏着——屈折”三位一体的公式就能把一切语言都划分清楚吗?

萨丕尔指出,贪图简单的公式,只能叫语言学家自作自受。例如,上述三位一体的分类公式就是从汉语和拉丁语这两个极端(屈折和分析)出发,在它们各自的周围集合一些可以方便地集合起来的语言,然后把其他一切语言扔到“过渡类型”(黏着)里。有时又让印第安语拖在后面,算是黏着语的“尴尬的后位”,叫做“多重综合语”。而事实上,一种语言可能是黏着的,又是屈折的;或者是屈折的,又是多重综合的;或者又是多重综合的,又是孤立的。

其次,人类语言的类型区分不能套用生物学的进化论。萨丕尔认为把从“孤立”到“黏着”再到“屈折”作为人类语言发展的三个阶段是一种来自自然科学的进化论偏见。它是19世纪中叶在印欧语的研究中灌输进来的。它强暴地占住了语言学家的思路。这一部分是由于语言研究中的生物学科学主义倾向,另一部分则是由于当时绝大多数语言理论家都说某一种印欧语,其中发展得最充分的样式是他们从小就学的拉丁语和希腊语。他们很容易就相信这些熟悉的语言代表着迄今为止语言发展的“最高”类型,而其他一切类型不过是走向这可爱的“屈折”类型的阶段。凡是符合梵语、希腊语、拉丁语和德语的格局的,就被当作最高的;凡是不符合的,就叫人皱眉头,认为是短少了什么,或者至多不过是一种有趣的畸形而已。萨丕尔不无嘲讽地说:

一位有名的谈论文化和语言的美国作家有一句警语:说黏着语的人虽然可贵,但是一个屈折的女人嫁给一个黏着的男人,实在是罪过。用这么大的精神价值来打赌么?屈折语的护法师

> 引以为荣的往往正是拉丁语和希腊语的不合理的地方,只有当他们觉得宜乎强调这两种语言的深刻的"逻辑"性的时候才不这样。可是对土耳其语和汉语的清醒逻辑,他们又是麻木不仁的。好些"野蛮"的语言,不合理的地方那么显眼,形式那么复杂,这又不合他们的胃口。感情用事的人真是难以理喻。①

在萨丕尔看来,印欧系语言的发生学分类不仅是不充分的,而且往往不是导致种族中心主义,就是纠缠于站不住脚的进化论臆说。

其三,人类语言的类型区分不能套用逻辑范畴。萨丕尔反对像传统的逻辑学派那样用逻辑范畴来条理语言范畴。恰恰相反,他认为人类的概念世界的系统化是由语言结构完成的,因此语言类型的区分不能以逻辑范畴为依据,而应以按各自的个性条理概念世界的语言结构为依据。经过语言结构的"模铸"而呈现出来的概念,是"语法的概念"。

拿单个词来说,一个词可以"随意"捏合几个概念。例如 farmer(农民)看上去像一个完全统一的概念。但从另一种意义上看,它又是 one who farms(一个种地的人),这是一组概念。它的根本成分 farm 所传递的概念不是有关人的身份的,而是有关某种生产动作的(to farm, 种地);而这动作的概念本身又是以另一个有关某类事物(farm, 农场)的概念为基础的。farmer 有一个表示"从事者"的后附加成分-er。它传递一个相当具体的概念,类似 doer(做事的人)。但它的具体性被语言结构淡化了。farmer 的-er 并没有指定明确的概念,即没有干脆说 one who(farms)((种地)的人)。它只充当概念之间的媒介,即仅仅表示所谓 farmer 的人和庄稼活儿有足够密切的关系,以致习惯地被认为是永远从事这种活动的。事实上,他可以进城去做种地以外的任何事情。可是他的语言标志仍旧是 farmer。萨丕尔指出,语言在这里暴露了自己有点无能为力,或者不妨说,有一种

---

① 爱德华·萨丕尔《语言论》,第76页。

别扭的倾向,故意不理会直接交给它的任务,宁可信托想象和习惯来填补一个具体概念(to farm)和另一个"派生"概念(farmer)之间的思想过渡和使用上的细节。任何语言似乎都不可能把每一个具体观念都用一个独立的词或根本成分表达出来。经验的具体性是无穷的,而最丰富的语言的资源也是有严格限制的。所以不得不把无数的概念归到某些基本概念项下,而用别的具体或半具体的观念来作功能媒介。一个词如果包括一个派生成分(如-er),它的根本成分(如farm-)的具体概念会从意识中隐退,而让位给一个新的具体概念(farmer)。后者在语言表达形式上是综合的,这种综合性潜伏在结构形式里;而在思想上并不综合,因为它的根本成分的具体概念已经"隐退"了。这种让某些概念凸显、让某些概念归附、让某些概念隐退的综合条理作用,正是语言范畴对逻辑范畴的重组和再构。它显示出不同语言的"结构天才"和它所规划的思维模式。

相对来说,句子的结构比词的结构逻辑性更强一些,然而在句子中逻辑依然被语言结构重新"模铸"过了。举例来说,the farmer kills the duckling 这个句子中,kills 的-s 就包含了不下于四种逻辑上独立的关系:

(1) 表示一个独立的陈述;

(2) 表示 farmer 的主语性质;

(3) 表示 farmer 是单数;

(4) 表示动词的现在时。

拿英语这个句子和德语同义的句子 Der Bauer tötet das Entelein 比较,还可以看出,英语的 the 表示确定指称,德语的 Der 在表示指称的同时又表示单数、主格和阳性;das 在表示指称的同时又表示单数、宾格和中性(尽管在逻辑上这些概念应附着于具体概念)。德语又把"宰"这个观念分裂成基本概念 tot(死)和派生概念 töt-(使做某事、使成为某物,用 tot 的元音变换),tötet(弄死)在结构上是 tot + 元音变换 + et,大致相当于英语的 dead-en-s(死—使—第三人称单数)。

如果拿英语和拉丁语比较,不同语言结构呈现的不同逻辑格局就更明显了。英语 The(那)white(白的)men(男人们)that(关系代词)come(来)(来的那些白男人),拉丁语为 illi(那、几、阳性的、从事者)albi(几、阳性的、白的、从事者)homines(阳性的,从事的、几、男人)qui(那、几、阳性的、从事者)veniunt(别的、几、现在、来)。每一个词都包括一个根本概念(括号中带点的)和三个选自格、数、性别、人称、时制等范畴的关系概念。

萨丕尔指出,从纯粹逻辑的观点看,我们的句子所表达的概念为什么这样遴选,这样处理,这样组合,而不是另外一个样子,显然是讲不出内在的道理来的。句子是由历史的势力和盲目的心理势力产生的,并不是明确地掌握了一个个的成分,然后把它们逻辑地综合起来。所有的语言多少总不免是这样的。既然同一逻辑范畴在不同的语言中具有不同的功能,那么语言的类型区分只能以结构功能作依据。萨丕尔在谈到词类的时候也指出,词类所反映的,与其说是人对现实的直觉分析,还不如说是人把现实模造成各种不同形式格局的能力。一个词类脱离了造句形式的范围,就变成了鬼火。所以词类的逻辑分类法——有几类,性质怎样,有没有一定范围,对语言学家没有一点好处。每一种语言都有自己的分类法。一切都要看这种语言承认什么形式上的限制。

从萨丕尔的模型学说及其在类型学上的运用来看,萨丕尔高度评价语言模型(Pattern)对于语言的本体论意义。"模型"对于语言的内容来说是一种思维模式,一种世界观;对于语言的形式来说,是语言赖以产生和发展的内在生命和根本依据,它几乎是无理性地模造了一种语言的概念世界和精神格局。在萨丕尔看来,什么是语言的内容呢?当然是语言的"模型"。可这种"模型"本身已具备一种形式。什么是语言的形式呢?当然也是语言的"模型"。可这种"模型"本身又是一种已经充实的形式。语言"模型"将民族的概念意识语法化。这种"语法的概念"在凝聚内容的同时又规范了内容,成为与内容互为彼此的表现形态。正由于“模型”得到内容的高度肯定，所以它就在较为充分的意义上成为内容力量的本体，成为语言表象的内在精神。萨丕尔无疑是在某种程度上将语言“模型”偶像化了。然而这种偶像化是深刻的，它从本体论的高度思考语言的结构模式，指出人类语言依靠其结构模型的无意识性质和未经理智化的性质，使语言对于人类精神生活的历史、进步或进化的内在趋势具有“诊断价值”，从而深刻地嘲弄了那些“沉迷于枯绝的和纯技术的看法”，妄言观察，不知“模型”，妄言形式，不知内涵的语言描写主义拜物教，进而为萨丕尔关于“一种文明的文化模型网络正是在表达这种文明的语言中编成了细目”的思想奠定了基石。

3 语言分析的人文主义范型

在美国的语言学家中，萨丕尔是最“人文主义”的一个。在他的职业兴趣——人类学和语言学之外，他还是音乐和文学这两个领域内的热情的评论家，一个熟练的钢琴演奏者和一个多情善感的诗人。人类学、语言学、音乐、文学，在他看来都是人类文化及用来表现文化的各种相互关联的符号系统。萨丕尔还是美国极少数援引克罗齐“美学—语言学”观点的语言学家之一。他十分重视个人创作的美学方面，书面语或口语传统的文学方面，语言和现实以及语言和思想相互关系的本体论和心理学方面。他在《语言论》一书的“前言”中指出：“当代作家中对人文科学有影响的，很少几个能了解语言的基本意义，克罗齐(Croce)是这少数人中的一个。他指出了语言和艺术的密切关系。我从他的看法受惠不浅。语言的形式和历史过程不只本身有意思，而且非常有诊断价值，能帮助我们了解思维心理学上的一些疑难而又难以捉摸的问题，和人类精神生活上的那种奇怪的，日积月累的趋势，即所谓历史，或进步，或进化。”萨丕尔的人文主义的治学和生活的态度，还表现在他的语言观察和语言教学上。他在语言观察中对语言事实和社会事实的复杂性,对这二者之间的细微差别感觉十分敏锐,并且具备研究这些事实所必需的情趣、敏感和直觉。在语言教学上,他是一个以其个性的巨大魅力深刻影响了学生的导师。

萨丕尔及其学派的人文主义智力、活力和魅力,与当时整个美国语言学界的科学主义氛围形成极大的反差,引起布龙菲尔德的追随者们的不满。布龙菲尔德学派力图用自然科学的所谓责任感来给语言研究工作加上一些令人窒息的枯燥的限制;萨丕尔则认为,语言学工作者有必要多知道一些语言学和人类文化各方面的联系,以免沉迷于枯绝的和纯技术的看法。布龙菲尔德学派以机械主义的科学观、研究方法论和形式分析,对语义问题持悲观的看法;萨丕尔以语言人文主义的宽广的学术视野深究语言对人类精神生活的普遍而深远的影响,把语言形式内化为观念形式,从而深刻探讨了语义问题,形成了一套人文主义语言分析范型。

一、感觉范型

萨丕尔极其重视人的语文感受,从不把语言作为一种纯客观的东西来机械定性和析解。他对词和句子的精辟的定义典型地反映了他对语言单位的质的规定性的科学见解。他通过严密的例证说明,词并不是某一个概念的符号性的语言对应物,也不是某种功能单位。词可以表示从概念(具体的、抽象的、纯粹关系的)到完整思维的任何东西。例如拉丁语的 dico 是“我说”的意思;如脱加语的一个动词形式可以表示“我惯于在做(某事)的时候吃二十个圆东西(即苹果)”。因而在萨丕尔看来,词只是一个形式,一个有一定模型的东西,按照本语言的特性所能容许的程度,把完整思维的概念质料(根本意念和辅助意念)包括得多一点或是少一点。所以,各种语言里承担孤立概念的根本成分和语法成分是可以互相比拟的,成形的词则不然。语言的根本成分和语法成分适应从经验的现实里抽象出来的科学的概念世界;而词,作为活的言语的现实存在的单位,则适应人的实际经验的单位、历史的单位,艺术的单位。一句话,"词在心理上存在"。萨丕尔在《语言论》中说:

> 语言经验,不论是用标准的书面形式表达出来的,还是日常生活中体验到的,都无疑地指出,要把词当作心理现实提到意识中来,一般是毫无困难的。没有比这样一个试验更能令人信服的了:一个头脑简单的印第安人,并不熟悉书面的词这个概念,却能把一段文章一个词一个词地口授给语言学家,没有多大困难。当然他会把词连在一起,像平常说话那样。不过要是你叫他停住,并且让他明白你要他做什么,他就能把词孤立起来,把它们当作一个个单位重复一遍。反过来说,他常会拒绝把根本成分或语法成分孤立起来,因为这"没有意义"。

萨丕尔认为,词的客观标准只能是:一个词是从句子分解成的、具有孤立"意义"的、最小的叫人完全满意的片断。不能把它切开而不打乱意义;切开之后,这一部分或那一部分,或两部分,留在我们手中,像是无可奈何的孤儿。这种诉诸人的语义感觉的标准,尽管平凡,用起来却十分方便。

句子也是如此。萨丕尔对句子的界说是:"一个统一的思想的叫人感到美满的体现。"它只有在我们意识到它由深藏在词里面的根本成分和语法成分所构成的时候,才是逻辑的对应面。而实际上,我们平常感觉句子是词和词联结起来的,那么它就是经验的、艺术的心理对应物。

萨丕尔认为,一切语言都有语法,那不过是普通地表达一种感觉:类似的概念和类似的关系最宜于用类似的形式做符号。假如有一种完全合乎语法的语言的话,它就是一部完善的表达概念的机器。不幸,也许正是大幸,没有一种语言是这样霸道地强求内部一致的。

所有的语法都有漏洞。这显然是因为各种语言所依赖的本民族的心理感觉不同。所谓语法的“漏洞”,也就是语法对观念世界的重组而呈现出的与逻辑的不一致。而萨丕尔所说的语文“感觉”,也就是一种语言的结构“模型”所依据的心理现实,或者说一种语言的“模型”直觉。

萨丕尔不仅重视语文感受,而且肯定语文的“情调”。他承认词的情调,严格地说对科学毫无用处。哲学家如果希望寻到真理,而不仅仅是想说服别人,他就会发现情调是他最阴险的敌人。然而,萨丕尔指出,一个人从事于纯粹科学,实实在在地思想的时候并不多。他的心理活动通常沉浸在温暖的感情潮流里。他抓住词的情调作为驯顺的助手,来获得所希望的感触。

二、表达范型

语言结构趋于某种形式的动力和形式的功能,都是在语言的具体运用中实现的。在这个意义上,语言的表达功能是第一性的,结构的阐释只能在言语表达中进行。用萨丕尔的话来说,也就是“人先要说点什么,才谈得上要怎么说它”。从语言结构的发展来说,每一种语言都有一个具有特定格局的内部语音系统,一个具有一定格局的语法结构。这两种趋向于一定形式的,潜在而制约性很强的冲动,都在自由自在地起着作用,不管表达特殊概念的要求,也不管赋予一类特殊概念以一致形式的要求。然而,这两种冲动都只能在具体的功能表达里才能实现。从语言结构的理解来说,上下文和共同了解的背景是完全领会任何一种语言都不可少的。即使像汉语中“人宰鸭”这种在形式上无确定的指称,无性、数、人称、时制的句子,只要置于具体的言语情境中,仍是合适的表达。因而,结构不是自足的,甚至不是能自省的;只有表达功能才是自足的。在这个意义上,功能涵盖了结构。

三、语序范型

每一种语言都有它自己的某种或某些种特殊方法把词联成更大的单位。在一些分析性强的语言中，单个词只是造句上的流浪儿。只有先确定它在句子中的位置，才能确定它在句子中的意义。这里语序起着主要的作用。在一些综合性强的语言中，单个词本身就清楚地指明了自己在句子中的地位。它不需要依靠语序位置，例如拉丁语的 agit（他行动）在 agit dominus（主人行动）和 sik femina agit（女人这样行动）中意义是同样的。然而，就是这样的语言，它的词的结构仍然是按严格的顺序排列的。agit 在心理上大致相当于 ageis（行动/他）这形式。在这里，词的结构就是句子或句子一部分的结晶。那么，由此看来，词和词、成分和成分联系起来的基本方法，或者说，用一个词或一个成分作为符号的孤立观念过渡到相应于一次思维的统一命题的基本手段，是语序。“最基本、最有力的联系方法就是次序”。

语序，表面上看是一种机械的形式，然而本质上是一种事理逻辑。我们可以想到一个多少是具体的观念，比如说一种颜色，并且把它的符号记下来，“红”；再想到一个具体观念，比如一个人或一样东西，把它的符号记下来，“狗”；更想到第三个具体观念，比如一种动作，也把它的符号记下来，“跑”。把这三个符号放在一起——红狗跑——就几乎不能不把它们用某种顺序联系起来，即概念或符号凑合起来会强制我们发生某种关系“感觉”。另一方面，我们对某些造句关系的组合很敏感，它们的位置不可更改。例如品质的修饰关系（红狗），主和动的关系（狗跑），动和宾的关系（杀狗）；而对别的造句关系则不很注意，如在“（ ）红狗（ ）跑（ ）”这个句子中，“今天”可以放在三个括号的任何一个位置上。这又说明，符号与符号排成某种次序后，符号之间会有不同程度的相互吸引力。那些引力强的，会凝固为一个复杂词，成为句法的结晶（如上文的 agit），与它的邻居们保持着心理上的距离，在句法每一关节上都起功能作用。当这些词的生命力衰减的时候，它们的凝固力也就消失，各个符号又退回到整个句子的怀抱里。句子恢复为独立的词的序列。萨丕尔认为，语言就是这样不断地收紧和放松它的序列。在高度综合的语言里，语序的“能”大部分禁闭在复杂的词的结构里，变成一种“位能”，也许千年不得释放。在分析性的语言里，这种“能”是灵活的，可以按需要随处使用它。萨丕尔还认为，音势也会使句子里的某些序列凝固为复杂词。例如英语的 with stand（抵住）这个词，不过是古老的序列 with stand（对着/站），其中不带重音的副词被后面的动词拉了过去，作为一个有意义的成分，失去了它的独立性。总之，各种语言结构形式的千变万化，都离不开语序—意合这个最根本的理据。因为人类思维的最基本的初始过程，就是具体观念的逻辑排列—意合。

萨丕尔从符号的逻辑顺序——语序入手，找到了一把打开各种语言形式的建构秘密的钥匙。语序的分析不仅揭示出各种语言形式的生命理据——它们的原逻辑形态，从而把综合语和分析语统一在人类语感的某一种语义的深层结构上；而且揭示出现代各种纯粹关系的标志都曾经历了由具体观念到关系观念的“价值转移”。把语序和音势看作人类语言表达一切造句关系的初始方法，这就从本质上肯定了人类语言结构的语义基础，从根本上把握住语言形式变化的生命之源。这正是人文主义方法比形式主义科学主义方法高明的地方。它深刻地表明描写主义所顶礼膜拜的形式特征，不过是一种“直觉”的“泄漏”。如果我们不是舍本逐末的话，“说话的现实内容，它的元音和辅音所结成的各音组，原先只限于是具体的；关系原先不用外表形式表达，只是暗含在顺序和节奏里说出来。换句话说，关系是直觉地感到的，是从本身也在直觉平面上活动的动力因素里‘泄漏出来’的”①。

四、语义范型

萨丕尔在追究一种语言形式的意义的时候，深刻地针砭了那些“无意义的形式”。他指出，一个法国人说 un arbre（一棵阳性的树）或 une pomme（一个阴性的苹果）时，他脑子里并没有明确的性别观念。同样，一个英国人说 he comes（他来）时，也并没有清楚地意识到现在时，拿它来和一切过去时、一切将来时对比。不管语法学家怎么说，人们既可以用现在时指明将来时（He comes tomorrow，“他明天来”），也可以用现在时指明不论时间的一般行动（whenever he comes，I am glad to see him，“不论他什么时候来，我都愿意看到他”）。这里的 comes 与其说是指现在发生的事，还不如说是指过去的或将来可能发生的事。在这些例子里，性别和时间的重要观念，由于形式类推和向关系范畴的扩展而被冲淡了。表面上所指的概念已经界线模糊，以致我们选用这种或那种形式只是拘于习惯的威力，而不真是需要具体的表达。如果这种冲淡作用继续下去，最后我们手头也许只剩下一个形式的系统。生命的色彩已经消失了，只是由于惰性而存留下来，重复着彼此的次要的、造句的功能，没完没了的浪费，其结果之一就是：许多语言里，动词的复杂变位系统徒有形式，不伴随着可以清楚指配的功能差别。总之，形式比概念活得长。当形式留恋不舍的时候，精神已经跑掉了或变样了。传统所硬性规定的教条，僵化为形式主义。语言的范畴变成一个遗留下来的教条系统——无意识的系统。当作概念看，它们往往只是半真半假的；它们的生命逐渐枯萎，成了为形式而形式、不合理的形式，就像风俗习惯失去原有意义而苟存下去一样。

① 爱德华·萨丕尔《语言论》，第 70 页。

萨丕尔曾在充分的意义上肯定了语言的形式——“模型”——无意识地、无理性地模铸了人的观念世界,形成人的世界观的一种“精神格局”。语言“模型”的这种生命力在于它得到人的精神世界的高度肯定。然而那些游离于语言内容和人的心理现实之上的繁复的形式却是无本之木。它们的“繁茂”可以使崇高“观察”、“验证”的描写主义专家为之陶醉,却经不起任何语义内涵的追究。因此,当萨丕尔肯定语言的本质是一种“模型”的时候,他把这种“形式”同内在语义结构叠印在一起。形式成了内容力量的本体,形式即内容。而当萨丕尔否定语言的“为形式而形式”的时候,他把这种形式看作抽去了语义血肉的躯壳,残留在语义大树上的枯枝败叶。无论是肯定还是否定,萨丕尔都始终以语义为本位。语义成为他衡量一切形式的真值的试金石。崇尚作为内容本体的形式而又随时准备摒弃累赘的形式羁绊,这正是萨丕尔作为一个杰出的人文主义人类学—语言学家的良好素质,也由此形成了他的语言分析的独特的语义范型。

五、类别相对论范型

语言和语言单位的分类是语言分析、描写的基础。描写主义根据一定的形式特征来分类。在他们看来,这种“形式类”就像事物的物理刻画一样,是明确的、不可移易的。抓住形式的类特征,也就抓住了内容实体的类别。

萨丕尔在语言分类上持一种类别相对主义的观点。

首先,肯定事物具有类型化的趋势。他指出,社会、经济、宗教制度能从不同的历史根源,在世界不同的地区成长起来,语言也是这样,沿着不同的道路向类似的形式集合。语言的历史研究已经证明,语言不但是逐渐地改变,而且是一贯地改变着。它不自觉地从一种类型变向另一种类型,在世界上相隔很远的地区可以看到类似的趋势。因此可以说,互不相关的语言已经独立地并且时时地走向大致类似的形式。萨丕尔指出,承认可以互相比较的类型是存在的,这并不是否定一切历史过程的个性;只是肯定在历史现象的背景上,有很强的趋势把语言(正像把其他社会产物)推向稳定的格局,也就是说类型。

其次,肯定事物不能严格地分类。萨丕尔指出,严格地说,我们事先就知道不可能树立起有限的几个类型,就把世界上几千种语言和方言的特点都照顾到。就像人类的一切制度一样,语言也是花样万千、变幻多端的东西,难以妥当地贴上标签。哪怕类型的尺度分得再细致,还几乎一定会有许多语言必须经过一番修剪才能各得其所。要把它们放进表格里去,一定会过分强调它们机构里的这个或那个特点,或者暂时忽略其中某些矛盾的地方。因此,语言的类别仅有相对的意义,不存在绝对的类。

其三,事物的类别应是内涵类而不是形式类。萨丕尔在语言的类型区分上不取“分析—综合—多重综合”的尺度,因为它只顾到“量”的方面;也不取“孤立—附加—象征”,因为它过分着重技术的外形;甚至不取“孤立—粘着—融合—象征”,因为它仍旧是在外形上兜圈子。萨丕尔认为,分类法应建筑在语言所表达的概念的本质的基础上。因而语言的类别不是肤浅的形式类,而是诉诸本质的内涵类。从内涵出发,所有的语言都必须表达根本概念(Ⅰ类)和关系观念(Ⅳ类)。由前者派生的派生概念(Ⅱ类)和介于前者和后者之间的混合关系(Ⅲ类)则可以有也可以没有。因此萨丕尔提出语言类型的概念分类:

A. 只表达Ⅰ类和Ⅳ类概念的语言,即保持造句关系的纯洁性,而且不会用附加法或内部变换来改变根本成分的意义的语言。在表达上,这是最彻骨的语言。

B. 表达Ⅰ、Ⅱ、Ⅳ类概念的语言,即保持造句关系的纯洁性,但也会用附加法或内部变换来改变根本成分的意义的语言。

C. 表达Ⅰ、Ⅲ类概念的语言,即造句关系的表达一定连带着并非完全没有具体意义的概念,或者说用混合的形式表达关系概念。如表达主格概念必须同时牵连到数或性;表达动词必须牵连到某个时制。除此之外,不会用附加法或内部变换来改变根本成分的意义。

D. 表达Ⅰ、Ⅱ、Ⅲ类概念的语言,即用混合形式表达造句关系,但也会用附加法和内部变换来改变根本成分的意义的语言。

这样一种凭概念的语言分类,并不顾及语言的技术性的外表。它实际上只回答两个有关概念怎样译成语言符号的问题:第一,一种语言保持它的根本概念的纯粹性呢,还是用不可分离的成分来堆砌它的具体观念(A、C类对B、D类)? 第二,它安排一个命题时,绝对不可少的基本关系概念受不受具体概念的沾染呢(A、B类对C、D类)? 萨丕尔认为,A类之于B类和C类之于D类不过是表达具体概念时的单纯与复合之别,不是很重要。而A类之于C类和B类之于D类的区别则是基本关系概念的表达纯洁与否的区别,这对语言类型是更为基本的特征。因此,人类所有的语言可以分为纯关系语言和混合关系语言两大类,每一类内部又视其表示具体概念的单纯与复合而有简单与复杂之分。

显然,内涵的分类把语言中概念的表达方式作为分类的基础,比外形的技术的分析更接近语言的本质。

其四,事物的类特征应是多元的而不是一元的。萨丕尔的语言分类法,在方法论上提出了一种观察语言类型的多维的思路。一种语言类型,体现在它表达不同类的概念的方式上。而表达某一类概念的方式,不必与表达另一类概念的方式相同。一种语言在表达关系概念时是单纯孤立的,表达具体概念时是粘着的,或融合的,那么就可以分别称为"粘着—孤立语"、"融合—孤立语"。这种分类法的一个优点正是可以根据需要增省分类的角度,分得详细一些或简单一些。萨丕尔指出,语言毕竟是极端复杂的历史建筑。把每种语言都放到一个格子里,这并不重要。倒不如订出一种可以伸缩的方法,让我们能从两三个独立观点来把一种语言搁到能和另一种语言互相对比的位置上去。这种分类的精神，正是人文主义的精神。

语言具有类型化的趋势，语言又没有孤立绝对的类；语言的类别应着眼于内涵（概念表达方式）的区别，语言内涵的类特征又是多元而非单一的——这就是萨丕尔的整个语言分类观。这样分出来的语言类别仅具有相对的意义，而它又是最贴近语言事实和语言心理的，因而是最科学的。语言的类别为了某种人工的目的是可以形式化的。然而这种形式化的分类一刻也不能忘记它仅仅是一种把每种语言塞进一个方格子的“技术”，它不能异化为语言类型的本体。语言类型本体的形式只能是它的内涵的形式。尽管这种类形式具有相对性和多元综合性，缺乏人工形式化的机械美感，但它却得到语言本质的高度肯定。

综上所述，萨丕尔是继鲍阿斯之后，第一个系统地阐述人类语言学的理论和方法的语言学家。他把受行为主义思潮“洗礼”而日渐“僧侣化”的描写语言学，重新置于文化生态环境之中，从而赋予结构主义语言学以新的血液与生命。萨丕尔的贡献不仅在于一个人类学者对语言与文化关系的热忱，更重要的是他以他的人类学实践确立了一种对待语言的人文主义科学态度和操作方法。他对语言现象的人文主义关切与思考，不仅体现在语言学对人文科学的外部参与，更体现在对语言结构本体的文化内涵与思维建构的深刻的洞察。由于这种洞察建立在人类学调查研究的基础上，这就使它在理论形态上较之欧洲语言人文主义更为丰润和充实，在方法论上更为具体而富有实践意义。萨丕尔的人类语言学以其一脉贯注的人文主义热情和创造性活力，为他以后的人类语言与文化研究提供了取之不尽的思想财富。

4 人类认知的语言限度

一、沃尔夫的发现：事象的语言性

美洲语言人文主义的一个标志性的成果，是以语言学和人类学家爱德华·萨丕尔和他的学生本杰明·沃尔夫的名字命名的理论——“萨丕尔—沃尔夫假说”。这个假说认为，任何人对自然的描述都是相对的，因为任何人对事物的观察和认识都受到本族语语法的制约。这种制约决定了不同语言系统的人对世界的不同观点。于是，同一种现象或事物，在不同的观察者眼里会呈现不同的认知图像，得到不同的意义判断和价值评判。语言决定了人类认知和文化的相对性。萨丕尔曾指出，人类并不仅仅生活在客观世界中，也不仅仅生活在社会活动中，在更大的程度上，人类是生活在特定的语言中，因为语言已经成为人类社会的表达媒介。不能设想一个人不通过语言而可以使自己基本上适应现实。萨丕尔对语言的工具论，持与欧洲人文主义学者一致的批判态度。他认为把语言仅仅作为一种解决特定的交际问题或个人思考时使用的随行工具，那完全是一种错觉。“事实是‘现实世界’在很大程度上是无意识地建立在一个社团的语言习惯基础上的……我们看到、听到以及我们经历、体验的一切，都基于我们社

沃尔夫

会的语言习惯中预置的某种解释”[①]。沃尔夫十分重视萨丕尔所指出的语言与文化、心理间的必然联系，他认为从他的研究也可以证明，无论是哲学的术语，还是流行语、口号等，在文化和个人的活动中都能看见语言对世象的组织安排和日常分析的影响。

沃尔夫原来是一家火灾保险公司的工程师，其任务是分析引起火灾或爆炸的环境原因，例如配线是否损坏，在金属管道和木制品之间是否留有空间等。这样的工作关注的是纯粹的物理现象、物质条件，根据这些物质条件给出分析结果。但是在数以百计的火灾分析中，沃尔夫渐渐发现引起火灾的原因除了物质环境之外，还有“意义环境”，即语言对情境的命名或描述。沃尔夫举出了这样一些案例。

如果在一个物资存放地标着“汽油桶”，人们经过时会格外小心，如果在一个物资存放地标着“空汽油桶”，人们会放松戒备，随意吸烟或乱扔烟蒂。然而“空汽油桶”其实并不“空”，桶中含有爆炸性的气体，实际上比装着汽油的桶更危险。沃尔夫说：“虽然从物理上说空汽油桶更具危险性，但是根据常规在语言上只能用‘空’来命名它们，而‘空’不可避免地示意无危险。这个词一般有两种用法：①作为‘不存在的、空虚的、否定的、呆滞的’的同义词；②用于分析容器内的状态，而不考虑容器内诸如气体、液体的残留物或垃圾散落物。‘空汽油桶’的‘空’是根据用法②来命名的，但这个名称显示的意义却是用法①”[②]。在空汽油桶旁之所以更容易产生火灾，就是由于语言意义在误导人的行为。

在一家木材蒸馏厂里，金属蒸馏器所使用的绝缘材料是石灰石棉。操作工人以为“石灰石”既是“石”，就不会燃烧，未想到蒸馏器

---

① 见 Leslie Spier 主编，*Language*, *Culture*, and *Personality*, *Essays in Memory of Edward Sapir*,（Menasha, Wis.: Sapir Memorial Publication Fund, 1941）p. 75。

② 见 B. Whorf: “The Relation of Habitual Thought and Behavior to Language”, in J. Carroll (ed.): *Language*, *Thought and Reality*: *Selected Writings of Benjamin Lee Whorf*, MIT, 1956. pp. 134-159。

冒出的醋酸气会使部分石灰石(碳酸钙)变成醋酸钙,其受热遇火后即形成易燃的丙酮。一旦蒸馏器下的火焰触及石灰石,就会引起剧烈的燃烧。显然,是意义影响人们未采取防止石灰石棉触火的措施。

一家制革厂有一个室外渣滓池,池中是含有动物废料的废水。池的一半有木头遮盖。池里的腐烂废物在木盖下演变为可燃气体。然而这个池的意义仍是“水池”,在意义的误导下,一个工人把尚未熄灭的火柴扔进水里,立刻引起了大火。

在一间兽皮烘干室,一端有一台鼓风机,吹出的气流通过全室,经另一端的一个排气孔排出室外,由于鼓风机的轴承发热,引起火星。火星被吹进兽皮中,燃起大火。由于受“鼓风”的意义影响,人们既未想到这台机器鼓风的同时还会鼓出火星,也未想到这台机器不但能鼓风也能抽风,只需把它安置在排风口一端,用它来抽吸室内之气,也能起到吹干兽皮的作用,且无引发火星的危险。

一个用于回收铅的燃煤的融化锅里堆满了废铅。“废铅”的意义使人们想不到其中还有旧的收音机电容器中的铅片,铅片中间夹着石蜡纸,很容易受热燃烧。意义遮蔽了人的认识,一场火灾就这样又发生了。

沃尔夫从这些不胜枚举的事例中看到,真实的事象并不能直接进入人的认知,它必须经由意义的范畴才能为人所了解。而意义范畴将事象分析、归类,分配于一种世界格局中。这时人对世界的了解已受语言的规划而部分失真。显然,语言绝不是如人们以为的那样在忠实地反映现实。在火灾事故中人们看到的还仅仅是单个词或词组的意义误导,沃尔夫认为在更大范围的语法范畴,如复数、性、时态、语态及动词的其他形式、词类上,语言对人类行为应更存在广泛而深刻的制约。拿“数”的范畴来说,什么样的经验被语言称为“一个”,什么样的经验被语言称为“几个”,其中就包含着语言对整个人文和自然的世界秩序的一种有意识的解释。

然而这里出了一个悖论。当我们面对词语的意义时,由于单个词语的意义与语言体系的联系几乎可以忽略不计，人既可能身陷词义之中而被误导，也可能超越词义之外而像沃尔夫那样客观地审视与火灾原因相关的词义。但一旦涉及语法范畴，面对整个语言结构系统，人还能够像对待词义那样置身其外吗？问题的实质是，我们对语法的审视，本身就是语法的。我们不能在没有语法的状态下拿起理解的工具，不能把我们生存其中、赖以思维的语法从我们身上排除出来。沃尔夫认识到自己很难站在作为我们的习惯和文化的语言之外来客观地审视自己的语言。为了摆脱母语的常规束缚，他选择母语之外的一种异族语言，选择用自己的母语来思考和研究那种异族语言。他说："或许我们会发现要解开这种语言的形态纠结是如此困难重重，但它毕竟是可行的。而且研究一种外来语言使我们终于能够摆脱自己母语的常规束缚，这无疑是了解语法对人的制约的最佳途径。"沃尔夫选择了美洲印第安语之一支——霍皮语。

沃尔夫将他的全部研究概括为两个问题：

（1）我们自己的"时间"、"空间"、"物质"概念，实际上是经验以相同的形式给予每一个人的呢？还是部分地由特定语言的结构决定的呢？

（2）在文化和行为规范与大部分的语言型式之间，是否存在可以追踪的密切关系？

沃尔夫在他对霍皮语的调查分析中，与英语、法语、德语等欧洲语言做了比较，发现在各种特征中，前者与后者之间存在一条很明显的界限。也就是说霍皮语的语法与霍皮文化有着内在联系，欧洲语言的语法与欧洲文化有着内在联系。这种不同的内在联系决定了不同语言在"时间"、"空间"、"本质"、"物质"等方面对经验的大范围归纳的不同。与霍皮语相比较，各种欧洲语言显示出很大的共同性，沃尔夫将它们归并在一起，称为"一般标准欧洲语"。

这种由于比较而显示的语言与语言之间对立和类同，使语言与文化的关系复杂起来。它已不是简单的一对一的关系。沃尔夫发现,在明显的形态层次和词汇层次上,霍皮语和另一种印第安语尤特语十分相像,英语和德语也很相像。如果说语言与文化之间存在相互关系,那么来自两种文化的语言怎么会在语法和词汇上相像呢?其实,语言之间的相似与文化之间的相似也是相关的,这并不否定语言与文化的相互关系。当两种文化之间显示出巨大差异的时候,例如中国文化和西方文化、印第安文化与西方文化,这种文化差异也必然反映在各自的语言上。这也就是面对霍皮语,欧洲诸语言何以聚成“一般标准欧洲语”的原因。当然,语言与文化之间这种非完全一对一而是程度渐进的相互关系,还是使沃尔夫对上述两个问题的回答持慎之又慎的态度。他甚至表示,“我们不能说文化和语言之间,尤其是像‘农耕’、‘狩猎’这些人类文化学的问题和像‘屈折’、‘综合’或‘孤立’这些语言学的问题之间存在着‘相互关系’。”然而事实上,正是沃尔夫对欧洲语言和霍皮语所作的与文化相关的语法比较,使人们对美洲语言人文主义有了深刻的理解,从而极大地启示了各种民族语言的研究。在沃尔夫之后,众多的人类学家、心理学家、语言学家、社会学家从人类思维与文化的各个角度探究语言的奥秘,沃尔夫假说成为20世纪语言学乃至人文科学研究一个极富魅力的语言人文主义课题,这本身就说明对语言体系的文化解读之于人类文化发展的根本意义。

二、语法类推与人类认知

在沃尔夫对欧洲语言和霍皮语的比较中,词类的客体化作用的比较是一个重要方面。

在名词的语法范畴方面,沃尔夫比较了复数和计数。他发现,欧洲语言中复数和基数词既可以表达真实的、可以察觉的空间聚合,如ten men(十个人)可以客观地指称站在街角的十个人,也可以表达虚拟的、隐喻的聚合,如ten days(十天)是无法同时客观地体验的。我们只能经历今天一天，其他九天（甚至全部十天）来自记忆和想象。类似"十天"或"向前十步"、"击钟十下"这样的数量概念，它所显示的次数的重复并非明白无误地来自语言之前的经验，因而它们不是客观可识察的物质组合，而是在精神上构筑的组合。欧洲语言用同样的形式表达了两种数量涵义，或者说混淆了真实的和虚拟的数量关系，混同了根据分离的实体计算出来的数量和简单地"自我计算"的数量。

沃尔夫由此认为，欧洲人对时间和循环的意识中虽然确实有那种"变得越来越远"的基本感觉，但语言中的数量表达方式却不与这种主观经验相联系，而是将时间"客观化"为可以计算的数量，将一个主观上感到是"渐渐远逝"的时间长度想象为一个由相同的单位组成的序列，就像一排瓶子那样。于是，主观上"渐渐远逝"的时间意识被语言形式遮蔽了。由此产生的欧洲人的"十天"的概念虽然也是精神的，但却已不是主观的了，而是"客观化"的，即虚拟的，因为它是经由语言的规划而模铸在外部世界上的，它本质上是一种"语言现实"。

然而霍皮语中却存在着另一种语言现实。沃尔夫发现，霍皮语没有用任何形式把作为时间意识的精髓的那种"渐渐远逝"的主观感觉掩盖起来。它没有虚拟的复数，只有用于单个东西的序数词。因而它没有"十天"这样的表述，而是用一种恰当的计算来表示某一天。例如不说"他们住了十天"，而说"他们住着直到第十一天"或"他们在第十天后离开"；不说"十天比九天多"，而说"第十天比第九天晚"。欧洲语言中被分段切割的时间长度，在霍皮语中不再是长度，而是两个事件之间的早晚关系。发生在欧洲语言中的对时间的知觉材料加以"客观化"的做法，被霍皮语的运算表述取代了。

在语法范畴上，沃尔夫进行的另一项比较是物量名词。他发现，欧洲人对事物的"个体"和"集合"的区分，是被语言"强加"的。欧洲语言中有"个体名词"，它所指的事物似乎都有清晰的轮廓，如"a tree（一棵树）"、"a stick（一根棍子）"、"a man（一个人）"、"a hill（一座小山)”。而欧洲语言中的“集合名词”,它所指的事物似乎是一个均质的连续体,没有清晰的界限,如水、牛奶、木头、花岗石、沙、面粉、肉等。在欧洲语言中,集合名词没有复数形式,它们在英语中没有冠词,在法语中要加分冠词 du、de、la、des,以此与个体名词区分开来。沃尔夫认为,在“集合名词”所指事物中,真正无限度的很少,如空气,或者还有水、雨、雪、沙、石、泥、草,但像白兔、肉、衣服、铁、玻璃、材料等,人们见到的这些东西都有或大或小的清晰的轮廓。于是人们在运用这些集合名词时不得不再用物量词来把它们个体化,或描绘其形状,如“stick of wood(一)根木头”、“piece of cloth(一)块布”、“pane of glass(一)片玻璃”、“cake of soap(一)块肥皂”等,或指出其容器,如“glass of water(一)杯水”、“cup of coffee(一)杯咖啡”、“dish of food(一)盘食物”、“bag of flour(一)包面粉”、“bottle of beer(一)瓶啤酒”等。在这些例子中,of 前的物量词看似无形却暗示了一种材料、物质,of 后的名词则是一个事物形式。沃尔夫由此看出:欧洲民族哲学上的“物质”概念同时也是一个世俗概念,它们很容易被理解,是一种“常识”,这就是为什么欧洲语言形式经常要用一个二项式为一个物体命名,将物体析开而为一个无形与有形的组合。

与欧洲语言不同,霍皮语的名词无论是否指称轮廓或界限模糊的东西,都具有个体的意义,不在形式上区分集合名词。在一个霍皮语的句子中,“水”不是如欧洲语言那样指“物质的水”,而是指一个确定量的水,因此人们不需要为名词加一个物量的限定。霍皮人不说“a glass of water(一杯水)”,而说“kə · yi(一个水)”,不说“a pool of water(一池水)”,而说 pa · hə(意指大量的、茫茫的、野外的、大自然的流水);不说“a piece of meat(一块肉)”,而说“sikwi(一个肉)”;不说“a dish of cornflour(一盘玉米粉)”,而说“ŋəmni(一个量的玉米粉)”。显然,由于名词本身具有一个确定量的个体意义,它涵盖了欧洲语言中衡量物量的物形或容器的意义,霍皮语的名词就不需要经物量词来个体化。至于那种哲学上的一般性的物质涵义,沃尔夫认为霍皮语是通过动词来传达的。

上述两项比较使沃尔夫对语法中词类的类推影响人的认知有了深刻的认识。像夏天、冬天、九月、早晨、中午、落日这些概念，它们真实的时间涵义或者说它们给予人们的主观经验，是与在不断远去的过程中的先前时段相似的一种循环时段。然而，由于它们在欧洲语言中是名词，它们和其他名词几乎没有形式上的区别，名词的类推作用使它们同所有物体名词一样可以复数化和数量化，于是它们所含有的循环过程的经验被语法上的词类用一种空间的、可感知的构型固定下来，它们的主观循环的过程意义被“客体化”为时段意义。名词的类推作用是如此之强，人们甚至不必说“phasing(渐进过程)”，而只说“a phase(一个时段)”和“phases”(几个时段)。同样，由于几乎所有的名词都可以分析为一个有形与无形的二项组合，即将无形之物物量化、“客体化”，于是在欧洲语言中既可以集合名词的型式说“a time(一个时间)”，即一个时刻或一个阶段，也可以二项组合的型式说或思考“a moment of time(时间中的片刻)”、“a second of time(时间中的一秒)”、“a year of time(时间中的一年)”。把一个感知上是“渐渐远逝”的过程个体化进而物量化，就像对待“一块乳酪”一样，这是欧洲语言的名词类特别强行规划的结果。这种词类的规划决定了欧洲人的时间概念。

与之形成鲜明对比的是霍皮语词类对时间的规划。沃尔夫发现，所有的时段词如“夏天”、“早晨”，在霍皮语中都不是名词，而是某种副词。它们的词类形式标志与名词、动词都不一样，甚至与别的副词也不一样。它们的涵义也因而不能作名词化的理解。“早晨”的意思是“当早晨之时”或“当早晨时段发生时”，这样的“早晨”是不能个体化、更不能物量化的，在语法上也不能用作主语或宾语。因此，霍皮语中没有“夏天很热”的概念，夏天只是热发生的季节。它是一个过程，它本身不热，而是气候在热。同样，霍皮人也不说“这是一个炎热的夏天”，甚至不说“这个夏天”，而说“现在的夏天”、“最近的夏天”,夏天永远处在一个过程中,无法“名物化”。显然,霍皮语的词类规划使霍皮文化中除了永恒的“渐渐远逝”的时间过程外,没有任何时间概念,没有产生与欧洲文化的“时间”相应的任何抽象观念的基础。

一种文化的时间观不仅仅反映在名词、副词等词类范畴上,而且反映在语法中更为核心的动词时态上。沃尔夫认为,欧洲语言中的动词三时态(过去时、现在时、将来时)系统,与欧洲语言的时间名词、名词的物量二项式组合、名词的复数等一样,都是将对持续时间的主观体验客体化,将时间单位在想象中列成一排。动词的三时态使欧洲人通过将一个连成一线的时点客体化为一个结构,从而在思想上能够建构并思索一个过去、现在和未来的观念体系。但是这样一个时间体系显然不是唯一的,它的语言性即它的相对性。沃尔夫指出,如果我们检查自己的意识,我们会发现意识中的一切都是连成一体的,并没有什么过去、现在和将来。“我们可以把我们的感觉——我们的所见、所闻、所触——称为‘现在’,把我们感觉不到的记忆中的广阔的想象世界称为‘过去’,把另一个信念、直觉和不确定的领域称为‘将来’。而感觉、记忆、预见一起存在于意识之中——此一个既非‘尚在’,彼一个亦非‘曾在’。真实的时间所到之处,意识中所有的东西都在‘渐渐远逝’,以一种不可逆的方式改变着某些关系。”沃尔夫认为,如果一定要在真实的时间过程中寻找“焦点”,那么最新、最近的时刻与其他早先的时刻之间有一个基本的区别。这可能是三时系统的一个认知基础,即某种“基本的迟早关系”。

然而“基本的迟早关系”在欧洲语言动词三时系统中并未真实地反映出来,尤其是现在时态,既在客体化的过去和未来之间表达客体化的中间,又表达某种感觉,还用于某种一般性、惯例性的陈述,与基本的时间关系很不一致。沃尔夫认为这些不一致的用法事实上在扰乱欧洲人的思想,同时也说明三时系统完全是人为的,即客体化的。而霍皮语中动词没有时态,但有确定形式,表示“预期性肯定”和“报道性肯定”。前者表达比客观事实或说话人当下状况更晚的事实,后者表达所有过去的事实。这种二元区分完全依据了“基本的迟早关系”。

词类的客体化作用本质上是语言对世象连续体的切割,沃尔夫通过对比,深刻揭示了语言切割对人类认知的影响。不仅如此,沃尔夫还揭示了语言客体化作用的另一个基础——语言的隐喻。所谓隐喻,就是将那些不太明显的性质和潜能在人的想象中隐喻化。例如在英语中:

表示“持续”的隐喻,有 long(长)、short(短)、great(大)、much(多)、quick(快)、slow(慢)等。

表示“强度”的隐喻,有 large(大)、great(大)、light(轻)、high(高)、low(低)、sharp(强)、faint(弱)等。

表示“倾向”的隐喻,有 more(更多)、increase(增加)、grow(成长)、turn(转变)、get(成为)、approach(接近)、go(去)、come(来)、rise(升起)、fall(落下)、stop(停止)、smooth(变平静)、even(变平)、rapid(快)、slow(慢)等。

沃尔夫认为,隐喻在欧洲语言中起着重要作用。它将非空间的性质、潜能空间化,是整个客体化规划的一部分。由于隐喻使用在感知世界对物质外形(大小、运动)进行具体描写的语言来描述超出感知的性质、状态,这就大大延伸了名词的内涵,使它涵盖从物体开始到远离物体的他类东西这一广大范围,实际上是暗示了一个虚拟的世界,一个虚拟的空间。隐喻的作用与数词、复数、物量词的作用一样,都在使主观体验客体化。英语中也有一些非隐喻的词,如 early(早)、late(迟)、soon(马上)、lasting(持久)、intense(强烈)、very(很)、tending(趋向)等,但它们数量很少,很难满足交际和表达的需要。隐喻事实上是唯一可以依赖以表达持续、强度、倾向等的语言表达手段。欧洲语言利用隐喻将认知由具体延伸到抽象,又将抽象“客体化”为具体,隐喻为欧洲人打开了一个“非空间”的虚拟的空间。

沃尔夫说:“既然在感知的空间有物质之形在‘运动’、‘停止’、‘升起’、‘下沉’、‘接近’等,那么在虚拟的空间为什么不可以有其他的东西也这样呢?由感知到虚拟的延伸是如此辽远,以至于如果我们不经常地求助于物质的隐喻,我们就不能指称哪怕是最简单的非空间的情况。”沃尔夫为此举了一个生动的例子,他说:“我‘grasp(抓住)’了另一种论点的‘thread(线索)’,但如果它的‘level(水平)’‘over my head(在我之上)’,我的注意力就会‘wander(徘徊)’,我会‘lost touch(把握不住)’它的‘drift(流向)’,于是当他‘comes(说到)’与我们‘widely(大大)’不同的‘point(要点)’时,我们的‘point(观点)’就变得如此‘far apart(离得很远)’,以致他所说的‘things(东西)’‘appear(显得)’‘much(更多)’武断,甚至‘a lot(多为)’胡说八道!”显然,欧洲人谈论较抽象的内容时,离开隐喻的语言是寸步难行的。而隐喻本身也进行着对人的思维和认知的模铸。

与欧洲语言中大量的隐喻形成鲜明对比的是,霍皮语在表达诸如持续、强度和倾向等概念时,并不采用隐喻的方法构筑虚拟的空间,而是用动词的形态变化及词汇手段来直接表达。沃尔夫发现,在霍皮语中,许多动词的“体”表达持续和倾向,一些动词的“态”表达强度、倾向、原因或力量的持续。另有一大类词,所谓“张量词”(tensors),专门用于表达强度、倾向、持续和序列,这类词本义是表示强烈和力量,由于强度总是在变化或持续中,它的涵义就扩大到倾向、持续,可以表达强度的差别、变化的频率、经久和反复、间隔与中断、间隔后的次序以及力量的增减与质量。由于有了专用的张量词和依靠动词的“体”与“态”,霍皮语不使用不包含空间的空间词,即不使用隐喻的语言。在个别词语中,如与某个张量词连用的空间词“某处”有表示“在某个不确定的时候”的涵义;表示循环时间的“下午”一词中“下”的成分由动词“分离”派生而来;张量词“长久持续”中包含与表示空间的形容性的“大”一词相同的词根,等等,有一些不够确定的隐喻倾向,但这种情况是很少见的。在欧洲语言中,通过数量、物量和隐喻，语言对抽象的事物作了系统的“切割”，使之具体化、具象化。而在霍皮语中，由于不使用这种量化和物化的方法，它的世界就呈现对立的两极：一端是高度具体的事物，一端（如张量词）是抽象得几乎使人难以把握的性状。

沃尔夫的“客体化”问题的比较为我们展示了不同语言决定不同认知的生动图景。也许我们难以说清语言的“客体化”或“主体化”是如何发生的，就如洪堡特所认为的，作为精神活动的语言，它的型式的成因是一个神秘的谜。但我们至少可以说语言与人类的认知乃至文化在发生论上是相互塑造的。而语言一旦成型，它对任何一个学说话的人来说就具有决定认知的根本意义，语言的客体化带来认知的客体化，在客体化中成长的人类视客体化为“真实的存在”。正如沃尔夫所说：“我们运用着几乎是无穷尽的隐喻来表达持续、强度、倾向等，我们自己却不觉察，因为这些隐喻实际上是我们唯一可以依赖的语言表达手段。”在一种认知世界中“唯一依赖”的认知范畴，在另一种认知世界中居然渺无踪影；在一种认知世界中具体可感、可数的抽象范畴，在另一种认知世界中还其绝对抽象的本来面目，这就是语言在向我们显示人的认知限度。以沃尔夫的研究为代表的美洲语言人文主义用人类学的调查实践向我们深刻论证了人类认知的语言性，同时也使使用欧洲语言的人们看到欧洲的思维方式只是人类多样化思维方式中的一种，如同语言沧海之一粟！

5 语言与文化的结构通约

20 世纪 40 年代，正是语言研究中结构主义、形式主义盛行的时代。在结构主义看来，语言单位的价值与它的内容无关，与它的历史无关，纯粹是由单位与单位之间的平面关系决定的。而与此同时，在美洲语言人文主义学者看来，语言的“内面”即认知模式、思维方式乃至文化类型，尤其当两种差异很大的语言进行对话和比较时，语言的差异实质上是两个民族世界观的深刻对立。在这一方面,美洲语言人文主义的代表沃尔夫对欧洲语言和美洲印第安霍皮语的比较,给人以极大的启示。

一、语言对文化的建构性影响

沃尔夫认为,在语言和文化之间,存在整体上的“平等交换”关系,而这种“交换关系”的实质,是语言对文化的建构性的影响。因而一个民族的语言与该民族的思维方式是同构的,并由此形成每个人用以衡量和理解宏观世界的“微观世界”即“思维世界”。欧洲语言构筑的“微观世界”对现实的分析采用一种二项型式,即认定内容是与它的载体的外廓相联系的,因而任何存在物都可以表述为一个空间形式(物量词)加上一个与形式相联系的空间的无形统一体(名词)(如“a piece of cloth”,一块布)。对于那些抽象的存在物(如时间)则在虚拟中加以空间化,仍使用二项型式(如“ten days”,十天)。这样一种经“物量化”的世界样式,在某种意义上是被切割、被静置的。而霍皮语构筑的“微观世界”却不是像欧洲语那样以“事物”为中心的,而是以“事件”甚至“事件中”为中心的。人们对现实的认识,除了它客观可感的一面(如轮廓、颜色、运动)外,更重视它变化中的“强度”。在霍皮语的思维习惯看来,任何东西不仅在发展中(即“渐渐远逝”中)是一个“事件”(即一个过程),而且在其“强度”上也是一个“事件”(即变化方式)。换句话说,任何存在物并不是以相同的力量持续方式发展的。有些存在物处于渐渐成长中,就如植物那样;有些存在物处于渐渐扩散和消失中;有些存在物处于渐渐变质中;有些存在物则是以某种形状延续着直到受外力强有力地影响而改变。沃尔夫指出,在每一个能够作为一个确定的整体来说明的存在物的本性中,充盈着它自身持续方式的力量,即它的成长、衰落、稳定、循环或创造的力量。一切因此而已为它用先前的状态说明现在而做好了准备。它随后将会怎样发展,部分基于它已有的准备,部分基于它正在进行中的准备。世界的这个准备中或被准备了的方面,对于霍皮人来说就是“现实的性质”。如果说欧洲人的语言世界是物化的、客体化的、静置的,那么霍皮人的语言世界是过程化的、主体化的、动态的。世象作为一个连续体,可以说在霍皮语中得到较为真实的体现。

由于重视过程,霍皮人的行为方式也强调预备和预期。沃尔夫发现,霍皮人做事总要经过事先宣告、外部准备、内部准备、暗中参与和坚持这样几个阶段。事先宣告是一种准备性的宣传,通常由首席传呼官员来做。外部准备包括日常练习、排练、介绍性的礼节、特定食物的准备等。还包括一些高强度持续的肌肉运动,如跑步、竞赛、舞蹈。霍皮人认为这种准备性的运动能增加事件发展的强度(如加快农作物的生长)。还包括一些模仿性或巫术性的准备活动,如设置祈祷杖、祈祷羽饰、祈祷餐。最后是隆重的循环性仪式,以求风调雨顺、五谷丰登。在霍皮语含有“准备”义的动词中,就有一个是由名词“收获”或“庄稼”派生来的,即“na’twani”,意思是“准备好了的”或“准备中的”。显然,事件过程中的“准备”是与事件的良好预期相联系的。

在霍皮人的工作准备中,内部的准备是极其重要的一环。所谓“内部准备”是一种祈祷活动。它不像外部准备那样仅仅依靠动作、仪式或器物,表达美好的意愿和期待。它在运用一种“思想的力量”。说欧洲语言的人也许会奇怪,思想,或者说精神,其本身会是什么物理性的力量吗?欧洲人会认定思想是联系万物,涵盖宇宙,就像灯光照亮室外;或者承认思想像其他任何力量一样处处留下作用的痕迹,但思想毕竟是在宇宙万物之外。这种思想的非物质性在沃尔夫看来是由欧洲语言决定的。因为欧洲语言认识现实的二项型式认定像“物质”这样的无形之物其本身就是物体,只有依赖同样的物体(物量化)或更多的物质(复数化)才能延展或变化。抽象概念的物化尽管是“语言的”，或者说虚拟的，但它还是构筑了“微观世界”。物化的结果就是“物质”远离精神，“思想的力量”难以进入已经物化的逻辑之中。沃尔夫指出，当欧洲人设想某棵实际的蔷薇树时，他们并不假定他们的思想也来到这棵树旁萦绕盘旋，像探照灯光那样照亮它，而是很自然地认为自己的意识正在处理一个“精神图像”。这个图像不是蔷薇树，而是树的精神替身。意识对于欧洲人来说，它承载的是一个充满精神替身的完全虚拟的空间。正是欧洲语言的物化逻辑使欧洲人能够把思想上实际存在的蔷薇树和虚拟空间的图像一起安顿，因为后者和前者一样，都是可以物量化的。

在霍皮语构筑的思维世界中设有精神替身，没有虚拟空间，霍皮语没有为“精神图像”留出任何位置，无法把处理真实空间的思想安顿在除了真实空间以外的任何地方，于是也就不能把真实空间与思想的影响隔离开来。沃尔夫认为，霍皮人在作为内部准备活动的祈祷中，深信自己的思想具有能量，而能量的消耗能产生效果。一个人的期望和思想不仅影响他自己的行为，而且会影响整个自然界。在霍皮语的规范下，一个霍皮人会很自然地假定他的思想和他思考的对象即实际的蔷薇树或田里的庄稼发生了交易，思想在田里的植物上留下了一些踪迹。如果这是一个吉利的思想，想的是健康和成长，那它对植物有利；反之，则对植物不利。显然，霍皮语的非虚拟性使霍皮人将精神和物质融合在一起，把工作前的内部准备即精神的祈祷看作无比重要，且具有决定性的准备阶段。为了加强思想的强度，以利于植物的生长，霍皮人在祈祷中强调“全神贯注”、“暗记在心”、“魂牵梦系”、“孜孜以求”，以使意识生动、确定、稳定、持久，充满动人心魄的良好意愿。而祈祷用的管乐也被视为对“全神贯注”的支持。它名为“na’twanpi”，意思是“准备的乐器”。祈祷的仪式、典礼的烟雾，也都是用来强化思想的力量的。

不仅如此，沃尔夫还揭示出祈祷者周围的“精神赞助者”，他们隐蔽地参与了思想准备活动。在每一次准备活动中，霍皮人都会号召人们用他们能动的良好意愿对实际事务施以援手。他们深信无数良好愿望者会形成巨大的思想力量，给祈祷者以支持，帮助他们抵御一些不良愿望者会导致灾难的邪恶思想。这就像足球场上热情的拉拉队为场上队员鼓励，拉拉队为场上队员注入了思想力量。沃尔夫指出，霍皮社会并非没有竞争和利益冲突。他们的语言在“教会”他们对存在物进行思想介入的同时，也使他们意识到以积极思想压倒有害思想的必要，意识到团结一致、避免分裂的必要。于是，语言的非虚拟性逻辑地导致整个民族在思想上组合起来、强化起来，协调一致去争取胜利。在所有重要的文化活动中，霍皮族都显示了这种合作。

以上我们看到两条逻辑，即霍皮人语言的“事件中心”导致动态、过程化的认知图式；这种过程化亦即主体化的认知图式又导致对事件的准备工作的重视；霍皮人语言的“非虚拟空间性”又大大强化了准备工作中的思想介入意识，对思想力量的信任又导致众多的精神参与协作意识。霍皮语的这两个特点就这样建构了霍皮人的行为模式，语言方式成为认知方式，并进而成为行为方式。

在过程化认知与精神性介入的共同作用下，霍皮族的准备工作又显示出反复持久的特点。沃尔夫指出，霍皮人的时间观是“序数”式的。他们不像欧洲人那样按日子的周而复始来计算天数，将时间的天数看作一个集合体（“十天”就像“十个人”那样由个体堆积而成），而是按同一个日子的依次再现来作时间运算，就像用同一个人的连续访问次数来计算人数一样。这种计算方式便于进行准备，因为孤立地看，人们不能通过作用于一个人而达到作用于几个人的目的，但通过计算同一个人的访问次数来运算，人们就能够做好准备以影响这一个人后续的几次访问。这种“序数”式的时间观注重事件的现时准备性，通过在一个现实情景中工作，将现实情境中一些既明显又神秘的印记导入未来，由此作用于未来事件。“序数”式的时间观又注重事件的重复性，认为事件的发展在于不断地重复。重复所形成的“序数”积累和延续了事件的能量。这又是由霍皮语的型式决定的。沃尔夫认为,那种来自无数小的冲动的积累性的价值感,在欧洲文化中被一种客体化、空间化的时间观给淡化了,而在霍皮文化中则被一种持续性的、将事件视为在不停中"渐渐远逝"的主观思维方式所提升了。在欧洲文化看来,时间是在一定空间内离我们而去的运动,因而持久不变的重复似乎是将它的力量分散在那个空间的一长串单位中,被浪费了。而在霍皮文化看来,不是时间经过客体而消逝,而是已完成的事件在"渐渐远逝"。重复对于时间可能不重要,但对于事件却是一个积累力量的方式。持久不变的重复把看不见的变化储存起来,使它保持在后来的事件中。这就像一个人的成长,我们每一次见到他的时候,他都比过去更成熟一些,但他不是换了一个人。他带给我们的是"昨日"印象,而非"他日"印象。沃尔夫就是这样,从霍皮语的"事件中心"进入霍皮文化的过程化认知,从霍皮语的"非虚拟空间"进入霍皮文化的"精神介入",由此将霍皮族村落文化中求雨和祈丰收的礼仪舞蹈中"持久性重复"的价值和意义凸显出来,在霍皮语和霍皮人短短的、像活塞一样一小时又一小时千万次重复的舞步之间找到了一种文化的结构通约。

二、文化的语言限度

霍皮语的文化建构显然使作为"一般标准欧洲语"的说话人的沃尔夫受到了震动。这种震动在他看来,不亚于欧洲人第一次发现运动和速度在静止状态中完全是相对的这一相对论。事实上,物理学上的"加速"概念与霍皮人行为中的贮存力量概念,在沃尔夫看来正是"同源"的。沃尔夫认为霍皮人思想的语言背景使他们很自然地认为力量不是显示为运动或速度,而是显示为积累或加速。而欧洲人思想的语言背景使欧洲人通过语言隐喻成分——运动——来思考力量的变化,而不把变化视为纯粹静止的积累或加速。正因为如此,当欧洲人从物理实验中发现不可能用运动定义力量,发现同样在静止状态中的运动和速度完全是相对的，发现力量只能用加速来衡量时，他们天真幼稚的感觉自然被震颤了！沃尔夫正是从这种震颤中开始反思西方文化在语言规范下的限度或者说特征。当一个人突然发现自己文化中视为宇宙模式的那些认知“立柱”本质上都在一个语言模型中时，他自然有着强烈的好奇想了解这个作为认知“枷锁”的语言模型究竟是怎样在束缚我们。然而这样做并不容易，不仅因为“我们脑子里已经渗透了自己文化的观点”，而且因为我们对语言的反思本身也是语言的。然而就像人类理解语言之间本质上的不可译而仍然努力去翻译和沟通一样，语言人文主义对语言限度的反思与超越仍然是人类探索自身的极富勇气与价值的努力。

西方文化的语言限度是一个范围很大的课题，沃尔夫的反思集中于四个方面。

1. 语言二项式与西方哲学

沃尔夫认为，作为“西方世界”主要传统特征的西方哲学，其主要的支柱是西方语言的二项式，即将事物表述为形式加物质，由此产生了唯物主义、心理物理平行论、传统物理学和宇宙二元论。由于这些观点在语言结构中获得巨大的支持，它们几乎成了不容置疑的常识。而与之相对的一元论、整体论、相对论的观点，由于得不到语言结构的肯定，或者说不能通过语言的“言说”而使人们理解，它们对一般人就没有吸引力，因为它们有悖于“常识”或“直觉”，事实上，由牛顿的空间、时间和物质概念建立起来的经典物理学之所以能被人们普遍接受，是由于牛顿在文化和语言中模铸了这些概念。这些概念与同样在文化和语言中模铸的西方人的“直觉”具有文化通约性。这就是为什么每一个人出于直觉都可以理解牛顿的概念，而相对论却用数学分析表明西方人的直觉是错误的。显然，谈论一元论、整体论和相对论的观点，几乎要使用一种新的语言。它成了主要是哲学家和一部分科学家感兴趣的事情。

2. 语言二项式与历史观

沃尔夫认为,由于霍皮人对时间的看法是一个持续不停的事件,他们从来不回答“一个”事件何时结束,“另一个”事件何时开始,认定曾经发生过的一切一如既往,因而霍皮人对历史研究少有兴趣,对“现在”也只视为一种过程中的准备。然而欧洲语言的二项式将时间物量化了。它们在无限的空间中将时间划出界限,切割下来,并加以记载。经过语言处理的时间,在整个文化中产生了一系列历史范畴,例如记录、日记、簿记、账目、由会计引发的数学;又如序列、日期、日历、年表、钟、计时工资、计时器、物理学;再如编年史、历史记载、历史态度、考古学以及融入历史的态度,如古典主义、浪漫主义。与此同时,也产生了一系列未来范畴,因为欧洲人可以设想客体化的时间以与延伸至过去相同的方式延伸至未来,于是又有了时间表、预算等。沃尔夫指出,在语言形式的规范下,欧洲人用类似空间的单位来衡量和构想时间。语言的二项式使得物量化的时间看上去如其语言形式(如“十天”、“两个早晨”)那样是均质和平等的,与单位的数量成比率。因而人们把价值按比率分配给时间,以便在时间比率价值的基础上建构一个商品结构,如计时工资、租金、存款、利息、折旧、价钱和保险费。这样庞大的系统一旦建立,就会在对时间的任何种类的语言处理下持续运作。与霍皮文化相比较,这样一个系统之所以能建立,能够在西方世界发挥巨大的作用,正是因为它和欧洲语言的形式协调一致。而与此相关,时间在语言处理下的客体化,又产生出“节约时间”的概念,并导致对速度的高度评价,这在西方人的行为中处处显示出来。当科学家们意识到自己的世界中对时间的处理乃至整个科学的建立都在语言的策划之中时,他们开始寻求新的语言来探索宇宙。沃尔夫说:

我们这样一种文明是否可能有非常不同的对时间的语言处理方式,这是一个大问题——在我们的文明中,我们的语言形式和使我们的行为适应时间次序是两回事,但它们又是一致的。

我们自然很有兴趣使用日历、钟和表，试图更精确地计算时间，这有助于科学。而科学遵循这些老生常谈的文化习惯，又回馈给文化大量不断增长的应用、习惯和价值，文化则又用它们来指导科学。但是在这个螺旋形上升之外的又是什么？科学开始发现在宇宙中有一些东西与我们在这螺旋上升形成的概念不一致。科学正在努力构造一种新的语言，用来调整科学以适应一个更大的宇宙。①

3．语言二项式与单一性

所谓"单一性"，是指看问题的机械性、片面性、直线性。用单一的事件眼光来看待事件，就好像把一个真实、立体的图像压扁了，成为一个平面体。这种平面的认知正是导致许多事故的根源，因为平面遮盖了事件的本来面目。沃尔夫认为，单一性已经成为欧洲人的行为规范，而它正是由语言二项式产生的。语言的二项式把时间想象为一个平均分配的无限度的带状计量单位，由此赋予时间单一和规律性的特点。于是在欧洲文化中，人们自然地倾向于肯定事物的常规性、稳定性、不变性，将自己罩在一种虚假的安全感中，缺乏对意外的预见和防备，于是事故不断，险象环生。这种单一性的认知在霍皮文化是不可想象的，其后果将是灾难性的。

语言的二项式表述由认知建构而进一步成为行为规范，这使欧洲人的行为反应具有与语言相应的特征。例如在沃尔夫看来，由于语言二项式对时空的物量化切割，人们看待事物只知其一（确定性的一面），不知其二（不确定的一面），于是把烟蒂扔进废纸堆、鲁莽驾车等粗心大意的行为类型产生了。又由于语言二项式用空间的隐喻建立了一个虚拟空间（例如"很长的过程"、"很多的顾虑"，都是用一

① 见 B. Whorf："The Relation of Habitual Thought and Behavior to Language"，in J. Carroll（ed.）：*Language*，*Thought and Reality*：*Selected Writings of Benjamin Lee Whorf*，MIT，1956. pp. 134-139。

个有形的空间形式加上一个无形物这种二项式来表达),于是说欧洲语言的人更容易在谈论抓住一个难以捉摸的念头时做"抓"的手势,而不是在谈论抓住一个门把手时做"抓"的动作。在这里,手势寻求的是使一个隐喻的所指物更为清晰。它不是一种真实空间的参照,而是一种虚拟空间的参照。沃尔夫认为,如果一种语言在指称非空间物时未暗含一种空间的类推,那么手势也无法使所指物更为清晰。霍皮人正因此而很少在说话时使用手势,甚至可以说他们根本就没有欧洲人所理解的手势。

4. 语言二项式与艺术

语言对世界的二项式表述,将有形空间向虚拟空间类推,事实上建立了一个隐喻系统。欧洲艺术在很大程度上建立于这个隐喻系统之上。其突出的表现在沃尔夫看来,就是审慎地追求通感化的表述。沃尔夫指出,通感即由某种感觉的暗示而接收到属于另一种感觉的特征,例如由声音而引起光和色彩的感觉或由光和色彩而引起声音的感觉。在欧洲艺术中,通感由于语言的隐喻系统而表现得更为自觉。语言的隐喻系统通过按空间体验命名非空间经验,把颜色、光度、形状、角度、结构、运动等空间经验的品性注入声音、嗅觉、味觉、情感和思想;或者反过来,用类似音调的因素来思考空间经验,谈论颜色的"音调"、灰色的"单调"、衣服的"味道",将非空间经验的品性注入空间经验。于是我们看到,欧洲的音乐在试图传达场景、颜色、运动、几何图案;欧洲的绘画、雕塑在自觉遵循音乐节律的抑扬顿挫,其色彩的变化与感情的和谐与不和谐结合在一起;欧洲的戏剧更讲究多种艺术的通感。沃尔夫深刻揭示了语言隐喻系统在艺术中产生的连锁性的通感效果,揭示了在人们的感官通道中记录的多种多样现象的背后深藏着的底层统一性——一种更深的美感。而在沃尔夫之前谁又能想到,这种诉诸艺术通感的底层审美统一性,是和语言的二项式表述同构和同源的呢?

三、语言与文化的系统相关

沃尔夫在谈到隐喻和通感的关系时,认为很可能是首先从通感生发即时的隐喻,而隐喻一旦在语言的规划下成其系统,又会使通感的运用更为自觉。如前所述,隐喻和人类语言并没有必然联系,霍皮语中就鲜有隐喻。但在欧洲语言中,隐喻扎根于语言的二项式,并构筑了一个无所不包的语言、文化和行为的网络。于是就引出了一个“先有鸡还是先有蛋”的问题,即语言形式和文化规范,哪一个在先?哪一个在后?谁决定谁?从美洲语言人文主义的整个研究来看,它倾向于语言决定论。一方面,沃尔夫认为欧洲人由语言决定的思想不仅与欧洲的文化偶像和理想相一致,而且使无意识的个人反应遵循它的型式,也就是说,语言决定思想和行为,同时又与文化相适应。沃尔夫把这种关系形容为“伙伴关系”,即语言和文化一起成长,在成长中经常相互影响。但另一方面,沃尔夫认为在这个伙伴关系中,语言的本质是以一种更专制的方式限制发展中柔性通道与刚性通道的自由。这里的“专制”,指的是语言结构的稳定性,稳定的结构制约了文化发展中的许多“定点”。沃尔夫认为,相对于许多文化现象而言,语言不仅仅是规范的集合,而且是一个体系。大系统的纲目只能非常缓慢地变成某种真正新的东西,而其他许多文化子目的革新则相对要快一些。欧洲这个“语言—文化联合体”的源远流长的发展也说明了语言型式对文化“定点”的制约。

沃尔夫指出,早在欧洲古代语言尤其是拉丁语中,就已经用空间词对非空间经验作隐喻指称。虽然拉丁语中也有一些将非空间经验隐喻为空间经验的现象,但拉丁语的发展方向是从空间到非空间,这部分地同“理智粗陋的罗马人遇上了希腊文化,第二次刺激了抽象思维”有关。拉丁语在欧洲中世纪的统治地位,使欧洲各民族语言都模仿它的型式,由此形成了欧洲语言语义变化中统一的从空间到非空间的自然方向。这使西方学术界形成了与东方学术界截然不同的坚执的概念——客观经验先于主观性。

客观经验先于主观性,本质上是人与自然的对立,主体与客体的分离,西方民族自古希腊开始,就割断人与世界的不可分离的本质关系,将人从他所生存的世界中分离出来。人置身于世界之外,世界对于人就只呈现为一个视觉平面。人为了与世界重新发生关系,就要去认识他所面对的客体。而一个视觉平面的客体对于人的关系只是一维的、单一的。人要认识一个只呈现为一个平面的世界,就必然追求认识的确定性,注重形式逻辑、抽象思维,力求从独立于自我的自然界中抽象出某种纯粹形式的简单观念。人的思维也因而成了直线式的——在对原本复杂的关系和现象作了平面化的单一切割后,一切不是肯定,便是否定;不是黑,便是白;"坚决无情地或者把思想发挥到光辉的顶点,或者把它归结为谬误"。这样一种平面、直线切割的思维方式,究竟是如何形成的?沃尔夫从与霍皮文化和语言的令人震颤的比较中,为我们揭示了"希腊式"思维方式的语言根源——欧洲语言自拉丁语开始对世界由空间到非空间的隐喻与切割,由此形成西方与人类其他地方很不相同的思维方式与文化。沃尔夫回顾这一历史指出,早在中世纪,拉丁语中已经形成的由空间到非空间的型式,开始与不断增长的机械创造、工业、贸易、经院的和科学的思想交织在一起。测量的需要反映在工业、贸易、各种容器中"原材料"的仓储、处理各种商品的铅字盘、计量单位的标准化、钟表的发明和时间的计算、档案的保存、账目、年表、历史记载、数学的发展及其与科学的伙伴关系。所有这些合力推动欧洲人的思想和语言世界产生其现代形式。

与霍皮语和霍皮文化比较,在西方的语言和文化中所显示的世界的平面性、分析性、直线性,在与东方文化的比较中也清晰地显现出来。美国学者卡普兰在《跨文化教育中的文化思维类型》一文,分析比较六百份外籍学生用英语写的作文,从他们文章内部的衔接方式、话题的组合方式等运思途径发现，典型的英语文章的组织架构，显示“直线型”思维方式，即每一段落以主题句开头，后接例证句，最后收尾；或先有例证句，最后结束于主题句。而那些母语是东方语言（包括汉语）的学生，他们的典型作文方式却显示“螺旋型”的思维方式，即不直接论证段落主题，而是“转弯抹角”地从各种外围角度间接论证主题。这种思考方法使母语是英语的读者深感困惑①。显然，这种困惑和沃尔夫面对霍皮语思考方式而产生的震颤一样，都是直线式的西方思维突然面对自己的语言限度而引起的。

意大利文物保护专家米其勒·考德拉在考察了中国的文物保护工作后，在中西时间观的不同类型上有了与卡普兰同样的发现。他认为西方人的时间观是线性的，时间在西方人的眼里起源于一个固定的点。因此西方人的文物保护工作是要尽量保存文物的历史真实面貌。即使是修复一件古青铜器，也要遵循“可识别的、可逆的、适当的”三条原则，即用来粘连青铜器碎片的黏合剂必须是临时性的。修复后的作品不仅可以恢复原状，而且必须能看得出碎片的纹路，以使人们能从修复件看到原作者的技艺和手法。不仅如此，修复者用来填补原件缺损的材料必须在化学和美学角度上同原件使用的材料一致。这一切都是为了回溯那个文物发生的时间原点。这种回溯力求存历史之真，其运思方向是直线的。

而中国人的时间观却是循环的。中国历史上每一位新皇帝登基，都要重新开始纪年，给人一种“改朝换代而江山依旧”的感觉。这种循环的时间观在文物的保护上则不求原始之真而求历久弥新，重新开始。于是翻修和重建就成了保护古迹的重要手段，重建、复制的古建筑往往采用水泥、混凝土等现代材料以代替木料，难以真实地重现原作的风格和技艺。修复一件青铜器则往往使用焊接一类的手段，修复后的作品难以完全不留痕迹地复原。考德拉认为，按照西方

① 胡文仲、高一虹《外语教学与文化》，湖南教育出版社，1997年，第109页。

的直线式时间观,北京的故宫在15世纪被摧毁后又重修了无数次,虽然整座建筑油漆得崭新、鲜红,但已算不上是真正的古代建筑。颐和园则看起来更像是迪斯尼乐园或海外中国城的餐馆,而非18世纪清王朝的遗迹。同样,日本的伊势神宫建于6世纪,日本人每二十年将它推倒重建一次。如今它的每一片砖瓦都是1993年重建时的现代制品,但日本人仍然认为这个神宫是1300年重建时的古物。东方人的时间观乃至文物观让西方人深感困惑,以致许多东方古迹难以被联合国教科文组织列入世界文化保护遗产。美国密歇根大学的汉学教授肯德武金也指出类似的现象:中国最伟大的古典文学著作如《三国演义》、《水浒》等都被改写过多次,每个改写者都出版了各自的版本,有的以大团圆结局,有的以悲剧收场。这种改写都和修复文物一样,致力于原作品的"日臻完善","历久弥新","整旧如新",而在直线思维的西方人眼里则成了"把真品变成赝品"①。

由于对文化相对性和语言人文性的深刻理解,沃尔夫并不将非直线、非平面的语言和认知视为类似"把真品变成赝品"的异端,相反,却从语言的限度中看到了文化的合理性,看到了一个不同类型的语言怎样和它所在的文化和环境相互影响:一个宁静的农业社会,因地理环境和异族游牧敌人而与世隔绝。那里久旱无雨,农业贫瘠。唯有极度坚忍才能生存下来,因而重视持久与重复的价值;唯有团结合作才能战胜困难,因而强调协作心理和精神因素;庄稼和雨是价值的标准,为了保证庄稼在贫瘠的土地和多变的气候中生长,就必然重视充分的准备和预防,并由此产生生存有赖于自然力量、祈祷自然保佑的宗教态度。沃尔夫认为,这些文化和环境的因素与霍皮的语言形式相互作用,既模铸了霍皮人,又反过来被霍皮人所模铸,由此逐渐形成了霍皮的世界观。显然,从发生论来说,语言与文化相互塑造的观点无疑是正确的。语言与文化的同构典型地标志了一个民族的

① 《一个意大利人看中国古迹保护》,《编译参考》1998年11月。

精神特征，是该民族对它所面对的挑战的回答。

至于每一个个体的发生和发展中，语言与经验（文化）孰轻孰重，沃尔夫认为“时间”、“物质”这些概念并不是由经验以完全相同的形式给予所有的人的，而是依赖于某种语言或某些语言的本质。这种依赖不在于语法中任何单独的范畴，而在于语言中分析和记录经验的整套方式。可以说经验已被固定在语言中，成为一体化的“言谈方式”。这一“方式”综合了词汇、形态音位、句法等各个方面。因而“时间”和“物质”的概念是在语言的运用中形成和发展的。沃尔夫指出：

以“时间”而言，在欧洲语言中形成的“时间”就像一个有严格的尺度限制的空间，或有时在这样一个空间上像有一种运动，因而它被用作一种智力工具。而在霍皮语中形成的“持续”观念是完全不能按空间或运动来思考的。某些在欧洲时间概念中孕育的想法，如绝对的同时性，在霍皮语中或是很难表达，或是不可能表达和缺乏意义，只能用操作性的概念来替代。

以“物质”而言，欧洲语言中的“matter”（物质）是“substance”（物质基质）或“stuff”（素质）的物理亚型，它被视为无形而广大的东西。在它成为真实的存在之前，必须与形式相结合（物量化）。霍皮语中没有无形而广大的东西，存在可以有形，也可以无形。但有形之在和无形之在都同样具有强度和持续时间。

至于“空间”的概念，在欧洲语言和霍皮语之间没有像时间概念那样大的区别，可能空间的理解主要是由经验给予的。格士塔心理学专家的视觉实验也可以证明这一点。但由于空间概念的运用往往和时间、物质密切联系，它仍可能在语言的限定下产生一点变化。欧洲人的空间观念会有像时间那样作为非空间关系代理人的属性，而霍皮人的空间观念没有这种代理人属性，它不与外部概念搀和，相对来说更“纯”一些。

沃尔夫以霍皮语为镜子，照出了各民族经验、认知的语言限度。

这种限度并不是机械的或庸俗的，用沃尔夫的话来说，“我们不可能从霍皮语的缺乏时态推断霍皮社会存在首席传呼员，或从传呼员的存在推断霍皮语缺乏时态”。许多怀疑或否定语言结构与文化的关系的人，正是以这种机械或庸俗的推定作为他们的理由的。沃尔夫的研究告诉我们，语言是以一个体系同文化中的思想体系相联系的。我们不可能也无须从任何一个语言范畴“诊断”其与文化范畴的一致关系。但一旦我们进入语法体系，进入语言建构方略，我们就可能在相应的文化思维方式、文化心理、文化哲学上找到结构上的一致关系。反过来，文化上的思维方式、哲学、心理，也能帮助我们从整体上、方向上把握民族语言的结构特征，深刻理解民族语言在纷繁外表之下的文化规定性。这正是沃尔夫的研究对于与西方语言文化存在巨大差异的中国语言文化研究的启示！近十多年来，我们所从事的中国文化语言学研究正是这样做的。诚如沃尔夫所指出的，语言和使用该语言的社会的文化之间存在着一种关系。语言作为一种“言谈方式”，它和整个“一般性的文化”密切结合在一起。在语言和文化的结合中存在着各种联系——语言分析和各种行为反应的联系，语言分析和各种文化发展所采用的形态的联系。这些联系如果仅仅在语言学、人种学、社会学各自内部去研究，将这些联系置于这些学科各自的典型科目和专题之下，这种研究必然所获有限。唯有将文化和语言整体对待，即长久地将二者历史地结合在一起，那些横跨上述学科界限的联系才有可能被发现。而且，如果这些联系确实存在，它们最终将被我们的研究所发现。

第三讲

中国文化的语言视界

如果说欧洲语言人文主义是在思辨中展开的，美洲语言人文主义是在人类学的调查实践中展开的，那么中国语言人文主义则是在对经典的阐释中展开的。中国古代的语言学传统，所谓"小学"，是"通经之学"，传统语言研究的各个方面几乎都与经典释义联系在一起，对世界的理解与阐释渗透语言学的血脉，从而形成一种语言学的文化通观。

1 本体论的语言观

中国古代的语言人文主义集中体现在中国人的

语言观上。这种语言观首先是一种本体论的语言观。

一、同义汇通的世界图景

中国公元前200年诞生的一部解释词义的语言学专著《尔雅》,对所解释的词语作了这样的分类排列,即:释诂—释言—释训—释亲—释宫—释器—释乐—释天—释地—释丘—释山—释水—释草—

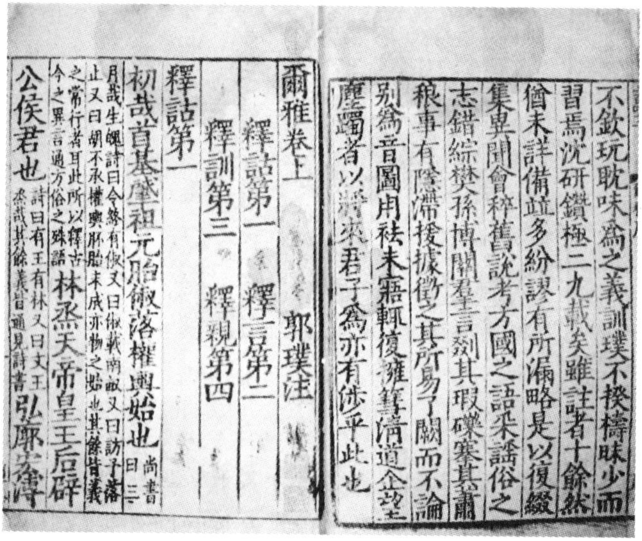
不欽玩耽味為之義訓璞不揆檮昧少而
習焉沈研鑽極二九載矣雖註者十餘然
猶未詳備並多紛謬有所漏略是以復綴
集異聞會稡舊說考方國之語采謠俗之
志錯綜樊孫博關群言剟其瑕礫搴其蕭
稂事有隱滯援據徵之其所易了闕而不論
別為音圖用袪未寤輒復擁篲清道企望
塵躅者以將來君子為亦有涉乎此也

爾雅卷上　郭璞注
釋詁第一　釋言第二
釋訓第三　釋親第四
釋詁第一
初哉首基肇祖元胎俶落權輿始也
林烝天帝皇王后辟公侯君也
弘廓宏溥

《尔雅》

释木—释虫—释鱼—释鸟—释兽—释畜。从这样一个排列体例来看,其顺序依次是语言→人类社会的亲属—宫室—器具—音乐→自然界的天—地—山—水→生物界的草—木—虫—鱼—鸟—兽—畜,要言之,即语言→人→自然→生物,语言排在第一位。这显示出语言在当时人们心目中的位置。在语言部分,《尔雅》或"举古言,释以今语";或"约取常行之字,而以异义释之";或"道物之貌以告人",如此细密地辨析词义,反映出古人对语言意义的高度重视。《尔雅》反映的是中国先秦的汉时期人的文化知识结构。在这个结构体系中，词义的理解与阐释占据了重要的地位。这种对语言意义的重视，其实不独从《尔雅》始。在某种意义上，《尔雅》是对前代名物释义的一种大汇编。早在战国时期（公元前400年至前200年），语义的解释就成为人们认识世界、体验世界的一种重要方式。在《尸子》中有这样的记载：

> 春为青阳，夏为朱明，秋为白藏，冬为玄冥。四气和，正光照，此之谓玉烛。甘雨时降，万物以嘉，高者不少，下者不多，此之谓醴泉。祥风，瑞风也。一名景风，一名惠风。
>
> 天神曰灵，地神曰祇，人神曰鬼。鬼者，归也。

在古代中国人对世界的语义阐释中，同义现象的汇通与辨析成为一种独特的方式。汉民族有机整体的宇宙观使古人认识到事象之间你中有我，我中有你，相互联系，相互转化的辩证关系。这种认识渗透在语言的“世界图景”中，就是丰富的同义词之间的聚散离合。在中国两千五百多年前的民间歌谣中我们可以看到，当时的人们正是用众多的同义词的衔接来推进诗意，组织一个变化而又统一的世界的。例如《诗经·周南》的《关雎》一章：

> 参差荇菜，左右流之，窈窕淑女，寤寐求之。……
> 参差荇菜，左右采之，窈窕淑女，琴瑟友之。
> 参差荇菜，左右芼之，窈窕淑女，钟鼓乐之。

诗歌中的关键词“流”、“采”、“芼”，都是采集的意思，只不过“流”示其顺流而采，“芼”示其有所选择而采。又如《樛木》一章：

> 南有樛木，葛藟累之，乐只君子，福履绥之。
> 南有樛木，葛藟荒之，乐只君子，福履将之。
> 南有樛木，葛藟萦之，乐只君子，福履成之。

诗中的关键词“累”、“荒”、“萦”，都有盘缠的意思。不仅动词如此，

形貌词也是如此,例如《葛覃》一章:

> 葛之覃兮,施于中谷,维叶萋萋,……
> 葛之覃兮,施于中谷,维叶莫莫,……

诗中的“萋萋”、“莫莫”都是茂盛的样子。古代中国人对世界的这种变化而又统一的认识方式,不但表现在对事象的具体感知中,而且进一步抽象为语义的同义互训。《逸周书》中已有这样的记载:

> 勤,劳也。遵,循也。肇,始也。怙,恃也。享,祀也。锡,与也。典,常也。糠,虚也。惠,爱也。敏,疾也。捷,克也。载,事也。

《尸子》中更将这种一对一的同义互训汇通为一对多,多对一的语义阐释方式,如:

> 天、常、皇、后、辟、公,皆君也。
>
> 弘、廓、宏、溥、介、纯、夏、幠、冢、晊、昄,皆大也。十有余名,而实一也。

这种语义阐释方式在《尔雅》中蔚为大观,古人将自己对世界万象聚散离合、有机统一的理解,透过语义的汇通与条理固定下来。词义系统成为人的世界蓝图,语言观成为人的世界观的基础,这就说明《尔雅》何以以语言为其发端了。

二、语言的世界性涵义

中国古人对语言的重视显然出于他们对语言本体论意义的一种独特的感受。从哲学意识萌动的时候起,中国人就始终把人看作世界和宇宙不可分割的一部分,但并非中心的部分。中国传统哲学中的“人”和“我”的概念的基本特征在于它的不仅有人类学的含义,而且也有宇宙论的含义。人与世界的本质关系及由之而来的认识关系，庄子在《齐物论》中非常精练地表达了："非彼无我，非我无所取。"也正是因为如此，中国人并没有截然区分人与世界的自然关系和人文关系，相反，他们倒是早就看出这两种关系是你中有我，我中有你，无法非此即彼地截然分开。人与世界的关系绝不是单方面的，而是全方位的。体现和维系人与世界的这种多方位关系的语言，因而也非纯粹的符号系统和工具。

语言是人性的表现。孔子说："不知言，无以知人也。"（《论语·尧曰》）孟子也说："吾知言……诐辞知其所蔽，淫辞知其所陷，邪辞知其所离，遁辞知其所穷。"（《孟子·公孙丑上》）在古人眼里，"人之所以为人者，言也。人而不能言，何以为人。"（《春秋穀梁传》）"言谈者，仁之文也。"（《礼记正义·儒行》）扬雄这样评价语言体现人的心声的作用："捈（引）中心之所欲，通诸人之嚍嚍者莫如言；弥纶天下之事，记久明远，著古昔之㖧㖧，传千里之忞忞者莫如书。故言，心声也；书，心画也。声画形，君子小人见矣。声画者，君子小人之所以动情乎。"（《法言·问神》）

语言是天道的表现。古人认为，"志以道宁，言以道接"。"道者，文之根本。文者，道之枝叶。维其根本乎道，所以发之于文，皆道也。三代圣贤之章，皆从此心写出，文便是道。"（《朱子语类》卷百三十九）

语言是事物本质的表现。许慎说："黄帝之史仓颉，见鸟兽蹄迒之迹，知分理之可相别异也，初造书契。"（《说文解字序》）在古人看来，文字的产生，是由于从鸟兽的足迹领悟到不同的纹理可以互相区别，因而有必要、也有可能对万事万物的"纹理"加以抽象和区别。所以，"仓颉之初作书，盖依类象形，故谓之文"。而"文者，物象之本也"。经过象形——象征的抽象过程的文字图像，已不再是事物的自然之形，而是凝聚着人的概括的事物本质。祝允明对这一概括过程作了生动的描绘："文也者，非外身以为之也。心动情之，理著气达，宜齿颊而为言，就行墨而成文，文即言也，言即文也。"（《祝子罪知

录》卷八)

语言是治理天下、教化人伦的基础。古人对语言在一个社会组织中的维系作用有深刻的理解。《易》曰:“鼓天下之动者存乎辞。”因而“一言可以兴邦,一言可以丧邦”成为春秋时代的一种社会警醒意识。孔子把正百事之名作为他为政的首要之事。他说:“名不正,则言不顺;言不顺,则事不成;事不成,则礼乐不兴;礼乐不兴,则刑罚不中;刑罚不中,则民无所措手足。”(《论语·子路》)古人又把语言作为一种社会政治的象征。在他们看来,历史上既有“结绳之政”,又有“八卦之政”,然后是“书契之政”。所谓“古者伏牺氏之王天下也,始画八卦,造书契,以代结绳之政,由是文籍生焉”(《尚书序》)。《周易·系辞》这样来评价语言文字治理天下的作用:“上古结绳而治,后世圣人易之以书契,百官以治,万民以察,盖取诸夬。”“夬”是《易》卦名,这里作事物的画像,正由于语言文字概括了事象而又条理了事象,掌握文字就掌握了一种世界秩序,从而人人明理习仪,天下才得以治理。古代的统治者深谙此理,如《周易·夬卦》所言:“夬,扬于王庭。”《五经文字叙》解释说:“夬,决也。王庭孚号,决之大者,决以书契也。”这就是说,统治者总是利用文字下判断,在王庭上公开号召。许慎的解释更明确:“言文者宣教明化于王者朝廷,君子所以施禄及下,居德则忌也。”(《说文解字序》)文字不仅是“宣教明化”之本,而且由于懂得文字可以“多识前言往行以畜其德”(《说文句读》),可以“令行禁止”明其忌,所以王者对“能文者则禄加之”。

总之,天道人性,流于语言,化成万物。古人“观乎天文,以察时变,观乎人文,以化成天下”。人与世界的一切关系都包含在语言之中,“藏天下于天下,而不得所遁。”(《庄子·大宗师》)正因为语言在古代中国人的心目中踞有如此重要的本体论地位,所以古人论文辞才有“文章者,所以宣上下之象,明人伦之叙,穷理尽性,以究万物之宜者也”的说法。

确立语言的本体论地位,那么人、语言、世界这三者间是一种什么关系呢？中国第一部系统考究字形字义的著作《说文解字》（公元2世纪）的序中作了这样的解释：人“仰则观象于天，俯则观法于地，视鸟兽之文与地之宜，近取诸身，远取诸物”。这里的“象”、“法”、“文”、“宜”，都指人对世象脉理的理解，“取”则是主体对客体的条理。而这种理解和条理都是通过对对象的符号化进行的。当人观象于天的时候，他已将自然之天改造为以人为视角的符号之天。天之象是人对天的范畴化知解。天、地的存在是客观的，但天、地之“象”、“法”、“文”、“宜”才是人所认识和理解的世界，而人的这种符号化的世界观是形成于并巩固于语言之中的。在这个意义上，语言才为人类“垂宪象”，才使人类有了一个世界，而不再像动物那样只有“环境”。刘勰在《文心雕龙》中对这个问题说得更为明确，他的《原道》一篇试图回答世界的本原问题，因为在他看来，一切文化符号都是根本乎道的，只有“原（探究）道”才能把握“文”的本质。但“道”的存在是一个十分抽象的问题，只有“道”的表现形式“文”才是观察“道”的途径。这样一来，“文”与“道”的关系就是“道沿圣以垂文，圣因文而明道”。在这个意义上，文便是道。所以“人文之元，肇自太极”，“言之文也，天地之心哉！”“文”是与自然之道“天地”并生的。刘勰详细论述了这一“并生”的过程：

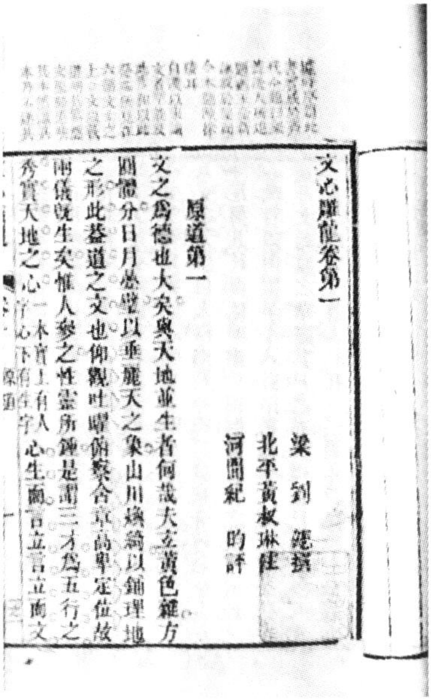
文心雕龍卷第一
梁 劉 勰撰
北平黃叔琳注
河間紀 昀評
原道第一
文之爲德也大矣與天地並生者何哉夫玄黃色雜方
圓體分日月疊璧以垂麗天之象山川煥綺以鋪理地
之形此蓋道之文也仰觀吐曜俯察含章高卑定位故
兩儀既生矣惟人參之性靈所鍾是謂三才爲五行之
秀實天地之心心生而言立言立而文

《文心雕龙》

文之为德也大矣，与天地并生者何哉？夫玄黄色杂，方圆体分，日月叠璧，以垂丽天之象；山川焕绮，以铺理地之形，此盖道之文也。仰观吐曜,俯察含章,高卑定位,故两仪既生矣。惟人参之,性灵所钟,是谓三才。为五行之秀,实天地之心。心生而言立,言立而文明,自然之道也。

天之蔚蓝色与地之黄色,天之“圆”与地之“方”,天上的日、月与地上的山、川,这些“物象”是哪里来的呢?是以人为基点看到的。以人为基点,则上下的位置确定,便产生天、地。人向上看到日星的光耀,向下看到山河的文采,从而形成了物象的概念,才有了人所参与的世界。可见在人与世界的关系中,存在着一个中介——人对物象的概括与理解。没有理解,也就没有天、地这个人的世界。在这个意义上,人是“五行之秀”,万物之灵,是天地的“心”。所以人是和“世界”一同产生的,而这个产生的机制就是人对世界的理解——符号化的概括,这个概括形成于语言。语言是人认识世界的中介,是人与世界的根本纽带,所谓“心生而言立,言立而文明,自然之道也”。世界本质上是人化的世界、语言的世界。语言在中国古人的心目中具有世界性的涵义,具有本体论的地位。道垂文,文明道,“旁通而无滞,日用而不匮”。《易》曰:“鼓天下之动者存乎辞。辞之所以能鼓天下者,乃道之文也。”文道实质上是一体的,所以文辞能有如此大的“鼓天下”的力量。

从发生论来说,人类之文与自然之道是并生的。但语言文字一旦产生,它就成为人类认识自然之道的一个“本源”。它对人的认识有一种启示和规范的作用。人不可能离开语言来思考世界,而只能通过语言来认识世界,通过语言来形成世界观。许慎在《说文解字序》中对这一点作了深刻的论述。他指出:“盖文字者,经艺之本,王政之始,前人所以垂后,后人所以识古。故曰:‘本立而道生’,‘知天下之至赜而不可乱也’。”文字成为人类社会文化之“本”,从语言文字入手“道”才得以生发。为什么呢?因为只有语言才使人“知天下之至赜而不可乱”,从林林总总、五色驳杂的客观万物中理出一个秩序来。

2 实践论的语言观

中国人的语言观又是一种实践论的语言观。

在中国早期思想史上有一次著名的“名实之争”，它是中国语言理论的发源之所在。所谓“名”，指的是语素。由于当时以单音词为主，汉字又是一字一音节，所以“名”也就是词。皇侃《论语义疏》引郑玄对“正名”的解释，即谓“正名谓正书字也，古者曰名，今世曰字”。郑玄在注《仪礼·聘礼》“百名以上书于策，不及百名书于方”这两句话时也说：“名，书文也，今谓之字。”许慎《说文解字》对“名”的解释是：“名，自命也，从口夕。夕者，冥也。冥不相见，故以口自名。”可见，“名”就是语言。“名实之争”，就是关于语言和世界关系的讨论。语言和世界的关系是人与世界的最基本关系，它是人类哲学共同的主要问题。然而，如果说它的发生在古希腊哲学关于词与物的关系的讨论中带有浓厚的思辨色彩，那么它在中国先秦哲学的名实关系讨论中则从一开始就出于政治伦理和社会实践的目的。

语言与世界的关系的社会实践意义出于中国古人对语词社会功用的一种独特的分类：“后王之成名：刑名从商，爵名从周，文名从《礼》；散名之加于万物者，则从诸夏之成俗曲期，远方异俗之乡则因之而为通。”（《荀子·正名》）这里说到近代事物定名的四项原则：刑法语词从商代的系统，爵位官职语词从周代的系统，礼节仪式语词从《仪礼》的系统，一般事物语词以中国语即夏语旧俗相传的语义为标准。在中国古人的语词观念中，政治制度词汇与非政治制度词汇有明确的区分。而在思考语言与世界的关系时，首先关注的是政治制度词汇（刑名、爵名、文名）的“名”与“实”的问题，这就使“名实之争”具有强烈的政治伦理和社会实践意义。

一、孔子:正名主义

首先提出名实问题的是春秋末期(公元前500年)的思想家孔子。孔子处于春秋末期的社会大变革之中。他所居住的鲁国是旧周朝管辖文化的中心,所谓"周礼尽在鲁"。孔子一生的行为规范就是要维护旧王朝的制度,所谓"周监于二代,郁郁乎文哉,吾从周"(《论语·八佾》)。面对当时新兴地主阶级"犯上作乱",大夫专权,政权下移,"礼崩乐坏"的局面,孔子提出"正名"来重建旧礼治。孔子认为,政治上的苟且混乱,是由于政治制度的言论苟且,名实混乱。所谓"君不君,臣不臣",都是由于名实的颠倒。孔子说:"唯器与名,不可以假人。"(《左传·成公二年》)"名失则愆。"(《左传·哀公十六年》)《论语》中记载了孔子与他的学生的这样一段对话:

孔子

> 子路曰:"卫君待子而为政,子将奚先?"子曰:"必也正名乎?"子路曰:"有是哉?子之迂也。奚其正?"子曰:"野哉,由也!君子于其所不知,盖阙如也。名不正,则言不顺;言不顺,则事不成;事不成,则礼乐不兴;礼乐不兴,则刑罚不中;刑罚不中,则民无所措手足。故君子名之必可言也,言之必可行也。君子于其言,无所苟而已矣!"

在这里,孔子把"正名"看作社会和政治改革的核心。通过正名,使政治制度中的一切关系符合它的理想中的涵义。所谓“政者,正也”。在孔子回答齐景公之“问政”时也说:“君君,臣臣,父父,子子。”齐景公深以为然:“传如君不君,臣不臣,父不父,子不子,虽有粟,吾得而食诸?”(《论语·颜渊》)“正名”的意义就在于,让名代表它所应代表的,以重建社会政治的关系与制度。可见孔子对语言的社会功用,对语义在社会实践中的“通意”、“喻事”、“稽实”、“定教”的功能,是有明确的认识的。语言规范着一个社会的秩序,它使社会在实践运作中有条不紊,孔子的语言观正是这样一种重视语言的人文性和世界性的实践论语言观。

与“正名主义”联系在一起的实践论语言观,在先秦时代有很大的影响。无论是对孔子的“正名主义”持批判意见还是持赞同意见的,都承认名与实不可分割的本质联系。

二、墨子:取实予名

墨子提出了“取实予名”的原则。在墨子看来,那种为了掌握眼前真实事物的意义,就必须追究现在借以认知这些事物的名的原始的象,追溯它们的理想的涵义的逻辑是错误的。无论是政治制度还是名物制度,它们的“名”并非来自先验的象,而是来自实际的需要。因而从实践的观点看,不是“以名正实”,而是“取实予名”。墨子举了这样两个例子:

墨子

问于儒者曰,何故为乐?曰:“乐以为乐也。”子墨子曰:“子未我应也。今我问曰,何故为室？曰：冬避寒焉，夏避暑焉。且以男女之别也。则子告我为室之故矣。今我问曰：何故为乐？曰乐以为乐也。是犹何故为室？曰：室以为室也。”（《墨子·公益》）

今瞽曰，巨者白也，黔者黑也，虽明目者无以易之，兼白黑使瞽取焉，不能知也。故我曰瞽不能知白黑者，非以其名也，以其取也。今天下之君子之名仁也，虽禹汤无以易之，兼仁与不仁，而使天下之君子取焉，不能知也。故我曰，天下之君子不知仁者，非以其名也，亦以其取也。（《墨子·贵义》）

可见，“名”本身不是目的。它应受到“实”的检验，而不是空洞、抽象地标引“实”应当如何如何。否则，就像“乐以为乐”，“室以为室”，“巨者白也，黔者黑也”一样毫无意义和不负责任。为此，墨子提出“名、实、合、为”一组相关的概念。他说：“所以谓，名也；所谓，实也；名实耦合也；志行，为也。”（《墨子·经说上》）名是重要的。孔子语言理论的最大贡献是发现了“名”，即“所以谓”的意义。墨子也认为“夫名，以所明正所不智，……若以尺度所不智长”（《墨子·经说下》）。语言给人一种观察世界的尺度，有了语言才能理解世界，才能去“度量”世象的连续体。但“所以谓”不能脱离“所谓”的实际，名与实要相“合”。这种“合”，不是改造“实”以副“名”，而是“取实予名”。名实是否相副，还要靠“为”去检验，也就是从实际效果，从实践去检验。由此可见，墨子的语言观依然是一种实践论的语言观。他与孔子在名实问题上关注社会实践的角度不同，但都是重视语言的人文性与世界性的。

从某种意义上说，墨子的实践论语言观在务实与功利性上比孔子更胜一筹。墨子认为，“言必立仪”，说话要有法度，立言立论要根据统一的标准，否则无法辨明是非和利害，就像一个人站在转动着的圆盘上无法测准东西的位置一样。那么说话立论的法度是什么？墨子提出“三表”，即“言有之法”。一是“上本之于古者圣王之事”，就是说必须能从关于圣王之言和行的记载中找到自己"立言"的根据，用现代的语言来理解，也就是必须跟已经确立的思想中最好的一种相一致。二是"下原察百姓耳目之实"，就是要考察百姓的耳闻目见之事，说话要和众人的经验事实相一致。三是"废(发)以为刑政，观其中国家百姓人民之利"，就是以对国家百姓有利者为是，以对国家百姓有害者为非，说话要与良好的实际效果相一致。从某种意义上说，墨子完全是从实用功利的标准来评判语言的。他的语言哲学中充盈着经验主义精神。与"三表"说所强调的"言有所据"相联系，墨子又提出"择务从事"的语言实践论。他说："凡入国，必择务而从事焉。国家昏乱，则语之'尚贤'、'尚同'；国家贫，则语之'节用'、'节葬'；国家憙音湛湎，则语之'非乐'、'非命'；国家淫僻无礼，则语之'尊天'、'事鬼'；国家务夺侵凌，则语之'兼爱'、'非攻'：故曰择务而从事焉。"(《墨子·鲁问》)这就是"言有所为"。立言重视实据、重视实效，这是墨子实践论语言观的积极的一面。当然，实用主义、经验主义也有其消极的一面，一些不能被立刻看到实践价值的东西，由于其非直接有效而被忽视了。传说墨子用三年时间制作了一个木鸢，制成后在空中飞了一天，掉下来摔坏了。当人们祝贺他时，他说："不如为车輗之巧也，用咫尺之木，不费一朝之事，而引三十石之任。"这显然是一种狭隘的实效论。在这一点上，孔子的"正名"所体现的理性精神有一定的积极意义。"名"的意义不仅在于它的实效，而且在于它相对独立的符号系统价值。否则，就会出现墨子所以为的"盖其语人异义，是以一人则一义，二人则二义，十人则十义，其人兹众，其所谓义者亦兹众。是以人是其义，以非人之义，放交相非也"的局面，"天下之乱，若禽兽然"(《墨子·尚同上》)。当然这种混乱的局面是不可能出现的。这不是由于天子"一同天下之义"，而是由于语言作为认识中介和交际工具的相对独立性与稳定性。

三、名家:名实一体

从孔子的“正名”到墨子的“取实予名”,名实之争的双方事实上都十分重视语言与世界的本质联系,都十分重视这种联系的社会实践意义。战国后期的名家,对名与实的关系作了更为清晰的阐释。一方面,他们认为“名”与“实”存在着必然联系,“不可相无”。尹文说:“名也者,正形者也。形正由名,则名不可差。故仲尼曰:必也正名乎。名不正则言不顺也。”(《尹文子·大道上》)“名”之重要正在于它是“正形者”。尹文又说:“大道不称,众(形)必有名。道生于不称,则群形自得其方圆;名生于方圆,则众名得其所称也。”“名”之重要,又在于它于客观世界得其所指称。可见名实不可相离。另一方面,“名”与“实”又有各自的独立性,“不可相乱”。尹文说:“名者,名形者也,形者,应名者也。然形非正名也,名非正形也,则形之于名,居然别矣。”“形”之存在是与名相应的,“有形者必有名”,但“形”之存在又并非为了正名,甚至“形而不名,未必失其方圆黑白之实”。名称产生于为“形”命名。但“有名者未必有形”,名称不是专门用来“正形”的,它不能改变客观现实,客观现实也不依赖于名而存在。把以上两方面联系起来,名与“形”的关系既相联系又相区别,“不可相乱,亦不可相无”,二者是一种相互制约的关系,“故亦有名以检形,形以定名,名以定事,事以检名”。尹文对“名”与“形”的相互制约关系作了这样一个总结:“无名,故大道不称;有名,故名以正形。今万物具存,不以名正之则乱;万名具列,不以形应之则乖。故形名者,不可不正也。”

与墨家相比,名家在名实相互关联、相互制约一点上,既继承了墨子的“取实予名”,又避免了墨子的重实轻名。在名家看来,名有“正名”,有“奇名”。“正名”是名实一致的,依据“正名”就可以检查物形之当否,所以“正名自话”(《管子·枢言》),“名正则治”(《管子·白心》)。“奇名”是名实不副的。这里有两种情况。

一是“因名以失实”,亦即名过其实。例如:“宣王好射,说人之谓己能用强也,其实所用不过三石,以示左右。左右皆引试之,中阙而止,皆曰:‘不下九石,非大王孰能用是。’宣王悦之。然则宣王用不过三石,而终身自以为九石。三石实也,九石名也;宣王悦其名,而丧其实。”(《尹文子·大道上》)又如楚王把假凤凰当作真凤凰而予献鸟者以十倍之作。

一是“因名以得实”,亦即实延其名。例如:“齐有黄公者,好谦卑,有二女,皆国色。以其美也,常谦辞毁之,以为丑恶。丑恶之名远布,年过而一国无聘者。卫有鳏夫,时冒娶之,果国色。然后曰,黄公好谦,故毁其子不姝美。于是争礼之,亦国色也。国色,实也;丑恶,名也。此违名而得实。”(《尹文子·大道上》)又如魏田文的邻人把无价之宝视为怪石,以欺田文,再从而盗取之,以献于魏王,终获千金重赏。

可知“奇名”违反名实相应的原则。用“奇名”来察实适足以乱实,所以“奇名自废”(《管子·白心》),“名倚则乱”(《管子·枢言》)。“名”之正否有如此重要的作用,可知正名“兹事体大”。

不正之名从何而来?名家认为首先是从名实不一来的,即从名与实的联系不相应来的。如上举数例皆是。其次是从名分不察来的,即从名所附带的价值判断来的。所谓“分”,指由名的内涵不同引起人们主观心理的不同反应。例如善名命善,又附带着人们享受之心;恶名命恶,又附带着人们厌恶之心。正名即要依据客观之实,又要依据人心中主观之价值判断,使人向善而恶恶,使名发生伦理的、政治的影响。可见名家是非常重视语言在社会实践中的稽实功能与教化功能的。在他们对“名”的分类中,他们特意将客体之名和主体之名分析开来,前者是静态的,后者是动态的,“彼”“我”不能相混。如尹文所言:“今亲贤而疏不肖,赏善而罚恶,贤不肖善恶之名,宜在彼,亲疏赏罚之称宜属我。我之于彼,又复一名,名之察者也。名贤不肖为亲疏,名善恶为赏罚,合彼我之一称而不别之,名之混者也。”(《尹文子·大道上》)名的“彼”“我”之分,正是为了强调语言的社会实践功能。在名家看来,语言的作用就在于“别彼此而检虚实者也。自古至今,莫不用此而得,用彼而失。失者由名分混,得者由名分察”(《尹文子·大道上》)。在这样一种实践论语言观的指导下,名家将语词依其社会实践功能之不同分作“三科”:

“一曰命物之名,方圆白黑是也。”这一类是对客观现实的概括,代表客体之实。

“二曰毁誉之名,善恶贵贱是也。”这一类是对伦理价值的概括,代表主体对客体的评价。

“三曰况谓之名,贤愚爱憎是也。”这一类是对动作心理的概括,代表主体对客体的态度。

不正之名的第三个来源,名家以为是语言自身的。

一是同音异义造成的。例如:“郑人谓玉未理者为璞,周人谓鼠未腊者为璞。周人怀璞,谓郑贾曰:‘欲买璞乎?’郑贾曰:‘欲之’。出其璞,视之,乃鼠也,因谢不取。”(《尹文子·大道下》)这是方音不同造成的同音异义。又如:“庄里丈人之长子曰盗,少子曰殴。盗出行,其父在后,追呼之曰:‘盗!盗!’吏闻因缚之。其父呼殴,喻吏遽而声不转,但言‘殴!殴!’吏因殴之,几殪。”“康衢长者字僮曰‘善搏’,字犬曰‘善噬’,宾客不过其门者三年。长者怪而问之,乃实对。于是改之,宾客往复。”(《尹文子·大道下》)这两例是因词的不同心理联想而造成的异义。

一是同词异境造成的。《慎子》中记载了这样一个事例:“今一兔走,百人逐之,非一兔足为百人分也,由分未定也。分未定,尧且屈力,而况众人乎?积兔在市,行者不顾,非不欲兔也,分已定矣。分已定,人虽鄙不争。”这里所说的“分”,即名所指称的客体的一种地位归属。在野之兔是地位归属未定之兔,所以人竞逐之;在市之兔地位归属已定,所以人过而不顾。同是兔子,其“名”是一致的,其“分”则不同。正兔子之名,不仅要稽其实,而且要究其“分”,而“分”是由词的语言环境决定的。

总之,不正之名的问题,既有认知判断的问题,又有价值判断的问题;既有语言自身的问题,又有语用实践的问题。它们之间又是相互渗透的。拿“名分”的问题来说,它既指词义概括中对客观事物地位归属的一种区别,又指语言在社会实践中确立的一种社会秩序。一个国家,百官有百官之名分,万民有万民之名分。人人各司其取,做自己“分”内应做之事,则社会有条不紊,天下大治。这就是名家所说的“天下之可治,分成也;是非之可辨,名定也”。“审名分,群臣莫敢不尽力竭智矣。”(《尸子·发蒙》)由此看来,“分”的问题,不仅是一个语言问题,且是一个世界秩序问题,归根到底,它是一个语言世界观之于人的社会实践的根本意义问题。在古人看来,“天地生万物,圣人裁之。裁物以制分,便事以立官。君臣、父子、上下、长幼、贵贱、亲疏,皆得其分曰治,爱得分曰仁,施得分曰义,虑得分曰智,动得分曰适,言得分曰信,皆得其分而后为成人。明王之治民也,事少而功立,身逸而国治,言寡而令行。事少而功立,守要也;身逸而国治,用贤也;言寡而令行,正名也。君人者苟能正名,愚智尽情,执一以静,令名自正,令事自定。赏罚随名,民莫不敬。”(《尸子·分篇》)归根结蒂,社会秩序的根源在于它的符号化规范——语言。“是非不得尽见,谓之蔽;见而弗能知,谓之虚;知而弗能赏,谓之纵。三者乱之本也。明分则不蔽,正名则不虚,赏贤罚暴则不纵。三者治之道也。……治天下之要在于正名。正名去伪,事成若化;苟能正名,天成地平。”(《尸子·发蒙》)这就是本体论与实践论相统一的人文主义语言观。

值得注意的是,古人重名但又不拘于名。他们认识到名实虽应相合,但无法尽合。明智的方法一曰“因”,“因也者,无益无损也;以其形,因为之名”,“舍己而以物为法者也”(《管子·心术上》)。二曰不为苛察。名不论怎样细密,终不能概尽其实。以名命实,贵在得其本质，不苛求枝叶。否则，反而会失去实的本质。“大道无名”，把握住道的无名之实，才善为有名之用。

公孙龙

在名家有关名实的讨论中，公孙龙的名实观尤为引人注目。他认为相互制约中的名与实实际上是一体的，是统一的。这种统一性就在于名与实的本质联系——“名，实谓也。”这里所说的“谓”不是简单的反映、模拟，而是人对客观现实的一种抽象指称，公孙龙称为“指”。“指”不等于事物本身，它是人对事物的一种范畴化、条理化的看法。所以“指也者，天下之所无也；物也者，天下之所有也。以天下之所有，为天下之所无，未可”。但是，“指”虽不是客观事物本身，但没有客观事物也就没有“指”，而且事物都具有“指”。所以“天下无指者，物不可谓无指也；不可谓无指者，非有非指也”。“天下无物，谁径谓指。”（《指物论》）公孙龙在这里用“指”而不用“名”来说明语言分世界的关系，正是从中看到了人的作用。名并非事物本身，名的本质是人对事物的指称。它的意义不是名词性的，而是动词性的。这是对人的符号化能力的深刻表述。把名看作“指”，在名与实之间就建立了一条根本的纽带。“物不可谓无指也”，对于人来说，实之所以是实，正是因为它有“指”；名之所以为名，也是因为它有“指”。“指”把名实统一了起来，在统一的过程中又不断地调节着名与实的误差。

"知此之非此也，知此之不在此也，则不谓也；知彼之非彼也，知彼之不在彼也，则不谓也。"（《名实论》）由于名实一体，所以公孙龙认为"正其所实者，正其名也"。这样把正名问题倒过来讲，正是认为语言与世界存在着本质联系，是不可分割的。本体论的语言观必然导致实践论的语言观，公孙龙正名的目的正是由于"疾名实之散乱"，"欲推是辩，以正名实而化天下焉"（《迹府》）。

四、荀子：有循于旧名，有作于新名

在先秦时代关于名实关系的讨论中，荀子是一个集大成者。他对中国古代人文主义语言观，尤其是实践论语言观作了详尽的阐述。

荀子

荀子是一个人文主义者。他把他的思想使命定在拯救哲学于天道决定论中。在荀子之前，道家极力夸大自然（天）的无所不能、无所不足的力量，宣传宿命论与超世俗论。荀子对这种"蔽于天而不知人"的哲学进行了批判。他认为，"道者，非天之道，非地之道，人之所以道也。"（《荀子·儒效》）"道者何也？曰：君道也。君者何也？曰：能群也。"（《荀子·君道》）"天行有常，不为尧存，不为桀亡。应之以治则吉，应之以乱则凶。强本而节用，则天不能贪；养备而动时，则天不能病；修道而不贰，则天不能祸。"（《荀子·天论》）"故君子敬其在己者，而不慕其在天者。小人错其在己者，而慕其在天者。君子敬其在己者，而不慕其在天者，是以日进也。小人错其在己者，而慕其在天者，是以日退也。”（《荀子·天论》）这样一种人本主义的哲学，体现在语言观上，就是重视语言的人文性和社会文化功能。

“所为有名，不可不察也。”人类为什么要有语言呢？荀子认为，这是由于语言对于人类社会具有“别同异”和“明贵贱”的双重作用。

“别同异”首先是一种认知作用。“名也者所以期累实也”（《荀子·正名》，下同）。据《说文解字》所解，“期”是“会”义，“累”意为“缀得理也；一曰，大索也”。那么，“期累实”，即将客体之实联系贯通成条理。这就是语言对客观现实的范畴化知解。没有语言的认知活动，“异形离心交喻，异物名实玄纽”，异形的事物可以交相晓喻，不同东西的名和实也会纠缠在一起。人们对事物没有一个共同的了解，“则志必有不喻之患，而事必有困废之祸”。而有了语言，万事万物都有了社会统一的命名，同异分明，“则志无不喻之患，事无困废之祸”。“别同异”又有一种交流的作用。“彼正其名，当其辞，以务白其志义者也。彼名辞也者，志义之使也，足以相通则舍之矣”。可见，认知作用与社会交流作用是相联系的。

“明贵贱”则是语言的政治伦理作用。荀子对人下了一个语言伦理的定义：“人之所以为人者，非特以二足而无毛也，以其有辩也。”（《荀子·非相》）这个“辩”是语言的人对社会秩序——名分的理解。“辩莫大于分，分莫大于礼”，语言之“辩”，也就是礼义之“辩”。在荀子看来，社会是一个尊卑有序、贵贱分明的体制。社会的运转在于人人遵循礼义，各守名分。“名定而实辨，道行而志通，则慎率民而一焉”，“迹长功成，治之极也，是谨于守名约之功也。”（《荀子·正名》）语言之“辩”不仅表现在“制名以指实”的名分规范上，而且表现在人们说话的礼义规范上。荀子说：“君子必辩，……君子辩言仁也。言而非仁之中也，则其言不若其默也，其辩不若其呐（讷）也。言而仁之中也，则好言者上矣，不好言者不也。故仁言大矣。起于上所以导于下；起于下所以忠于上，谏救是也。”“凡言不合先王，不顺礼义，谓之奸言,虽辩,君子不听。法先王,顺礼义,党学者,然而不好言,不乐言,则必非诚士也。故君子之于言也,志好之,行安之,乐言之,故君子必辩。"(《荀子·非相》)这样一来,语言就成为社会的一种价值伦理规范。荀子的理想社会就是"凡人莫不好言其所善,而君子为甚。故赠人以言,重于金石珠玉;劝人以言,美于黼黻文章;听人以言,乐于钟鼓琴瑟。故君子之于言无厌"(《荀子·非相》)。显然,语言成为社会政治伦理的象征,这是中国古人高度评价语言的社会实践功能的结果。

这种具有高度社会实践功能的语言又是如何形成的呢?荀子提出了"约定俗成"的独到见解。他指出:"名无固宜,约之以命。约定俗成谓之宜,异于约则谓之不宜。名无固实,约之以命实,约定俗成谓之实名。"(《荀子·正名》)这就是说,语言的意义不是"天然"的,不是"物固有形,形固有名",而是同一社会中的人在实践中共同认可和遵守的,是人的约定。因而语言就其本质来说是社会性的。只有经社会约定,语言才能起到名闻而实喻的统一认识和相互交际的作用。

值得注意的是,荀子的语言社会约定论,又是同"王者制名"联系在一起的。他并不同意把"名"视作古代圣王用一种立法的权力制成的、源自先验的象的"名",也并不主张维护名的起始的标准含义。但名是运用政权的法令"制定"的,这一点荀子毫不怀疑。他多次说:"后王之成名,刑名从商,爵名从周,文名从《礼》,散名之加于万物者,则从诸夏之成俗曲期。……散名之在人者也,后王之成名也。""王者之制名,名定而实辨,道行而志通,则慎率民而一焉"。"……此制名之枢要也。后王之成名,不可不察也。"(《荀子·正名》)那么"王者制名"和"约定俗成"又是如何统一起来的呢?统一的关键在于王者所制或政府批准之名,应是那些因社会某种默契的习俗而已经流行的名。这样既可避免王者制名的主观随意性,又可避免社会从俗约定的某些片面性。荀子的这一思想,在实践论的语言观上比孔子又前进了一大步。孔子的“正名”是同“法先王”相联系的。孔子要维护的是“名”的某种初始的、标准的含义。孔子的语言实践是要用旧名来正新实。荀子的“正名”是同“法后王”相联系的。他认为人道重于天道，人的后天教养重于其天性，人的进步是通过后天积累达到的，因而在语言实践上也应持发展的眼光，“若有王者起，必将有循于旧名，有作于新名”（《荀子·正名》）。

从荀子的语言论可以使我们再一次看到，中国古代的语言观从一开始就是同社会实践联系在一起的，中国古代的语言问题首先是一个社会实践问题。荀子的语言理论体系是这样建立起来的：

> 夫民易一以道而不可与共故，故明君悔之以势，道之以道，申之以命，章之以论，禁之以刑。故其民之化道也如神，辨势（说）恶用矣！今圣王没，天下乱，奸言起。君子无势以临之，无刑以禁之，故辨说也。实不喻然后命，命不喻然后期，期不喻然后说，说不喻然后辨。故期、命、说也者，用之大文也，而王业之始也。名闻而实喻，名之用也。累而成文，名之丽也。用丽俱得，谓之知名。名也者，所以期累实也。辞也者，兼异实之名以论一意也。辨说也者，不异实名以喻动静之道也。期命也者，辨说之用也。辨说也者，心之象道也。心也者，道之工宰也。道也者，治之经理也。心合于道，说合于心，辞合于说，正名而期，质情而喻。辨异而不过，推类而不悖，听则合文，辨则尽故。以正道而辨奸，犹引绳以持曲直，是故邪说不能乱，百家无所窜。（《荀子·正名》）

语言问题由社会政治的需要而产生，语言理论是服务于辨奸、除邪、正道的社会使命的。出于这样一种语言实践观，中国古人眼里的语言规范不仅是一种认识规范，而且是一种道德规范。名的判断中包含着认知和道德的双重判断。例如有些名是表示高贵的，因而鼓励上进和努力；有些名是和罪恶、耻辱相联系的，因而引起非难、恐怖和回避。名的明智使用是一个名实相符的问题,更是一个道德礼仪的问题。

五、《吕氏春秋》:正名审分

在荀子之后,《吕氏春秋》明确提出:“王良之所以使马者,约审之以控其辔,而四马莫敢不尽力。有道之主其所以使群臣者,亦有辔。其辔何如?正名审分是治之辔已。故按其实而审其名,以求其情;听其言而察其类,无使放悖。夫名多不当其实,而事多不当其用者,故人主不可以不审名分也。”(《审分览》,下同)《吕氏春秋》主张君主无为而治,其责任在于善用人,用人之道就是“正名审分”。在当时的情况下,“说以智通,而实以愚悗;誉以高贤,而充以卑下;赞以洁白,而随以汙德;任以公法,而处以贪枉;用以勇敢,而堙以罢怯”。这种“以牛为马,以马为牛”的“名不正”现象,正说明语言问题是“至治之务”。“名不正,则人主忧劳勤若,而官取烦乱悖逆矣,国之亡也”。“人主必审分,然后治可以至,奸伪邪辟之涂可以息,恶气苛病无自治”。这就像“万物殊类异形,皆有分职,不能相为”,这又像“五音之无不应也,其分审也。宫、徵、商、羽、角各处其位,音皆调均,不可以相违”(《吕氏春秋·圜道》)。而正名的方法就是“按其实而审其名”,“责其实以验其辞”。例如:“尹文见齐王,齐王谓尹文曰:‘寡人甚好士。’尹文问:‘愿闻何谓士?’王未有以应。”(《吕氏春秋·正名》)齐王“知说士而不知所谓士”。尹文“按其实而审其名”,问道:“今有人于此,事亲则孝,常君则忠,交友则信,居乡则悌,有以四行者,可谓士乎?”齐王曰:“此真所谓士也。”

《吕氏春秋》的作者们不仅把语言问题看成“至治之务”,而且视之为宇宙规律的一个“天人合一”的全息缩影。在他们看来,世界的秩序,自然界的有规律的运动,是“信”。言意相副,更重要的是言与实相副,也是“信”。“父窃羊而谒之,不亦信乎?”(《吕氏春秋·当务》)儿子举报父亲的偷窃行为,是如实而言,即为信。“许之而不予,不可谓信。”(《吕氏春秋·贵信》)说了不算,不依言而行,即非信。“天行不信,不能成岁。地行不信,草木不大。春之德风,风不信其华不盛;华不盛则果实不生。夏之德暑,暑不信其土不肥;土不肥则长遂不精。秋之德雨,雨不信其谷不坚;谷不坚则五种不成。冬之德寒,寒不信其地不刚;地不刚则冻闭不开。天地之大,四时之化,而犹不能以不信成物,又况乎人事。”因此,“人主必信”。人主之信的关键就是“重言”,“天子无戏言”。“以言非信则百事不满”,“信而又信,重袭于身,乃通于天”。所以,“信之为功大矣”(《吕氏春秋·贵信》)。语言的正确使用能使社会的运转像四时的运转那样井井有条。古人从这里看到了语言对于社会实践的根本意义。“信”正是从社会实践角度提出的以语言为纲,长治久安的理想世界。在古人对天地和人事的理解中,语言始终占有核心和本原的地位。它是人类实践的第一要义,也是人类理想的主要杠杆。

从上古时代中国学者对名与实、语言与世界的关系的讨论中我们可以看到,中国古代的语言观是一种肩负着社会实践使命的。以意义的政治伦理阐释为核心的语言观。它形成于先秦时代的社会大变动中。刚刚从商周巫史文化中解放出来的理性,在时代的召唤下,既未逸入希腊人那种纯正冷静的抽象思辨,也没有遁入印度人那种厌弃人世的解脱之途,而是执著于人事实际和社会伦理的实用探求。与实践论语言观相联系的,正是这样一种实践理性的精神。因而中国古人对语言问题的思考,很少越出经验的界限作纯逻辑的分析与纯形式的推理。中国古人对语言功能的认识,也主要是一种伦理责任的自觉意识。这与当时以氏族血缘为社会纽带和长期的农业小生产方式是有其内在联系的。正是这样一种农业文明使中国古人从一开始就从语言本质的方面——它的世界性和人文性来思考语言问题,以强烈的社会伦理责任心关注和探求语义问题,而很少关心语言形式和语言系统的“纯正”意义。这样一种人文主义的语言观,既避免了“神文主义”的空虚，又未陷入“物文主义”的机械。它付出了未进行形式化研究和建立形式系统的代价，但它得到的是对语言本质的深邃的理解和对语言功能的富有价值的运用。语言学从此走上了文化阐释的宏富之路，成为贯通整个古代思想文化史的领先学科。

3 语言哲学的民族本位

五四运动后崛起的中国第一代现代语言学家，依靠从传统小学继承下来的深厚积累，辅以西方学术中现代科学的理论和方法，融会贯通，推陈出新，开创了汉语研究新的科学基础。张世禄教授就是其中之一，他在汉语语音的研究上广泛吸收了西方语音学原理和分析方法，认为语音在语言诸要素比较的意义上，是不具有强烈的民族倾向的，学习西方语音学的先进理论方法，是传统音韵研究科学化的必由之路。在汉语语法的研究上，他却反其道而行之，认为世界各民族在思维形式上各有其独具的特色，语法是具有强烈的民族性的。汉语语法的研究应该从汉语语言思维的特点出发建立民族的理论体系。这种对汉语语言性质和研究方法的独到理解，使张世禄形成学术思想的鲜明特色：即在音韵研究上从一般进入特殊，在语法研究上从特殊走向一般。在某种意义上说，前者是用西方语音学的解剖刀解剖汉语音韵现象，后者则意味着放弃西方语言理论现成的体系方法，筚路蓝缕，为中国语法学建立了以汉语事实为基础的体系。这是需要很大的学术勇气的。八十多年来，汉语语法的研究虽然在西学的影响下也建立一套分析方法，拉起了一个体系，但由于西方语法理论无力概括语言类型迥异的汉语语言事实，因而汉语语法学长期在西方理论的框架内徘徊，基本上不适应汉语的特点。在这种情况下，张世禄先生从特殊走向一般的方法就更具有不同凡响的革新意义。张世禄教授晚年以八十高龄呼唤汉语语法学的改革，正是他毕生从事汉语研究的思想结晶和理论升华。

一、汉语的功能含蕴与语序明晰

20世纪初,立志维新的仁人志士深感西洋文化和科技的发达是因为"西文有一定之规矩,学者可循序渐进争知所止境"。而"华文经籍虽亦有规矩隐寓其中,特无有为之拟而揭示之,遂使结绳而后,积四千余载之智慧材力无不一一消磨于所以载道所以明理之文。而道无由载,理不暇明,以与夫达道明理之西人逐焉,其贤愚优劣有不待言矣"①。这些向西方科学文化孜孜以求的中国学者把民族语言的语法(即"一定之规矩")同民族的兴衰紧紧联系起来,他们深信,就像西方的科学技术可以模仿照搬一样,西方的语法理论也是可以采取拿来主义态度的。然而,就在模仿成为一种时髦的时候,张世禄却以《中国语言的特性》②为题,提出了三点深刻的怀疑:中国语言具有什么性质?它和世界上别种语言比较起来,有什么特异的地方?它在中国的其他方面,发生了什么影响?张世禄吸收了语言类型学研究的积极成果,从世界语言的比较出发,指出汉语有两个鲜明的特征:一是汉语词的功能是含蕴的而非形态化的;二是汉语的词基本上是单音缀的。

汉语的这种特性又可以从汉字的特性来反证。张世禄指出,现在世界上只有我们中国还保存着象形文字原来的性质,没有进到拼音的境界,这是因为中国的语言天然和这种文字适合的缘故③。张世禄十分强调并坚持汉语的这种特性。有一些研究者拿着放大镜为汉语的语词找形态变化,其目的是使汉语能像西方语言一样搞形态分析。张世禄对此深不以为然。他指出:西方语言的所谓词尾,是不能

① 马建忠《马氏文通·后序》,商务印书馆,1983年。
② 《张世禄语言学论文集》,学林出版社,1984年,第32页。
③ 《张世禄语言学论文集》,第35页。

省去不用的。而汉语的词尾往往可省去不用，在意义上也没有差别。与其说“子”“头”等是标志名词的词缀，不如说它们是为显明意义效用（大都为避免同音语词而增加的）的语尾词。因为在意义很显明的时候，就用不着它们。纵观汉语语法学八十多年的历史，我们可以发现方法论西化的结果不是导致方法论的改革，而是导致以研究对象的扭曲来适应西化的方法论，这不能不是汉语语法学的悲哀。张世禄在20世纪30年代文法革新讨论中就提出：“中国过去文法家过于因袭西洋，以致普通流行的文法书上有很多削足适履的地方。我们应该依据中国语文特殊的性质和现象，重新来建立中国文法的体系。”①

张世禄

如何来建立汉语自己的语法体系呢？与张世禄同时代的中国语言学家一般是希望突破《马氏文通》以来仅仅停留在语言表层描写的肤浅的模仿，探入语言机制的深层，找到汉语与西方语言共性的东西。陈望道先生的“功能”观就是取之于当时西方语法学由对意义和形态的注重转到对功能的注重的思潮。方光焘先生更直截了当地把词与词的关系称为“广义形态”。他认为，汉语单词本身的形态既然缺少，那么辨别词性就不能不求助于广义的形态。与这种从共性到个性的研究思路不同，张世禄先生在30年代文法革新讨论中就明确指出，要从事建设的工作，必定要先认清中国语文的特性，以决定我们所取的途径。他说：“要讲中国文法，当然要主张‘国化’的。我们正因为反对‘马氏文通派’的模仿文法而起来大家讨论，不然何以有中外之分？”②在他看来，中国语法学界与其在西方的语言理论面前

① 《张世禄语言学论文集》，第196页。

② 《张世禄语言学论文集》，第201页。

“临渊羡鱼”，不如“退而结网”，先从考察中国语文的实际现象入手。正是基于这一思想，张世禄提出了著名的“语序论”，即“凭语序来建立范畴，以适合中国语的特性”。

“语序论”认为汉语句子中语词间的关系，不是用语词本身某种标志表明出来的，而是用固定的序次和附加的词语表明的。正因为如此，汉语的语法现象，属于形态学的关系较少，属于句法的关系较多。其表现方法就是词语在句中的位置，词语连接的先后序次。张世禄断言，中国的语法体系要从语序上去建立范畴，他把这种方法概括为“凭语序而建立范畴，集范畴而构成体系”。《文心雕龙·章句》篇云：“置言有位……位言曰句”，“句者，局也：局言者，联字以分疆”。“句司数字，待相接以为用……若辞失其朋，则羁旅而无友；事乖其次，则飘寓而不安，是以搜句忌于颠倒，裁章贵于顺序”。可见古人对字义的研究也往往以字在句中的位置为依据。汉语语法的信息主要是从语序中传达出来的，古人也正是从语序的安排中对句子的组织“神而明之”的。这显然同汉语在组合上不受形态约束，讲究逻辑事理搭配的性质有深刻的联系。张世禄的“语序论”抓住了汉语这一最引人注意的现象，当时主张功能说的陈望道先生也认为“语序论”在原则上是可以赞同的。

“语序论”作为一种方法论，其价值在汉语语法界早期并未受到足够的重视。直到近年来，随着人们对汉语句法形式规律认识的加深，“语序论”的价值才逐渐显示出来。挖掘语序规律与动词性质的深刻系统，以此为基础概括动词的次范畴，进而建立句型系统，这是一个很有潜力的研究方向。近年来，汉语语序在语言类型学上的意义正受到国际语言学界的重视。由于世界语言发展的分析性倾向，语序问题也有了一定的普遍意义。

张世禄先生的汉语观除了注重从汉语特点出发建立方法论以外，还注重从整个世界语言的发展大势上确立汉语在人类语言中的地位。19 世纪西洋一般语言学家因为他们自己是属于印度日耳曼族,习用这种语言,就认定它是高等民族所用的。又因为汉语的性质和印度日耳曼族的变形语正相反,就以为非形态的汉语是初等民族所用的。张世禄指出,这是一种狭隘的民族心理,是因闭塞而自视甚高、轻视外族的太古遗俗在现代社会的折光。从世界语言的事实来看,常有语言性质相近而文化程度相悬殊的,也有文化不分高下而语言的性质完全异趣的。

一些西方语言学家从以形态定优劣的偏见出发,把世界语言形态的孤立、黏着、变形之分看作语言进化的三个阶段。这个三段论一笔抹杀了中国数千年的文明史,认为中国的文化和语言都停留在太古幼稚的状态。张世禄吸取了叶斯柏森、高本汉等学者的观点,根据他对汉语的独到的洞见,针锋相对地指出汉语的发展恰恰是循着与三段论相反的由变形到孤立的途径。如果说变形语是一种高等语言,那么早在原始汉语就已达到这样一个阶段。这一观点得到由拼音文字记录的与汉语同系的古藏语形态的证实。不仅如此,张世禄又进一步指出,西方语言的历史发展趋势也是与汉语的发展趋势一致,由综合语趋于分析语,只不过其演变速度较汉语为缓罢了。张世禄指出,语言的应用在于思想表现的明确。分析语的表现手段比较显明简单,没有错杂纠纷的弊病,所以世界语言有趋于分析的趋势。这种趋势是语言进步的现象。而汉语在这种世界语言趋势上处于何种地位也就不言而喻了。这就是中国语言学家对人类语言发展规律的令人信服的回答。

二、汉语的形式矛盾与语气本质

在十年内乱过去,汉语语法学重又复苏的时候,张世禄先生在八十高龄时,通过专论和演讲,发表了他的汉语语法体系①,使语法研究

① 张世禄《古代汉语》,上海教育出版社,1978 年。

吹进了一股清新的改革之风。他回顾汉语语法学近一个世纪的历史，指出在这期间研究、学习汉语语法的，几乎全部抄袭西洋语法学的理论，或者以西洋语言的语法体系作基础来建立汉语的语法体系，形成今天繁复臃肿、畸形发展的局面。是因循不改、继续受许多洋框框的紧紧束缚呢，还是起来革命，打破洋框框，建立自己的语法体系呢？这正等待着汉语学界的抉择。张世禄对这个问题的回答是后者。在当代中国语言学者中如此鲜明地向积重难返的传统语法观念挑战，张世禄是第一人。他全面揭示了汉语语法体系中洋框框的束缚，把它归结为在词类、结构形式和句子类型三个主要方面的三根绳索。这些论述多方面地触及了前人没有提出过的汉语语法特殊理论问题，表现出鲜明的汉民族风格，卓然自成一家言，其精髓集中体现在形式与功能、语法与逻辑两对理论范畴上。

（一）形式与功能

汉语语法学是在模仿西方语法体系并系统吸收西方语言学理论的基础上建立的。西方语言分析以形式为纲。这在汉语语法分析中也顺理成章地被视为金科玉律。但是汉语又是一种缺乏形态变化的语言，这就导致分析方法与语言事实的深刻矛盾。汉语语法学史上的种种纷争，无不由这一矛盾生发开来。张世禄的汉语分析首先提出“汉语句子的成立要素不是属于语法结构形式”的命题。他认为，汉语里各种各样的结构都可以成为句子。句子成立的要素不在结构形式。因此，依据语法结构来区分句子的类型，在汉语里是牛头不对马嘴的。从这一观点出发，张世禄认为自西学引进以后汉语语法学接受的一整套“单句”、“复句”、“子句”、“分句”“句子形式”等名目都是不必要的。而所谓“无主句”、“主谓语句”之类为适应汉语特点而采用的有调和色彩的名辞用语不过是对舶来品的改装，其认识依据仍是主谓结构成为句子的观念。把句子问题和结构问题纠缠在一起，凭空造出一些烦琐的名辞、术语和分类，其结果不是毫无意义，便是矛盾重重。那么,汉语句子的成立的根本性质及其所以成立的要素究竟是什么呢?张世禄提出了“语气”说,即汉语句子的根本性质及其所以成立的要素是语气。在西方语言中,语气是依附于动词的形态变化来表现的。动词的词形变化涵盖了句子大部分的结构信息、功能信息,甚至语义信息。汉语句子格局的视点不是机械地固定在某一点上,而是随着韵律节奏流动转折、按逻辑事理的顺序展开的。汉语的语气作为句子表达功能特有的标志,主要是依靠句末(有时是句首或句中)的语气词来表现的。它传达的不是一个动词的语气,而是全句的语气。张世禄把语气和语调看成构成句子的重要因素、语言交际中必不可少的成分,并把语气词的运用看成区别句子类型的重要依据,这是汉语语法学史上的一个创见。

从语气论的观点出发,张世禄认为汉语所有的虚词都可以归入表示句法结构关系词和表达句子语气的语气词两大类。汉语句子的分类,则依语气语调的不同分为直陈句、测度句、疑问句、反问句、感叹句、祈使句六种。这六种句子每一类都可以像印欧语的结构分析一样作语气的下位区分。如古汉语中直陈句所用的语气词有“也”、“矣”、“耳”、“焉”的不同。它们语气上有轻重缓急的区别,语义上也就有细微的差异,可按语气词的不同再分小类。这种独特的句子面貌也许会使一些习惯洋框框的研究者大惑不解,但它无疑是拓展了人类对语言的认识,否定了多少世纪以来印欧语句子理论的盲目的普遍性,提出了东方,也是世界最大语种汉语的独立的句子学说。有人也许会说,这不是又回到我国古代传统的虚字研究法上去了吗?这就使我们联想到对中国文化的认识上一个不可不辩的重要问题。为什么从西方传入的语言分析方法在中国用了将近一个世纪之时,张世禄这位在语言学上积极传播西学的前辈先驱者又向汉语的语言学传统汲取了新的灵感呢?答案只能有一个,即东方文明古国同西方文明一样,对世界有其独特的贡献。鸦片战争的失败曾暴露了我国几千年古老文明的严重缺陷。当时的思想界、学术界痛定思痛,积极向西方的科学、文明求索,这是可以理解的。以西方文明作为参照系,中国的确是大大落后了。然而经过近百年的西方文化的冲击,中西文化的深刻差异也逐渐显露了出来。在语言研究上,西方文化那种以物支配人、主客体分离的“法治”的分析眼光,显然不适合汉语以人支配物、主客体统一、讲究“意合”的“人治”的独特面貌。张世禄的“语气论”以其对中西语言差异的深刻反省向世界表明,过去那种以西方文化参照系的落后观,并不说明中国文化的发展缓慢,而仅仅说明中国文化的发展方向不同。在这一点上,张世禄先生的语言哲学具有文化史上的普遍意义。中国的语言学者可以注意到近二三十年来西方语言分析方法从形式的绝对化走向语义、语用、功能的多维化。这同现代科学趋向系统、综合的潮流不无联系。语言学的钟摆似乎正由西方自然主义分析写实的形态型研究摆向注重内涵、注重整体的东方式功能型研究。在这个意义上,对有数千年历史的汉语研究传统大可不必妄自菲薄。也只有在对中西语言理论都作客观、深入研究的基础上,语言学上中西文化的交流、借鉴才有真正的意义。

西方语言的语法是一种形而上学的“器”重于“道”的语法。它以丰满的形态外露,因此对它的研究只是一种对表面现成范畴的解说。判断它的句子是否合格,一般只需着眼于形态制约的单一因素即可。这一特点既为西方语言分析提供了一种便捷,却同时又使研究水平长期徘徊于表面肤浅的阐释,难以深入语言的深层机制。汉语语法是一种形而上学的“道”重于“器”的语法。它将大部分语法范畴隐藏起来,必须从微观和宏观上探讨句法、语义、语境的多种因素的协同作用。这些多个因素的作用的消长往往使汉语句子的合格度具有极大弹性。句子的句法编码对待语义、语境的“压迫”也表现出极大的妥协性。因此,如果说西方语言分析途径是说解型的话,那么汉语的分析途径则是发现型的。西方语言分析所能回避的种种句子理解的宏观和微观的因素,在汉语语言分析中都无法回避。正是在这个意义上我们可以说，汉语的民族精神和独特的面貌不但是属于中国的，而且是属于世界的。它应以自己的特殊规律去丰富人类对语言的认识，推动人类语言理论在印欧语基础上的第二次开拓和飞跃。这也正是张世禄语言哲学民族性的深广涵义。

（二）语法与逻辑

西方传统语法是比照传统的逻辑分析建立起来的，传统语法脱胎于逻辑学的深深的胎记，使它在印欧系语言中几乎成为一种无所不适的普遍的规范。这种普遍性使20世纪初刚刚接触到传统语法的中国学者深信，既然人类的思维规律是共同的，那么作为一种"普遍唯理"语法的传统语法也必然适用于汉语。开创系统的汉语语法的马建忠就认为，拿西方语法来"以律吾经籍子史诸书，其大纲盖无不同"。《马氏文通》之后，模仿西洋文法之风愈演愈烈，其理论根源就是这种对传统逻辑的普适性的信条。开创系统的白话文语法的黎锦熙认为，"思想底规律，并不因民族而区分。句子底'逻辑的分析'也不因语言而别异。"[①]逻辑共性的前提不倒，印欧语传统语法的框架就不散。然而正是对这汉语语法学史上的前提，张世禄先生于晚年提出了大胆的怀疑。他指出，主谓结构才成为句子的观念，唯一的依据，是"主项和谓项才构成一个完整的命题"这种形式逻辑。我们知道，语言是用来表现逻辑的；反转来，形式逻辑也一定要受语言习惯的反作用。"主项和谓项构成命题"，这种西洋形式逻辑的形式，恰恰是受了西洋语言上主谓结构才成为句子这种习惯的影响。汉语的语法事实，既然和西洋不同，那么，汉语的语法理论，当然不应当受西洋形式逻辑的限制。张世禄对形式逻辑在汉语语法中适用性的否定，曾使不少语法研究者感到震动和不解。然而这一命题包含着十分丰富的思想。

---

① 黎锦熙《新著国语文法·引论》，商务印书馆，1924年。

首先,这一命题表明逻辑的本原是语言。传统逻辑在其抽象过程中对自然语言的实际意义和关系舍弃得太多了,成为一种极其抽象的形式。于是就造成一种假象,似乎逻辑是脱离语言的。形式逻辑不是以自然语言为研究对象,而是以思维形式为研究对象的。逻辑一旦脱离了具体语言的本原,它成为主宰语言分析的一种异化力量。于是,不是逻辑分析要反映语言特点,而是语言分析不得违反逻辑依据了。过去是人类研究自然语言中逻辑问题结果的形式逻辑,现在却成了自然语言理解上的障碍。正因为如此,现代逻辑把自然语言逻辑作为重要的课题,力图全面反映自然语言中的逻辑问题。模态逻辑、问题逻辑、时态逻辑的建立都是为了缩短逻辑与语言之间的距离,研究总结出新的思维形式。

其次,这一命题得到语言学史的支持。西方传统逻辑从亚里士多德开始就是从印欧系语言中概括出逻辑形式和逻辑规律的。中世纪的语法学者又深受笛卡儿哲学思想的影响,认为语言是思想的表现。语言与思想之间有一种内在的联系。因此语法范畴也就是逻辑范畴的表现。于是他们又将语法从属于逻辑,把句子成分与逻辑范畴(主词、宾词)等同,把判断与句子等同,试图建立适合所有语言的一般原理。殊不知他们的逻辑充其量只具有希腊语和拉丁语的局部真理。这种仅仅是“逻辑的延长”的语法最终在19至20世纪受到了以洪堡德、索绪尔为代表的语言学者的批判。语言学与逻辑学的分道扬镳,既是逻辑学的不幸也是语言学的不幸。西方语言分析自有其丰富的形态依据,语言与逻辑的分离并未引起十分消极的影响。而在汉语这种形态变化少,逻辑性强的语言中,就导致了西方传统逻辑概念与汉语事实的抵牾。例如在句子分析中总以为主语谓语二分是有逻辑根据的,结果是至今说不清汉语主语的结构特征和语义内涵是什么。于是便以为汉语虽然有主语,但主语形式特征贫乏,在汉语中的语法地位并不重要,语法分析中无需过于重视。这种主语悲观论对传统逻辑的信念不啻一种讽刺。事实上,适合汉语特点的逻辑依然要面向汉语的实际。

其三,承认不同民族的思维形式具有某种民族特点,并不导致人种语言学的极端。我们的目的就是要从汉语事实中抽象概括出汉语普遍性的逻辑形式,使它服务于汉语的分析与理解。我们要靠自觉、不懈的努力,最终建立既有普遍意义又有民族特点的汉语语言和逻辑科学。张世禄先生对传统逻辑在汉语中适用性的否定,其意义就在于此。

张世禄先生语言哲学鲜明的民族性和实事求是、勤于探索的学术创新精神,是中国语言学的宝贵财富。吕叔湘先生为张世禄先生诞辰八十五周年和学术研究六十周年题词:"学贯中西"。张世禄六十年学术生涯,被汉语学界誉为在引进西学上"有重要贡献的学者之一"①。然而他的引进不是为了用西学来代替中学,恰恰相反,是为了以民族文化心理结构为起点,继承、改造、丰富和发展源远流长的汉语语言学,用汉语的特殊规律开拓人类语言研究的新的广阔天地。这种既对外来科学文化敞开胸襟,又对中国文化的民族性持科学分析态度的气魄,正是振兴中华,走向世界的时代精神!

4 语文精神的文化反思

在中国现代语言学家中,郭绍虞对汉语语法的看法可谓独具慧眼,因为他是以其深厚的传统语文感受能力来捕捉和把握汉语的人文精神的。郭绍虞以一个古典文学批评史学者的眼光来审度现代语文分析,其语文批评往往别开生面,新颖宏富,给人深刻的感悟。郭绍虞的语文观处处显示出汉语的人文精神与西方语言的深刻对立,入木三分地针砭了汉语语法研究中照搬西方语言学科学主义立场和方法的时弊。

---

① 《中国现代语言学家》(第一分册),河北人民出版社,1981 年,第 250 页。

一、汉语的形式弹性与功能弹性

郭绍虞认为,汉语语法的一个基本特点是语词的形式和功能都具有弹性[①]。例如:

重言可以伸缩。伸则单音不足以摹物状声而衍为二音,如“关关”“洋洋”“茫茫”“呦呦”,或单词硬叠传神,如“高高”“低低”“大大”“小小”。所以《诗经》“于时言言,于时语语”,《毛传》以单字释之:“直言曰言,论难曰语。”缩则《毛诗序》中“厉王无道,天下荡荡无纲纪文章”,在后世诗人中成“周道荡无章”(谢瞻《张子房诗》)。郭绍虞认为重言的伸缩是长言和短言的关系。

郭绍虞

连语可以伸缩。伸则《诗经·周南》“陟彼崔嵬”,《楚辞·九辩》“君不知兮可奈何”,缩则“崔嵬”疾言为“卒”(《诗经·小雅》“渐渐之石,维其卒矣”,郑玄笺:“卒者崔嵬也。”),“奈何”疾言为“那”(《左传》所载华元骖乘之歌:“弃甲则那!”)。此外,“犹豫”单用为“豫”(《楚辞·九章》:“壹心而不豫兮。”),“冯陵”单用为“冯”(《诗经·小旻》:“不敢冯河。”)。郭绍虞认为连语的伸缩是徐言和疾言的关系。

语缓可以增字。例如《诗经·小雅·车攻》:“徒御不惊,大庖不盈”,王引之《经义述闻》视“不”为发声。又如虞曰“有虞”,夏曰“有夏”,邦曰“有邦”,家曰“有家”,皆因一字不成辞,加“有”而为复音语词。郭绍虞认为语之伸缩缓急,视行

① 《照隅室语言文字论集》,上海古籍出版社,1985年,第77—111页。

文所宜而施。古今语法的不同在于：古语多以发声足句，后世语多以收声足句。如《诗经·商颂·烈祖》："有秩斯祜"，秩训大，祜训福，译为后世语言即为"大哉福也"。

语急可以减字。例如古汉语中以"如"为"不如"，以"敢"为"不敢"，以"可"为"不可"。《论语·颜渊》"吾得而食诸"，《史记·孔子世家》引作"吾岂得而食诸"。王筠《毛诗双声叠韵说》云："'有卷者阿'，《传》曰'卷曲也'，卷曲亦恒言也。'爱而不见'，爱训仿佛，即暧昧也……凡此皆以一字代双声。"

复语可以单义。顾炎武《日知录》云："古人之辞宽缓不迫，如得失，失也；利害，害也；缓急，急也；成败，败也；异同，异也；赢缩，缩也；祸福，祸也；皆此类。"又"嫉"与"妒"有害贤害色之分，《楚辞·离骚》"各兴心而嫉妒"偏指害贤，《毛诗·樛木序》"后妃能逮下而无嫉妒之心"偏指害色。《马氏文通》指出："古籍中诸名往往取双字同义者或两字对待者，较单辞只字其词气稍觉浑厚。"可见偏义复词正是语词的弹性在"词气"作用下的结果。

骈词可以分合。合如《礼记·曲礼》："卜筮者……所以使民决嫌疑，定犹与也。"分如《老子》："与兮若冬涉川，犹兮若畏四邻。"《诗经·郑风·子衿》"挑兮达兮"，《毛传》："挑达，往来相见貌。"《诗经·周颂·有客》"有萋有且"，《毛传》："萋且，敬慎貌。"

语词可以变化。连语变为复合的重言，如《诗经·召南·羔羊》"委蛇委蛇，退食自公"，《诗经·鄘风·君子偕老》作"委委佗佗，如山如河"。王筠《毛诗重言》曰："委蛇而长言之，即是委委佗佗。"《诗经·小雅·楚茨》"苾芬孝祀"，《诗经·信南山》作"苾苾芬芬，祀事孔明"。复合的重言也可以变为连语。如《楚辞》"登石峦兮远望，路渺渺兮默默"，后人作"眇默轨路长"（颜延年《还至梁城作》）。《诗经·小雅·十月之交》"噂沓背憎"，《毛传》云："噂犹噂噂然，沓犹沓沓然。"《礼记·乐记》："《诗》云：'肃雍和鸣，先祖是听'。夫肃肃敬也，雍雍和也。夫敬以和，何事不行。"顾炎武《日知录》曰："《诗》本肃雍一字而引之二字者，长言之也。”一些连语和重言还可以任意拆并组合。如“激切明朗”缩为“激朗”（马融《长笛赋》“激朗清厉”，李善注云：“激切明朗。”）；“牢落乖刺”缩为“牢刺”（马融《长笛赋》“牢刺拂戾”，李善注：“牢落乖刺。”）。“纷纷”为重言，“纷乱”为连语，又合为“乱纷纷”。“兢兢”为重言，“战兢”为连语，又合为“战兢兢”。

语词可以颠倒，例如《诗经·齐风·东方未明》：“东方未明，颠倒衣裳。颠之倒之，自公召之。”“东方未晞，颠倒裳衣。倒之颠之，自公令之。”又如《诗经·小雅·鱼藻》：“王在在镐，岂乐饮酒”，“王在在镐，饮酒乐岂。”古代汉语中类似“勉强”与“强勉”，“仪表”与“表仪”，“蒸黎（庶民）”与“黎蒸”这样的词素颠倒现象屡见不鲜。

以上事实表明，汉语的词在自身的组合和上下文中的组合中有很强的形式张力。这种张力是适应汉语组织中音韵谐调的要求而起作用的。汉语在单音节（一般是单个语素）基础上的各种组合变化，都有音律美的因素。词的复音化趋势除了适应交际表达清晰的要求外，也有声气上的原因。句子组织的音节也要求平稳。我们可以说“太守归而宾客从也”，却不能说“太守归而宾从也”；我们可以说“准备战斗”或“备战”，但不能说“准备战”或“备战斗”。这不是说意义上缺少什么，或组织上缺少什么，而是在音节上缺少了什么。这种音律上的要求为汉语语词的伸缩分合提供了自由的空间。

汉语的语词不仅形式上有很大的灵活性，而且功能上对语境、上下文也有很强的适应性。郭绍虞举《红楼梦》中的一个例子，形象地说明了这一点：“宝玉听说，便猴向凤姐身上立刻要牌。”句中的“猴”，既是实体词，又表现宝玉像猴一样屈身攀抱、缠住不放的动作。郭绍虞认为，现有的词类区分法是依据洋格局抄来的，并不是从汉语的语言事实中归纳出来的，所以不适于实用。即使有些在术语的名称上加以改动，但是仍看不出汉语的特征。尤其是拿来分析古文、韵文、口语，更是捉襟见肘。郭绍虞对用“后世精密的语法”来解析古代文义曾有深刻的针砭：

> 古诗中之“言”，或解为“而”字，或解为“以”字，固然很妙；然而笼统地称为语词，也未尝有什么大不妥之处。《考工记》“梓人曰必深其爪，出於目，作其鳞之而”，而谓颊毛，言作“其鳞”与“而”也。《孟子》“得之不得曰有命”，言得与不得也。此类句中所用“之”字，若视同口语中之“来”字，也未尝不可。《诗经》中如“亦孔之将”，“亦孔之嘉”诸语，于副词形容词之间，犹且可用助词，何况在两个意义相并的词语中间。我并非赞同昔人笼统的解释，而不欲由语法以治训诂。我只觉得文辞中间每字每词，都可精密地分别其词性，乃是后起的事，而施于古籍则或不尽然。我又觉得每字每词之能确定其词性，只可施于散文中间，至施于韵语则又不尽然。大抵愈近于口语，则愈多助声之辞；愈是古代的语言，愈不适合于后世精密的语法；而愈是韵文，也愈须要利用助声之词以足成音句。……语法的推求，固然是一种途径，似也不必全重在这一方面。①

其实，这正说明需要建立符合汉语特点的语法。

在论述汉语词的功能的灵活性或者说不确定性的时候，郭绍虞又指出，目前的语法分析在沿用西方的词类区分之后，又复采用古人的虚实说，定为虚实两大宗，是更陷入形而上学。因为汉语词的虚实是具有朴素的辩证性的。虚实可以互相转化，没有机械的对立。

拿实词来说，名词、动词、形容词中名词最实，形容词和动词较虚，而在形容词和动词之间也各有虚实之分。于是三者之间也就发生转化关系，如名词动化，动词名化等。从表面上看来，汉语因这种转化而显得无语法，其实只需说明虚实转化之例，就可见汉语语法的复杂性与特殊性。而这种实词的转化，又是可以从语序上一目了

---

① 郭绍虞《照隅室语言文字论集》，第102—103页。

然的。

拿虚词来说,汉语的虚词还可以有实词性与虚词性之别。前者如指代词和部分副词,后者如介词、连词、助词、叹词。我们细观这两类区别,可以发现语法意义明确而固定的偏于实,语法意义含糊而随声气转变的偏于虚。声气不同,虚化的程度又不同。《马氏文通》在给虚词下定义的时候说:“凡字无义理可解,而惟用以助辞气之不足者曰虚字。”这里说出了汉语虚词注重声气的特点。而句子声气的宣泄有强弱缓急的不同,在语句组织中承担这种声气作用的虚词也就会随之自然演变,或由实到虚,如连词可以转化为助词;或由虚到实,如助词转化为连词、介词、代词、甚至副词。郭绍虞认为,汉语一大部分虚词的语法意义的固定明确,都经历了一个由词头、词尾、词间性质的发声词、收声词或语间词在长期宣泄声气的使用中逐渐在语句组织的联系中显示出语法作用的过程。在这个意义上,汉语虚词语法意义的形成,正是声气作用的长期积淀。汉语虚词的可用可不用,随宜而施,正是这种语气根性的独特表现。一般语法学者对汉语虚词的来源往往持实词虚化的观点。郭绍虞认为从汉语的特点看,必须承认许多虚词是由声气词转化而来的,因此即使汉语中有“介词”、“连词”这些类,也不能用西方语法的眼光来加以解说。

郭绍虞在《汉语语法修辞新探》中说得非常深刻:“汉语语法的灵活性是建立在单音孤立的基础上的,不是建立在形态变化上的。各种语言都有多种多样的不同说法以表达极为复杂的思想情感,但是语言的本质不同,当然表达的形式也不会相同。在形态变化上表达多种多样的不同说法,那还是比较容易的。而汉语则是在同一形式上表达多种多样的复杂的思想情感,这就特别显出汉语语法的灵活性与复杂性了。”这一见解对汉语语法学纷繁多歧的表象有极强的穿透力。汉语语法的根本特点在于它以简易朴质的单位为基点,在不同的语言、社会、人文环境中做灵活多变的运作与发挥。个体的价值只有在整体环境中才能得到肯定。季羡林近年在中西文化、语言的比较中也提出了相同的观点。他说：

> 西方印欧语系的语言，特别是那一类最古老的如吠陀语和梵文等等，形态变化异常复杂，只看一个词儿，就能判定它的含义。汉语没有形态变化，只看单独一个词儿，你就不敢判定它的含义。必须把它放在一个词组中或句子中，它的含义才能判定，使用惯了这种语言的中国人，特别是汉族，在潜意识里就习惯于普遍联系，习惯于整体观念。[①]

汉语语词在形式和功能上的“弹性”，正是与汉民族的整体思维方式相联系的。

二、汉语的句读脉络和“名词重点”

语法是语言组织之法。要弄清一种语言的组织，必须从根本上把握该语言的“脉络”，而不是按照异域语言的生理解剖图来析解自己的语言。郭绍虞认为，汉语语法学迄今为止之所以枯燥无味不适实用，是因为没有找到汉语语法的脉络。找出了脉络来讲汉语语法，就会有刀劈竹迎刃而下的乐趣。那么如何寻找汉语的组织脉络呢？郭绍虞提出两条途径，一是词组，一是虚词。强调和突出词组在汉语组织中的关键作用，是郭绍虞对汉语语法学的一大贡献。

西方语法的格局一般分为词法和句法两部分，前者是词的变化规则，后者是用词造句的规则。用这种格局来分析汉语，只就词和词与词的组合来理解汉语的句子组织，在郭绍虞看来，至多只能举些简单的例句，无法面对丰富多样的汉语句型常态，因而学了这种语法不会有多少实用意义。汉语语法的真实脉络体现在词组的活动中，即在词法和句法之外，汉语还有词组这一级居于二者之间，作为词和句

---

① 季羡林《神州文化集成丛书序》，新华出版社，1991 年。

的桥梁。如果说西方语法是“双轴制”的,那么汉语语法则是三级制的。甚至不妨说词组问题是汉语语法的根本问题。

郭绍虞认为汉语的造句是“积词组而成句”。以词组作为汉语造句的基本构件,汉语的句子分析就呈现出许多新的样态与特质。

(一) 流块堆叠态

汉语句子的组织,好似儿童玩的积木,可以利用种种不同的词组,随心所欲地组成不同的语句。例如:“我们村庄上种地种菜,每年每日,春夏秋冬,风里雨里,那里有个坐着的空儿?”(《红楼梦》第三十九回)“那一阵风起处,星月光辉之下,大吼了一声,忽地跳出一只吊睛白额虎来。”(《水浒传》第四十三回)这两个句子都是由词组的流动堆叠而成的。就句子的每一个词组来说,好像“没头没脑”,然而词组与词组之间却有机联系,“藕断丝连”,流转出汉语句子特有的韵味。

为什么汉语语法依靠一个个“没头没脑”的词组,可以堆叠成完整的句子呢?郭绍虞认为顺序的自然是句子编码和解码的关键。拿《水浒传》那个句子来说,“那一阵风起处”是一个词组,这是先听到感到的情形;“星月光辉之下”是另一个词组,这是在听到和感到“风起”的情形之下,而接触到的当时的景色,它同时成为下文能够看得清楚的重要条件;“大吼了一声”也是一个词组,这是先听到虎的声音;然后“忽地跳出一只吊睛白额虎来”,这又是一个词组,由听到而看到,依次写来,有条不紊。这就是汉语语法的叙事之妙。如果把这句话按西方语法的格式重组,说成“一只吊睛白额虎,在星月光辉之下,大吼一声,忽地随着一阵风跳出来了”,或者说成“李逵在星月光辉之下,猛觉一阵风起,听到一声大吼,看到一只吊睛白额虎跳了出来”,这样虽然前后紧密联系,但却没有了生气和韵味。以老虎作主语显得不自然,以李逵作主语则与该句的上文重复(李逵的行动已在上文提过)。因而在具体的上下文中,《水浒传》这个句子是最生动也最合适的组织。所以郭绍虞指出,汉语句子的流块堆叠看似随心所欲,其实是随客观事实的真实面貌,随当时事态变化需要的语言事实,自然地产生许多不同的语句来的。汉语的语法注重语序,而照事实发生的先后次序来描绘则自然生动,人们也容易理解。

根据我们对现代汉语句子常态的专书穷尽性调查,发现在汉语的动词句中,像西方语言那种 S—V—D(主语——动词——宾语)或 S—V 型的句子远不如多动词、多词组铺排的句子数量多。即使在 S—V—D 型的句子中,大容量长宾语以至 SV 不过成了一个话头的句子也占了三分之一。因此严格意义上的"主动宾"或"主谓"句并非汉语句子的常态①。从统计的情况来看,现代汉语的动词句以单段(含单动句和双动、三动句)和双段为常态,最长不超过六段。这是汉语句子正常容量的要求,也是汉语动词句施事语信息持续的最佳距离。名句的统计结果也大致如此。由此看来,西方句子分析所惯用的注重句子的形式内聚的方法,对于汉语的句子是一种偏"紧"的方法。为了适应汉语句子的实际面貌,我们的析句方法应偏"宽",即以句读段为汉语句子的基本活动单位,以句读段服务于不同表达功能的不同铺排律为汉语句子的基本格局。例如汉语动词句的基本格局可以定为"时间语 + 地点语 + 施事语 + 动作语"。这个"动作语"就是句读单位的板块形态,而非动词细节。正如郭绍虞所指出的:必须把词组当作一个独立单位来分析句子,那才对句子的脉络能看得更清楚些。在看清了句子构造的脉络之后,当然对于说话写文也容易找到它的关键,不会感到困难了。汉语语法本来就是这样一个很简单的问题,受了洋框框的影响,一个词、一个词地加以分析,那就变得复杂而不可究诘了。

国内一些语法学者也谈到词组(短语)的重要性,但其理解与郭绍虞的理解有本质的不同。首先,郭绍虞从句子基本单位的横向铺

① 申小龙《中国句型文化》,东北师范大学出版社,1988 年。

排确认词组作为句子语法脉络的主要承担者,而其他学者从句法结构的纵向套叠确认词组在句子组合中的重要作用。例如吕叔湘认为:“西方古代语言有发达的形态变化,借以表达各种语法范畴,形态变化附丽于词,词在句子里的位置比较自由。这样,词就是天然的句法单位。以词为界,把语法分成两部分,讲词的内部情况的是词法,讲词和句之间的情况的是句法。这样划分,对于近代的西方语言已经不太合适,对于汉语就更不合适了。汉语里语法范畴主要依靠大小语言单位互相结合的次序和层次来表达。从语素到句子,如果说有一个中间站,那绝不是一般所说的词,而是一般所说的短语。”①其次,郭绍虞理解的句子格局是“积词组而成句”,这样句子的结构分析或分类就以作为句子基本单位的短语(句读段)为起点。而其他学者理解的句子格局是“主语+谓语”,于是,“句子按结构分类,可以首先分为主谓句和非主谓句,主谓句再分为动词谓语句,形容词谓语句,名词谓语句,主谓谓语句。……非主谓句可以分为无主句,存现句,名词句。”尽管这些学者也提出“单句是由一个小句组成的句子”,“几个小句组成一个大句即句子”,“汉语口语里特多流水句,一个小句接一个小句,很多地方可断可连”,“语言的动态单位是:小句,句子(一个或几个小句),小句是基本单位”②,看来,要彻底摆脱西方语言句子理论框架不是一件容易的事。这使得一些研究者对汉语句子样态的特点的一些明智的识见,始终无法像郭绍虞这样贯彻句子分析的全过程。吕叔湘先生在与笔者谈到上述问题时曾说:“我在60年代就很想搞清楚,中国传统对句子的认识和西方语法对句子的认识,这二者在汉语句子分析中究竟是一种什么关系。我曾请两位同志做一下研究,但因种种原因没有做下去。”其所以难以进行,我想是由于缺乏像郭绍虞这样对传统语文精神的深刻感悟和理解。

① 吕叔湘《汉语语法分析问题》,商务印书馆,1979年,第64页。
② 吕叔湘《汉语语法分析问题》,第27—29页。

（二）大主语态

西方形态语言的句子要求主语和谓语动词在形态上有一致关系，这种以动词为中心的主语是一种小主语。汉语的造句既然是以句读段为基本砌块，那么汉语句子的“主语”就不是受核心动词制约的小主语，而是真正作为句子主脑的大主语。郭绍虞举过这样几个例子。

例一：“子曰，道千乘之国，敬事而信，节用而爱人，使民以时。”（《论语》）《马氏文通》认为，“议事论道之句读，如对语然，起词可省”。因而上述“四单句，皆无起词，盖泛论治国，起词即治国之人也。……大概论议句读，皆泛指，故无起词。此则华文所独也。泰西古今方言，凡句读，未有无起词者”（《马氏文通》卷十）。郭绍虞认为，马氏所言“起词（主语）即治国之人”是受洋框框的束缚。“假使照这样讲，那么汉语中的无主句真可说是太多了。尤其在古汉语中。汉语中有那么多的无主句，难道还不能从中找出它的规律来吗？”[①]规律何在？就是“汉语中的词、词组和句这三级都可以作主语，也都可以作谓语，因为这是汉语语法的简易性和灵活性所决定的。因此，孔丘这句话就是以‘道千乘之国’这个述宾结构的词组作为主语的。下面则是说治千乘之国，应当注意的几项‘重要’工作。所以这一句话应当以‘道千乘之国’作为说话的主体，而其他则是谓语，这是无疑的。看作无主句，反而要加一番说明，又变成多余了。如果看作是治千乘之国之人，也将费一番解说，而这种解说，恰恰犯了古人所谓‘增学解经’之病”[②]。

例二：“那一阵风过了，只听得乱树背后扑地一声响，跳出一只吊睛白额大虫来。”（《水浒传》）郭绍虞认为，汉语中时间词和空间词一

① 郭绍虞《汉语语法修辞新探》，商务印书馆，1979 年，第 117 页。

② 郭绍虞《汉语语法修辞新探》，第 139 页。

方面离不开事,与名词同性质,因而在句首可以作主语,另一方面“事”不同于“物”,时空词又可与动词发生关系,因而在句中成为副词性的附加语。当时间词和空间词同时出现在句首时,如果我们彻底强调词组的重要性,那么时空结合共同作主语。汉语对事实的叙述描写,时空往往结合在一起。因此上一句话“那一阵风过了”讲的是时间,“乱树背后”指的是空间,它们共同作主语。

郭绍虞认为,以词组的观点理解汉语句子的主语,中国古代语言组织中许多看似无语法的地方,就显出了语法的脉络。例如《诗经》中“关关雎鸠,在河之洲”,前为主语,后为谓语;“窈窕淑女,君子好逑”,也是如此。“殷其雷,在南山之阳”,“殷其雷,在南山之侧”,同样主谓分明。而“蔽芾甘棠,勿翦勿伐”,这不要翦不要伐的是甘棠,全句又是否定语气,因而“蔽芾甘棠”是主语。甚至在“晋灵公不君,厚敛以雕墙,从台上弹人而观其辟丸也。宰夫胹熊蹯不孰,杀之,寘诸畚,使妇人载以过朝”(《左传·宣公二年》)这两个句子中,“晋灵公不君”都可以看作主语,在它之后的内容是以两个事例来说明它的。从这里可以看出,郭绍虞所说的“主语”,其内涵完全不同于一般所谓“主动宾”格式中的小主语。小主语是以动词为中心建立起来的,大主语是以名词为中心建立起来,所谓“名词为中心”,实质上是以功能为中心,即从句首词组的名词性功能(作为陈述的话题)来确认它的句法地位。郭绍虞反复强调,“主谓式”比“主动宾式”更适合汉语的特点,因为汉语中多以词组作主语。尽管人们都承认句子形式可以作主语,但只要带一些“主动宾式”的影响,就往往不会把句首的句子形式看作主语。这一点说得非常深刻。从大主语的观点出发,郭绍虞指出:“主语谓语是两个造句的对立面,而我们的祖先却很早就看到这问题——造句法上最根本最主要的两个方面”;“汉语语法比较简易,抓住了主语和谓语这一语法中的主要环节,其他的句子成分则可不必细谈了。这样讲,不能说古人没有文法观点。"①

汉语的块然状大主语的问题,涉及汉语语法的本质,即汉语与西方语言在语文精神上的根本差异。郭绍虞将这一本质差异形象地归结为"西洋语法是重在动词,汉语语法则重在名词"。以动词为重点,则形态变化成为语法中的重要问题,所以西方语法对动词讲得特别细:及物不及物、使动和被动,都有区别,还有时态等等许多区别。以名词为重点,则汉语中可以没有形态变化,而名、动、形三种词就可在语法组织的顺序中发生词性的相互转化。郭绍虞认为,汉语是以实词为中心的,而实词之中名词最实,所以名词可称体词,动词和形容词都是相词,而动词与形容词对名词而言,就都变成虚词。即就这两种虚词来讲,以动词与形容词相比,昔人还以形容词为实词,而以动词为虚词。这可见汉语的本质是不可能以动词为重点的。正因在性质上有这个重要区别,所以名词中的专门名词普通名词当然可以作说话的主题,即物质名词抽象名词也同样可作主题,取得语法中的主语资格。再进一步,即"事"也可作为说话的主题。讲到"事",就不能不与时空二间发生关系,所以时空性的名词和词组也都有取得主语的资格,其他的词组结构一般也都可以作主语。

"名词重点"是一个深刻的命题。它包含着提出者对西方语法运用于汉语实际数十年历史的深刻反思。西方的句子分析框架面对汉语有两大障碍,一是骈文语法,一是小说、戏曲乃至口语中大量生动活泼的句式。这两种语言材料体现着汉语句子建构的精髓,其共同特征是"散"。这种"散"的形式在西方句子以动词为中心的框架中无法解决、无法认识,而郭绍虞从中国传统语文精神出发,跳出"主动宾"框架,以"名词重点"和"词组基点"为理解汉语的结构提供了一把钥匙,并使一些基本难题迎刃而解。汉语的词组音节并不太长,在任何一种词组之后都可以作一停顿。这一停顿,在语气上往往使句

① 郭绍虞《照隅室语言文字论集》,第406—407页。

首的词组成为一种言谈的题目,从而暗示了全句的发展脉络。又由于汉语的流块建构的句子组织实质上是一个个实体感很强的词组的铺排,它在本质上是以实体词为重点而非以动词为核心的,所以块然大主语是汉语造句重实体而非重主动宾关系精神的一种表征。两种精神对汉语组织的解析是完全不同的。例如:“来了一个人,年纪不大,好俊样儿。”用动词精神看,这是两个句子。前为存现句,后句承前省略了主语。或者说这是“一个年纪不大,好俊样儿的人来了”的定语倒装。用名词精神看,“来了一个人”是一个表示存在物的大主语,后面两段是谓语。显然,两种解析中名词精神的解析更直接地观照汉族人的语感。动词精神的解析既繁琐别扭,又了无生气。郭绍虞所谓西方语言以动词为重点,汉语以名词为重点,本质上是参悟到两种语言在造句方略上原子单位与块状单位、空间关系框架与时间流程框架的根本对立。

(三) 节律声态

汉语句子建构以词组(句读段)为基点,这同汉语句子的节律有密切的联系。郭绍虞认为,汉语是一种很讲究音乐性的语言。汉语的句子组织在语法规律之外,还有着音节上平稳的规律。无论骈文、散文、口语都是如此。就“宾客”二字来说,有时单用一字才平稳,如“贵宾”,“太守与客来饮于此”;有时连用二字才平稳,如“今天宾客很多”,“太守归而宾客从也”。这就是所谓“偶语易安,奇字难适”,“一句之中或多一字,或少一字……则音节迥异。”(刘大櫆《论文偶记》)《马氏文通》亦云:“古籍中,诸名往往取双字同义者,或两字对待者,较单辞只字,其辞气稍感浑厚。”由双音节的平稳,发展到以双音步为基础的词组节律的平稳。例如柳宗元《种树郭橐驼传》:“凡植物之性,其本欲舒,其培欲平,其土欲故,其筑欲密;既然已,勿动勿虑,去不复顾。”由于音节整齐,所以古文不用标点符号而能使人自然断句,自然明了意义。词组作为意义单位的独立性在很大程度上是从其音律形式得到肯定的。汉语的广泛使用的四言成语形式也是配合音节上的需要产生的，以致许多奇数的意义单位不得不衍伸为偶数（如“短兵（相）接”，“绸缎布（匹）”“桌椅（板）凳”），或作偶数的理解（如“谈何容易”实为“谈—何容—易”，却被理解为“谈何—容易”）。正因为讲究音节节律，所以汉语的句读比较简短，一顿一顿地作流动状，念起来轻快利落。如《红楼梦》第六十五回：“嘴甜心苦，两面三刀，上头笑着，脚底下就使绊子，明是一盆火，暗是一把刀，他都占全了！”又如：“年轻力壮，吃得饱，睡得着，干得猛，有出息，那孩子！”句中的三音节两两相配，也显出有声有色的节奏来。

郭绍虞特别指出，汉语的音乐性比西方语言突出，这种音乐性绝不是文学作家人为地创造出来的，而是人民大众在口头语言中自然形成的。它说明汉族人习惯堆砌一连串的词组（句读）来表达复杂的思想，用词组与词组之间的先后顺序和一个个停顿来启示语法脉络。音乐性与顺序性相结合，显示出汉语语法的简易性和灵活性。在这种认识的基础上，郭绍虞提出“中国文辞重在音句而不重在义句”的观点。所谓“音句”，是词组的自然形态，是受节律制约的句读单位。音句与音句组合起来，表达一个完整的意义，就形成一个义句。汉语的造句就是一个由音句进入义句的过程，一个积词组而成句的过程。所以汉语中可以有如此生动的表达：

> 四边厢往来击柝，一周遭昼夜提铃。往来击柝，只见那穷光棍闭着眼敲木皮，一下下道：怕怕他，怕怕他。昼夜提铃，只见他磅油花，背着手，摇铁片，一声声道：定定锋，定定锋。高挑着，竿上灯，里千盏，外千盏，明晃晃，红荡荡，都做了火天火地；紧挨着，天下士，前一层，后一层，喘吁吁，闹炒炒，都做了人海人山。……有一般亨亨亨，呀呀呀，扭不来，捏不出，撇弄的灵魂儿，虚飘飘在九霄云外；有一般双双双，察察察，写不停，煞不住，丢答的笔尖儿，滴溜溜在八面风中。（明杂剧《不服老》）

以上这段话,说的人口若悬河,似倾筐倒箧而出,然而听的人却能理解,这主要是节律匀整在启示语法脉络。而节律的匀整正是在音句的排列经营中实现的。郭绍虞认为,昔人作文先要注意到断句,骈文无论矣,即在散文也是如此。一般古文家所研练揣摩者,大都不外句法的问题。句读可以成诵者,古文即能成功。否则句读且不易确定,教人如何懂得。一般古文家的作品,凡句涩言艰者,往往不传,即传也不易普遍。所以汉语的表达以音句的简短匀整为先,本质上是以语法脉络的清晰自然为务。

有些人认为近代白话文的欧化是由于近人不满于以往文辞只重平面的铺排,而欲求其意义之复杂包孕。郭绍虞指出,此种要求并不自今日始。以前翻译佛经的时候,也早已创造出这种包孕的子句,但为什么这种句法不会影响到其他文体,而且佛经也必须四字为句呢?说到底还是一个节律和语法有机统一的问题。现代的书面语由于有标点符号以为辅佐,则不完全的句子插在中间,便不会有上下文不相衔接之感。不整齐的句子错落杂用,也不会有佶屈聱牙之感。这是书面语言不妨欧化之故。但如果过度欧化乃至硬译西方语言,那也会比天书还难懂,因为它太不顾及中国语言文字的特性。事实上,汉语的造句简短,绝不是缺点。它不但可以把曲折的事物、动作表达得形象化、具体化,如见其人,如闻其声,而且可以使复杂的思想表达得逻辑化、精密化,条理井然,鞭辟入里,铿锵有力。汉语为了讲究音节,就音句而言,一般是比较短的,但并不妨碍它的精密。解放以来我国外交使节在历次重要会议上的一些发言,侃侃而谈,义正词严,何等豪迈亦何等响亮,真令人在这些语句组织所表达的意义之外,再体会到一种民族的尊严、民族的气概,这种语言是贫乏的语言吗?是低等的语言吗?是具有重大缺陷的语言吗?一些人只看到西语的句子较长,往往在大句子中包孕着小句子,于是就认为是复杂,是精密,于是在学到了西方语法的分析方法之后就奉为至宝,以为可以解决学生对语法课感到枯燥的问题,但是效果怎样呢?

郭绍虞的见解发人深省。我们的语法研究者应该思考这样几个问题:(1)中西语法是否存在差异?以往我们不愿承认差异,以为承认差异就是承认落后,以致把西方一些汉学家论述的中国语文的特点斥为诬蔑,以致殚思竭虑寻找汉语中的类似西方语法的形式,这不能不说是一种陈旧的文化进化观。(2)中西语法的差异是否是文化差异?如果说语言是一种单纯的生理或物理现象,那么对中西语法的差异确可以有一种验之于形式的尺度。然而语言本质上是一种社会、文化现象,人类各民族的语法差异本质上是各民族文化的丰富性。任何试图简化这种丰富性的努力都是对语言人文精神的误解。(3)中西语法的文化差异是否决定了研究方法(范型)的差异?中西语言研究传统使用了迥然不同的范畴和方法。这种研究范型的差异同样是一种文化差异。它是由不同特点的语言和文化决定的。这同样决定了中国语言研究传统的现代化在积极引进异文化语言学理论方法的同时,必须坚定不移地走本土文化独立发展的道路,而不是割断传统去复制异文化的语文范式。只有这样,中西语文传统才能建立起对话、理解的基础,并在积极的对话中使双方共同受益,健康发展。

三、汉语语法的修辞内涵与综合知解

《马氏文通》以来,我国大部分语法论著都按西方语法学的惯例,从形式入手分析汉语。而郭绍虞在他的《汉语语法修辞新探》及其他论著中却反复强调语法与逻辑、修辞相结合。似乎离开了修辞和逻辑,汉语语法就无从谈起。郭绍虞指出,古人的语法观点如《墨子》、《荀子》、《公孙龙子》是从词汇与逻辑的关系来论语法的,而《公羊传》、《穀梁传》又是从修辞与逻辑的关系来论语法的。可见汉语语法的形式因素不太重要,重要的是语法的内涵。这种处理形式与内容关系的方式,套用一句中国艺术表现的术语,可以称为"以神统形"。与之相较,西方语言的语法就显出"以形摄神"的特点。用"形摄"的语法来看"神摄"的语法,总是雾里看花,隔开一层。例如"主动宾"的格局在西方语言有形态变化的形式基础。汉语中也可以找到"主动宾"的结构,但却无法作为一种通例,更谈不上"主动宾"的分析对说话作文有什么实用。关键在于"主动宾"说游离于汉语组织的"神"之外。而不理解和把握汉语组织之"神",是无法认识、贯通汉语之形的。

语法和修辞本是两门不同的学科。由于郭绍虞在他的语文分析实践中感受到汉语浓郁的人文精神,在西方语法观念在我国现代语言学先入为主的情况下,作为一种反思和补偿,他力主把修辞因素搀和进现有的单薄、刻板的语法分析中。他认为,汉语利用词语的单音节性和双音化倾向发展了词组(音句)这种独特的形态,造成汉语的音乐性、顺序性、灵活性、复杂性。这就使修辞作用超过了语法作用,而语法修辞浑然一体,难以分家。这些现象错综复杂,乍一看去目迷五色,于是或者说汉语没有语法,或者用西方现成的语法来曲解汉语语法,这都是没有理解汉语的实质。"只因语法之讲规矩方圆,是外来的,'尺寸不合',所以由于不合适而不切实用;而修辞又以辞格为中心,那么既不能包含心营意造的全貌,同时又把心营意造的学问当作规矩方圆来讲,根本不对头,同样也不收效果。所以我们之主张合并讲授,不是把性质不同者强欲混而为一,而是就汉语的特征问题说明二者的作用本有相通之处。"[①]这个"相通之处",质言之,既不是西方意义上的"语法",也不是西方意义上的"修辞",而是真正体现汉语精神的汉语语法,是汉语语法的本来面目。所以,语法修辞的结合,不是"物理的组合",而是"化学的化合"。这里的问题实质不是要混淆两门不同的学科,而是要打破旧学科规范的洋框框,建立符合汉语特征的,有中国特色的语法学。

---

① 郭绍虞《汉语语法修辞新探》,第192页。

郭绍虞“语法修辞结合论”的立足点是汉语事实。换句话说，他是从汉语的特殊性来说明汉语语法与修辞关系之密。汉语的语素大都是单音节的。单音节的语素在组合中具有较强的音节作用、语气作用和修辞性质。进到双音词时这种现象更为突出，再进到词组又再突出一些。汉语语法的一切修辞内涵，都是因为汉语的词汇容易组成形式整齐的词组。这种词组本体上的音乐性和音句动感以及它流动中的清晰的逻辑性，体现出汉语语法的全部真实性。从组块（语素组成词组）到流块（词组作为音句铺排成句子）而形成的汉语各种不同的句子形式，这看来是“语法”问题，而其所以造成这种不同句子形式的原因，仍在于“修辞”。因此，“修辞”在汉语句子的编码和译码的心理层次上高于“语法”。这也就是为什么汉语“语法”在表面上灵活多变，常有例外，近乎无“语法”，而从修辞或逻辑的角度看这些例外都是有其所以然的。说到底，汉语语法是和修辞、逻辑相结合的统一体。

郭绍虞在论述汉语句子组织规律时用了一个很有中医色彩的术语：“脉络”。他发现，在汉语中固然有不少标志语法脉络的虚词，但只要一用音句，尤其是骈句的形式，标志语法关系（脉络）的虚词就可以不用，语法脉络自然而然在音句间的停顿处体现出来。例如：“这院子干净而凉爽”，“这院子既干净又凉爽”，都用了虚词标志。而“这院子，凉爽得很，干净得很”，就不需要虚词了。又比如：“不信由他不信，事实总是事实。”这两个词组之间存在着转折关系，按西方语言的习惯要以相应的转折连词来标志，但汉语不用连词，于词组的对应间清晰地呈现了转折关系，表达形式又十分生动利落。我们以为，汉语词组（音句）之间的关系启示，是汉语语法的一大特色。这种于单位的关系场中确定一个单位的涵义的方法，与汉民族的整体思维方式有深刻的联系，是汉语对世界进行叙述的一种独特的方式。郭绍虞认为，西语的脉络必须在用虚词处才能看出。汉语则利用词组的停顿作用，代替这种联系的关系词，在不用虚词处看出它的脉络作用。而词组形式的选择,在很大程度上是一种修辞的考虑。

从某种意义上说,汉语的语法十分简易,所以古人没有“语法学”,一样可以写文章。但汉语的文章要想真正适用,并不容易,必须经过一番修饰润色。汉语语法在汉语的实际运用中几乎处处与修辞和逻辑浑然一体。因此语言的运用不能单靠语法,而须兼顾修辞。郭绍虞说,“五四”以后,有些人不注意用整齐形式来组织长句,偏要写一些“谁也不懂”的欧化语句,结果自然被淘汰。他们不懂汉语语法的灵活变化都有修辞上的依据。这种修辞因素的介入使汉语语法在实际运用中又很复杂。语法学者如果蔽于语法的成见,要想找到汉语组织的规律性,只能是越说越糊涂。正如郭绍虞所说:“我们所谓语法与修辞的结合,还是以语法为主,在语法中自然结合到修辞的问题,并不是强语法以迁就修辞,更不是为修辞曲解语法。汉语的语言事实是如此嘛!汉语的语法实际也是如此嘛!”①

基于语法修辞相结合的立场,郭绍虞对汉语研究的方法论作了多方面的探讨。

(一)文学和语言的沟通

语言功能最完美的体现在文学语言上。郭绍虞认为,无论哪一国的文学,其基础总是建筑在这一国的语言文字的特性上。由于语言文字的特性不同,各国的语法文法也有些出入,因此各国文学的修辞规律不得不因其语文法之不同而有所出入。近世研究语言学者分世界语言为三大类,而以中国语言属于单音节语一类。此类语言,一字一音,一音一义,并无语尾变化。语言文字的特性既是单音的,故其孳乳演化的结果也常有单音的倾向。汉语词在音方面的孳化不外乎四种途径。一是单音重复成为重音,二是单音附加成为附加语词的相属连语,三是单音分合成为合音或双声叠韵,四是单音变化成为

① 郭绍虞《汉语语法修辞新探》,第636页。

平仄。汉语的诗歌利用汉语音节的这些特点，使读者在韵律中意识到作者所表现的境界。这种境界，完全在语言文字之外，同时也仍寄托于语言文字之中，即语言文字本身已成为一种恰好的安排，在这种安排之中给我们一种音乐美的快感。汉语的骈文建立在古汉语中一些整齐词组的基础上，尤其是四言词组、联合结构的词组。这种比较整齐的句式至今仍活在汉语的文学作品和日常口语中。汉语的散文则建立在虚词的语气作用的基础上。它不像骈文以运用实词见长而以虚词作为通篇的脉络，而是以运用虚词见长，使先后照顾，脉络分明，同时又利用词组的灵活性，既可运用整齐形式的词组使语句整而不乱，简而不烦；也可以运用不整齐的词组，在词组本身看出它的脉络，也就更增强了虚词在语句中的脉络作用。

汉语的其他特点也在文学语言中有典型的表现。例如汉语以名词为重点，造句中就可以有不用动词的名词句。由于名词比动词更具体形象，状景抒情特别适宜。如“鸡声茅店月，人迹板桥霜”，“杨柳岸晓风残月”，“枯藤老树昏鸦，小桥流水人家，古道西风瘦马”，都是用名词句组合意象，音调铿锵，有独特的表现力。而在以动词为重点的语言中无法想象能有这样的音乐性、形象化的名词句。反过来，从文学的角度研究语言，又可以从不同的文体风格和艺术表现力透视汉语“组块”和“流块”中融音乐性、顺序性为一体的独特规律。

把文学的研究和语言的研究结合起来，语法规律的概括就有了丰润的土壤，对汉语特点的认识也有了深厚的文化背景，而文学的研究也能在对语言的分析中获得新的洞察力。

（二）古语与今语的沟通

汉语语法的特点需要把古语和今语沟通起来看才能看得更清。例如古汉语的文体有骈体，有散体。而从《马氏文通》开始就没有讲到骈文的文法。为什么讲文法不肯触及骈俪的体制？骈文的体制与汉语语法的特点有没有联系？显然，用西方语法理论讲骈文的语法是扞格难通的。而郭绍虞正是从这一点入手,看到汉语词组是产生骈语的根苗,而这种整齐简短的词组至今仍在口语中活着,它是体现汉语语法脉络的独特形式。过去骈文家的声律说与古文家的文气说实在是可以相通的,只不过骈文将汉语词组的语法作用作了畸形的发展而已。郭绍虞主张,为了要在汉语特征的基础上来研究汉语语法,必须从多方面看问题,不必太严格时代和文体这些区别。

我国古代的语文研究对汉语语法有着独特的理解。郭绍虞从《墨子》、《荀子》、《公羊传》、《穀梁传》以及后来刘勰、柳宗元、洪迈、陈骙、王若虚等人的研究中发现,古人的语法分析大都是结合修辞进行的。诗文评类中论文之文式,论诗之诗格,论赋之赋例,也都是从语法修辞结合引人入门的。正因为汉语的词以单音为主,西方语言的词以多音为主;汉语构词造句之法以名词为主,西方语言以动词为主,所以中国语文传统很早提出了"修辞"这个术语,却没有"文法"这个术语,更不用说"语法"这个术语了。很可能古人是把文法语法之意都包括在"修辞"一词之中了。加上中国古代通行的是文言文而非语体文,作为一种书面语,文言文为历行久远,更要注重修辞,所以中国语文传统只能是修辞涵摄语法,而绝不可能语法重于修辞。

郭绍虞痛感传统语文精神在现代西方语言学规范下的失落。他指出,不忽视古人对语法的意见才更容易建立汉语语法学。因为古人的意见往往体现了汉语的特征,它能使我们的语法研究更有实用意义。我国语法学界一直强调洋为中用,但洋为中用的前提是明了汉语的特征。合于汉语特征就能"为中用",不合就不能"为中用"。郭绍虞认为,就语法的实用意义而言,应强调古为今用,洋为中用是次要的。这一观点的背景和依据正是中国现代语法学对西方理论的盲目认同和汉语之于西方语言的极大特殊性。郭绍虞深刻地论述了人类语言研究的历史观点。他说:

> 一种民族的语言文字,都有它本民族自己创造的特征。屈

己徇人，固然不对；强人就己，也为事实上所不可能。但是任何一种语言文字，都有它的历史因素，则是肯定的。文化的建立，必须建立在它的语言文字基础之上，则也是肯定的。在这肯定的条件之下，于是有发展，有改进，从而产生变化的迹象，造成历史上的不同阶段，再在不同阶段中看出它演进的不同倾向，这更是当然的，必然的标准。从时间言，是历史观点；从空间言，是当时的社会现象。不能片面看问题，也不应看到了一些小问题，轻率地作些牵强的武断。①

（三）分析与综合的沟通

汉语的诸多特征本身是一个统一体。汉语语法分析必须从多方面去看问题。孤立地讲语法，尤其是束缚于洋格局洋框框的语法，是没有实际意义的。汉语不仅能表达极为复杂的思想，而且能把这种复杂的思想描绘得有声有色，抒写得有条有理，合于修辞也合于逻辑，达到准确、鲜明、生动的高度，因此汉语不可能有像西方语言那样有形态变化的单纯、独立的语法学。汉语的语法分析只能是综合指导下的分析。郭绍虞从各个方面论述了这一点。

就中西语言的比较而言，汉语的词汇有音节伸缩变化的弹性作用，汉语的语法有虚用、实用、死用、活用这些方法，汉语的修辞最容易组成音乐性的文辞，因此汉语的语法与词汇和修辞密不可分。西方民族的语言也有语法、修辞相互关联的地方，但总不如汉语这样的格外突出。人家可以从词汇的形态变化来讲语法，而我们则必须兼顾到修辞的要求，才能使汉语语法学发挥它的实用意义。人家的虚词一般都是非用不可的，而我们的虚词则是随语气的变化而加以取舍的。这所谓语气的变化，事实上正是汉语的修辞现象。所以我们绝不能生搬硬套，先存一个外国语法学的框框。这样一个框框对于

① 郭绍虞《照隅室语言文字论集》，第 361 页。

汉语的事实而言舍弃得太多了。

就汉语的复杂性而言,汉语的基本语法范畴的确是简易的,但惟其简易,在运用中就生出许多灵活性来。而这些灵活措施在很大程度上是修辞的考虑。汉语中"字"的单位是清晰的,单音节的语言一字(音节)一义。但要分辨汉语的词和词组又很困难。一般认为上古汉语里组合的复音词是词组,后来逐渐固定为词。这样判断一个组合的"成词性"就有许多复杂的因素。有人用扩展法来分辨词和词组,但汉语的所谓"扩展"又十分自由。如:"荒乎其唐","慷他人之慨","滑天下之大稽","果不其然","其容且易"。很难根据能否扩展来给词的形式下定义。而词的这种形式变化又是修辞造成的。修辞的介入使汉语语法呈现种种不确定的现象。例如"迅雷不及掩耳","迅雷"是指"迅雷之声",而非"掩耳"的主体。以名词为重点,以修辞惯例为依据,比句很容易分析。如果以动词为重点,囿于"主动宾"的框架,则"迅雷"成了动作的主体,变得有耳可掩了。同样,"酒逢知己千杯少","酒"指饮酒之事,这也是名词重点的认识,或曰一种修辞手法,但以"主动宾"概之,则"酒"变得有知己可逢了。总之,汉语语法一旦涉及运用中的词汇、修辞,就变得非常复杂。

郭绍虞特别谈到汉语中虚词的综合性。虚词问题,可以有两种理解。一种是将虚词与实词分开,然后将虚词分成好几类,再从所分的几类中就每类虚词逐个说明它在语句结构中的关系。《马氏文通》以来所有的语法书都如此。这样理解,不是没有它的意义和作用,但对汉语的实际总有一些隔膜,因而实用意义不大。问题在于规定某些词类为虚词之后,便不再看到虚词的类同意义与作用,也不再顾及虚词之间的转化作用。这是一种形而上学的研究方法。看不到虚词的全貌,也就不容易理解虚词的综合作用。

另一种理解,是不否定将虚词分成几类,但从汉语的特征上看这种分类还有不够的地方。既看到汉语实词也有虚实的问题,又看到汉语虚词在语句组织上还有其综合的作用。也就是说,对虚词既看到它的分歧处，又看到它的关联处，将分析与综合结合起来。

虚词的关键问题首先是汉语词类中虚实转化的问题。汉语中许多虚词从实词转化而来，汉语中一些实词又往往在语句中起语法脉络的作用（如“看来”、“接着”等），汉语的虚词中许多词又是从极虚的语气词转化为较虚的有语法意义的词。虚词的关联问题又是汉语词类的综合作用问题。所有的汉语虚词或多或少都有表达语气的作用。汉语虚词固然可以有介词、连词之分，这是一般语言的普遍性；但有时又并不一定要严格这些分别，这是汉语的特殊性。汉语虚词在语气作用上有相通之处。如果依照洋格局去分门别类，即使有道着处，但由于不能观其会通，不能看到虚词的语气作用，就无法把握虚词的“要害”。综合考虑语气的作用，汉语的介词、连词可以合称“关系词”，汉语的助词、叹词可以合称“语气词”。汉语的介词由于有语气的作用，往往在使用中可以随语气的缓急、音节的长短而可有可无。一般来说，介词大都从动词转化而来，这是由实转虚。但部分介词可能是由助词转化而来（如动宾倒装句中的“之”字“是”字，《马氏文通》看作介词，《词诠》看作助词），这是由虚转实。加上汉语中连词、介词性质不明，所以汉语的介词或多或少有表示声气的作用。

郭绍虞特别指出，中国人的思想方法是辩证的。汉语语法中的简单与复杂、实与虚，无不处于相互转化的辩证运动中。汉语语法学要做到科学和实用，就不能离开这种辩证运动来析解汉语的组织和单位。拿虚词来说，它的关联处比分别处更重要，综合性比分析性更强烈，对它的分析就必须在综合指导下进行。

郭绍虞的语文思想具有鲜明的民族性和深厚的文化哲学内涵。他对中国语文精神的独到的探究浸润着这位大师对本民族文化的博洽而精深的理解。在世界语言学史上，任何辉煌的语言学说都有其深厚的文化渊源和哲学精神；而任何机械模仿的语言研究，即使它有恢宏的构架，精致的外壳，它在哲学上必然是苍白无力的，在文化渊源上必然是断裂的，它的土壤必然是滥施化肥后的一片板结与贫瘠。

在这样一种苍白的背景上，郭绍虞对中国语文精神的感悟和阐发弥足珍贵。它反映出我们民族生生不息的语言生命和语文智慧。尽管郭绍虞的学说在体系的严密、范畴的清晰、语料的完备上还存在许多缺点，并因此而受到现代语法学的冷落，但他所阐发的中国语文精神，无疑为迷茫困顿中的中国现代语言学指示了一条摆脱困境、健康发展的希望之路。这条路质言之就是中国文化语言学之路，亦即中国语言学以自己的民族方式走向世界的必由之路。正由于它的全部哲学是华夏民族的，它的价值和意义也就拥抱了整个人类精神世界！

5 语言研究的功能主义

一、语言研究的辩证法

我国语文学界的前辈陈望道先生毕生致力于汉语语法革新。从20世纪30年代他发起和组织中国语法学史上第一次“文法革新讨论”开始，运用辩证唯物主义的观点和方法，对汉语语法的理论体系和方法论作了全面、深刻的研究，高屋建瓴地阐明了汉语语法研究的理论方向。今天，在中国语法学面临着体系和方法的新的突破的前夜，进一步研究陈望道的语法革新思想，具有积极的意义。

陈望道

陈望道曾经把他的研究方法归结为“古今中外”法。他指出，在汉语语法研究史上，中外派信奉外国的现代的东西，古今派信奉中国古代的东西。彼此之间既有中外的歧异，又有古今的歧异。思想方法也不同,因而两者无法统一。如果中外派以中国为主,古今派以现代为主,又用一种新方法加以结合,就可能合流成为新的古今中外派。他认为,这种新的古今中外派“就是马列主义派”①。正是从这样的目标出发,陈望道提出了四个语法研究的方法论原则:搜集事实、探索规律、运用形式逻辑、运用辩证逻辑。我们从几个对立统一的侧面探讨陈望道在自己的研究中是如何贯彻这四个原则的。

(一) 同一与差别

判定语言和语言单位的同一性和差别性及其相互转化的条件,是陈望道对语言作辩证分析的基本思想。

20 世纪初,我国第一部有系统的汉语语法著作《马氏文通》已经出版。作者认为各国文法“皆有一定不易之律”,“而因以律吾经籍子史诸书,其大纲盖无不同。于是因所同以同夫所不同者,是则此编之所以成也”②。着眼于语法之“同”。马氏从无到有地建立了第一个汉语语法体系,然而也因此抹煞了汉语语法的许多特点。在《马氏文通》以后出版的诸多语法著作,有的一面批判马氏的机械模仿,一面仍以英语语法为准绳,在求“同”的路上越走越远;有的则鼓吹建立纯粹“国化”的语法,惟语法之“异”是求。究竟应该怎样来对待汉语语法体系的同一和差别?这成了汉语语法研究必须回答的问题。

陈望道在主持上海等地的文法革新讨论时指出:“人类心理往往精于求同而疏于别异。……心理上有见同而不见异的锢蔽,形诸工作上便只有机械的模仿,而不知灵活地取法。”③他调查了当时文法书中分类的原则,列举了大量削中国文法之足,适西洋文法之履的例

① 《陈望道语文论集》,上海教育出版社,1981 年,第 565 页。
② 《马氏文通》例言、后序,商务印书馆,1983 年。
③ 《陈望道语文论集》,第 427 页。

子,尖锐地指出这"只是外国的传统在说话"。他特别留心当时在中国的一些外国旅游者以求异的眼光采集的一些汉语语句材料,并从中发现了一些中国文法学家未曾留心的语言现象。例如当动词是"上当""捣乱""生气""随便"等词语,而动作对象是"他""你""我""什么"等时,汉语总是将动作对象插在动词中间,构成"上他的当"、"捣我的乱"、"生我的气"、"随你的便"这一类句式。又如当宾语的修饰语是动词时,常常把这个动词放到宾语的后面。例如不说"没有吃的饭",而说"没有饭吃",不说"买穿的衣裳",而说"买衣裳穿"。陈望道敏锐地指出:"这看来好像很平凡,其实已经超过了我们文法家的视野。现在中国文法家所留心的,实在是范围过于狭小,方法也过于机械,骨架全系抄袭西方的。而西方的骨架又是沿袭古代的。"①

20世纪三四十年代,我国出现了一批寻求汉语特点的力作。"但这些书都是在不同程度上参考或运用叶斯丕森、布龙菲尔德、房德里耶斯等西方语言学家的理论而写成的,自然也就难免会有不正确的观点表现出来。"②直到建国以后,那种依赖或照搬外国语言理论的倾向仍时有表现。陈望道一贯主张,对于外国的东西,在我们拿来运用之前,必须首先下一番鉴定的工夫。他多次告诫周围的教师、学生:"假使你通外国文,要当心成为中外派。……所谓中外派不是以中国为主,也不是中外并重,而是以外国为主的。胡适就是中外派的代表。他们无论研究什么,一开口就英国怎样,美国怎样,所以我们应该怎么样,这个'所以'不知怎么得出来的。毛主席所谓'言必称希腊'的许多同志用的却都是这种方法。……我们要想研究有成效,必须改变这种违背科学从实际出原则的方法。"③陈望道认为正

① 《陈望道语文论集》,第419页。
② 陈望道《文法简论》,上海教育出版社,1979年,第128页。
③ 《陈望道语文论集》,第564页。

确的态度应该是学习别人的研究方法，把别人的理论原则结合汉语实际加以创造性的运用。他自己就从不轻易地采用一个外国的语法概念。在他的著述中，外国正确的理论常常被他咀嚼再三，消化以后成为汉语语法分析中有血有肉的观点和方法。例如对于外国语法分析中动词的“进行”范畴，陈望道研究了汉语中相应的情况后认为应改叫“延续”为好，因为在汉语中“在”、“着”这类字附在动词后并不一定表示进行。如说“搁着”、“放着”，都带有延搁、延长的意义。改用“延续”的范畴可使涵义稍为广大。随着研究的深入，陈望道又发现“在”、“着”这类词的各种用法都同时含有存在和继续两义。有时可从上下连续上看出侧重哪一义，有时简直无从断定。于是陈望道又把“延续”改作“存续”。从中可见他对外国语言理论坚持同中有异、异中有同的科学、严谨的态度。

陈望道也批评有些人对外国文法盲目排斥，见异不见同，一心取法于古人的倾向。他一针见血地指出：“这从内容看来，好像彼此不同，其实还是同在一个圈套里，在对说法的态度上同是机械的模仿，在对事实的态度上同是不尊重事实。”①他不主张把汉语语法改成全然不顾语文的一般性的特殊语法，他认为“普遍性或一般性同特殊性也是对立的统一”②。在文法革新讨论中，他对词类问题就是摆事实、讲道理，把大家的认识统一到“‘一般特殊统筹兼顾圆融无碍’的综合”上来，明确了“探索适合一般所分的辞项，又适合中国语文的特殊性的语部区分来代替旧有的区分”这一方向③。

陈望道的语法同异观的核心是“灵活取法”。为此，他力求在比较中辨同异，在比较中显特点。例如《马氏文通》从动词“记行”的意义出发，把“有”、“无”、“似”、“在”等词称为“同动字”，划出动词类。

---

① 《陈望道语文论集》，第 428 页。
② 陈望道《文法简论》，第 11 页。
③ 《陈望道语文论集》，第 387 页。

陈望道认为,这些词都陈述两件事物的关系,而述说关系是汉语动词的常事,因此对于汉语动词的分析不能专站在动作的立场上。他十分精辟地指出:“我们研究中国文法,有时要把中国语文中主宾关系所表示的事物关系看得广大些,广大得和主宾关系所表示的事物关系一样的包罗万象。有时又要把事物关系看得狭小些,狭小得所余无几。这里就有所谓中国语文的特殊性。我们研究同动字已经遇到前面一种例,我们研究被动字恐怕又会遇到后一种例。”①

(二)学说与事实

陈望道认为,一个好的语法体系必须具备三方面的条件:妥帖、简洁、完备。而这三个条件都是对照语言事实立言的:同事实不切合,就是不妥帖;要转弯抹角地推演才能切合事实,就是不简洁;立论太狭隘,不能包括事实,就是不完备。他早在30年代就提出了鲜明的口号:“从事实缔造学说,拿事实验证学说。”在他的最后一本著作《文法简论》中又把这一条定为文法研究的主要方针之一。他认为文法模仿之风的根源是不从汉语事实出发,其研究方法不过是用外国的筛子来把中国语文的事实筛了一遍,再拿筛过的事实组织起来。看起来清楚,却不解决问题。他认为研究应当没有先入为主的成见。为此,他积极倡导语言调查的作风。他说:“我们愿意多多地知道现代的语文的事实,不论是沿袭的或是新创的,是南方的或是北方的,是普通的或是偏僻的,是汉人的或是苗瑶的。……我们现在应该尽量把它记载下来。”②

陈望道对语言调查的考虑并不同于国外结构主义学派的田野调查工作。他不仅认为语言学家应该做深入细致的调查,而且主张发动群众共同来做这项工作。他在30年代就提出了地方志和报刊上

---

① 《陈望道语文论集》,第451页。

② 《陈望道语文论集》,第289页。

语汇的搜集、明清笔记中的语法现象的搜集等多种调查途径，鼓励热心于语文工作的人们抓住自己周围所能尽数搜集的对象细心搜罗，“只要不曾自作主张，改装曲解，都极有用”，而且“可以促进所谓专家的进步”①。即使是专门的研究工作，陈望道也主张开展交流和讨论。他发起的中国语法学史上第一次学术讨论，就是“想由商讨来融合各种特见，来解决缔造上种种基本问题的一个尝试”②。

在30年代批判机械模仿之风，奋起革新的时候，陈望道就指出：摆在我们面前的有“破”和“立”两方面工作。而“立”的方面，一是文法工作的进行，一是文法理论的建立。许多属于文法理论范围的问题，虽似与实际研究无关，但很可以助研究的神思，应先及之。解放以后，陈望道多次指出：有些同志对于根据汉语文法事实来建立文法理论和研究方法缺乏足够的认识，因而在例如词类的讨论中，对于词类区分的目的不够明确，根本原则也不够一致，影响讨论的效果。还有一些同志，简单化地对待理论问题，“不从汉语的事实出发，不以正确的观点、方法为指针，而以外国文法的成说成论当教条出发，据外论中，以洋律中”③。陈望道从来不排斥外国有价值的学术理论。当结构主义学派创始人德·索绪尔的语言理论在国内还未正式介绍，陈望道已在他的大学讲义中讲得很详细、很完整了。在对西方语言理论细致观察、勤奋思考的基础上，陈望道深刻地指出：“一般语言学的理论到目前为止，还没有能，或者说很少能充分地、正确地概括世界上使用人口最多，历史极其悠久，既丰富又发达的汉语的事实和规律。”④这就鲜明地提出了建立汉语语法理论体系的必要性和迫切性。长期以来，人们习惯于在方法上“洋为中用”，热心于个别具体问题的探讨，对西方流派纷呈的语言理论很少做认真的分析和科学的

① 《陈望道语文论集》，第419页。

② 《陈望道语文论集》，第491页。

③④ 陈望道《文法简论》，第114页。

评价,对汉语事实研究的经验也很少从理论高度加以抽象。因此,汉语语法的研究没有理论上的突破,长期处于一种在已有的框架中徘徊不前的状况。随着现代科学的迅速推进和人们对语言认识深度和广度的不断拓展,语言学家们意识到在语言的观察的描写过程中,理性认识和感性认识是互相渗透、互相作用的。单有语言材料上的突破还不等于理论上的突破。语言理论的突破还要借助于不同学科的方法、概念的移植和渗透。

陈望道的语法研究是学说与事实统一的典范。倪海曙在他的《春风夏雨四十年》中指出陈望道研究工作的特点是三"新"和三"勤",即立场、观点、方法"新",搜集材料、做笔记、思考"勤"。陈望道的"功能学说"就是他留给我们的方法论的宝贵财富。

(三)罗列与综合

陈望道认为科学的研究"必须用抽象力对文法现象进行科学的分析综合"[①]。他常常举刘半农搜集八千多条"打"字的用例和王云五把"一"的用法编成五百页大书的例子,指出这里只有罗列,没有综合。

陈望道的"综合"观同结构主义学派的"归纳"法有本质的不同。结构主义者把科学的客观性与经验方法和直接观察到的事物、现象等同起来,认为"对于语言,唯一有用的概括是归纳的概括"[②]。依靠经验的归纳和对实际语言现象的观察,便是结构学派方法论的基本原则。然而这样的抽象概括仅仅是分析、认识语言现象的一个阶段,只能提供从具体的复杂性和多样性整体中抽象出来的某种最一般的规定。要想从这种最一般的抽象立即得出多种复杂的具体关系,从

① 陈望道《文法简论》,第118页。

② 布龙菲尔德《语言论》,商务印书馆,1980年,第21页。

而认识语言现象的“具体的完整性”,是不可能的①。陈望道指出:文法研究所要探索的是“从多样性的语文现象中求得组织条理的共同性”,“而这种共同性的求得,必须经过科学的抽象和概括。”②所谓“科学的抽象”,即要通过比较复杂的综合性的方法,经过深入的分析和抽象逐步认识事物的本质。为了从整体上把握语言事实的多样性的统一,陈望道进一步指出:“文法的研究,完整地说,同认识其他事物一样,需要从具体到抽象,又从抽象到具体的过程。”③因此,语法研究的方法“必须有最高的综合”④。明确提出在汉语语法研究中运用“从抽象上升到具体”这一马克思主义辩证思维方法的,陈望道是第一人。这里所说的“具体”,用马克思的话来说,就是“许多观点的综合,因而是多样性的统一,因此它在思维中表现为综合的过程,表现为结果,而不是表现为起点”⑤。语法研究的这种“具体”,要求全面考察语言现象,“从内容和形式相结合的成素之间的关系出发”⑥考察成素之间的具体联系,掌握组织的语言结构、句法结构和语义结构各种规定的统一性,探求这些规定之间的复杂关系,形成一个规律的逻辑系统,从而把语言事实作为整体在思维中再现出来。这又要求用发展的眼光看待语言现象,并揭示其本质,形成科学的系统。注重语言现象的多样统一性和发展性,这就是陈望道的“综合”观同结构学派的“归纳”法的本质区别。

在实践上,陈望道研究语言单位的组织功能时从包含着声音又包含着意义的个体去判别,这完全不同于结构主义者认为语言单位相互关系要素的意义是不能在逻辑上预先规定的看法。陈望道在区

---

① 参见拙文《论语言分析中“从抽象上升到具体”的方法》,《学术月刊》,1983年,第4页。

② 陈望道《文法简论》,第117页。

③ 陈望道《文法简论》,第118页。

④ 陈望道《文法简论》,第119页。

⑤ 马克思《政治经济学批判导言》,人民出版社,1975年。

⑥ 陈望道《文法简论》,第122页。

分词类问题上采用了模糊综合评价的方法,指出“一个词在词类上有所改变,必须在其综合功能有了改变,主要功能有了改变,经常功能有了改变时才能确定”[①]。即把词类分成各个因素,分清矛盾的主次,然后研究这些因素共同作用的结果。在研究语言的共时和历时两个平面的相互关系时,陈望道一方面认为两者应“分别清楚”,决不能“执持‘语源’来反对‘语意’”。另一方面又认为在不得要领的时候,“可以参用‘历史的研究法’来审定彼”[②]。两者的关系“可以用‘不断发展论和发展阶段论’的观点来加以认识和说明”[③]。他在20年代首先倡导新式标点时就指出:“现今逻辑的说明,应该换作历史的说明;现今拘泥于历史的用法,应该理出逻辑的头绪。”[④]把两者结合起来才能形成语言分析的科学思维方法,达到最高的综合。在这个意义上,任何语言学的真知都是逻辑和历史的统一。

基于这样的“综合”观,陈望道认为语法研究局限于语言结构的本身是不够的,还应该结合修辞、情境和社会来研究,语言的基本功能是作为相互了解的工具。在这一点上他又一次超越了传统语法和结构语法。陈望道在研究句子时曾经指出情境对于辞白的积极作用,例如说话的时候可以把主辞或宾辞寄托在情境中,由情境来代言,或所谓意在言外。他认为旧的语言学多少带有孤零的性质,有把语言从社会的各种关系扯开,甚至从思想内容扯开来考量的毛病。当结构学派以后的当代语言学家被迫重新根据语言单位本身所具有的形式和意义上的各种特征的总和来决定语言单位的性质及其相互关系,努力在知性抽象的基础上重构具体的关于语言现象的总画面,建立大语法的时候,运用马克思主义哲学指导研究的中国语言学家早已预言和实践着这一进程。

---

① 陈望道《文法简论》,第49页。
② 《陈望道语文论集》,第38页。
③ 陈望道《文法简论》,第123页。
④ 《陈望道语文论集》,第51页。

（四）表达与分布

20 世纪 30 年代，由于宗教和战争的缘故，在人类学的影响下，美国的语言学家纷纷起来加紧记录和分析美洲及太平洋地区的语言，并为处理这些不熟悉的语言材料，建立了一套以形式为出发点的“发现程序”。陈望道积极而又冷静地注视着太平洋彼岸的这一场语言理论和方法的革命。他一方面撰文评介结构主义语言学始祖德·索绪尔的语言符号理论，扬弃其唯心主义成分而为我所用；同时又大量阅读美国结构主义学者的著作，甚至托侨居国外的朋友代为搜集新的语法资料，积极而又慎重地引进美国描写语言学的方法。例如他在研究词的重叠问题时采用了替换法，在研究词和词组的区别时采用了插入法，在研究词类区分时采用了层次法，其中最为突出的是对“分布”理论的运用。

语法分析一般有两条途径。一是从听和读的人的角度出发，以语法形式为纲，揭示单个语言单位在较大的序列中的分布情况，即它在语流中同其他单位的搭配、它可能出现在哪些语言环境中，从而区别单位的异同，说明它所表达的语法意义。一是从说和写的人的角度出发，以语法意义为纲，说明所赖以表达的形式。美国描写语言学派循的是第一条途径，即从分布到表达，并把它归结为“分布分析”（distributive analysis）。这在他们调查一种不熟悉的语言时是必要的。但在后来，他们却把这种方法说成是可以不受关于意义的主观干扰，单凭形式就能进行语法分析的唯一科学的方法，使它成了一种语言学的教条。陈望道在 30 年代就开始尝试运用分布分析法来研究汉语动词表示存续的方式。但他在做分布分析时，并没有描写语言学那种纯形式的味道。一方面，他认为调查语言单位的分布状况，要同时调查它在周围方言中的分布情况，以估计它的历时面貌和在共时系统中的成熟度，即把语言作为一个共时和历时统一的动态系统来确定其中各个单位的价值。另一方面，即使在共时平面上，他也宁愿把语言单位分布环境的不同归结于单位本身功能的不同，即把单位的形式分布同它的语法意义的表达有机地结合在一起，认为“（形式）差别的根源在动词”[①]。陈望道用“功能”涵盖了语法的分布与表达的两极，在形式分布与语义表达的对立中求得转化和统一，逐步发展和建立了他的著名的功能学说。“功能”是词参加一定配置的能力，语言组织是由功能决定的词与词的配置。组织要受功能的限制，功能要在组织中才能显现。陈望道是立足于组织关系来考察功能的，关系和功能事实上是表里相符的。鉴于结构主义片面追求分子之间的抽象关系和联系而完全排斥分子的实体（即音义结合的组织单位）本身，因而无法说明语言组织的教训，陈望道指出“分子是关系和联系赖以存在的实体，语文组织没有那种所谓纯粹的关系”[②]。因此他宁愿把分子的分布环境的不同归结于包含形态、意义的分子本身的功能的不同。就汉语来说，词和词组的功能不像印欧语那样以丰满的形态外露。因此，陈望道的功能观点对于汉语语言事实来说尤为切合。实际上，在分析性倾向越来越严重的现代英语的语法研究中，也开始把分布归结于功能。在生成语法学中，所谓词的严格次范畴化和选择限制，就是从分子的潜藏功能来论证的。只不过他们把这种记忆的事实用一套符号形式化地交代在生成语法的“词典”里。姆·乔姆斯基认为，每个说话人的脑子里都有这么一部自己语言的词典。

不少语法学家都认为，语言分析的关键是把形式和意义统一起来。然而怎样统一，各人有各人的方法。只有一点似乎是一致的，就是先要把形式和意义分开。至于要不要同语义结合，怎样结合，尽可众说纷纭。陈望道的语法研究的出发点则一开始就是形式和意义结合的单位实体。他认为，“一个组织，一个成素，总是形式和意义结合

① 《陈望道语文论集》，第 347 页。

② 陈望道《文法简论》，第 41 页。

着的。讲文法,就是要从内容和形式相结合的成素之间的关系出发。提出所谓'文法意义'、'文法形式',又说要从'文法形式'出发来研究文法,都可能割裂了内容和形式之间的统一关系"[①]。吕叔湘也肯定地指出,语法分析必须同时掌握这种语言的语法习惯和当前这句话的意义,才能做出正确的分析[②]。结构主义者夸大了对语言结构和分布环境的认识,把它说成是离开语言单位而存在的第一性的东西。陈望道扬弃了这些不科学的成分,不把分布分析的作用绝对化,而是紧扣表达的内容和方式,根据语言单位本身所具有的各种特征的总和(包括结构特征及单位的性质特点)来确定单位的价值,研究单位的分布,这就把结构学派的纯分布分析倒正过来了。这实际上是提出了在事实基础上探求科学地揭示语法规律的原则和方法。陈望道始终"根据中国文法事实,借镜外来新知,参照前人成说,以科学的方法谨严的态度缔造中国文法体系"[③]。

陈望道的语法革新成就是多方面的。在他身边工作的同志都深切感到:"先生是方法论专家,精通因明学、逻辑学和辩证法,特别是辩证法,运用得熟练极了。""他总是用发展的观点看事物,而且从正反两方面分析问题","简练朴实的语言中,含蓄着极其丰富的思想,发人深省。"[④]近几十年来,随着一系列边缘学科、综合性学科、横断性学科(如系统论、控制论、信息论)的发展,语言学研究正从线性研究上升到非线性研究,从单向研究上升到多向研究,从结构研究上升到结构、功能、发生、发展、演化的综合研究。陈望道语法革新思想的唯物主义和辩证综合精神必将在方法论上给中国语言学以深远的影响。

---

① 陈望道《文法简论》,第122页。
② 吕叔湘《汉语语法分析问题》,商务印书馆,1979年,第104页。
③ 《陈望道语文论集》,第491页。
④ 倪海曙《春风夏雨四十年》,知识出版社,1982年,第5页。

二、汉语分析的功能网络

所谓“功能”，指的是词在语文组织中的活动能力。语言总是要组织起来才能表意。而一经组织，语言成分之间也就会发生一定的联系和关系，也就会显示出词语在组织中的功用。从本质上说，语法求之于关系，而不是求之于形态、词序等别的东西。因此，陈望道主张从词和词的联系和关系上，即用组织的功能的观点来研究语法。

“功能”（function）最初是随自然科学的发展而产生的一个数学概念。西方语言学在19世纪末开始对传统语法进行大检讨的时候立刻吸收了这一概念。斯威特在他的《新英语语法》中提出了重语言事实，重共时描写，重口语的新观点，并首次提出了词类的三个主要特征，即意义、形式和功能。这些全新的科学概念成为现代语言学的先声。陈望道以其特有的敏锐鉴别，比较了意义、形式和功能的原理，于20世纪30年代首次在汉语语法中引进了功能的概念，把它作为文法革新讨论的首要问题提了出来。

每一种语法理论和分析方法总是和研究对象分不开的。陈望道引进功能概念后就力图使它“中国化”。他运用马克思主义的辩证法思想，以汉语事实为依据，从外部关系和内部关系上多侧面地系统研究功能学说，探讨了汉语语法理论一系列问题，初步建立起一个完整的语法理论的功能网络。“功能说”是中国现代语言学在方法论上从一般走向特殊的成功的范例。

（一）“功能说”外部面面观

“功能说”的外部关系，即“功能说”同语法分析的其他方法论学说，诸如“意义说”、“形态说”等的关系。后者虽也能部分地说明一些语法现象，但不能全面揭示汉语的组织关系，无法贯彻到语法研究的全领域。“功能说”是在同这些方法论学说的比较和扬弃的过程中得到科学论证的。

1. 功能和形态

陈望道指出:每一个词都有音、形、义、能四种因素。其中音、形是可以耳闻目见的,称为形态;义、能要凭借形态才能心领神会,称为品格。形态和品格是外显和内蕴的关系。研究语法虽不应偏废字的形态,但应十分重视词的品格。尤其是注重功能,即词在组织中活动的能力[①],因为形态不过是功能的标志。它随词在组织中功能的变化而变化。而功能却不一定都由形态变化来表示。这一点对汉语研究尤为重要。因为汉语没有严格意义上的形态变化,汉语语法分析必须打破以形态为中心的研究法,而代之以功能的方法。

语法学界曾有人主张把词与词的相互关系、词与词的结合形式作为广义形态。陈望道认为"广义形态"和"功能"既有联系,又有区别,按广义形态标准分析出来的仍是词的功能。只不过广义形态比较强调语法上的形式标志作依据。但"广义形态说"只讲词与词的组合,不讲词进入句子后的作用。而汉语词与词的关系则略为带一点以句法学作中心的倾向,与"广义形态说"带点以形态学做中心的倾向有点不合。"但我认为这是中国文法事实的要求,虽然和那传统有点不合,也只能从实接受。"[②]

陈望道是我国语法学界最早吸收索绪尔组合关系和聚合关系理论的学者。他认为句子成分的组合位置和每个位置上可能出现的词的聚合,是十字交叉的纵横双轴配合。应该从配置求会同。从会同定词类,即"将辞例作为语部区分的定准,从语在辞例中的功能探求语部区分"[③]。虽然词类是词法研究的对象,但词法和句法是有机联系的。分类和析句是两相配合的。事实上,词的形态变化也是综合

① 陈望道《文法的研究》,《读书通讯》1943 年第 59 期。

② 陈望道《文法的研究》。

③ 陈望道《答复对于中国文法革新讨论的批评》,《复旦学报》1941 年第 1 期。

反映词的句法功能的。词类的本质是句法功能相同的词的聚合。因此词的分类不仅要看结合能力,而且必须看词在句中的职务①。这一观点在50年代词类问题讨论中为大多数语法学者所接受,最近我国出版的理论语言学著作也强调了这一点。

2. 功能和意义

陈望道曾以两个句子为例来说明在词的品格的意义和功能两要素中,应当重视功能:

(1) 孟子见梁惠王。

(2) 猫捉老鼠。

这两句的音、形各异,意义也不同,但格式相同:都是"主辞——谓辞——宾辞"。因为两句在相应位置上的词的功能相同:"孟子"和"猫"都有能力作主语,"梁惠王"和"老鼠"都有能力作宾语,"见"和"捉"又同样有能力作谓语,因此两句各成分间的组织关系相同。可见研究句子的组织必然离不开词的功能,而词的具体意义是不重要的。不仅如此,就是有些词的意义也要从功能上去说明。例如虚词实际上都是功能极大而意义不很明显的词。

然而,陈望道是用马克思主义哲学的辩证观点来研究功能的。他并不排斥"意义",就像他并不排斥"形态"一样。他从两个方面来阐述功能同意义的关系:

第一,词的个别意义是功能的基础,例如"我"和"他",个别意义是不同的,就好比商品的使用价值不能交换一样。但"我"和"他"在句子组织中具有相同的活动能力,可以相互替换,就好比商品有共同的交换价值一样。使用价值是交换价值的基础。判别功能,也必须从包含着形态和意义的个体关系上去判别②。

第二,词的集体意义是同功能直接联系的。所谓集体意义,也就

① 陈望道《文法简论》,第47页。

② 陈望道《"语"和"语团"论略》,《中国语文》1940年6月。

是词所代表的概念的类别。例如陈望道在分析上述两个句子是同一格式组成的句子时说:"'见'和'捉'都是标示活动情状的语,'孟子'和'猫'又都是标示物的语,在辞中都为标示发动者。'梁惠王'和'老鼠'也都是标示物的语,与'孟子'和'猫'相同。所不同的在于它们在辞中都为标示受动者。"①这就是词的集体意义的分析。正是词的集体意义决定了词在句中的活动能力。

通过上述分析,陈望道把30年代语法学界一直纠缠不清的意义、形态和功能三者区别了开来。他说:"文法的研究,就语部问题而论,国内学者还多徘徊于形态中心说与意义中心说之间。两说都有不能自圆其说之处,鄙见颇思以功能中心说救其偏颇。"②他正确地分析了三者的相互联系,指出语言是形态(语音形式和语法形式)和意义的结合,功能是包含着形态和意义的语言单位(词)在句子组织中的相互联系和关系,如下图所示:

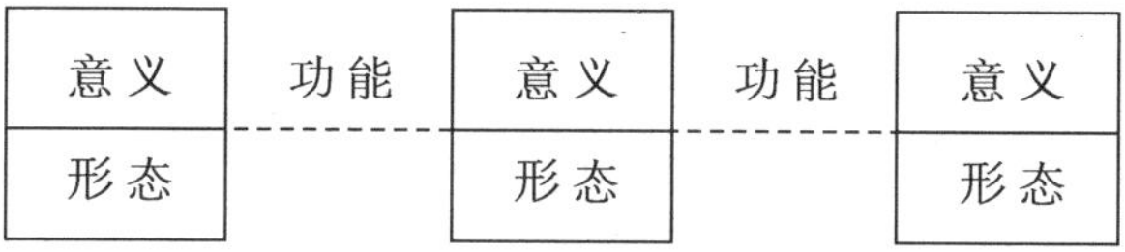

认识事物必须从事物之间的相互联系和相互区别入手。陈望道从统括了意义和形态的功能入手研究语法,是比较妥当的。

3. 功能和组织

陈望道认为,功能之所以比意义更重要,是因为"功能对于组织有极其密切的关系"。"功能是语参加一定配置的能力,组织是由功能决定的语和语的配置。组织要受功能限制,功能要到参加组织才能显现。"③这就是二者的辩证关系。

为什么要联系组织来考察功能呢?因为只有在组织中才能深入揭示分子内蕴的功能。例如陈望道对助辞的考察既不同于《马氏文

①②③ 陈望道《文法的研究》。

通》用“语气”“位置”来分析助辞,也不同于《新著国语文法》离开句子的内容和组织来分析助辞。他以组织功能的观点,从“局势”和“格式”入手,认为助辞的功能在于加强阐明,对基本结构中的某一部分加以强调的渲染,本身并不充当基本结构中的某一特定部分。他依据助辞在组织中的局势分为起发、提引、顿挈、收束、带搭五种,又依据助辞在组织中的位置归为前置、后置、中置三类。这些语法特征的揭示,离开组织显然是不可能的。

陈望道认为,功能说也就是组织说。就成分之间的联系和关系来讲,是组织,就每个成分本身在组织中的作用来讲,就是功能。研究语法应以统括了意义与形态的组织为准绳,将组织——功能的观点贯彻始终,从词法到句法都要如此。

4. 功能和实体

陈望道强调研究词与词的联系和关系,但并不认为功能可以脱离语言实体。他说:“从组织功能上判别,并非撇开声音或意义,乃是从包含着声音又包含着意义的个体上去判别。”①到后来,他对这一点说得更明确:“单注意分子本身的意义或形态,是无法正确地说明语文组织的;单注意分子之间的关系和联系而完全排斥分子的本身,那也是无法说明语文组织的。分子是关系和联系赖以存在的实体。语文组织没有那种纯粹的关系,只有分子和分子的关系。因此,所谓功能,乃是分子的功能,是词的功能,它是与分子本身的意义和形态不可分离、紧密相连的。”②这就肯定了功能的具体性、物质性。

陈望道对语言实体的物质性的认识是十分彻底的,在文法革新讨论中,陈望道和方光焘都讨论了索绪尔的标记理论。陈望道非常赞同索绪尔用“标记”一语标指全体,用“能记”、“所记”标指感觉映

① 陈望道《“语”和“语团”论略》,《中国语文》1940年第6期。

② 陈望道《文法简论》,第41页。

象和概念。但他指出“所谓感觉映象就是声音”，是“感官所接触到的”①。这就扬弃了索绪尔把“能记”作为语音的心理印象的唯心主义观点。然而仅仅有这样的实体观还是不够的。这种实体观并没有妨碍美国结构主义者完全从形式出发的形而上学的方法论。陈望道又进一步指出，语言文字的研究之中也有以声音和意义两种当中的一种为对象的。如语音学以声音要素为对象，语义学以意义要素为对象。但“文法学是以声音和意义两种要素缔结所成的辞为对象的”②。因此，语法研究既不能单纯从意义出发，也不能单纯从形式出发，而要从形式和意义相结合的语言实体出发。这就是陈望道的语法实体观。

5. 功能和分布

结构主义学派也讲“功能”。“功能”和“分布”在美国结构主义学派那里几乎是同义语。布龙菲尔德认为：“在任何一段实际的话语里的词汇形式，作为一个具体的语言形式，总是伴有某种语法形式的：它在某种功能中出现，而这些出现的特权整个儿组成了这个词汇形式的语法功能（grammatical function）。”“一个形式能出现的一些位置就是它的多种功能（function），或作为总体来讲就是它的功能。”③可见他把“功能”和位置归结为一个词汇形式可能出现的环境。在他以后，哈里斯等人把这种环境和几个成分在某一位置上能互相替换以及替换后的各种情况叫做“分布”。可见二者是等值的。然而陈望道的功能观点同结构主义的分布理论虽有联系，却有实质的不同。从表面上看，功能和分布都是指语言单位在句子结构中的活动能力。但结构主义是从形式出发研究语言的。他们把分布分析作为压倒一切的标准，就是为了避开意义。这在理论上是一个严重缺陷。这样

① 陈望道《漫谈文法学的对象以及标记能记所记意义之类》，《语文周刊》1939年第36期。

② 陈望道《试论助辞》，《国文月刊》1947年第62期。

③ 布龙菲尔德《语言论》。

的分布分析用形式和经验限制了人们的视野,不顾人们对语言生命的真实感觉而满足于一种秩序井然的静态系统。陈望道认为,功能是每个分子在组织中的作用,而组织是由形式和意义结合的分子(即组织单位)按一定规则结合而成的。组织是具体的。分子间的联系和关系也是具体的,因而功能是实实在在的。在方法论上偏重组织的形式或意义都有不够全面的地方。“我们则主张扣住组织研究文法,它既不排除意义,也不排除形态,而是统括了意义和形态。它所注重的是:既包含着意义又包含着形态的整个单位和组织。”①

功能和分布在陈望道的语法分析中是分别对待的。例如在布龙菲尔德的《语言论》中,“功能”和“位置”是同义语。而陈望道在批评《马氏文通》把助词和其他虚词的区别归结为位置,即以后置作为助词特征时,指出:“我们以为区别不在位置,在功能。”②在分析“走”和“坐”两个动词时,陈望道指出它们都是自动词,但在有些方言表现存续情形时,却有前置式和后置式的环境区别。“或许就是因为大同之中又有小异。‘走’是‘演进’的变动,可以仿照演进的他动词的用法,‘坐’是延展的变动,它可以用的,别的带有延展性的字如形容词也可以仿照它用。”③把词义的演进和延展的区别同分布环境的区别联系起来考察,这就是陈望道的功能观不同于分布理论的地方。

6. 功能和层次

讲功能首先要确定单位,而确定单位就要讲层次。陈望道指出:“语是单位,离开说构成,就可以看作一体,不再分析。”④拿词类的虚实之分来说,“便要有限制:或者把语的构成虚实撇开不说,或者把这虚实划作下级区分里说”⑤。不能像《马氏文通》那样把“尔”、“然”、“如”、“若”等虚字也列入形容词。例如“桌子”中“桌”是实的,“子”

① 陈望道《文法简论》,第120页。
② 陈望道《试论助辞》,《国文月刊》1947年第62期。
③ 陈望道《谈动词和形容词的分别》,《语文周刊》1938年第15期。
④⑤ 陈望道《文法革新答客问》,《学术》1940年第2期。

是虚的。但这并不妨碍在“桌子的脚”中“桌子”是实的。单位的确定不仅有同比词小的成素划界的问题,还有同比词大的组合划界的问题。这同样要有层次观点。30 年代文法革新讨论中有人主张把“走进去”看成一个词,因为它有整一作用。陈望道指出,有整一作用不一定就是词。像“走进去”这类组织用法极繁。三连之间任何一处都可以拆开用,甚至可以说“摇船进港去”①,因此它不可能是词。有时单个词的功能的确定非在层次上厘定单位不行。文法革新讨论时谈到“的”、“底”、“地”、“得”四个字的分合问题。陈望道指出:“‘的’字用法也很多,倘不厘定单位,‘的当’‘的确’的‘的’,以及‘目的’的‘的’也会牵入。这些‘的’字是单位以下的语素,当然应当提开。”②有时候一个单位的功能也要通过层次分析才能得到肯定。如“走一趟路”有两种层次分析:

(1)

(2)

在第一种分析中,“趟”是动量词,放在事的后面。在第二种分析中,“趟”是名量词,放在物的前面③。

可见,确定单位的层次是确定单位功能的先决条件,不能“把单位上的现象和单位以下的现象牵合,或把单位上的现象和单位以上的现象牵合,甚或把单位以下的现象和单位以上的现象牵合,形成交错杂乱,不能显出语义上可能得到的简明条理”④。

功能同层次的关系还反映在词(包括词组和词事)在句子组织中的运用关系中,例如主谓关系、谓补关系、形容关系、疏状关系、穿插

①② 陈望道《“语”和“语团”论略》,《中国语文》1940 年 6 月。
③ 陈望道《计标》,《语文知识》1952 年 2 月。
④ 陈望道《“语”和“语团”论略》,《中国语文》1940 年 6 月。

关系等。每一组关系的性质按照功能来定。例如谓补关系,对内虽有谓语和补语之别,对外实由谓语作代表,故可以以谓语为纲、为本,定结构性质。这同结构语法以至少有一个直接成分跟整体的语法功能相同的结构为向心结构(endocentric construction),以跟整体同功能的直接成分为向心结构的核心(head)是一致的。但结构语法认为主谓结构的语法功能同它的两个直接成分(主语、谓语)不一样,所以是离心结构(exocentric construction)。陈望道认为主谓关系所显示的事物关系是事,不是物,例如"水流"是说"流"这件事,"流水"则是说"水"这件物。因此主谓关系的功能同谓语是一致的。即以谓语为纲、为本。而且如果说印欧语主语谓语是句子的必要成分且有一致关系,那么汉语的主语常常是"浑含在谓语当中",以"使语句显得生动活泼,短小简练的"[①]。陈望道的这一观点已得到越来越多的语法学者的赞同。这是陈望道用功能学说研究汉语特点的一个范例。

主谓、谓补、形容、疏状、穿插等组关系每组都可合成一体,得一个体名。各组关系加入别组关系时,体名会随该组对外关系而变。故必须外部语法关系定,体名才有最后的定论。例如"山高水长"中"山高"、"水长"都是主谓关系,一到"先生之风,山高水长"句中,它们就都成了疏状关系。可见功能的分析是以层次分析为先决条件的。

那么,能不能用层次分析法来代替功能分析呢?我们认为,层次分析的目的是要通过句子线性排列的表层序列揭示内在的层次结构,这作为语法分析的一个步骤是必要的。但层次分析法的重大缺陷是不能充分利用语义条件,解释语义关系。在英语研究中,层次分析法经过布龙菲尔德、威尔斯和哈里斯,最后是乔姆斯基的实践取得了成绩。但英语中 NP、VP 等词类、层次范畴的有层次的线性组合恰好反映了这些成分之间的语义关系。而汉语中这种语义关系与 NP、

① 陈望道《文法简论》,第 32 页。

VP 等范畴间的关系并没有很强的一致性。“NP + VP”不一定是主谓关系,“V + NP”也不一定是动宾关系。句法分析只有反映了结构的语义关系才是有价值的。从这一点上看,层次分析法用于汉语句法结构看起来顺手,解释力却有限。当然,更不要说用于汉语的句子分析了(我们认为汉语的句法结构分析同句子分析是两个不同的平面)。我们认为,就汉语语法来说,功能涵盖了层次,层次却不能理解功能。

7. 功能和词序

在汉语语法学刚刚起步的时候,不少人认为既然汉语缺少形态变化,那么词序必然是最应注重的语法手段。还有人认为,汉语词序的一般原则是按照时间先后的顺序的,陈望道问道:“杀人以梃与刃”难道是先“杀人”而后“以梃与刃”么[①]? 过分强调汉语词序的稳定,把词序绝对化,甚至对词序硬分正变,这是陈望道十分反对的。事实上汉语的表达句式是异常生动、丰富的,词序是很灵活的。由于词与词的结合不受形态成分的约束,同一种语义关系的表达往往既可以是动词加名词,又可以是名词加动词。只要语义上搭配得拢,逻辑事理上通得过就好。陈望道说:“中国语文里面凡是用内动词或外动词构成的句子,可以有叙述、描记等多种句式之中用哪一种,是随说话人的意思来定,也要看语义的表现的可能性来定。虽然出现的次数有多少,并不一定就有所谓‘正’,所谓‘变’。”[②]

陈望道指出,来自印欧语法的词序先后概念与汉语历来的文法学说和文法事实不尽符合。我国旧有的文法学说是注意“相接”的。刘勰《文心雕龙》章句篇云:“句司数字,待相接以为用。”陈望道认为这种相接不仅指词与词的先后次序,还包括词与词的分合、断续、增省等现象,即词在组合中的语法、语义和语用方面的功能。因此对汉

① 陈望道《答复对于中国文法革新讨论的批评》,《复旦学报》1941 年 1 月。

② 陈望道《文法革新的一般问题》,《语文周刊》1939 年第 33 期。

语语法来说,与其向印欧语法的 word order 认同,不如注重功能。

功能和词序不是分离的。功能包容了词序。因为研究语法以功能为中心,实际上就是以组织、配置为中心。配置的形式,就是“相接”。陈望道又称作“连接”。汉语的组织不是杂乱无章的,也不是机械的线性排列,而是有节次(层次)、有分合、有断续,也有增省地组织起来的。陈望道主张把词序的范围扩大到接连,以便更好地说明汉语的组织形式,更妥善地确定一个组织单位的功能。

(二)“功能说”内部范畴群

“功能说”的内部关系,是指“功能说”理论体系内部诸对范畴的相互关系。“功能说”又是通过对这些关系的阐释进一步得到科学论证的。

在内部关系上,“功能说”要解决五对矛盾。

1. 配置与会同

词在未进入句子前,它的功能是潜藏的。当词进入句子后,就同别的词结成一定的关系,这种关系,陈望道称之为表现关系,即表现功能的关系。表现关系分为两大类。一类是纵的配排和连贯的关系。如前引例句中“孟子”和“见”和“梁惠王”的关系;一类是横的词与词并列、协同的关系。如前引例句子“猫”和“孟子”,“捉”和“见”的关系。前者叫配置关系,后者叫会同关系。两者的关系又是有定和无定,显在和隐存的关系,从配置关系可以决定句子成分的划分和配置,从会同关系可以决定词类的区分。词和句子成分的配合也应当是十字交叉纵横关系的配合[①]。在这里,陈望道吸取了索绪尔的联想关系学说,把它用于语法功能的考察。这对于缺乏形态变化的汉语来说是一个创见。尤其在词类区分上,一方面以配置功能为枢纽,同一类配置中的词聚成一类;另一方面不同配置的词(如“孟子”和

① 陈望道《答复对于中国文法革新讨论的批评》,《复旦学报》1941 年 1 月。

"梁惠王")只要在语文组织上有会同的功能,也可以是同一类词。分清配置和会同两种关系,就可以比较正确地划分词类。在陈望道以前,《马氏文通》的意义说是只见"会同"不见"配置",而《新著国语文法》的"依句辨品"是只见"配置"不见"会同"。同它们相比,功能说以配置和会同纵横配合无疑是一个很大的进步。它们组成语言功能网络的一个纲,是我们观察、分析、归纳错综复杂的语言现象的一把总钥匙。

配置研究的深入总是要求在会同方面作更细的分类,词类是一个层级体系。名词、动词、形容词等是大类。每一类中的词既有共性,又有个性,可以在大类中再按配置的特点会同为各级小类。例如"坐"和"走"都是自动词。但在有些方言中表现存续的情形时,"坐"的修饰语在后,"走"的修饰语在前。陈望道指出,这"就是因为大同之中又有小异。'走'是'演进'的变动,……'坐'是'延展'的变动"。他认为应该调查动词中间要分别演进和延展的地方到底有多少。

2. 接连和通贯

陈望道把配置和会同列为组织的纵横两条线。所谓配置,并非仅指表层形式词序。它有丰富的内涵。任何组织的配置都同时存在两种关系:一是"接连",一是"通贯"。

"接连"是指句子各组成部分的顺序。这种顺序不是肤浅的。它不仅仅指词序的先后,而且包括词序的分合、断续和增省。陈望道的"接连"观不仅着眼于语言的线性序列,而且具有结构层次的观点。如"一个工人的建议",分为"一个建议",合则为"一个工人"。不仅如此,接连还避免了层次分析从形式出发的缺陷,融进了语义和语用的分析。如"红花",分则为红的花,合则为一种药草名。这是一种同形异构的现象。又如"鸡不吃了",续则"鸡"是主语,断则"鸡"为提示语。可见接连的概念对语言形式的开掘是很深的。陈望道一贯不主张像分布理论那样机械地看待词序。在他早期的研究中就指出,句中的重要处有三种:起首、结束和奇突的处所①。凡因奇突出现在句首的词,必须用逗点截开。如“大哉,尧之为君也!”“凡尔器用财贿,无置于许”,“赵王所为,客辄以报臣。”②第一句使用了焦点的概念,第二、三句使用了话题的概念,只有联系语义内容,才可能对句子形式有较深刻的理解。

“通贯”是配置的各个组成部分的条理上的关系,它是组织的内容。通贯的方式方法是串合(主谓关系,谓补关系)、附加(形容关系、疏状关系)、穿插(穿插关系)。串合方式结构内聚力强,要注意直接和间接、大局和小局、内部和外部的关系,即层次关系;附加方式在语义上独立性强,要区别主要和次要的关系,即向心关系,但次要成分在表意上是必要和重要的。穿插方式结构较松散,是次一级的法式,但它既不独立也不多余。它对句子富有笼罩、烘托、映带的作用。

我们体会,通贯的三种方法是根据句子的语义关系构成的。在主动宾格式的句子中,句中各种有意义的单位都是以被确定为谓语核心的动词为准,标明彼此的关系的。串合法式结构内聚力强,是因为它的所有成分都在语义上与动词直接联系。附加法式中形容关系与动词距离较远,因而在语义上独立性强,结构则欠紧密。穿插法式的成分带有游离的性质,因而结构松散。

我们认为,接连和通贯,一是组织形式,一是组织内容。两者的关系略与表层结构与深层结构的关系对当③。它们的共同之处是,都认为句子组织的形式和内容是“互相联系,互相制约的”,但不是严格

① 陈望道《作文法讲义》,民智书局,1922 年。

② 陈望道《新式标点的用法》,《浙江省立第一师范学校校友会十日刊》,1919 年,第 1 号—第 5 号。

③ 我们认为深层结构的本质是一种语义结构,只不过在英语中用 NP、VP 等词类、层次范畴作线性排列恰好反映这种语义关系,看上去像一个句法结构;而在汉语中 NP、VP 等的线性排列不能反映语义关系,只能求之于更实质性的语义结构。

对应的。陈望道指出:“在不是一对一的时候,以多个接连对一个通贯为常态,以一个接连对多个通贯为变态。当它是常态的时候,接连的方式上有变化,通贯的条理上不一定有变化。例如‘他忽然走了’和‘忽然他走了’,接连不同,通贯还是一样。这是接连与通贯之间的一条重要的规律。我们可以依据这条规律在语文的表现上作适当变化,使语文的表现错综多样。”陈望道又指出:“任何语言都要以接连来表现通贯。析句时,要留心接连的种种现象,更应留心通贯的各种关系。在观察句子的配置时,要注意关系的组织成素,也要注意组织成素的关系。”①这些论述同生成语法学派深层结构理论探索语义和结构的关系的科学精神是一致的。接连与通贯并举是陈望道功能学说的一个特色。其科学性已为近几年汉语语法研究的发展所证实。吕叔湘指出:“不联系结构关系来研究,光划分句子成分,问题还比较简单。进一步研究结构关系就大有文章可做。语法研究要取得进展,这应该是重要方面之一。”②

接连与通贯同生成语法的表层、深层理论也有不同点。首先,陈望道认为接连和通贯是互相联系、互相制约的。在任何一种语言中都必须统筹兼顾,不能顾此失彼。“接连与通贯必须同时讲”③。生成语法则是强调句法的自治性(autonomy)的,它认为人们具有一种不依附于语义之上的“句法感”,主张从句法着手决定有关的语义内容,把句法研究作为语义研究的准备。我们认为这种句法中心论只具有部分真理。从交际过程来看,说话人的语义意图从根本上决定了句式的特征,而听话人则必须凭借语音结构来认定句法结构。语法中的句法、语义、语音三部分必然是有机结合、相互规定、相互渗透的。

---

① 陈望道《文法简论》,第25—26页。
② 吕叔湘《汉语语法分析问题》,商务印书馆,1979年。
③ 陈望道《文法简论》,第25—26页。

其次,生成语法注重深层结构和表层结构的转换方式,要求用一套明确的规则系统来描写句子形成的基础和过程,把语言作为一个秩序变化的,有普遍联系的动态过程来研究,冲击了形而上学的语法观,这是它的优点。但生成语法对表层结构的理解仅仅是书面的词的线性序列。这是十分肤浅的。这使它无法妥善地解决语义问题。陈望道认为句子组织的形式不论在句法、语音、语义都是很有潜力可挖的。他理解的“接连”比结构主义的“形式”,内涵要丰富得多。这显然同陈望道娴熟地运用唯物辩证法指导语言研究分不开。接连与通贯是功能说的重要环节,它超越了形式主义的知性抽象,达到辩证唯物主义同语言认识深化相符合的多样性统一的具体,使语言分析更深刻,更全面地反映语言事实。这就把语言单位功能的分析建立在更扎实的基础上。

3. 词法与句法

首先,词法、句法要分两步走。明辨语言组织中配置和会同的两条线,也就为语法体系的双轴制奠定了理论基础。陈望道认为,词类划分和句子成分是语式论(词法)和辞例论(句法)两条线。这两条线是互相纠结的。因为,一方面就词与词的结合功能来说,它虽体现在词上,但什么词可以同什么词结合,什么词不可以同什么词结合,只有在句子组织中词的连接中才能体现出来。另一方面,词的功能既体现在词与词的结合上(例如动词可与副词结合),又体现在词可以在句子里担任一定的职务(例如动词可以作谓语,副词可以作状语)。前面是从部分看整体,即从词与词的合作方面来说的;后者是从整体看部分,即从词与词之间的分工担任什么职务来说的。因此,词法和句法两条线既要分开(例如“动词”和“述语”的概念要分开),又要配合,即词类区分所着眼的会同关系和句子成分划分所着眼的配置关系应在分开后作纵横交叉的配合。

其次,要先走词法。对于词法在建立语法体系中的作用,语言学界有不同的认识。陈望道认为,词类是辨认文法的线索。词的类划分得好,分得对,就可以说明语言的组织,显示词的用法。就研究工作的先后来说,他认为,词的现象的组织是比较有特殊性的。“研究任何一种语文的文法,都不能不拿它当作重点对象。”[①]汉语缺少形态变化,语法的重心在句法。而这个特点又要求首先解决词类区分问题。陈望道在30年代并没有急于参考外国的语法体系搭起汉语语法体系的架子来,而是先从词法问题入手讨论涉及整个体系的重大理论和方法问题。这是有一定道理的[②]。

其三,要以句法为中心。研究词法旨在说明句法。由于汉语缺乏形态变化,“汉语的文法事实,要求略带一点句法学做中心的倾向。这与某些印欧语的文法学以形态学为中心的倾向是有所不同的。”[③]因此在研究的时候要用句法控制词法。拿词类的区分来说,它必须和词在句子中的职务上的区分互相配合。“职务一经划定,分类就有了定准,就比较容易进行。”[④]

从以上几点可以看出,陈望道关于词法和句法相互关系理论的主旨是相互区别又相互配合,以此来确定语言单位的功能。陈望道又进一步指出:“文法讲语文的组织规律,从小的方面讲,词素组成词;从大的方面讲,词组组成句子。讲功能,就是要同组织联系起来讲”,而“一切语文组织都由这四种单位层层套叠而成”[⑤]。这就把功能和组织的范围扩大了,表明了他对汉语词法和句法多层次密切联系的深刻理解。陈望道同时又指出,对于汉语从词素到句子的组织单位,一方面要对内讲统一性,对外讲独立性,不要把各种单位的现象相互牵合;另一方面,单位的统一性和独立性又要讲得恰如其分,不要讲过了头。西方语言句子的构造原则同词组、词的构造原则是

---

① 陈望道《文法简论》,第39页。
② 陈望道《从分歧到统一》,《语文周刊》1939年第33期。
③ 陈望道《文法简论》,第10页。
④ 陈望道《文法简论》,第47页。
⑤ 陈望道《文法简论》,第17页。

对立的，而汉语各级单位的组合方式、手段和组合关系有其共同之处，词法和句法的界限不是绝对严格的。基于这一认识，陈望道提出汉语语言单位的二级区分理论。第一级是材料级。材料级的基本单位是词，由词素组成。第二级是陈述级。陈述级的基本单位是句。它由成分组成。成分由词、词组、词串充当。语言单位的二级区分理论显示了汉语语法不同于印欧语语法的特征，是功能学说对一般语言学理论的重要贡献。

近年来，不少语法工作者把词、短语（包括主谓短语）作为语言的静态单位、备用单位，把句子作为语言的动态单位，并认为静态单位内部是组成关系，可按复杂程度区分，它同动态单位之间的关系是实现关系。这同语言单位二级区分理论的基本思想是一致的。但有的语法学家进一步认为“句子不过是独立的词组而已”，“如果我们把各类词组的结构都足够详细地描述清楚了，那么句子的结构实际上也就描述清楚了”①。这似乎又是否定了汉语句子单位对内的统一性，对外的独立性，把它与词组现象牵合了起来。句子固然是以词组结构为基础的，但句子往往在词组结构的基础上有所增添和变化。在国外的俄语研究和英语研究中，也有一些学派把句子作为词组的变体而归结在词组研究的范围里。我们认为这是歪曲了句子的本质。拿来作为汉语语法的特点更不妥当。还是按陈望道提出的基本材料单位词由词素组成，基本陈述单位句子由成分组成较为妥帖。陈望道对句子接连的研究就是本着这种精神进行的。例如“鸡，不吃了”，在有些人看来是一个词组的独立。陈望道认为“鸡”是提示语，这句话是由两个成分组成的。句子作为一个交际的基本单位，它的类型的归纳不能简单归结于词组的类型。

4. 模糊与区别

“从配置求会同，由会同定词类”必然碰到的一个问题是，汉语中

① 朱德熙《语法分析和语法体系》，《中国语文》1982 年 1 月。

动词、名词都可以作主语、宾语。形容词不仅可以作定语,而且可以作宾语、状语。如果光从句子配置关系求会同,词类的界限难以划清。陈望道认为,同一切事物都具有确定和模糊的两重性一样,词类的情况也是既复杂、流动,又有其功能的重点。只要标准合理,方法对头,是可以认清条理,分出类来的。为了减少分类中的盲目性,提高科学性,就需要定量地刻画词类的模糊性,从模糊中求区别,陈望道把这种方法作为词类区分的基本方法之一。他指出,词的配置功能全部或大部分相同的为同类;词的配置功能有些不相同,但有一部分相同,可以作为同类表征的,也可列为同类。词的配置功能全部或大部分不相同的为不同类;词的配置功能有些相同,但有一部分不相同,而可以立别的,也可列为不同类。陈望道把这一原则具体化为三项标准:

(1) 单项与综合

单项功能指某一词在某一具体配置中具有某一功能,综合功能是从许多配置中概括出来的单项功能的总和。词类是词的综合功能的类。

(2) 次要与主要

把词在各种配置中的功能综合以后,要抓住主要功能。如果词的功能有些不同,但有一部分主要的相同,即可列为同类。

(3) 临时与经常

词有常类,也有临时用法(往往跟修辞有关),词类是经常功能的类。

以往语言学家对词类区分的要求是能照顾到各方面的特点,不偏重某一特点而抹煞其他特点;要分得干净利落,没有或者很少两可或两难的情形。这是语法研究中"分离论"(discrete theory)的观点。这种观点认为语法中各个类别的界限是可以一刀切的。在那时,要有足够的勇气才敢说某类词只有在中心才是十分清晰的,到了边缘就越来越模糊了。事实上,语法类别中更多的是一些具有明显的相互过渡阶段的差异的类。这种差异常常使得两个类别既有区别,又有联系。在它们的中间过渡状态呈现出一种"亦此亦彼"的模糊性。语法类别的这种模糊性质要求对语法现象作"非分离"(non-discrete)分析。陈望道为功能分类确定的方法和具体标准就是用模糊数学的方法为处于模糊边缘的词对词类的"隶属"关系做出量的分析。这有助于更深刻更完整地反映出词的功能同词类的对应关系。

为了基本做到词有定类,类有定词,陈望道又借鉴了结构主义语法学的语法同一性理论和音位学的区别性特征理论,把各类词的功能中能作为对立关系要素的那一部分功能提取出来,从关系看功能特征,对每一类词的区别性特征都做了较为准确的描述。例如断词(包括"是"、"像"、"为"等词)是用词中的一个小类。它与动词一样可以独立作谓语,同副词结合作疏状关系的中心语,用"×不×"方式提问,单独回答问题。但是断词不能作体词的附加语只能带中性补语,不能带受事补语或施事补语,动词则可以。断词作谓语组成的句子的表达类型是诠释、说明的;动词作谓语组成的句子的表达类型是偏重叙述的。正是这一部分功能使断词与动词彼此区别。它们在词类关系上是重要的,具有类别的表征意义的。索绪尔曾经深刻地指出:"语言机构整个是在同一性和差别性上面打转的,后者只是前者的相对面。因此,同一性的问题到处碰到,但是另一方面,它跟实体和单位的问题部分一致,只不过是后一个问题的富有成效的复杂化。"①从陈望道的词类区别性理论可以看出,他吸收了结构主义语言学把语法结构的同一性归结为关系的同一性的特点。但他并不像有些结构主义后来者那样把这个问题绝对化。他仍然注意单位的音义结合的性质。上述从句子的表达类型上区别断词和动词即为一例。这就是陈望道功能学说颇具特色之处,也是它的科学性之所在。

5. 分子与关系

① 索绪尔《普通语言学教程》,商务印书馆,1981年,第153页。

许多语法学家都认为,语言分析的关键是把形式和意义统一起来。然而怎样统一,各人有各人的方法。只有一点似乎是一致的,就是从形式出发。不论怎样结合,总是首先要把形式和意义分开来。分是天经地义的。分开来后,从形式出发,也是天经地义的。至于要不要同意义结合,怎样结合,尽可众说纷纭。

陈望道走的是另一条路。他认为语言分析不存在纯粹的形式与意义,而只有分子与关系。他采用的是以音义结合的分子为单位的功能中心说。"所谓功能,乃是分子的功能,是词的功能。它是与分子本身的意义和形态不可分离,紧密相连的。"①因此,陈望道语法研究的出发点一开始就是统括意义和形态的语言单位的实体。分子是具体的,因而分子与分子间的关系和联系也是具体的,也就是说,组织是具体的。因此,研究组织中的分子时,不是单从分子的意义或形态方面研究,而是从分子作为一个音义的结合的实体在组织中的功能来进行研究;研究分子的组织时,不是单从组织的形式或意义方面着眼,而是从意义和形式结合在一起的具体的组织关系上来进行研究。两者又要相互配合。这就是陈望道的全部形式意义观。

陈望道的语法分析从来不单独讲语法意义和语法形式。他是从分子实体出发的。他认为语言单位是形式和意义组成的整体这一点是天经地义的,而用功能的观点分析汉语也是天经地义的。"一个组织,一个成素,总是形式和意义结合着的。讲文法,就是要从内容和形式相结合的成素之间的关系出发。提出所谓'文法意义'、'文法形式',又说要从'文法形式'出发来研究文法,这些都可能割裂了内容和形式之间的统一关系。"②

陈望道的形式意义观给我们深刻的启迪。所谓"形式和意义相结合"的提法本身含义并不清楚。语言单位始终是形式和意义的组

① 陈望道《文法简论》,第 41 页。
② 陈望道《文法简论》,第 122 页。

合。离开了意义,单纯的形式就不再是语言的形式。有人坚持认为语法研究只有深入研究它的表现形式,才能从中发现意义和解释意义。他们遵循的是所谓"发现程序"。其实,发现程序不过是美国结构主义学派调查他们所不懂的语言时采取的不得已的程序。而在事后他们却标榜这种方法是可以不受关于意义的主观干扰,单凭形式就能进行语法分析的唯一科学的方法,使它成为一种语言学的教条。我们今天研究汉语完全没有必要循发现程序而进。从信息论的观点看,语言交际既有接收信息的译码分析过程,也有发送信息的编码综合过程。在这两个过程中,形式和意义都是对立的统一,都是互相依存、互相作用、互相制约的。即使是美国的结构主义者,在他们的《语言分析纲要》中也承认:"我们还是想知道一些它们的意义。实际上,也只有当我们能想办法区别有着相同的音渡和语调特征的词组的意义的时候,我们才能识别不同的句法类型和结构。"①从形式特点出发辨认语言单位和结构,然后再去探求这些根据形式辨认出来的结构都表示什么意义,这种方法在分析性倾向越来越严重的英语中已遇到不少困难,拿来律语言类型不同的汉语,更难妥帖。汉语语法范畴大多是隐藏的。词与词的结合不受形态成分的约束,采用以达意为主的意合法,难以概括出结构特征来。例如"动词 + 名词"的形式,我们凭什么说它是"动宾结构"而不是"偏正结构"或"主谓结构"呢?难道我们不是从形式和意义组合的分子整体出发的么?陈望道指出:"我们通过调查研究,概括综合得出文法规律。确立一些原则,说明语文的组织关系,但是不要死讲格式,硬造公式。讲规律,是为了使人们更好地运用语言,而不是去束缚人们的手脚。"②这一番话是十分中肯的。我们从陈望道对功能与形态、意义、组织、实体、分布、层次、词序诸方面关系的探讨以及对功能学说内部配置与会同、接连

① 见 Bernard Bloch, *George L. Trager*: *Outline of Linguistic Analysis*, 1942。

② 陈望道《文法简论》,第 119 页。

与通贯、词法与句法、模糊与区别诸方面关系的探讨中，不是都可以感受到陈望道对语言组织的分子及其关系的深刻洞察吗？

陈望道先生研究了一生的文法革新。他的功能学说集中了他对汉语语法的理论、方法和实际问题的系统见解，融会了古今中外各家语法理论和分析方法的精华，体现了一个中国语言学者从汉语事实出发，熟练运用马克思主义唯物辩证法研究语法的科学态度和严谨精神，产生了深远的影响。今天，功能学说经过陈望道的毕生倡导和广大语言工作者的实践，业已成为汉语语法研究的理论基础和方法论基础。“我们毫不夸张地说，陈先生的功能语法学说，开创了语法研究的新道路。”[①]这条道路，正是中国现代语言学史上堪称典范的“洋为中用”，从一般走向特殊的研究道路。

---

① 徐思益《描写语法学初探》，新疆人民出版社，1983年。

第四讲

汉语建构的文化精神

1 气的思维与气的语言

一、由语言之气到哲学之气

（一）句法流动与“气化流行”

中国古代的自然观与西方的自然观不同，前者以“气”作为世界的本原，后者以“原子”作为世界的本原。在中国传统哲学看来，世界的本原是非形非质而贯通于一切形质之中的“气”。“气”是无形的存在，万物之形由气变化而来。如庄子所云:“察其始而本无生,非徒无生也;而本无形,非徒无形也,而本无气。杂乎芒芴之间,变而有气,气变而有形,形变而有生。”(《庄子·至乐篇》)“通天下一气耳。”(《庄子·知北游》)张载也认为一切可见之象都是气:“知虚空即气,则有无、隐显、神化、性命通一无二。”“气聚则离明得施而有形,气不聚则离明不得施而无形。”“太虚不能无气,气不能不聚而为万物。”(《正蒙·太和》)更重要的是,“气”经常处于变化之中,具有运动性。《穀梁传·庄公三年》云:“独阴不生,独阳不生,独天不生,三合然后生。”杨士勋疏引徐邈言:“古人称万物负阴而抱阳,冲气以为和,然则传所谓天,盖名其冲和之功。”这种“冲和之功”,即气的运行。张载亦云:“气坱然太虚,升降飞扬,未尝止息,《易》所谓絪缊、庄生所谓生物以息相吹野马者与!”(《正蒙·太和》)“若阴阳之气,则循环迭至,聚散相荡,升降相求,絪缊相揉,盖相兼相制,欲一之而不能,此其所以屈申无方,运行不息,莫或使之。”(《正蒙·参两》)这正指出了气是万物的运行本质。王夫之更明确指出:“气有动之性,犹水有波之性。”(《庄子解·达生》)“一气之中,二端既肇,摩之荡之而变化无穷。”(《张子正蒙注·太和篇》)戴震将气的运行上升到“道”的高度,认为“气化流行,生生不息,是故谓之道”(《孟子字义疏证》)。由此可见,运动变化之气是汉民族的一种世界观。

庄子

中国古代气的学说作为一种世界观,反映了汉民族基于物质运动源泉而形成的一种基本的思维方式。这种思维方式的形成与汉语有深刻的联系。我国有文字记载的语言可以上溯至商代甲骨文。甲

甲骨文　毛公鼎

骨文句法简朴，直至周代的铜器文，才出现了毛公鼎、大诰之类的长篇巨制。然而即使在“郁郁乎文哉！吾从周”的周代语言中，虽然因当时众多才士的努力使文章趋向华美，可是我们看《周易》、《尚书》的句法，依然古朴简练。何定生先生曾细考《尚书》的文法及其年代，他把《尚书》文法与后代文法的根本差异归结为“助词”。其论云：

> 《尚书》为什么会同后代的文章不一样气味呢？以没有文法自觉的文章意识，来感验《尚书》，这是件明显的事，谁都觉得和后代——就“春秋”及以后吧——不同。这种不同，好像觉得是整个的……然则其根本原因……在什么地方？曰：在助词！
>
> 《尚书》不是简直没有“助词”的吗？除了虞书、夏书，几乎商、周二书所有够不上五十个。这不要说别的，《易系辞》四千多字，居然用了差不多二百个“助词”这一点来比较，便知道《尚书》和后代典籍的分野……于是我们可以得一结论曰：1. 《尚书》之正确时代，无确立的“助词”。2. 因为无助词之故，故另成一种不需要助词的文体。3. 故《尚书》之所谓“助词”，几乎多少

是"叹词"罢了。4. 后代——东周以后——的"助词"便不然。大规模的,有组织的,故应用甚发达。5. 为其应用的规模大,故同时其文体的一部分生命寄于"助词"之上。故其所谓"助词",兼有述语之重要。6. 故《尚书》不需要"助词"而《尚书》成文。7. 而后代文则有时竟因无"助词"而不成话或反意义也。8. 此即正确的《尚书》和后代文的界线。①

助词在句子中的作用,一在延宕语气,二在确认句法,三在显示句子的表达功能,它是汉语句子组织在由简练向复杂、流动发展的过程中的必然要求。正是由于句子组织的流动铺排,使句子的声气有了顿挫。而在汉语中,声气的顿挫与句法结构浑然一体。古人所谓"句读",正是句子的组织运行中一个音义共存的自然单位。而古人最初意识到的造句法则,正是这种声气止息的法则。由句子组织的流动引起的句子声气节律的运行和变化,自然将声气的高下缓急强弱用语首、语际、语尾的助词表现出来。如刘勰《文心雕龙》所言:"至于夫、惟、盖、故者,发端之首唱;之、而、于、以者,仍劄句之旧体;乎、哉、矣、也,亦送末之常科。""首唱"、"送末"和"劄句",一方面是声气之积淀,一方面这种声气的积淀又负载了语义和句法的作用,所以汉语中许多具有语法作用的虚词,都由原先起呼吸作用的助词演变而来。因此,究其实质,助词的作用是语法、语义和语气有机统一的作用,是古代汉语句子组织复杂化的标志。刘勰称这些"首唱"、"送末"、"劄句"之词,"据事似闲,在用实切。巧者回运,弥缝文体,将立数句之外,得一字之助矣。"(《文心雕龙·章句》)袁仁林也认为:"当其言事言理,事理实处,自有本字写之;其随本字而运以长短疾徐、死活轻重之声,此无以实字见也,则有虚字托之,而其声如闻,其意自见。"(《虚字说》)助词的作用,正是关乎"声""意","助"成

① 何定生《〈尚书〉的文法及其年代》,《国立中山大学语言历史学研究所周刊》第5集,1928年。

“文体”的。

为什么《尚书》以后上古汉语的句子结构复杂化要走“流动铺排”的道路呢？语言结构的复杂化,有纵横两种方略。纵的方略,是结构的层层包孕。一般说来,西方语言的结构繁简,主要是结构层次的增省。由于句子中限定动词的中心地位,句法的复杂化无法走多中心的横向铺排道路,只能向上下空间立体发展,层层包孕,叠床架屋,使句法关系复杂化。横的方略,是结构的连续铺排。由于汉语句子不存在类似“限定动词”的单个中心,因而它没有必要,也没有可能在限定的(中心动词控制的)空间以包孕求发展,而是将复杂的空间关系化为连贯铺陈的时间事理脉络,以时序(包括实际动作发生次序和逻辑上动作应有的因果次序)作横向的结构流动。因而汉语句子构造之“繁”,是时间型的而非空间型的,是流水般的贯通而非多层次的套叠。这一特点从英译汉即可了然。英语句子中可以通过中心动词时态的词形变化,先叙述后发生的事情,或者后叙述先发生的事情。而汉语句子中一般是先发生的事先说,后发生的事后说。为了把英语的空间构架复合的句子译成汉语的句子,就必须从原句中的各个关系词构件中找到相对的时间顺序,按此顺序将各部分重新组合,以成铺排之势,甚至不惜将一个个关系词结构转化为一个个动词性结构。

中国古代的句法学传统,对句法繁简的看法,正是系之于文句的长短。宋陈骙《文则》指出:“春秋文句,长者踰三十余言,短者止于一言。”所谓“长句法”,即“季孙行父臧孙许叔孙侨如公孙婴齐帅师会晋郤克卫孙良父曹公子首及齐侯战于鞌”之类。所谓“短句法”,即“立孙”、“溺”之类。这里的长短之别,正是多个动词的横向接续与单个动词立足之别。文句之法既系之于文句的长短,那么文法之发展就是文句长短之演进。这并不是说汉语句法的复杂化方式中没有层次的空间发展,而是说发展的主要倾向不在空间而在时间。明代曾异即以朴素的“长短法则”来评价汉语句法的发展:

今使缩长句为短句，难；展短句为长句，易。是以从后人而观，则欧苏流畅于韩柳，韩柳流畅于《史》《汉》，《史》《汉》流畅于《左传》，《左传》流畅于《尚书》。然而《尚书》、《左传》短节中未尝不畅不劲，秦汉而后，遂以渐加，斯则句从古短，字以世增。(曾异《与赵十五书》)

曾说所谓“难”“易”，实际上揭示了语言的社会交际功能发展的必然趋势。虽然《尚书》以至《左传》语言中“短节中未尝不畅不劲”，但社会在发展，思维也在发展，语句的丰满终于按自身的时间逻辑以“字以世增”的朴素而有深度的样态发展起来，蔚成流水潺潺、气韵生动之大观。

由此，说《尚书》与《尚书》之后时代的文法异在助词之多少，这还仅仅是一种表象。助词的全面发展乃至系统化的根本原因在于《尚书》以后汉语句子组织以句读段的流动铺排扩展结构的历史趋势。这一发展从本质上说是汉民族世界观的发展，反映出汉民族对世界的符号化认识有了全新的结构与图景——从《尚书》的较为原始和静止的单体分析性句法，发展为连贯运动、气势起伏的多元综合性句法。而这种对世界样式的看法的变化，正是气的思维形成的语言背景。

(二) 从《尚书》到《左传》

就语言的世界图景而言，《尚书》的时代不可能产生气的观念。我们知道语言结构的横向扩展有赖于文气的延宕。文气的延宕在形式上须借助于连词和助词。连词将各个相对独立的结构段以各种逻辑关系契合起来，使文气跌宕起伏；助词则将各个相对独立的结构段以各种语气的连贯融通起来，使文气一脉贯注。而在《尚书》中，连词和助词恰恰是很不发达的。

根据何定生先生的研究，《尚书》商、周书中典型的助词只有

“哉”、“焉”、“矣”几个。其中“哉”字的用例23个，“焉”字的用例3个，“矣”字的用例4个。这些用例都句法简短。例如：“封，汝念哉！”（《康诰》）“无若殷王受之迷乱，酗于酒德哉！”（《无逸》）“咸告孺子王矣。”（《立政》）“今日之事，不愆于六步七步，乃止齐焉。”（《牧誓》）在这里，不要说“哉”字不很发达，“焉”和“矣”也疑为晚代的用法，出于后人仿作。《尚书》中典型的连词只有“惟”、“乃”、“越”、“矧”四个，其他如“则”、“故”、“与”、“而”、“虽”、“至于”等，皆系晚出的字，其中以“而”为最后。何先生认为：“连词何以会使文章‘气韵’变？尤其‘古’‘近’之差？我们要知道，连词的用，是有正接，反接，转接等不同的……‘接’既不同方向，则其文气自然曲、直不一样。”①文气和连词有如此密切的关系，我们考察商周至春秋战国文气的变化，就挑出一个“而”字来比较。因为“而”产生于东周时代，盛行于春秋战国，是“上”古汉语最常用的连词之一。“而”在句中的作用“有承上启下之能，有蒙上辊下之情。惟其善辊，故不拘一处，无乎不可。一切来去、起伏、出入、周折、反正、过接，任其所辊无滞”（袁仁林《虚字说》）。足见“而”字具有很强的延展结构、贯通文气的功能。从某种意义上说，它是上古汉语句法由古简到畅达，由静止到流动的一个标志。

根据我们的调查，甲骨文和金文都没有连词“而”。《周易》中“而”字出现六次。除一例用作代词外（《解卦四十》：“九四，解而拇，朋至斯孚。”），其余用于连接动词或动词性词组。例如：

> 九二，不克，归而逋其邑人三百户。（《讼卦六》）
> 初九，贲其趾，舍车而徒。（《贲卦二十二》）
> 观，盥而不荐，有孚颙若。（《观卦二十》）
> 九三，日昃之离，不鼓缶而歌，则大耋之嗟。（《离卦

① 何定生《〈尚书〉的文法及其年代》，《国立中山大学语言历史学研究所周刊》第5集，1928年。

三十》)

以上“而”在各句中依次表示先后相承、相互对待、转折和动作的方式。

《尚书》中“而”字凡三十八见。除两例是代词用法外,其他都作连词。其功能一是用于连接动词性词语,表示推断、转折、反复、平行、递进。例如:

我后不恤我众,舍我穑事而割正夏?(《汤誓》)

汝曷弗告朕而胥动以浮言。(《汤誓》)

若网在纲,有条而不紊。(《汤誓》)

人之有能有为,使羞其行,而邦其昌。(《洪范》)

二公命邦人凡大木所偃,尽起而筑之,岁则大熟。(《金縢》)

二是用于连接作述谓的形容词,表示加合或区别。如:

命汝典乐,教胄子,直而温,宽而栗。(《尧典》)

刚而无虐,简而无傲。(《尧典》)

三是用于连接句子形式,表示因果、条件、转折、并列、假设。例如:

四罪而天下咸服。(《尧典》)

工以纳言,时而飏之。《皋陶谟》

人之彦圣,而违之俾于达。(《秦誓》)

惇德允元,而难任人,蛮夷率服。(《尧典》)

狱成而孚,输而孚。(《吕刑》)

从上述例子看,《尚书》中“而”的用法已趋多样化。然依据何定生先生的考证,《尚书》商、周书诸篇中只有《大诰》是西周作品,《费誓》、《秦誓》为东周作品。其余《汤誓》、《金縢》、《吕刑》等是西、东周之间的作品。而虞、夏书的《尧典》、《皋陶谟》等等则是春秋战国作品。这样来看,《尚书》中西周时代的作品,如《大诰》、《洪范》,其“而”字的用法与同时代的《周易》大致相仿。

“而”字用法的丰富与成熟在战国时代。当时社会急剧变化。各国为总结经验教训,凡有大事,互相赴告;会盟朝聘,史不绝书;褒善贬恶,直笔不隐,以《左传》为代表的记载各国人物言论和政治、军事、外交活动的史书应运而生,比较充分地反映了战国时期的语言面貌。

《左传》中“而”字最常见的功能是连接述谓的两部分,表示相承的意义。这两部分可以是动词词组,也可以是句子形式。依次举例如下:

公摄位而欲求好于邾,故为蔑之盟。(隐元)

是以尧崩而天下如一,同心戴舜以为天子。(文十八)

由于句法结构的扩展,表示相承关系的“而”连接的动词性成分甚至可以出现在句子的主题和宾语中,例如:

君之未入,寡人惧之;入而未定列,犹吾忧也。(僖十五)

郑伯怨惠王之入而不与厉公爵也,又怨襄王之与卫、滑也,故不听王命而执公子。(僖二十四)

表示相承关系的“而”还出现了复合形式“而后”和“既而”,突出了先后相继的意义。例如:

君子以督为有无君之心,而后动于恶,故先书弑其君。(桓二)

获晋侯以厚归也,既而丧归,焉用之?(僖十五)

《左传》中“而”字的另一个常见的功能是连接动词性成分表示转折。从结构上说,这样的“而”字不仅可以连接述谓的两部分和句子形式,而且可以连接复句成分、定语成分、兼语的述谓成分,例如:

怒不作乱,而以从师,可谓君子矣。(文二)

夫有大功而无贵仕,其人能靖者与有几?(僖二十三)

上天降灾，使我两君匪以玉帛相见而兴戎。（僖十五）

“而”还可以用于一种对人或事作质疑性评价的特殊句式：

子，晋太子，而辱于秦，子之欲归，不亦宜乎？（僖二十二）

今晋，甸侯也，而建国，本既弱矣，其能久乎？（桓二）

在意义上，表示转折的“而”因上下文意不同而有强弱不同的意味。有的只是轻轻一转，有“却”的意思；有的则重重一转，有“反而”的意思，有的只表示一种范围的限制，有“只是”的意思。

《左传》中“而”字表示并列的情况更为复杂，它可以用于平行、加合、互相对待、正反互补、递进、逼进等关系之中。依次举例如下：

子西缢而县绝。（文九）

晋公子广而俭，文而有礼；其从者肃而宽，忠而能力。（僖二十三）

靖诸内而败诸外，所获几何？（僖二十七）

修己而不责人，则免于难。（闵二）

庄公子犹有八人，若皆以官爵行赂，劝贰而可以济事，君其若之何？（庄十四）

吾子孙其覆亡之不暇，而况能禋祀许乎？（隐十一）

《左传》中“而”字在偏正结构中还用于表示状语对动词的四种修饰关系，即动作的时间、地点、方式、情境。例如：

事三旬而成，不愆于素。（宣十一）

声己不视，帷堂而哭。（文十五）

当官而行，何强之有！（文十）

盛服将朝，尚早，坐而假寐。（宣二）

《左传》中“而”在偏正的复句形式之中能表示八种逻辑关系，即原因、结果、假设、条件、容认、推论、目的、即刻行事。依次举例如下：

弦子恃之而不事楚，又不设备，故亡。（僖五）

公子燮求令尹而不得，故二子作乱。（文十四）

谏而不入，则莫之继也。（宣二）

夫民，让事乐和，爱亲哀丧而后可用也。（庄二十七）

夫宠而不骄，骄而能降，降而不憾，憾而能眕者，鲜矣。（隐三）

若不从三臣，抑社稷实不血食，而君焉取馀？（庄七）

既，夫人将使公田孟诸而杀之。（文十六）

公御之，宋师未陈而落之，败诸鄑。（庄十一）

《左传》中"而"字还用在一些特殊格式中强调语气，例如：

吾一妇人而事二夫，纵弗能死，其又奚言？（庄十四）

楚一言而定三国，我一言而亡之。（僖二十八）

善败由己，而由人乎哉？（僖二十）

可见，"而"字在战国时代的语言中，结构、功能和意义较之西周有了极大的丰富和发展。在战国时代句子组织不断铺排，扩展的情况下，"而"在结构上和语气上都起了一个维系句子成分的统一和整个句子的统一，显示语法脉络的作用，具有很强的内聚力。许多信息量极大的句子正是在"而"的组接下积小句成大句，文气贯通的。例如：

武夫力而拘诸原，妇人暂而免诸国，堕军实而长寇雠，亡无日矣。（僖三十三）

文王闻崇德乱而伐之，军三旬而不降，退修教而复伐之，因垒而降。（僖十九）

显然，战国时代的语言已经是一种"气"的语言。由于结构的顺序（时序与逻辑）铺排、呼吸的顿挫控制着句读段的形成与发展，人们对事件的认识和描述也进入了一个互相联系、互相制约、整体把握的阶段。可以说“气”的语言和“气”的意识乃至“气”的思维是相互塑造、相辅而来的。我国周秦典籍所呈现的自然观演变印证了这一点。

（三）从“五行”孤立到“气”的运动

我国最早的自然观见之于典籍记载的是“五行”自然观。它正是出现于西周的《尚书·洪范》中。这种自然观认为世界由水、火、木、金、土五种基本元素构成，其次序、性质和作用分别是：

> 一、五行：一曰水，二曰火，三曰木，四曰金，五曰土。水曰润下，火曰炎上，木曰曲直，金曰从革，土爰稼穑。润下作咸，炎上作苦，曲直作酸，从革作辛，稼穑作甘。（《尚书·洪范》）

“五行”的概括是古人对自然界物质结构的初步认识。这一认识是分析的，还不是综合的。因为它指出了水火木金土各自的特性和规律，但还没有将它们联系起来。与此同时，《周易》中用“—”、“ -- ”两个基本符号表示两种不同的爻，由它们组合成八卦，八卦与八卦相重又成六十四卦，这也是一种对自然界或人类社会变化规律的看法，只是它并没有提出明确的哲学观念。

根据《国语》的记载，西周末年至春秋间的自然观出现了引人注目的变化。一是“五行”之间的联系受到了重视。周太史史伯提出“以同裨同”，“同则不继”，只有“和实生物”的观点。“和实”，即调和金、木、水、火、土五种实物，它是构成事物的基本方式，所谓“先王以土与金、木、水、火杂，以成百物”（《国语·郑语》）。二是阴阳说开始形成。人们开始用阴阳二气的消长、平衡、冲突来解释世象的变化。例如伯阳父认为：“阳伏而不能出，阴迫而不能烝，于是有地震。今三川（指陕西泾、渭、洛三川地区）实震，是阳失其所而镇阴也。”（《国语·周语》）这两种观点有其内在的联系，即认为事物的产生和发展是彼此相异要素的统一和变化。如史伯所言：“以他（指相异的事物）平他谓之和，故能丰长而物生之。若以同裨同尽乃弃矣。”

(《国语·郑语》)

气的概念产生于战国时代。《管子》首先论述了"气"生万物的思想。其《内业》篇云:"凡物之精,此则为生,下生五谷,上为列星;流行于天地之间,谓之鬼神;藏于胸中,谓之圣人。""精也者,气之精者也。"与此同时,《易传》又阐发了《周易》的世界观:"易有太极,是生两仪,两仪生四象,四象生八卦。"(《系辞上》)世象的形成和变化归于"太极"中两个对立面的运动。这两个对立面就是"乾""坤"或曰天地。"乾坤成列而易立乎其中矣。"而"乾,阳物也;坤,阴物也。阴阳合德,以体天地之撰"(《系辞下》)。于是"一阴一阳之谓道"(《系辞上》)。阴阳交互作用即自然之规律。气生万物和"阴阳合德"相结合,就形成一种崭新的世界样式。《庄子》曰:"至阴肃肃,至阳赫赫。肃肃出乎天,赫赫发乎地,两者交通成和,而物生焉。"(《田子方》)"人之生,气之聚也。聚则为生,散则为死。……故曰:'通天下一气耳。'"(《知北游》)气的阴阳矛盾运动构成万物。《荀子》亦云:"天地合而万物生,阴阳接而变化起。"(《礼论》)"水火有气而无生,草木有生而无知,禽兽有知而无义,人有气有生有知亦且有义。"(《王制》)气是万物的生存基础,气之阴阳互动是万物的变化依据。我国上古时代"气"的自然观由西周到战国的发展,正是与语言组织中文气的逐渐流动、舒展同步的。从根本上说,语言是一个民族的世界观,语言结构是一个民族看待世界的样式。正如人类学和语言学家萨丕尔所指出的:"语言,作为一种结构来看,它的内面是思维的模式。""语言和我们的思路不可分解地交织在一起,从某种意义上说,它们是同一回事。""语言形式的无限变异,也就是思维的实在过程的无限变异。"[①]上古汉语句子格局的时间型扩展和流动,导致自然观由"五行"孤立到"气"的运动的深刻变化;而气的意识与思维反过来又使语句组织更自觉地以流动铺排之势条理事象,以整体观照之法

---

① 爱德华·萨丕尔《语言论》,商务印书馆,1964年,第135、138页。

理解世界。这就是气的语言与气的思维相互塑造、同步发展的过程。

二、汉语的文气与句法脉络

（一）流动型语象与几何型语象

“气”的概念用现代人的语言来理解，既是一种活动着的物质（或曰 material force），又是生命力的精神概念（或曰 vital spirit 或 matter energy）。它由气状的物质存在到以运动为本性的客观存在，都离不开一个运动的意识。中国哲学以“气”作为表示物质存在的范畴，亦即肯定了气的运动性，存在与变化的统一性。中国语文传统所说的“文气”，也就是这种与情理相一致的抑扬顿挫、疾徐有致的动态的语句组织精神。

通俗地说，“文气”就是念诵文句时的一口气。它常可于诵读之中领略出来。当一个句读接一个句读流转顿挫而进的时候，句子组织就自然发生“流动”，形成声气的“场”。韩愈《答李翊书》云：“气，水也；言，浮物也；水大而物之浮者大小毕浮。气之与言犹是也。气盛则言之短长高下者皆宜。”可见“气”是驾驭“言”的。刘勰《文心雕龙・风骨》云：“情之含风，犹形之包气”，故“情与气偕”。可见“气”又是饱含“情”的。它在“意”与“形”之间承意而控形，赋予意念以最佳形式状态的运转，是联结意、情和形的纽带。姚鼐《答翁学士书》云：“文学者犹人之言语也。有气以充之，则观其文也，虽百世而后，如立其人而与言于此，无气则积字焉而已。意与气相御而为辞，然后有声音节奏抗坠之度，反复进退之态，采色之华。故声色之美，因乎意与气而时变者也。”可见“气”需因声以求，而文句声音之美又需寻气而行。抑扬顿挫之声足以助文句之行气，文句行气之妙又可以帮助声调的铿锵，所谓“情以生文，文亦以生情；文以引声，声亦足以引文。循环互发，油然不能自已，庶渐渐可入佳境”（曾国藩《求厥斋日记》)。

既然行文的声律有高有低,有长有短,才能充分传达“文气”,那么文句要气盛,布局就需力避单一、呆板。于是乎把一个意念的团块打散,用形断而神不断的一个个短语连续铺排,造成一种动态的节奏感,一种连贯的气势。语法的脉络就在这种“气”的运行中体现。这种由“气”疏通、延展、续断的句法与西方语言有很大的不同。西方哲学的自然观既然以最小的不可分的物质个体原子作为世界本原的元素,强调原子的个体、物状、次序、位置,那么他们理解的事象就是几何型的——事物由原子层层组合,就像字母构成词,再由词构成句子、文章一样。我们看西方语言的句子大多以主语和定式动词为骨干栋梁,然后运用各种关系词把有关材料组成关系结构的板块,向主语和动词这两根栋梁上挂,前呼后拥,递相叠加,不厌其烦。重点是通过严整的结构交代清楚各板块之间的相互关系。中国哲学的自然观由于持“凡可状,皆有也;凡有,皆象也;凡象,皆气也”的气一元论,强调气的连续性质态,所谓“气有动之性,犹水有波之性”(王夫之《庄子解·达生》),其理解的事象就是流动型的。如果说几何型的事象或语象是一种物理空间体,即层层组合的形式化构造,那么流动型的事象或语象就是一种心理时间流,即按时序铺排的语义流程。

汉语句子组织之所以能够采取流动铺排短语的建构方式,同汉语语词单位的弹性有很大关系。汉语的语素具有单音节性,音节结构较为简单。为了避免语素同音,也为了适应上下文语言节奏和修辞协调性的要求,单音节的语素往往自行衍变或与其他语素复合而成双音节的语词。这种由单到双的分合伸缩无一定规,有常有变,可常可变,随上下文的声气,逻辑环境而加以自由运用。而汉语在复音化的趋势下,词语的“块然”状与可拼合性也为这种分合伸缩提供了可能。汉语语词单位不仅在形式上具有弹性,而且在功能上也具有弹性。汉语的实词往往是多功能的,在名词、动词、形容词之间可以自由地实行功能转化。词与词只要语义上配搭,事理上明白,就可以粘连在一起，不像印欧系语言那样受词的形态成分的约束。由于汉语的语词在形式上和功能上都简单而灵活，弹性很大，因此它能自由地组合以适应句子声气顿挫、延展的要求。这就为句组织的流动铺排提供了必要的条件。也正由于汉语语词的弹性使句子组织有可能与语音节奏同步，所以汉语句法句读简短，整齐和谐，灵活多变。一个句子往往用一个意向统率多个短语，读下去顺流而下，不可遏止，必须一口气读到意向完成为止。在这里，文气的运行与事理的认知是浑然一体的。

（二）动向与名向

作为一个结构单位，句子的建构必然受到一定规则的限制。汉语句子的动态建构也不是“变化无方”，“不可纪极”。尽管它没有西方语言句子中那种形态化的核心动词（限定动词）来控制句界，但它却有“无形”的手段来控制一个句子的格局。这“无形”的手段就是声气的止息和意向的完成。

所谓“意向”，是一个句子的表达功能或曰语义意图，即说话人造这个句子究竟要让它起什么作用。意向是整个句子的意念内聚力。汉语中句子的意向主要有三类，即“动”向，“名”向，“关系”向。

汉语“动”向句的功能是叙述行为事件。它以流动的视点，流水般的形式展开意念，形成一种化整（事件之整）为零（句读段之零）的格局。例如：

> 武王亲释其缚，受其璧而祓之，焚其榇，礼而命之，使复其所。（《左传·僖六》）
>
> （华父督）已杀孔父而弑殇公，召庄公于郑而立之以亲郑，以郜大鼎赂公，齐、陈、郑皆有赂，故遂相宋公。（《左传·桓二》）
>
> 那周瑞家的又和智能儿唠叨了一回，便往凤姐处来，穿过了夹道子，从李纨后窗下越过西花墙，出西角门，进凤姐院中。

（《红楼梦》第七回）

这类句子以施事者为意向线索，集中多个动词，接声气和语义的断续组织句读段，依事件的事理和时序循序展开，直到完成叙述。整个句子由一个施事者一贯到底。西方语言的句子受限定动词单一视点的限制，重在围绕核心动作构造复杂的关系，无法采用这种多视点的格局。汉语句子之所以可以多视点而不累赘杂沓，就在于它的视点不由单中心的形态框架决定，而由内容决定。多个视点顺时间事理而移动，随事态变化而衔接，其“动”感是简明而有序的。《文心雕龙·章句》云：“事乖其次，则飘寓而不安”，“搜句忌于颠倒，裁章贵于顺序”，道理就在这里。因此，分析西方“形态”型的句子，可以也有必要从其形态框架入手；分析汉语的“功能”型句子，则只能从其表达功能和事理逻辑入手。

一定的句型是同一定的语言心理相联系的。当我们造“动”向句的时候，一个具体的、动态的图像浮现并流过我们的“眼”底。这种流动的图像可以归结为“时间坐标＋空间坐标＋施事者＋事件流程”。这四项是构成“动”向句的直接组件，它们的地位是平等的。它们不像名词、动词的某些修饰成分那样通过合成一个偏正词组才进入句子，而是作为句子深层结构中主要心理板块直接充当句子成分，参与句法组合的。这种组合是有序的。在上古汉语中，据我们对《左传》中 14 381 个“动”向句的考察，一般是时间成分与动词保持最远的距离，施事者则紧靠动词。地点词一般出现在句末，如：“夏，楚子合诸侯于沈鹿。”（桓八）若在动词前，往往是被陈述说明的，宜看作句子主题，如：“松柏之下，其草不殖。”（襄二十九）这同地点词词义实在，更近名词有关。但在现代汉语中，地点词的位置已移到施事语前，但仍在时间词后面，如：“昨日晌午，德胜门外，一个老头儿在钓鱼。”“动”向句的四项基本成分中，时间、空间往往可以靠上下文和环境来表明，施事者在可以意会的情况下允许不交代，只有“事件流程”是

"动"向句必不可少的核心。这个核心经常是由动词组来铺排的。这种句子总是在动词前面简单而整齐;动词一过,思路的推进便顺势而下,极层累曲折之致,呈风起云涌之貌,直到一连串动作有了一个逻辑的归宿和终点,句子才算完成。"动"向句的流动铺排之所以不嫌累赘杂沓,是因为句子的"魂"系在各个动词实际上或逻辑上的时间顺序上,系在一个个词组随事态变化的需要首尾衔接上。它适应了汉语的"气"的节律,把复杂的思想、过程描绘得有声有色、有条有理。这种形式上削尽冗繁的省略,构局上流动转折的气势,内容上有头有尾的韵致,都是与印欧系语言的句式大异其趣的。林同济先生曾把汉语造句的特点归结于动词的集结,他认为:"偏重动词着眼,运用大量的动词结集,根据时间顺序,一一予以安排,甚至尽量省略关系词以达到动词集中、动词突出的效果,这是汉语造句手法的基本倾向。"[1]这一见解虽然不无偏颇,但的确说出了汉语"动"向句的一部分特征。只是动词的集结不是机械堆积的,而是在声气的安排下,以句读段为单位"顿"进的。

汉语"名"向句的功能是评论话题。它以环动的视点,流水般的形式发散意念,形成一种聚零(句读段之零)为整(论题之整)的格局。所谓"聚",就是得其神,即实现其表达功能。当我们造"名"向句的时候,先提出我们想要说明的一个话题。它可以是一个词,也可以是一个词组,甚至是一个句子形式,总之是一个要说明的"板块",然后对这个话题加以评论。与"动"向句不同的是,"名"向句无论其话题部分还是评论部分都可以流动铺排。它们的聚零为整也因此呈现出两种不同的形式。

一种是网收型的,即句子的话题部分以句读段流动铺排,而句子的"魂"收在最后一个或几个简洁的评论上。就好像撒开一张网,撒得再开,它的纲还是可以在句末一把抓住的。例如:

---

① 林同济《从汉语词序看长句翻译》,《现代英语研究》1980年10月。

许无刑而伐之,服而食之,度德而处之,量力而行之,相时而动,无累后人,可谓知礼矣。(《左传·隐十一》)

君信蛮夷之诉,以绝兄弟之国,弃周公之后,亦唯君。(《左传·昭十三》)

打了门子,伤坏了藏殿上朱红槅子,又把火工道人都打走了,口出喊声,如何这般所为?(《水浒传》第四回)

嘴甜心苦,两面三刀,上头笑着,脚底下就使绊子,明是一盆火,暗是一把刀,他都占全了!(《红楼梦》第六十五回)

以上各句中最末一个句读段,都将前面多个句读段收作一个主题加以评论。在评论出现之前,这些句读段也呈流动转折、"风起云涌"之貌。但当评论一出现,它们立即"聚"成一个大话题。其内容再多,再杂,也能神聚得干净利落。这种"散装"的大主题在西方语言的句子框架中是难以容纳的。它的"气"的运动不在句子的陈述部分,而在主题部分,这是句法上十分独特的现象。它说明汉语句子以句读为基本单位的流动,具有很大的表意功能上的灵活性。流动是一种本质,而流动中显示的语义上的格局,是可以灵活变化的。汉语的这种"大主题"与印欧系语言受动词形态制约的"小主语"是不可同日而语的。

一种是辐射型的,即围绕一个话题,多侧面地加以评论;或曰以话题为基点,有规律地辐射评论。例如:

春秋之称,微而显,志而晦,婉而成章,尽而不汙,惩恶而劝善。(《左传·成十四》)

今晋,甸侯也,而建国,本既弱矣,其能久乎?(《左传·桓二》)

老身那条计,是个上着,虽然入不得武成王庙,端的强似孙武子教女兵,十捉九着。(《水浒传》第二十四回)

浸过水的青菜不能要,分量重,烧不烂,样子好看,都是骗骗

你们这种洋盘的。（陆文夫《井》）

以上各句中第一个句读段都是接受评论的话题，其后的句读段则以流动的状态环绕主题加以评说，形成一种众星烘月的格局。主题是"名"向句结构和内容的一个支撑点。全句由这一点出发，有条理地"辐射"出一个个连贯铺排的评论语。所有的评论语都以主题为核心确定彼此的关系，因此评论语再多也能做到"形散而神不散"。从语气上说，这类句子句首的短语后往往有一个停顿。这一停顿在声气上暗示了句首短语的话题地位，从而也暗示了全句的语法脉络。

当话题是某个人物或行为主体的时候，辐射型的"名"向句还可与"动"向句相结合，对这个人物或行为主体"夹叙夹议"，显示出汉语句子句读功能的丰富内涵。例如：

知䓨之父，成公之嬖也，而中行伯之季弟也，新佐中军，而善郑皇戌，甚爱此子。（《左传·成二》）

吴，周之胄裔也，而弃在海滨，不与姬通，今而始大，比于诸华。（《左传·昭三十》）

你们两个人天天厮守在一起，有什么长话说不完，竟然从厂里说到了家里，是不是太过分了一点？（陆文夫《井》）

那汽车是个庞然大物，在人堆里钻来钻去，引人注目，遭人忌妒。（陆文夫《井》）

郭绍虞先生在《汉语语法修辞新探》中曾提出与林同济先生完全不同的观点，即汉语造句不是以动词为重点，而是以名词为重点。他举的例子与林同济先生举的例子也不同。林同济的例子都是"动"向句，诸如"他拿着枪，绕着屋子走"之类；郭绍虞的例子都是"名"向句，诸如"苹果橘子买了一大堆"之类。事实上，林同济的"动词优势"说是以汉语句子的"动词集结"区别于西方语言句子的"动词核心"；郭绍虞的"名词重点"说是以汉语句子的"词组（句读段）铺排"区别于西方语言句子的"动词核心"。他们从不同侧面揭示的汉语句法特点,都与汉语句子组织的流动状态有关,都是“气”的意识、“气”的思维乃至“气”的世界观在汉语句子建构中的深刻体现。然而在“动”向句和“名”向句的各自流程中,“气”的格局并不相同。“动”向句的动作语(句读段)铺排以时间为序,动作语之间的关系以时序为纽带(因果、假设等关系实际上也是一种时序的关系)。“名”向句的评论语(句读段)以它们各自对主题语的评论而相互发生一定的关系,有了主题语这一结构核作为“圆”心,它们的相互关系也就不像动作语之间的相互关系那样直接和具有连贯性。如果说动作语的铺排是一种时间流,那么评论语的铺排则是一种向心环。

(三) 结构限度与认知限度

汉语的“动”向句和“名”向句都以句读段的流动铺排建构组织,它们流动的长度是我们十分关心的问题。从理论上说,只要句子的表达功能尚未完成,句组织的铺排就可以一直进行下去。事实上,句子的长度仍有一定的限制。根据我们对《左传》句型系统的调查,句子的流动铺排以两段为常态。《左传》中多段的“动”向句共3 756例,其出现率的百分比分别为:双段句79.2%,三段句15.5%,四段句4.5%,五段句0.8%,六段句0.3%,七段句0.07%,八段句0.1%,十段句0.05%,十一段句0.02%,十二段句0.05%,十三段句0.02%。从统计数字可以看出,双段是上古汉语句子铺排的最佳长度。我们对现代汉语中篇小说《井》中的“动”向铺排句也作了统计,其结果是双段句72%,三段句17%,四段句8%,五段句1%,六段句0.5%。统计数字依然表明双段是现代汉语句子铺排的最佳长度。

从结构长度的极限说,《左传》“动”向句的句读段可长达十三段,但这里要区别“并列”的铺排和“连贯”的铺排两种情况。在《左传》中“动”向句的主体是连贯铺排,并列的铺排主要是一些分类陈述的句子,它们在形式上由于语义涵量均等而显出齐整和对称来。例如:

齐环怙恃其险，负其众庶，弃好背盟，陵虐神主。（《左传·襄十八》）

君子不食奸，不受乱，不为利疚于回，不以回待人，不盖不义，不犯非礼。（《左传·昭二十》）

我们对《左传》"动"向铺排句中连贯和并列的情况作了统计，图示如下：

类型＼百分比＼段数	二段	三段	四段	五段	六段	七段	八段	十段	十一段	十二段	十三段
并列	5.6%	4%	6%	16%	33%	67%	60%	100%	—	100%	100%
连贯	94.4%	96%	94%	84%	67%	33%	40%	—	100%	—	—

我们在调查中发现，在六段以前（含六段）连贯句占绝对优势。七段以后，除了十一段有一例连贯句外，并列句占绝对优势。其实，七个以上的多段并列仅仅是一种特例，每类实际用例只有一二句。因此上图实质上表明六段是《左传》"动"向句连贯铺排的一个临界点。过了这个临界点，只有特殊的并列形式才能胜任。即使在个别七段以上的连贯句中，彼此并列的句读也占优势。例如：

（季氏）有十年之备，有齐、楚之援，有天之赞，有民之助，有坚守之心，有列国之权，而弗敢宣也，事君如在国。（《左传·昭二十七》）

句中前六段为一并列关系，后二段为又一并列关系，前后之间是连贯（转折）关系。这种连贯铺排，其超长度仍依赖并列关系的支持。因此，七段以上可以说是结构铺排的一种特例。此外，我们还注意到，以多段并列来叙事，在句子出现频率最高的二段至四段的铺排句中一直处于稳定的劣势。五段至七段，多段并列句的比例成倍增长，直至极限。这说明五段形式已开始对多段连贯有了一种限制，这种限制对多段并列是不存在的。

六个句读段作为句子连贯铺排的一个临界点，这在《左传》和《井》的句型系统中都得到了证实。可以说，这就是汉语句子“气”的运行在形式上的一个限度。事象是一个连续体，语言对事象的分析、组织却不可能无限度。因为语言是一个形式系统。句法中气的运行依然是一种形式规律。使我们感兴趣的是，为什么是“六”而不是其他数目成了句子铺排的极限？而英语一个完整的句子以动词为中心控制的“空间砌块”（句子成分，即主语、宾语、状语、补语等）也在六个左右。这反映了人类语言认知短时记忆容量的共同限度。

现代心理学实验证明，人类短时记忆（short-term memory）容量的限度无法用信息单位“比特”来表示，只能以“模块”（chunk）为单位，其限度是七个左右(7 ±2)[①]。换句话说，人类能同时关注到的事物，短时间内能同时记住的东西，思维时大脑中同时操纵的元素，都不会超过七个左右。同样，在一个语言结构体中，只要找到一个合适的比较基准或者说坐标原点，就可以使其中所有的成分都无遗漏且无重复地落实到不同的整体中，而且这些整体的个数不超过七个左右。英语句子的基本单位主、谓、宾、定、状、补六大成分和汉语句子的基本单位（例如主题语、评论语或时间语、地点语、施事语、动作语）都在七的限度之内。只是二者的比较基准不同。英语句子必须通过核心动词这一原点去“组块”。这种方法很像西方绘画的“焦点透视”，具有很强的形式内聚力。汉语句子则通过文气与文意相统一的句读段去“流块”。这种方法很像中国画的“散点透视”，具有很强的功能内聚力。在人类共同的认知机制基础上，不同民族按不同的语言心理设计了不同的句子格局，将人类的认知机制民族语法化了。

（四）尾焦点的逐个实现

当代语法学认为，一个句子就是一个信息片断（a piece of infor-

① 陆丙甫《人脑短时记忆机制和人类语言结构的关系》，《世界科学》1983年9月。

mation)。它所传递的信息可以分为:① 说话人认为或假定对方已知的信息(given information),② 说话人认为或假定对方未知的,即新的信息(new information)。说话人总是力图把新信息中最重要的部分,作为“信息焦点”(information focus)加以强调。当这一焦点处于句子单位的后部时,就是“尾焦点”(end focus)。当代心理学对句子的记忆和理解的“选择性衰变”(elective decay)曾有不同的看法。一种认为,句子记忆贮存中具有最鲜明标记的是句子的末尾,亦即在时空距离中最后呈现的那些部分。这是句法策略的观点。另一种认为,句子记忆贮存中具有最鲜明标记的是句子的核心意义,即不受时空制约的句子的语义融合。这是语义策略的观点。这两种记忆理解策略在汉语“动”向句的记忆、理解中,都能得到证实,并不矛盾。“动”向句的结构重心和语义重心重合在动作语上,这正是尾焦点和尾重心(end weight, 指句中结构复杂的成分放在句尾)的重合。虽然汉语句子的信息焦点借助于对比重音等也可以出现在其他位置(如修饰语)上,但汉语最习惯的表达方式是尾焦点。根据夸克等人的说法,英语句子也是以结构上的尾重心和信息上的尾焦点为原则的①。但在英语中像 There are too many people there 这样的句子,其信息焦点落在修饰语 too many 上,汉语却表达为“这儿人太多”,依然是尾焦点。又如 More and more people are studying science, 信息焦点落在修饰语 more and more 上,汉语的习惯说法却是“研究科学的人越来越多了”。由此看来,汉语的尾焦点倾向比英语更强。这显然是由句读段的流动铺排造成的。

汉语句子句读简短,每一个句读段就是一个相对独立的文气与文意单位。它在文意上具有述谓性,文气又限制了它的结构长度,因此汉语不主张在结构上过于枝蔓,宁愿将复杂的枝蔓化为一个个简洁的陈述。一些在英语句子中落实在修饰语上的信息焦点,在汉语

---

① 夸克等《当代英语语法》,辽宁人民出版社,1980 年。

中都习惯以句读的铺排来实现尾焦点。例如:

A grenade thrown from the tower burst harmlessly on the ground.

炮楼里扔出了一颗手榴弹,炸在地上,没伤着人。

Poverty in the developing countries has been ascribed by the North to low productivity, inappropriate domestic policies and inadequate national effort.

发展中国家的贫困,在北方看来,是因为生产率低,国内政策不当,自身努力不够。

从上述比较可以看出,英语句子的信息焦点顺应于:"主——谓"框架的大局。因此当信息焦点与句法谓语不相符时,它不妨出现在句子成分的修饰语上。在它的语言心理上,"主谓"关系框架优先于信息焦点。后者如果无法落在"根本"上,那么栖在枝干上也无妨。汉语的造句态度则异于是。为了实现尾焦点,不惜把一个完整的关系框架拆零而成一连串句读,逐个地实现尾焦点。这反过来又推动了句法的铺排顿进之局势。它在语言心理上是以表达为主,信息的安排重于关系的框架。

张志公先生曾提到《红楼梦》中这样一个例子:刘姥姥初进荣国府,与王熙凤正说着话,"只听一路靴子脚响,进来了一个十七八岁的少年,面目清秀,身材俊俏,轻裘宝带,美服华冠。"如果把对少年的相貌、身段、打扮的一串评价放在前面作修饰语也未尝不可:"只听一路靴子脚响,进来了一个十七八岁的、面目清秀、身材俊俏、轻裘宝带、美服华冠的少年。"但汉语的习惯却不愿意在宾语前加上很多修饰成分,从而使它离开动词太远[①]。因为这样一来,句子的"气"就滞住了,流转不起来。从逻辑上说,刘姥姥偷偷见着王熙凤,正忐忑不安,

① 张志公《谈谈辞章学》,《现代汉语讲座》,北京出版社,1980 年。

忽听靴子声响，有个男人进来，她最关心的、急于知道的是"谁来了?"所以先看见的是"少年"，然后才看清楚他的服饰、身段、面目。可见汉语句子以句读段的顿进"逐个地实现尾焦点"，确实具有一种心理时间的逻辑天籁。被西方语言的句子视为轴心的动词，在汉语句子组织中并不是最有价值的成分。只有当这个或这些个动词组成句读时，它(它们)才获得了有机性，成为句子的一个板块。因此，把握汉语句子的脉络，应从句读入手(至于这个句读段是"动宾结构"，还是"连动结构"等，这是下位的"紧"区分，与句子格局无涉)。我们的析句方法也就因此而从"宽"，即以句读段为汉语句子的基本活动单位，以句读段服务于不同表达功能的不同铺排律为汉语句子的基本格局。

叶斯柏森在其《语法哲学》一书中认为，对于英语的句子概念，虽然理论上没有共同的看法，语法学者却常在实际的分析上趋于一致。当某一组词呈现在他们面前时，他们可以不需多加考虑而断定该组词是否为句子，这显然是因为英语句法是以动词为中心"焦点透视"的。它的句界是有形式标记的。而汉语"散点透视"的句法却没有这样一种客观的、形式化的句界。根据台湾学者一项对英语系十八位中国学生的实验，尽管他们的母语是汉语，他们对两段汉语文章的标点只有一人与原文标点相同。原文句数与十八人的平均断句数之比是1∶2.53和2∶3.82。而尽管他们的英语水平肯定不如汉语，他们对两段英语文章的断句却与原文十分接近。原文句数与十八人平均断句数之比是6∶5.49和5∶4.94①。汉语句界不严，很多地方可断可连，说明以"气"为组织脉络的句法在理解和把握上有其一定的主观性，因为它的分析依赖于对功能和语义的主体领悟，对声气的主体体验。汉语句法放弃了西方形态语言视为生命之躯的关系框架，把受

① 曹逢甫《中英文的句子——某些基本语法差异的探讨》，《1979年亚太地区语言教学研讨会论集》。

冷漠的形态框架制约的基本语块解放出来,使它们能动地随表达意图穿插开合,随修辞语境增省显隐,体现出立言造句强烈的立体意识。因此,任何先验的、坚硬的框架都框不住汉语语法。唯有从基本语块主体发挥的动态过程来把握语法脉络,把简单性与灵活性,能动性与规律性辩证地结合,才从本体上理解了汉语的精神。

汉语句子"气"的组织之流动性体现了汉民族有机整体的思维方式。而在句法之"气"的流动中凸显的以神统形而非以形摄神的文化精神又体现了汉民族思维方式的主体性。汉语句法超越了一般形态语言精致、繁复的规则。它的"散点"或者说"自由",即在于它完全服从并且积极参与句子表达的"意"和"神"(功能),始终伴随着精神而流动。由于它得到内容的肯定,它在一定意义上就成为内容力量的本体,达到形与神的高度凝练的合一。

2 汉语语法的虚实建构

一、团块写实与疏通写意

启功先生曾经提出这样一个问题:汉语的"语法"是什么?他说:"古代文章和诗词作品的句式真是五花八门,没有主语的,没有谓语的,没有宾语的,可谓触目惊心。我回忆小时学英语语法有一条:一个句子如在主语、谓语、宾语三项中缺少任何一项时,这就不算一个完整的句子。我国古代作者怎么作了这么多未完成的句子呢?真不减于小孩唱的一首儿歌:'两只老虎,两只老虎。跑得快,跑得快。一只没有尾巴,一只没有脑袋,真奇怪,真奇怪。'我努力翻捡一些有关古代汉语语法修辞的书,得知没有的部分叫作'省略',但使我困惑不解的是为什么那么多的省略之后的那些'老虎'还那么欢蹦乱跳地活

着?"[1]确实,汉语的句子组织大多是虚实相间的。所谓"虚",即只要能够意会,语词的安排就可以"人详我略"。例如:

他有个女儿,在郊区工作,已经打电话去了,下午就能赶到。

这个句子每一段都暗换主语,意思却很清楚。虚实相间的结果是使汉语句子句读简短,音节铿锵。例如:

这屯子还是数老孙头能干,又会赶车,又会骑马,摔跤也摔得漂亮,吧嗒一声,掉下地来,又响亮又干脆!

西方人的思维习惯和语法规范显然无法解释如此疏落、活泼的语言组织。如果把那些"虚"的成分一一补上,个个句读段主动宾俱全,那么实是实了,句子却笨重僵滞了。这一点很让我们深思西方语法的"团块"写实原则与汉语语法的"疏通"写意原则的差异。

这种差异,是一种文化差异。

中国古代哲学在探究宇宙本原和本体(实体)时,提出了"有无相生"的概念,"有"即有形、有名,"无"即无形、无名。老子云:"天下之物生于有,有生于无。"(《老子》第四十章)宇宙中的一切事物都由于人的意义取向和价值取向而赋予称谓,成为有形、有名之物。因而这种"有"来源于"无名"、"无形"。这个"无"便是"道"。老子说:"道生一,一生二,二生三,三生万物。"(《老子》第四十二章),即自无生有,作为"一"的"有"是一个混沌的统一体,由它分为阴、阳,阴阳交合变化,生出万物。因而"无名,万物之始;有名,万物之母"(《老子》第一章)。"无"不仅指出了事物的永恒运动、变化的实质,而且指出了事物相互对待,相互转化的关系:"故有无相生,难易相成。"(《老子》第二章)老子举了三个例子来说明这一点:

三十辐同一毂,当其无,有车之用也。埏埴以为器,当其无,

[1] 启功《古代诗歌、骈文的语法问题》,《北京师范大学学报》1980年1月。

有器之用也。凿户牖以为室，当其无，有室之用也。（《老子》第十一章）

车的功用是由于毂心的中空，陶器的功用是由于陶器的中空，房屋的功用是由于门窗的中空。可见有形有名之实物依赖于能容受事物运转的空间而存在，而虚空之显现亦依托于实物而逞其功用。所以“有之以为利，无之以为用”（同上），任何事物都离不开它的生存空间，任何事物又都是虚实相资的统一体。

有无相生与虚实相资，在中国文化的各种表现形式上都体现出来。中国画在结构上往往呈虚实之态。它不像西方绘画以色彩、笔触占据全幅画纸，而是在线、皴、擦、点之外留下许多空白，造成疏密、浓淡、聚散的对立协调。中国古代画论认为：“虚实者，各段中用笔之详略也。有详处，也要有略处，虚实互用。疏则不深邃，密则不风韵，但审虚实以意取之，画自奇矣。”（董其昌《画论》）用笔的详略，构图的虚实，是由于画家情感意识的参与。“以意取之”，表明黑与白的安排已非自然之实象，而是表现主观情态的意象。空白虚迷之处因实景的衬托而流露出作者的深思悠情，予读者无限的想象空间。此时的“白”，实际上是“黑”的延伸，更是“黑”的传神之处。这种“计白当黑”正合于老子所言：“知其白，守其黑，为天下式。”（《老子》第二十八章）白是画面的有机成分，是画面情感回荡升华之处。它需要与黑互补互制，达到“通体之空白，亦即通体之龙脉”（华琳《南宗抉秘》）的效果。正如清代画论所言：

空本难图，实景清而空景现。神无可绘，真境逼而神境生。位置相戾，有画处多属赘疣。虚实相生，无画处皆成妙境。（笪重光《画鉴》）

启功曾将中国画的这种结构特点与汉语的结构特点相比较，指出那些缺头短尾而跑得很快的老虎，不但在汉语中出现，而且在中国民族艺术其他品种中出现。中国古典绘画中画一个茶壶，一个茶杯，画面上便可题写“陆羽高风”；画一个酒壶，一个酒杯，画面上便可题写“陶潜逸兴”。画中“没有人，很像句中省略主语；没画茶或酒流入杯中的过程，很像句中省略谓语；杯中不画各色的茶和酒，很像句中省略了宾语。壶口并不一定向着杯，甚至壶柄向着杯也不要紧，很像句中的词汇不妨颠倒”①。这种文化比较很给人以启发。

《周易》曰：“形而上者谓之道，形而下者谓之器。”中国的传统哲学认为事物的形式是不重要的，只有事物之所以成为这些事物的道理才是重要的。道理是无形的，所以在形之上；器质是有形的，所以在形之下。西方语言在某种意义上是一种“形而下”的语言，力求言能尽意，关系外露，其功能是描述性的，观察角度是固定的，立体的，表达是精确的，可以验证的，因而形态丰富，像一个结构严谨的团块。西方的传统油画就是填没画底，讲究数学的眼光，是物理的、写实的。汉语在某种意义上是一种“形而上”的语言，它主张“以神统形”，重意轻言，只要能够意会、理解，形式上就可以“人详我略”。即使因而显得句子结构不完备，也不搞形式主义，因而汉语句子组织多是虚实相间、有无相生的。它打破了那种几何学意义上的团块，使之有虚有实，使之疏通传神，削尽冗繁，不滞于形，其功能是启示性的。

二、有形之虚

汉语句子结构与实相间之“虚”，几乎涵盖了所有的句子成分和词组成分。例如：

动词之虚：

一进门(　　)一个大水缸。

一个人(　　)一斤。两个人(　　)一个。

这件事还是你去(　　)吧。

① 启功《古代诗歌、骈文的语法问题》。

好友是白领丽人,天天(　　)一身紧绷绷的套裙高跟鞋,埋下头(　　)报表数字,抬起头(　　)老板脸色。

(　　)绿灯了,你可以过去了。

老实人(　　)句句老实话。

成天价(　　)钱哪钱哪,烦不烦?

你别(　　)女人之见!

可惜也是深(　　)一下浅(　　)一下,捋不到正经地方。

胖大姐真能说,满嘴(　　)新名词。

还(　　)留学生呢,狗屁!

病人现在正跨在阎王殿的门槛上,一脚(　　)门里,一脚(　　)门外。

介词之虚:

你(　　)一桶水,十桶水也灌它不出来。

宾语之虚:

现在工厂都搞责任制了,农村还能不搞(　　)?

党和政府应给(　　)以积极的指导。

当我方得知(　　)后,立即采取了措施。

我请二奶奶来求(　　)做个保。

定语之虚:

他前天验了血,今天来看(　　)结果。

状语之虚:

表姐夫(　　)还不去,姨夫都在祖先堂屋等着呢?

中心语之虚:

你先走,你的路比我(　　)远。

这屯没有(老财),去斗外屯(　　)呗!

听着点孩子(　　),醒了抱他。

关联词之虚:

(　　)不犯罪就好,(　　)结婚可不行,(　　)命相不对!

在汉语句子里时隐时现的各种成分中,最常见也最普遍的"虚"成分就是"主语"。主语之虚往往是由于与实相资,即有所依托。这个"实"主要是承前之实,例如:

小乐一声不吭,(　　)咬咬牙,(　　)找了一根麻绳扣在腰带上,(　　)一扭头避开了他娘睃过来的眼神,(　　)拎起一口麻袋,(　　)慢吞吞走到天井下。

他很喜欢我到他家,(　　)一去他就很高兴。

微风起来,吹动他短发,(　　)确乎比去年白多了。

她的话不多,(　　)见人总是笑嘻嘻的。

承前之实并不都是单一指向,即单纯因上文某一成分(或主语,或宾语,或定语)相资而"虚",而是会出现一些复杂的指向。例如:

他后来还托父亲带给我一包贝壳和几支很好看的鸟毛,我也曾送他一两次东西,但(　　)从此没有再见面。

旁边一位阿姨的长发碰在我脸上,(　　)怪痒痒的,(　　)也不能去挠,(　　)手被管着呢。

(　　)多看,(　　)多听,(　　)多琢磨,(　　)经验多了就会发现问题。

以上各句的"虚"处,或是虚在对上文几个不同主语的综合,或是虚在基于上文内容的主语转换,或是虚在主语不确定地泛指。这些虚与实之间的复杂关系,在紧缩形式中表现得更为突出。例如:

他十分信服老队长,(　　)吩咐他做什么,总是(　　)话才出口,(　　)抬腿就走。

他还说我表扬不得,(　　)一表扬(　　)(　　)就翘尾巴,(　　)净给我吃辣的。

承前之实不仅在句子之中,而且在句外即句群对话和篇章之中。例如:

孔乙己自己知道不能和他们谈天,便只好向孩子说话。有一回(　　)对我说道……

真的,叔叔,(　　)骗人(　　)小狗儿。

我到好几个旅店找你,(　　)都说没有。(　　)一猜,你准在这儿。

这时候,科举却废止了,使父亲颇为失望。幸而有学堂,(　　)听说与科举异途而归,便叫焕之去考中学堂。(　　)考上了。

句外相资之实和句内相资之实又可以交错出现。例如:

(　　)都说这本书好,可我怎么一点儿也不懂,(　　)都把我给看腻味了。

句内相资之实也可以交错出现。例如:

(　　)架不住姚大婶天天啰唆,(　　)到底把女儿女婿说活了心。(后段的“女儿女婿”是前段的主语,前段的“姚大婶”是后段的主语)

从这些例子我们可以看出,汉语句子结构中的虚实相间,“虚”的语义指向可前可后、可内可外,几乎任何位置和环境中的“实”都可以藉以助“虚”,实现疏通与意会浑然一体的表达效果。事实上,有时一个句子从表面上看很实,没有虚位,细品其义,也还是“虚”得可以。吕叔湘举过鲁迅《阿Q正传》中一个例子:

赤膊磕头之后,居然还剩几文,他也不再赎毡帽,统统喝了酒了。

句中“赎毡帽”和“喝酒”都要用那“几文”，这一关系在结构上不露一丝印记，却让读者生动地意会出来。吕叔湘说这“不是省略一个字两个字的问题，而是一种语法上的默契，在汉语句子结构上是不少见的”①。

三、无形之虚

如果说句子结构中与实相间、相资之虚是一种有形之虚，即虚化的成分在句中都有“位”可寻，必要时可以在虚位上补出相应的成分，那么句子结构中没有明显的虚位，但在意义结构中存在很大空档，依赖语境之实相资的“虚”，则是一种无形之虚。无形之虚虽然在语法上没有破绽，但由于它在语境中获得的解释大大超过了它自身的结构能量，所以从表面结构看它往往是悖理的。结构给出的仅仅是意义结构的几个支点。这几个支点在语法上是组合完备的，但它的“实”却不能藉以求“虚”，必须借助整个语境的默契，才能使虚实相映，简单的结构在意义上生动起来，疏通起来，实与虚统一在更大范围的意会活动中。

张洁的散文《五色的海》中有这样一段：

售货员递给他一条游泳裤，他看了看，收下了，也不付钱，也不走。问：“还有小褂呢？”

售货员不解地反问：“什么小褂？”

“裤衩有了，上身还应该有个小褂儿呀！”

“男同志就是游泳裤。”②

---

① 吕叔湘《汉语句法的灵活性》，《中国语文》1986 年 1 月。

② 张洁《方舟》，北京出版社，1983 年，第 264—265 页，转引自王希杰《N 是 N 的语义关系》，《汉语学习》1990 年 2 月。

“男同志就是游泳裤”在结构上语法完备,在语义上却有很大的空间(以至于显得悖理)以求语境的补充与默契。这一类句中无形(位)而句外会意的结构在汉语中经常使用,显得非常简洁而有意义张力。例如:

包子往里走。(买包子的人请往里走。)

这家饭店是上海老板。

你没气了。(你的自行车后轮胎没气了。)

我姐是男孩,我妹也是男孩,我哥和我弟都是女孩。(我姐生的是男孩,……)

你要死了来找我。(你的水仙花要死了来找我。)

他媳妇的肚子少说也有五六个月了。

她这人刀子嘴巴豆腐心。

汉语句子中的“无形之虚”往往因结构的紧缩而使语义关系复杂起来。这类句子多采用“主题+评论”的形式,便于读者在汉民族习惯的评说话题的认知框架中体会其言外之“虚”。例如:

十一个碗还说没得菜。

放你的假也就是三天。

这种脑袋没地方买帽子。

结构的紧缩有时又表现在逻辑关系的跳跃。例如:

除非你去请,(他才会来;你要是不去请)他不会来。

这种果子非熟透了(不能吃,只有熟透了)才好吃。

逻辑关系的跳跃一旦成为一种惯例,说话的人就对这种跳跃格式在语义和句法上做了重新分析,使它依仗言外之“虚”而成为一种形式上自足的结构,例如:

除非有人告密,老师是不会知道的。

这种羽绒服非到冬天才有人买。

有时重新分析前的结构与重新分析后的结构并存，产生异型同义现象，例如：

非他执教不能保住冠军。

非他执教才能保住冠军。

前一句是双重否定表示肯定，后一句是逻辑跳跃、结构紧缩之后表示肯定，二者在理解上却一致。

由此我们看到，汉语既可因"人详我略"而在句子结构内部设置有形（位）之"虚"，也可因"人详我略"而将句子结构紧缩，在句法之外设置无形（位）之"虚"。如此有无相生、虚实相资的组织方略，是需要说话人和听话人的主体意识积极参与的。

四、虚位的解读

汉语句子中虚位的设置依赖于语境的制约，虚位的解读依赖于以大观小的领悟。语境的制约主要有五种类型：

（一）话题的制约，即一个话题通贯数个评论短语，每一个评论短语之所评都承前虚化。例如：

那个好汉，祖贯山东莱州人氏，（　　）姓燕，（　　）名顺，（　　）绰号锦毛虎。

（我）拳头上立得人，（　　）胳膊上走得马，（　　）人面上行得人，（　　）不是那等搠不出的鳖老婆。

这张团练终是个武官出身，（　　）虽然酒醉（　　）还有些气力。

老身那条计，是个上着，（　　）虽然入不得武成王庙，（　　）端的强似孙武子教女兵，十捉九着。

从句子新旧信息的分布来看，句子的话题表达的是旧信息。旧信息是人之所详，一旦确立就可以作为语境要素而延续。

(二)施事者的制约,即在一个叙述行为事件的句子里,施事者通贯多个动作语。他是一系列动作行为的主体,因而后续动作都因主体不变而承前虚化,例如:

花荣到巳牌前后,上马去公廨内点起数百个军士,(　　)教晚间去市镇上弹压;(　　)又点差许多军汉,分头去四下里守把栅门;(　　)未牌时分回寨来,(　　)邀宋江吃点心。

他娘低着头一个人坐在门槛上,(　　)出了神,(　　)只管拣着米里的谷,(　　)听见他一脚踹开了篱笆上的板门,(　　)眼皮也没抬,(　　)说:……

汉语句子中,话题的延续和施事者的延续是造成句子组织虚实相间、虚实相资的重要原因。廖秋忠的研究曾指出:"从我们搜集到的以及上述这些研究者提供的材料来看,从缺的支配成分以充当句中主语的占绝大多数,充当直接宾语的次之,充当间接宾语、介词宾语和兼语的相当少。在我们筛选过的随机取样的材料里,主语从缺150处,直接宾语19处,间接宾语1处,介词宾语和兼语各2处。"①而主语表达的总是话题或施事者。

话题和施事者也可以合为一体,即施事者本身既是动作行为的主体,又是被评论的客体。后续成分对它"夹叙夹议"。在这种情况下,句子主脑信息的延续依然造成虚实相间。例如:

那高俅见气毬来,(　　)也是一时的胆量,(　　)使个鸳鸯拐,(　　)踢还端王。(二段为评论)

小人虽是粗鲁的军人,(　　)颇识些法度,(　　)如何敢擅入节堂?(一段为评论)

你们两个人天天厮守在一起,(　　)有什么长话说不完,(　　)竟然从厂里说到了家里,(　　)是不是太过分了一点?

① 廖秋忠《现代汉语中动词的支配成分的省略》,《中国语文》1984年4月。

（末段为评论）

（三）泛指的制约，即行为的主体不是特指性的，而是人人可以意会而无须究明的，例如：

（　　）扫开一块雪，露出地面，（　　）用一支短棒支起一面大的竹筛来，（　　）下面撒些秕谷，（　　）棒上系一条长绳，人远远地牵着，（　　）看鸟雀下来啄食，（　　）走到竹筛底下的时候，（　　）将绳子一拉，（　　）便罩住了。

（　　）在搪瓷茶盘或铝盘中擦遍生油，（　　）将米浆倒入盆内，（　　）撒上开洋、葱，（　　）上笼放在沸水锅上用旺火蒸三分钟。出笼冷却后（　　）倒在工作台上，（　　）卷成条形，（　　）用剪刀剪成段，（　　）装在碗内，（　　）撒上白芝麻，（　　）加猪油、麻油、鲜酱油拌和即可。

天池海拔1 900米，夏天（　　）上那儿玩最好带毛衣去。

（四）平行结构的制约，即由于结构上前后对应或对举，意义上形成了相互照应。照应中能够意会的成分，应平行结构的需要而取舍。例如：

便去腰里摸（　　）时，搭膊和书都不见了。
又和李牌寻了一黄昏，（　　）看看黑了。
那汉飕的把那口刀掣将出来，（　　）明晃晃的夺人眼目。
史进便入城来看时，（　　）依然有六街三市。
打将入去，（　　）并无一人。

以上各例是小句之间结构平行而由照应产生虚位，还有词组之间结构平行而产生照应，形成虚位的。例如：

那茶馆门口是里（　　）三层外（　　）三层，围得水泄不通。

大伙儿你（　　）一言我（　　）一语，说得老支书连连点头。

他俩你(　　)一杯我(　　)一杯,喝得十分尽兴。

从根本上说,成分的虚化都是由于与“实”相资,可以意会,而“实”对“虚”的照应很典型地表现在平行结构中。汉语倾向于将世界放在一种虚与实的互相衬映中加以感受,用“二气感应”来解释事物的发生和发展,因而平行结构易于形成一个意义场,利用互动关系产生意会,使结构虚实相间,表达生气盎然。

(五)对话的制约。对话从广义上说也是一种平行结构。由于对话的双方大多有共同的知识背景和环境背景,因而对话的句子中虚化成分特别多。例如:

什么东西?

不关你事!

这一组对话中的话题都可以充分意会。又如:

中学生都是自己办生日的。

对,或是野炊,或是去西餐店吃一顿。

由于第一句奠定了整个对话的背景:主体、行为方式,因而第二句将这些内容虚化,只论行为的具体内容,要言不烦,简洁明晰。再如:

你看,你能管好这个家吗?

干好了,有没有奖励?

第二句没有直接回答第一句的问题,而是把第一句中“管好这个家”作为话题,提出另一个问题,言外之意是“如果干好了有奖励,我就管好这个家”。这里对话中不仅有言内有形(位)之虚,而且有言外无形之虚。由此也可见对话中的后继信息不仅仅是被动地受前导信息的影响而作出虚与实的安排,而且能超越前导信息的预期,独立地选择新的话题,从而大大扩充与实相资的“虚”的容量。答句中虚实关系的重组和扩容,使对话的意义结构形成很大的张力。

五、章法决定句法

汉语语法的虚实相间是一种积极的语言组织方略。一般来说，语言结构在人们运用中总是追求尽可能经济的效果，并以此突出新信息，提高清晰度。经济的追求一般在三个层面展开，并呈现由强制到自由的趋态。

（一）强制性经济层面，即在不发生歧义的情况下将相邻结构成分中同形同音的字合并。由此在表面结构上我们可以发现种种零形式。例如：

中学（学）生
钢笔（笔）尖
文化部（部）长
上海市（市）长
看当官的（的）脸色
大有大的（的）难处
这是谁的筐子？是那个卖菜的（的）。
要是（是）我，就不理他！

这些零形式（括号中的成分）的出现不像语言中的缩略形式那样自由，如“科研”与“科学研究”虽然前者是经济形式，但它并不必然替换后者。然而带零形式的结构也未固定为一种句法格式，诸如动结式（撕（　　）（　　）破了）、兼语式（选他（他）当代表）、动宾式（吃大碗、跑买卖、逛大街）。因而它仍属于强制性的经济手段，结构中的零形式是显而易见的，也是可以复现的。

（二）弱强制性经济层面，即句中被精简的成分可以在句内上下文的对应位置上寻回。由于这种对应关系，成分的精简是结构性的。我们前述由话题和施事者制约的虚位可以视为此类。然而也不尽然。因为汉语中话题和施事者往往又是语篇成分。它们的信息持续以句子为基本单位,又可以跨越句子延续,由此引起的成分精简就不是结构性的,而是语篇性的了。例如:

(　　)搓洗了一阵,(　　)一个个先先后后上了岸,(　　)把青蓝布的大裤衩子涮涮,拧拧,甩甩,湿唧唧地就套到腚巴蛋子上,(　　)坐到河卵石上面喘气,(　　)呆呆看着雾在眼前、在河面上流动,(　　)谁也不说话。

典型的结构性精简是英语句子中的省略,即句中被精简的成分必定可以在全句(往往是一个并举结构)中的对应位置上获得照应。例如主语的照应:

The symbol for hydrogen is H; for oxygen, O; for nitrogen, N.(氢的符号是H;氧的符号是O;氮的符号是N。)

谓语动词的照应:

John is peeling an apple, and Peter an orange.(约翰在削苹果,彼得在剥橘子。)

(三)非强制性经济层面,即句中被精简的成分可以在语篇上下文中寻回。由于语篇不受语法结构的制约,因而句中的虚位设置是自由的,基本上服从信息表达的需要,即"人详我略",例如:

曲政委不喜欢畏畏缩缩的样子,(　　)熊你,(　　)骂你,(　　)听着,(　　)千万别出现不舒服的样子。

这种高度自由的虚位设置,加上超越句中虚位的丰富的言外之意和语法默契,使汉语的句子呈现出一种十分松弛、虚实相间、有无相生的样态。尽管在汉语中许多句中虚位的设置都受句首主脑成分(话题、施事者)的控制,但从整体上说,句中虚位和言外之意的理解是超越句法的,它们受语境和语篇的制约,这是汉语句子虚实相间,结构自由松弛的根本原因。正如朱德熙在谈到“无主句”时所指出的:“无主句的特点仅仅在于语义上预设有一个与句子陈说的内容密切相关的对象存在。这个对象可能在上文里表达出来了,也可能仅仅存在于说话和听话的人的意识里。”①正由于汉语句子结构的虚与实是语境、语篇制约的结果,所以汉语中虚实相间的句子在语法上是完整的。朱德熙在论“无主句”时也有这样的意见:“在汉语里,没有主语的句子跟有主语的句子同样是独立而完备的”,是“能够站得住”并且是“结构上无欠缺的”②。

德国语言学家洪堡特曾经指出:“在汉语的句子里,每个词排在那儿,要你斟酌,要你从各种不同的关系去考察,然后才能往下读。由于思想的联系是由这些关系产生的,因此这一纯粹的默想就代替了一部分语法。”③在这里,“代替一部分语法”的不仅是对句子中“实”的单位之功能、语义的“默想”,而且是对句子中“虚”的单位和“虚”的意思的“默想”。汉语句子中各意群、成分通过内在的联系贯串在一起,不一定用关系词来明确交代其关系,结构上也没有较多的限制,可以充分利用说话当时的语言环境以及语言结构内部的相互衬托等条件,使语句尽量经济,虚实有度。汉语味儿浓的文章,讲究风格和韵味,若用西方语言的眼光来看,颇多“破绽”。王力曾说:“古人主张不以辞害意。西人的行文却是希望不给读者以辞害意的机会。”④为了“不以辞害意”,就追求辞约义丰,心凝形释,削尽冗繁,虚实相生。就像中国古人的画竹,反对“节节而为之,叶叶而累之”,主张“胸有成竹”,经过主观的筛选,汰去繁枝冗节,“振笔直遂”,竹也就栩栩如生。而为了“不给读者以辞害意的机会”,就须用繁复规整的形式来限定词语的意义,不使走样。

①② 朱德熙《句子和主语》,《世界汉语教学》1987 年 1 月。

③ 徐志民《欧美语言学简史》,学林出版社,1991 年。

④ 王力《中国语法理论》,中华书局,1954 年。

汉语句子虚实相间、有无相生、自由松弛的样态,对于研究者来说,不啻一种挑战。它迫使研究者必须从微观和宏观上探讨句法、语义、语境的多种因素的协同作用,这些多个因素作用的消长往往使汉语句子的合格度呈现极大弹性,句子的句法编码对语义、语境的制约力也表现出极大的妥协性。如果说西方语言的分析途径是对实有形式的说解,那么汉语的分析途径则是对虚实关系的领悟。汉语的句子密切联系语境、篇章的逻辑事理的发展,它不是在形态上自足的封闭单位,而是在内容上自足的开放单位。正因此,黎锦熙曾把汉语的"章法决定句法"作为语法分析的一个重要原则。他批评那种用西方的句法分析汉语的句法的方法,指出他们"一到指点语法,就多数跟章法脱节,而把那些孤立的、烦琐的、行不通的、不合语言事实的句法和词法生搬硬套。对于本来可通的词句,拿着那些死框框来吹求错误而以为近于'纯洁';对于理论知识,又把人家'骈拇枝指'的畸形发展强加于自己的汉语而以为可致'健康',这大约就是多年来语法教学不起作用甚至引起反感的主要原因吧"①。汉语语法的"虚实"样态与西方句法的冲突是一种文化冲突,而汉语语法学的文化重建自是题中应有之义。

3 汉语语法的耦合建构

一、阴阳合德与句法耦意

中国古代哲学从一开始就把世界看成以阴、阳二气交感运动为始基的对立统一体。《周易》说:"刚柔者,立本者也。""阴阳合德而刚柔有体,以体天地之撰,以通神明之德。"(《系辞下》)《老子》也说:"道生一,一生二,二生三,三生万物。万物负阴而抱阳,冲气以为

① 黎锦熙《所谓"黎派"诸书的评介》,《语言教学与研究》1984年4月。

和。”后人对此的解释是:“道者,规始于一,一而不生,故分而为阴阳,阴阳合而万物生。”(奚侗《老子集释》)这就表明,中国先民认为世界是在两种对抗性的力量运动之下孳生、发展、变化,而且只有在互相对立的双方贯通、联结、合作、平衡、统一的情况下,事物才能顺利发展,所谓“一阴一阳之谓道”,“刚柔相推而生变化”(《周易·系辞上》)。《国语》记郑桓公时史伯之言云:“夫和实生物,同则不继。以他平他谓之和,故能丰长而物生之……声一无听,物一无文,味一无果,物一不讲。”(《郑语》)“以他平地”,异类相从,才使世界生出无限生机来。汉代哲学家董仲舒认为阴阳两极无所不在,“推天地之情,运阴阳之类,以别顺逆之理,安所加以不在?”(《春秋繁露·阳尊阴卑》)“凡物必有合,合必有上,必有下;必有左,必有右;必有前,必有后;必有表,必有里……物莫无合,而合各有阴阳。”(《春秋繁露·基义》)阴阳之合是事物存在发展的必然理据。宋代的哲学家张载将这种世界的“两”(阴阳)“一”(合)图式说得更为透彻。他指出,事物的存在与发展只有以“两体”相“感”,才能有变化,只有以“两体”相“感”相“通”,才能有统一。“物无孤立之理,非同异屈申终始以发明之,则虽物非物也。事有始卒乃成,非同异有无相感,则不见其成。”(《正蒙·动物》)从事物内部来看,屈伸、终始皆为“两”,从一事物与他事物的关系来看,同异、始卒、有无亦为“两”。“两不立则一不可见,一不可见则两之用息。”(《正蒙·太和》)可见必有统一中之对立,物才成其物,事才成其事。所以说,“天地变化,二端而已。”“其阴阳两端,循环不已者,立天地之大义。”(《正蒙·太和》)中国古代有一句成语,叫“无独有偶”。这句成语从哲学的角度来理解,即“物不独立必有对,对不分治必交焉,而文生矣”(胡五峰《知言》)。日本一位唐诗研究者松浦友久在其所著《诗语的诸相——唐诗札记》中认为,中国诗歌“从构思到韵律,重视对偶性思维。一般来说,对句的表现手法,无论在哪国的诗歌里面也不罕见。但是中国诗里,它植根于应该说是中国式思维的本质的对偶感觉,而且由于结合‘中国语的基础单位二音节结构’、‘古典韵律的基础单位平仄二分对立’，‘汉字一字一音节的表记’等特点，使它超出了单纯的表现手法的范围，成为生理的、体质的东西”①。“对偶性思维”对于中国人之所以是一种“本质的对偶感觉”，是因为它已成为中国人看待世界的样式。“如天之生物，不能独阴必有阳，不能独阳必有阴，皆是对。这对处不是理对，其所以有对者，是理合当恁地。”(《朱子语类》卷九五)古代哲人对这样一个“理合当恁地”的耦合的世界样式的感悟甚至到了“出神入化”的地步。程颢说：“天地万物之理，无独必有对，皆自然而然，非有安排也。每中夜以思，不知手之舞之，足之蹈之也。”(《语录》十一)

中国古代的耦合的世界观，不仅在于其对“物生有两”，“一阴一阳始能化生万物”的“耦”的肯定，更在于其对“阴阳只是一气”，“一不可见则两之用息”的“合”的肯定。朱熹说，阴与阳虽然两立，“然又却只是一个道理”。就好像“口中之气”，“嘘则为温，吸则为寒耳”，实为“一气之消息，一进一退，一消一长，进处便是阳，退处便是阴，长处便是阳，消处便是阴：只是这一气之消长，做出古今天地间无限事来。所以阴阳做一个说亦得，做两个说也得”(《朱子语类》卷九五、七四)。“天下的道理，只是一个包两个。”(《朱子语类》卷七九)所以，既要“分一为二”，又要“合二以一”，这就叫“道原于一而

朱熹

① 〔日〕松浦友久《诗语的诸相——唐诗札记》，研文社，1981年。

成于两”。清代的哲学家王夫之更进一步提出“非耦”的思想。他在《周易外传》中列举天地、高下、尊卑、进退、古今、存亡、是非、善恶、君臣、父子、秋夏、旦昏、阴阳、老少等十五对范畴，说明任何自然现象和社会现象都不是截然分析的，而是以“耦合”的状态存在着。王夫之把“耦”解释为绝对对立。由于“阴中有阳，阳中有阴”，“大既有小矣，小既可大矣”，因而“多寡、长短、轻重、大小，皆非耦也。兼乎寡则多，兼乎短则长，兼乎轻则重，兼乎小则大，故非耦也”（《庄子通・逍遥游》）。

中国古代这种“物生有两”，“物莫无合”的“对偶性思维”在语言建构上有着充分的表现。《周易》中就有“物相杂故曰文”（《系辞下》）的思想。《文心雕龙》对中国传统语文思维中的“偶意”作了充分的论证：

> 造化赋形，支体必双，神理为用，事不孤立。夫心生文辞，运裁百虑，高下相须，自然成对。唐虞之世，辞未极文，而皋陶赞云：“罪疑惟轻，功疑惟重。”益陈谟云：“满招损，谦受益。”岂营丽辞，率然对尔。《易》之《文》《系》，圣人之妙思也。序《乾》四德，则句句相衔；龙虎类感，则字字相俪；乾坤易简，则宛转相承；日月往来，则隔行悬合。虽句字或殊，而偶意一也。至于诗人偶章，大夫联辞，奇偶适变，不劳经营。自扬马张蔡，崇盛丽辞，如宋画吴冶，刻形镂法，丽句与深采并流，偶意共逸韵俱发。

刘勰所说“岂营丽辞，率然对尔”（难道有意造成对偶吗？不经意自然相对罢了）道出了汉语句型组织的一个特点。在对《左传》句型系统的研究中，我们曾确立了汉语句型系统的功能原则，即从表达功能立论，辅以构造方式的特点，建立句型；以句读段为句子的基本活动单位，以句读段服务于不同表达功能的不同铺排律为句子的基本格局，以各类句子的实际运用频率确认其在汉语句子常态中的价值。运用这一原则考察《水浒传》的句型，我们面临一个难题：在各种

功能类型的句子之间,存在着大量的耦合现象。例如:

便去腰里摸时,膳膊和书都不见了。

那汉飕的把那口刀掣将出来,明晃晃的夺人眼目。

又和李牌寻了一黄昏,看看黑了。

且取衣服和直缀来,洒家穿了说话。

出家人第一不可贪酒,你如何夜来吃得大醉?

这厮合休,我教他两个一发解官。

以上每一句前后两段几乎都可以独立成句,然而两段之间在语气上却互为呼应,难以断开。一旦断开,前段总使人感到"意"尚未尽,"气"有孤伸,站立不稳。后段又使人觉得表意突兀,情理难圆,无所依傍。只有让它们两两成对,句意上互为映衬,节律上互为依托,才成一完整的表述单位。从表面上看,这种"耦合"现象可以纳入西方语法的"并列复句"或"联合复句"范畴,然而"耦合"在《水浒传》中是一种句型的普遍现象,它的语义内涵比"并列复句"要繁复深广得多。它并不是简单地表述两件并列的事情,它实质上是汉族人感知世界的一种模式。以西方语文的"并列句"模式并不是不能分析这类耦合句,就好像以西方语文的"主谓句"模式也能"解剖"汉语句型一样,但这种"以洋律中"的分析和解剖从它设立范畴之始就误解了汉语的文化精神,从而曲解了汉语的组织样态,给人一种"洋腔洋调"的失落感。与其说是在分析中国语文,不如说是在规范中国语文。我们则希望在认识汉语的组织样态之前,将通行的范畴、成见和技巧悬置起来,直接在存在的层次上感知和理解语言。

二、句法耦合的语义类型

中国传统的语文研究,在断句上注重"文气"。所谓"文气",一指句子表达功能的完整,即"语气",二指句子音律的顺畅,即"声气"。《水浒传》中的许多句子,在初步的功能断句之间,往往在声气上相辅而行,在语义上成耦合之势,成为一对对平行句。孤立地看这些现象,可以认为"耦合"是高于功能的一个至今尚未认识的汉语理解层次。然而从整个句型系统出发,我们认为"耦合"是一种句子类型。它的功能是表达两个事件之间互为依存的关系。功能断句和声气断句应该是统一的。声气未竟的句段之间,语义上必然存在着内在联系,功能上必然统一于一个表达意图。根据我们对《水浒传》耦合句语义特征的考察,这类句型在其下位层次上可以细别为十三种类型。

(一)视景对

视景对是耦合句中一种常见的耦合方式。它的前半部分叙述施事者的行为,是一个施事句形式;后半部分则表述施事者在一系列行为之后所看到的结果。在中国传统的语文思维看来,行为与其结果(有所发现、有所应验)构成一个对立统一体。两者相辅相成,不可分割。为了有所发现的行为,在语义和语气上都不是自足的。而"发现"本身,由于其意义和价值直接来自于特定的人物之所视,所以它本身也不具有独立感。于是由"视"而"景","一"视"一"景",就成为《水浒传》中常见的耦合句型。

视景对句型最完善的标志是于句子前半部分末尾出现"看时",于句子后半部分起首出现"只见",这些标志的显隐和变化构成视景对多种多样的形式:

(1)"F(代表前段)看时,只见L(代表后段)。"例如:

鲁达看时,只见郑屠挺在地下,口里只有出的气,没了入的气。

按照通行的分析方法,句中"只见"被视为"鲁达"的行为,"只见"之后的内容,都是"见"的宾语。我们认为,用西方语法的"动宾

《水浒传》插图

结构”来解释“只见 L”这种大容量的句段，是对汉语的误解。在《水浒传》这类句子中，“只见”与其说是施事者的行为，不如说是说书人的提示。它的述谓性很弱，话头性很强，因而它往往出现在句首。例如：“（刘太公看见，便叫庄客大开庄门，前来迎接。）只见前遮后拥，明晃晃的都是器械旗枪，尽把红绿绢帛缚着。”又如：“（知客又与他披了袈裟，教他先铺坐具。）少刻，只见智清禅师出来，知客向前禀道。”这两例句首的“只见”，显然是一种话头性成分，不具述谓性。它们和前一例句中的“只见”，性质是一样的。“鲁达看”是一个事件，“鲁达”所见又是一个事件，两个事件因特定人物的视角而成为统一体。为了显示这种“二而一”的性质，句法上用一个表示句义未竟的“时”来承前启后。在《水浒传》中，具有述谓性的“见”，往往采取加时态助词的形式。例如：

智深见了，人急智生，便把禅杖倚了……

智深肚饥，没奈何，见了粥要吃，没做道理处，只见灶边破漆春桁，只有些灰尘在上面。

后一例中第三段的“见了”是述谓性的，第五段的“只见”是话头性的。但值得注意的是，有时“见了”可以替代“只见”的功能，例如：“林冲别了智深，急跳过墙缺，和锦儿径奔岳庙里来，抢到五岳楼看时，见了数个人，拿着弹弓、吹筒、粘竿，都立在栏杆边。”但这样的用例罕见。

“只见”后的成分，除了施事句形式外，常见是认句和存现句形式。前者是动态之景，例如：“门子听得半山里响，高处看时，只见鲁智深一步一攧，抢上山来。”后者多为静态之景，例如：“直入方丈前看时，只见满地都是燕子粪，门上一把锁锁着，锁上尽是蜘蛛网。”

“只见”又作“但见”。所不同的，是用“但见”后，所见事物往往先出现在“看……时”中，“但见”后则用一大段话来描写这一事物。这种格式的容量比“F 看时，只见 L”更大。例如：“偷看那大虫时，但见……”，“众人把门推开，看里面时，黑洞洞地，但见……”

“只见”又作“却见”。“却见”后之景，对于视者来说往往未能预料。例如：“随着那山路行去，走不得半里，却见一所败落寺院，被风吹得铃铎响。”

“只见”又作“见”。“见”在语气上较为紧凑。例如：“径奔到庄前看时，见数十个庄家，忙忙急急，搬东搬西。”“见”又常用于对人物穿着打扮的细致描述。例如：“高俅看时，见端王头戴软纱唐巾，身穿紫绣龙袍，腰系文武双穗绦，把绣龙袍前襟拽扎起，揣在绦儿边，足穿一双嵌金钱飞凤靴，三五个小黄门相伴着蹴气毬。”此例还有一点值得注意，即“见”后又是一个耦合句形式。高俅之“看”和所“见”在语义上成耦，而所见之中，端王之穿戴和“三五个小黄门”之相伴又在语义上成耦。这种所“见”之耦，同样表明“见”仅仅起着话头的作用，而非句子语义格局中的关键性述谓成分。

（2）“F看时，是L”。在本类句子中，“是”是对所“看”事物的认定，带有判断的性质。这种认定与施事者的预期在语义上成为对立的统一，因而具有耦合性。当认定与预期一致时，多采用“端的是”或“果然是”的形式。例如：

太尉看那宫殿时，端的是好座上清宫。

过往人看了，果然是个莽和尚。

引鲁智深山前山后观看景致，果是好座桃花山，生得凶怪，四围险峻，单单只一条路上去，四下里漫漫都是乱草。

以上三例，“看时”和“果然是”都有一些形式上的增省变化，但其框架不变。当认定与预期不一致时，多采用“却是”或“不是……却是”的形式。例如：

看时，石板底下，却是一个万丈深浅地穴。

出得那“五合福地”的牌楼来，看时，原来却是一个市井，约有五七百人家。

林冲看时，不是别人，却是本官高太尉。

“是”前的主题一般不出现。主题出现的例子罕见（例如：“话说当下鲁提辖扭过身来看时，拖扯的不是别人，却是渭洲酒楼上救了的金老。”），这显然是为了语义耦合上的紧凑。

（3）“F看时，有L。”“有”表示存在，因而本类句子的后半部分都是施事者所见之静景。例如：

史进便入城来看时，依然有六街三市。

智深看那市镇上时，也有卖肉的，也有卖菜的，也有酒店面店。

（4）“F看时，L。”本类句子后半部分不出现特定标志词。但标志词不过是某种语义类型的表征。标志词不出现，语义类型依然存在。主要有两类：一类可以视为标志词“见”的隐含。例如：“将娘子下楼，出得门外看时，(见)邻舍两边都闭了门。”“看身上时，(见)寒粟子比馉饳儿大小。”一类可以视为标志词“有”的隐含。例如：“智深也乘着酒兴，都到外面看时，果然绿杨树上(有)一个老鸦巢。”标志词“是”一般必须出现。因为“是”前有所预期。“是”后需要确认，这样一个语义框架，没有“是”字难以形成。

(5)“F时，L。”本类句子前半部分用其他具有“视”义的动词代替了“看”与“时”配合。例如：“到山后打一望时，都是险峻之处。”“侍者吃了一惊，赶出外来寻时，却走在佛殿后撒屎。”“照那碑后时，却有四个真字大书，凿着‘遇洪而开’。”

(6)“F，只见L。”本类句子前半部分不出现“看时”，“视”的意义由后半部分“只见”独立承担。例如：“当时王教头来到庄前，敲门多时，只见一个庄客出来。”当“视景对”中“视”的意义由“……看时，只见……”共同承担时，语气较为舒缓。而由“只见”独立承担“视”义后，增加了“视”的突兀性，此时往往在前半部分配合以“却待”、“方欲”等。例如：

鲁智深提起禅杖，却待要发作，只见庄里走出一个老人来。

我正走不动，方欲再上山坡，只见松树旁边转出一个道童，骑着一头黄牛，吹着管铁笛，正过山来。

正待入席饮酒，只见小喽啰报来说。

当“视”与“景”之对变为“听”与“声”之对时，“只见”的功能可由“只听得”来顶替。“只听得”也有突兀性，它的前面往往配合以“正”。例如：

正欲移步，只听得松树背后隐隐地笛声吹响，渐渐近来。

三个酒至数杯，正说些闲话，较量些枪法，说得入港，只听得隔壁阁子里有人哽哽咽咽啼哭。

(7)“F，L。”这一类句子把“视”义隐含在句读段的承顺之间，不

由任何标志词显示。例如:

直寻到里面八九间小屋,打将入去,并无一人。

林冲见说,吃了一惊,也不顾女使锦儿,三步做一步跑到陆虞侯家,抢到扶梯上,却关着楼门。

又过了两三重门,到一个去处,一周遭都是绿栏杆。

以上三例最后一段都是施事者所见之景,它们与前面部分构成视景对。

(二)应接对

构成应接对的句读段在语义上互为呼应,后半部分是对前半部分的接应。这种接应具有六种类型:

(1)反应型应接。后半部分是对前半部分的反应。常见的是问答反应。例如:“太尉连问数声,道童呵呵大笑,拿着铁笛,指着洪太尉说道……”也有即情反应,如:“对娘说知此事,母子二人,抱头而哭。”“王进见了便拜,太公连忙道……”

(2)结果型应接。后半部分是前半部分行为所产生的影响。例如:“拿起一根折木头,去那金刚腿上便打,簌簌地泥和颜色都脱下来。”

(3)回合型应接。前后两部你来我往,文势相对,成一回合。常见有四种情况。

求予回合,例如:“我几番借看,也不肯将出来。”“两个苦留,哪里肯住,只推道……”

祈使回合,例如:“快与我打开,我看魔王如何!”“刘太公老驴休慌,不怕你飞了。”

未预回合,例如:“他今日发迹,得做殿帅府太尉,正待要报仇,我不想正属他管。”“我当初只指望你说因缘,劝他回心转意,谁想你便下拳打他这一顿。”

条件回合,例如:“太尉呼唤,安敢不来!”“你两个要打洒家,俺便和你厮打。”

(4) 承顺型应接。句子前后两部既相接应,又在时序上先后承顺。例如:“女使锦儿接着,三个人一处归家去了。”“老小邻人径来州衙告状,正值府尹升厅,接了状子,看罢道……”

(5) 预设型应接。句子后部的应接早在前部行动过程之中即已开始。例如:“请入后园,庄内已安排下筵宴。”“智深两条桌脚,着地卷将来,众僧早两下合拢来。”

(6) 应声型应接。句子后部的应接与前部动作行为间不容缓,应声而至。这类句子前部动词前都有表示迅疾的“一”修饰。例如:“只一缴,那后生的棒丢在一边,扑地望后倒了。”“李吉解那搭膊,望地下只一抖,那封回书和银子都抖出来。”

(三) 彼此对

人总是处在特定的社会角色中,事物也总是处在特定的文化序列之中。在一个具体的时空环境中,人与人,事物与事物往往彼此相待,互为对立面。中国传统的语文思维用耦合句的方式描述了一个两两相待的世界。《水浒传》耦合句中的彼此对就有这样一些类型:

(1) 你与我。例如:“母亲放心,儿子自有道理措置他。”“师父如此高强,必是个教头,小儿有眼不识泰山。”“你两个且在这里,等洒家去打死了那厮便来。”“你却怕他本官太尉,洒家怕他甚鸟?”

(2) 我与你。例如:“洒家投东京去,你休相送。”“我与你这封书,去投他那里,讨个职事僧做。”“却才去那里抄化得这些粟米,胡乱熬些粥吃,你又吃我们的。”

(3) 你与他。例如:“太公休怕,他也是俺的兄弟。”“不是老汉心多,为是恩人前日老汉请在楼上吃酒,员外误听人报,引领庄客来闹了街坊。”

(4) 你与你。例如:“智深不得无礼,众僧也休动手。”

(5) 他与我。例如:“天师乘鹤驾云,先到京师,臣等驿站而来,才得到此。”“他两个并我一个,枉送了性命。”“长老只是护短,我等只得从他。”

(6) 我与他。例如:“俺便不及关王,他也只是个人。”

(7) 他与他。例如:“这刘太公怀着鬼胎,庄家们都捏着两把汗。”“再说李忠、周通下到山边,正迎着那数十个人,各有器械。”“智深恰才回身,正好三个摘脚儿(斜角)厮见。”“林冲只顾和智深走着,说得入港,那汉又在背后说道……”

在他与他的关系中,又可以具体分为“店员与顾客”,例如:“那店小二那里敢过来,连那正要买肉的主顾,也不敢拢来。”“路人与店员”,例如:“两边过路的人都立住了脚,和那店小二也惊的呆了。”“衙门与官军”,例如:“你不知这里衙门又远,便是官军,也禁不得他。”“兵与将”,例如:“小喽啰两势下呐喊,二员将就马上相见。”

(8) 饭与酒。例如:“饭便不要吃,有酒再将些来吃。”

(9) 肉与酒。例如:“便叫庄客拣两头肥水牛来杀了,庄内自有造下的好酒。”

(10) 精与肥。例如:“却才精的,怕府里要裹馄饨,肥的臊子何用?”

(四) 主客对

由于《水浒传》是在话本的基础上创作的,因而它的语言中保留了许多说书的特点,其中“夹叙夹议”即为一例。作者在对客观事件的描述中加进主观评论,于是一叙一议成一耦合。例如:

> 鲁智深因见山水秀丽,贪行了半日,赶不上宿头,路中又没人作伴,那里投宿是好?
>
> 锁用铜汁灌浇,谁知里面的事。
>
> 我和你便去,事不宜迟。

何不教智深去那里住持,倒敢管的下。

华阴县里禁他不得,出三千贯赏钱召人拿他,谁敢上去惹他?

以上五句最后一段都是评论性的。句子前部说的是现实情况,但意犹未尽,作者还要指出他如此看待这一现实情况的意图。不这样,这种“看待”也就失去了意义。中国传统的语文思维很少对现实情况作纯粹客观的描写。说话人在叙述中总是时时发表自己的看法,形成叙述语言“夹叙夹议”的格局。当“叙”和“议”各自独立成句时,即为施事句和主题句;当“叙”和“议”处于一个主题成分之下时,即为夹叙夹议主题句;当“叙”和“议”相关成偶时,即为耦合句。以上五例“议”的部分都在后部,也有“议”在前部的例子,如:

这贼秃不是好人,倒着了那厮手脚。

这厮合休,我教他两个一发解官。

那身份模样,这气毬一似鳔胶粘在身上的。

(五) 纵擒对

中国有句成语,叫“欲擒故纵”。中国传统的语文思维,为了使陈述的意见更显得当,往往在陈述之前有所铺垫,成放纵之势。“纵”是为了“擒”,以使陈述的意见更为有力。于是一“纵”一“擒”成一耦合。《水浒传》耦合句之“纵”多发生在句子前部,主要有这样几种类型:

(1) 身份之纵。句子前部先认定当事人或事物的身份,为后部的陈述做出铺垫。例如:

你爷是街市上使花棒卖药的,你省的甚么武艺?

鲁达系是经略府提辖,不敢擅自径来捕捉凶身。

量他一个和尚,一个道人,做得甚事,却不去官府告他?

我这里出家,是个清净去处,你这等做,甚是不好。

前官没眼,参你做个教头,如何敢小觑我,不伏俺点视!

(2) 事况之纵。句子前部先确认事况,为后部的意见陈述做出铺垫。例如:

今番做出人命事,俺如何护得短?

是我不合引他上山,折了你许多东西,我的这一分都与了你。

太尉又看承得好,却受谁的气?

每日吃他的酒食多矣,洒家今日也安排些还席。

(3) 关系之纵。句子前部先确认人际关系,为后部的陈述意见做出铺垫。例如:

我又不曾亏了你,如何一向不将来卖与我?

他又不曾认的我,我们如何便去寻的闹?

我和你如兄若弟,你也来骗我。

(4) 才能之纵。句子前部先确认当事人的才干,为后部的陈述意见做出铺垫。例如:

这高俅踢得两脚好气毬,孤欲索此人做亲随如何?

纵擒耦合句与通常所说的"因果句"内涵不一致。西方语法中的因果复合句其内涵是一般化的因果关系,且有特定的形式标志。汉语是一种缺乏形态标志而又注重逻辑事理顺序的语言。汉语的句读段之间存在着广泛的因果联系,其程度各有轻重不同。纵擒之对是其中有特定功能的一种。这种功能就是说话人为强化自己的看法而先做铺垫。因而这类句子后部必然是表态性的。以此来看,下面两句虽有因果之关联,却不是纵擒之对:

赵员外这几日又不使人送些东西来与洒家吃,口中淡出鸟来。

> 不想官司追捉得洒家要紧，那员外赔钱送俺五台山智真长老处落发为僧。

有些纵擒之对将“擒”在前而“纵”在后。句子的重心仍在“擒”上，“纵”则成为一种利益的承诺，例如：“你快下去，饶你几下竹篦。”或成为一种利害的分析，例如：“林冲本待要痛打那厮一顿，太尉面上须不好看。”或是一种理据的反驳，例如：“你等阻当我，却怎地数百年前已经定我姓字在此?”（以上两例句子前部之“擒”语义上有所折绕，“本待要”实为“不可”，“阻当”实为“不该挡”。）或仅仅是一种倒装，例如：“哥哥不可小觑了他，那人端的了得。”

（六）比兴对

将欲说而先兴之，这是中国传统语文思维的一种独特方式。所谓“兴”，即“托事于物”，“取譬引类，起发己心”。在中国古代诗歌韵文中，有“把情入兴”、“把声入兴”、“景物入兴”、“衣带入兴”、“引古入兴”、“托兴入兴”、“感兴入兴”等多种兴的形式，其功能都是托物发端，先言他物以引起所咏之辞。而在《水浒传》的小说语言中，以“兴”为一端的耦合句，多为引俗入兴，也有引古入兴的。例如：

> 奸不厮欺，俏不厮瞒，小人不姓张。
>
> 闻名不如见面，见面胜似闻名，义士提辖受礼。
>
> 贼去了关门，那里去赶?
>
> 三十六着，走为上着——只恐没处走。
>
> 自古道：“不怕官，只怕管。”俺如何与他争得?

起兴的句段一般在前，但也有后置的。例如：“史进见了大怒，‘仇人相见，分外眼明’。”

（七）名实对

本类句子前部说“名”，后部言其“实”。这“实”，或指说话人熟

悉的人,例如:

俺道是什么高殿帅,却原来正是东京帮闲的“圆社”高二。

你要寻王教头,莫不是在东京恶了高太尉的王进?

俺只道是那个郑大官人,却原来是杀猪的郑屠。

或指与前部所说之人的“名”相副的行为习性。例如:

俺是东京八十万禁军教头王进的便是,这枪棒终日搏弄。

出家人第一不可贪酒,你如何夜来吃得大醉?

人都唤他做“小王都太尉”,他便喜欢这样的人。

中国古人具有很强的名分观念,名与实的关系是中国传统语文思维总是执其两端加以思考的问题之一,因而在语言表达中也就以一名一实成一耦合单位。

(八) 比较对

句子前后两部因比较而成偶,其特定标志是“不如”,例如:

蒲城县人户稀少,钱粮不多,不如只打华阴县,那里人民丰富,钱粮广有。

若回去庄上说脱了回书,大郎必然焦躁,定是赶我出去,不如只说不曾有回书,那里查找。

(九) 分合对

句子前后两部因分合而成偶。有余者之分,有份额之分。例如:

只自收拾了些少碎银两,打拴一个包裹,余者多的尽数寄留在山寨。

每日教种地人纳十担菜蔬,余者都属你用度。

我和你各捉一分,一分赏了众小喽啰。

（十）诠释对

句子后部是对前部的解释。大致有三种解释：

一是话头解释，例如："看官牢记话头，这李忠、周通自在桃花山打劫。"

二是名分解释。例如："文武百官商议，册立端王为天子，立帝号徽宗，便是玉清教主徵妙道君皇帝。""先教枢密院与你入名，只是做随驾迁转的人。"

三是事象解释。例如："只见那张三、李四在粪窖里探起头来，原来那座粪窖没底似深。"

（十一）平衡对

句子的前部和后部在逻辑上并无很大关联，仅仅是将两事平行。平行的两事一般是同一种属的两个侧面，因侧面不同或看法不同形成耦合。《水浒传》中有六种类型：

（1）静止平衡。例如："男大须婚，女大必嫁。""李忠坐了第二位，太公坐了第三位。""一头是个竹篮儿，里面露些鱼尾，并荷叶托着些肉；一头担着一瓶酒，也是荷叶盖着。""索价三千贯，实价二千贯。"

（2）正反假设平衡。例如："有事出班早奏，无事卷帘退朝。""若留住在家中，倒惹得孩儿们不学好了；待不收留他，又撇不过柳大郎面皮。""去便去，不去时，便捉来缚在这里。""轻则便刺配了他，重则害了他性命。"

（3）正反祈使平衡。例如："不要华阴县去，只去蒲城县，万无一失。""不要那等腌臢厮们动手，你自与我切。"

（4）正反叙事平衡。例如："只说三日没吃饭，如今见煮一锅粥。""智深吃了两碗酒，又不曾撩拨他们，他众人又引人来打洒家。"

（5）正反话题平衡。例如："银子不打紧，这封回书，却怎生好？"

(6) 有无平衡。例如:“且说这王进却无妻子,只有一个老母,年已六旬之上。”

（十二）事时对

句子前后两部,一部交代时间,一部交代事件,成一耦合。事件的发生既有特定时间,又有特定空间。然而由于时间是流动的,能用句子形式来陈述;空间是静止的,一般用词或词组来表示,不具有述谓性,因而《水浒传》中事件与时间能成偶,事件与空间不成偶,尽量时空都能被包容在事件中。事时对中时间既可前置,也可后置。前置的时间具有预设性,例如:

天色微明,只见鲁提辖大步走入店里来,高声叫道。

忽一日,天色将晚,王进挑着担儿,跟在娘的马后,口里与母亲说道。

不觉中秋节至,是日晴明得好。

后置的时间具有未设性,例如:

李忠也上了马,太公乘了一乘小轿,却早天色大明。

酒至数杯,却早东边推起那轮明月。

又和李牌寻了一黄昏,看看黑了。

计较完了,飞也似取路归来庄上,却好五更天气。

（十三）继发对

句子前后两部在时序上一先一后,后部继前部而发。例如:

只说鲁智深在亭子上坐了半日,酒却上来。

周通大怒,赶向前来喝一声,众小喽啰一齐都上。

才吃几口,那老和尚道。

你且去菜园池子里洗了来,和你众人说话。

智深与史进看着,等了一回,四下火都着了。

以上十三种句型,大致概括了《水浒传》耦合句的语义类型。我们从中可以看到,中国传统语文思维总是将事件与它所受到的制约和影响视为一个耦合体。尽管事件与事件间影响是多方面的,但传统语文还是将它们纳入一个个对立统一的耦合体中,既不将一个事件孤立起来,也不将一个事件多方位地复杂化。一唱一和,一起一落,既简单而又灵活多变地描述了现实世界。这个世界,在中国人眼里是一个耦合的世界。

三、句法耦合与理解之"场"

汉语的施事句、主题句,在其句读段的铺排中都注重节律的和谐统一。而汉语的耦合句从内容到形式都"率然对尔",它的大量出现是汉语句型组织中"偶意"的集中体现。《水浒传》中的耦合句自然而然地将万千事象中的"视"与"景","往"与"复","此"与"彼","主"与"宾","纵"与"擒","名"与"实","分"与"合","题"与"释","先"与"后"等相互对待的事象组织在一起。一方面使事象的逻辑运行呈辩证的关系状,一方面使语言的声气运行呈齐整的和谐感,在事理和节律上都形成很大的张力。

哲学家张东荪曾引用孟子"人无有不善,水无有不下"这句话,指出孟子对人性的评价是相当乐观的,而且是以一种明确的关系形式表现出来的。其思维结构可以表述为 A∶B = X∶Y。这种结构比单个主语"P(S)"的陈述要复杂得多。它是发散的,而非静观的;它是多元的,而非一元的;它是弹性的,而非硬性的;它是辩证的,而非机械的;因而它又是具体的,而非抽象的。从某种意义上说,印欧系语言是一种"单体精确型"语言。它对世界的观察及其表述,总是从某一个起点(逻辑上的主语)出发来加以陈述。通过形容词、带副词或不带副词的动词,作进一步的规定,使之精确化、抽象化。这种表述是原子论和推论式的。它关注的是实体,论断的是事物属性。它的价值判断是双元的,即凡事不是 good,就是 bad;不是 right,就是 wrong;事物不是 clean,就是 dirty,常常忽略中间价值。汉语是一种"骈体模糊型"的语言("模糊"在这里没有贬义,因为现实往往是多义的,精确的语句不足以反映)。它不急于对世界下一个精确的定义,而是把世界放在一种虚与实的互相衬映之中加以感受。它关注的是功能,呈现的是辩证关系。它的价值判断是多元的、迂回的。正如一些东西方学者所指出的:"使用欧洲民族的语言可以得出精确的结论,对这一结论可以进行验证,证伪。凡没有被证实的东西,至少可以是'未被证实的'。这种推论主要采用表语式的表述形式。这是一种判断,对其尚需按照'正确或错误'的标准作出决定和评判。中、日文具有一种隐喻的,带有文学色彩的风格。这种风格在西方往往被称为是'诗的'风格……论证的过程是比较模糊的。这显然是那种更为历史的、辩证的思维方式所致。当然,中文、日文都能够传达西方科学的思想,但不那么轻松,因为这种思维并不是与语言结构一同发展起来的。"①

汉语的耦合句,不仅是对偶性的思维方式所致,而且是汉语文解读方式的要求。如果说印欧语言是一种形态语言,那么汉语是一种非形态语言。汉语的语词往往言简意赅,汉语的行文也讲究辞约而义丰。汉语文句的理解机制主要是语词意义相互映衬而引发的一种"意合"作用。映衬所形成的语义、语境场周延越大,处于"场"中的单个文句的意义也就越清晰。因而古人为文讲究"文必相辅,气不孤申"。这种"场"效应固然有赖于立言造句所依托的整个题旨情境,但它最直接因而也是最典型的建构则是句法组织的平行对应。耦合句充分利用了相关相待事况之间在句法和语义上的衬映,于文章的"大气候"之下形成局部的"场"效应,使语句借助"意合"而抖落一身

① J·加尔通、西村文子《结构、文化和语言》,德国《列维坦》1984 年第 4 期,译载于《国外社会科学》1985 年第 3 期。

繁冗,“轻装上阵”,疏通有致,舒展自如地在韵律艺术上成其抑扬顿挫、张弛有道之势。

汉语句法的耦合不仅使语句意义互相映射,互为补充,甚至“互文见义”,而且使结构关系互为对比,交相印证。由于汉语缺乏形态变化,汉语的结构组织往往要从文句的相互映衬之中加以把握。拿古代汉语来说,古人的句法概念时时出自辞句对勘之中。或是以上勘下,如《荀子》:“之所以接下之人百姓者,则好取侵夺。”清代训诂学家指出:“取与侵夺,意复且不词。作好侵夺者是也。上文云‘之所以接下之人百姓者,则庸宽惠’,句法正与此同。”(王念孙《读书杂志》十一)或是以下勘上,如《墨子》:“昔者三苗大乱,天命殛之,日妖宵出,雨血之朝。龙生庙,大哭乎市。”清代训诂学者又指出:“龙生庙,当作‘龙生于庙’,方合上下句法。”(王念孙《读书杂志》九)更奇妙的是,小学家们又从“龙生于庙”对勘出“大哭乎市”应为“犬哭乎市”,方与“龙生于庙”对文。拿近代汉语来说,《水浒传》中的耦合句借助结构关系的前后映衬,许多成分都可以不出现,从而使词语组合前后自如。例如:

史进打开,都是衣裳。

林冲拿了一把解腕尖刀,径奔到樊楼前,去寻陆虞侯,也不见了。

老汉说知,方才喝散了。

算命道我今年有大财,却在这里。

长老禁约他们不得,又把长老排告了出去。

却才精的,怕府里要裹馄饨,肥的臊子何用?

去便去,不去时,便捉来缚在这里。

从古汉语的结构对勘到近代汉语的结构映衬,都说明汉语句法组织的灵活多变、显隐自如,是由于说话人和听话人在上下文结构的相互制约上达成了深刻的默契。这种默契的一个重要方面是汉语句子组织的节奏相应和文义相待。耦合句正是这种句法默契的产物。它把对事象的描述两两相待而为一体(句),形成结构关系互为映衬的句法语义“场”,从而最大限度地利用了句型的组织空间,使汉语句法单位简洁而富于弹性。既避免了印欧语句法那种繁复的形式主义,又为说话人和听话人拓开语文表达与理解的巨大空间,生出无数言外之景,言外之意,言外之情。

从对《水浒传》句型的研究我们认识到,把握句型的“偶意”是确定汉语句界、归纳汉语句型的一条重要原则。离开“偶意”,我们只能切割出一些辞气不全的“句子”。这些“句子”用西方语法分析也许很便捷,但它们只是一些没有汉语精神的“死”句子。当它们被一个个句号断开后,它们再也生动不起来,活跃不起来,相反,在理解上却要加上种种“省略”、“倒装”之类繁琐的洋教条。目前通行的汉语语法方案与汉族人的语感若即若离,貌合神离,一个很大的原因就在于对汉语句法组织“偶意”(和“散意”)的破坏。这是用西方句型范畴规范汉语的结果。从《水浒传》的句型全貌来看,近代汉语句法组织不外乎“偶”、“散”两种形式。“偶”与“散”都是句读段为适应特定表达功能而作逻辑铺排,它们都难以纳入西方语言以动词为中心的句型框架。对于汉族人来说,偶合是一种完整的语感,散行而意尽也是一种完整的语感。偶合中不妨有“散”,散行中也不妨有“偶”。偶散交替,句读组织潺潺流动,句子格局也就清晰而生动起来。从本质上说,“偶”就是一种“散”,“散”也每每成其“偶”。我在《中国句型文化》一书中曾说,西方语言句子的结构样式就像西方绘画一样,采用“焦点透视”的方略;汉语句子的结构样式则像中国画一样,采用“散点透视”的方略。这是两种完全不同的文化精神。要说汉语语法至今仍只能“神而明之”,其“神秘”,可能就在于此。

4 汉语语法的意合建构

一、语法中的“主客二分”与“天人合一”

从某种意义上说，中西文化的差异，可以归结为语言之形神关系的差异。语言以形式传达意义，在意义对形式的依赖方式和程度上，中西文化选择了迥然有异的路径。西方文化认为，世界与人的关系是一维、平面的关系。人为了认识世界才和世界发生关系。于是人被从他生存的世界中分离抽象出来，努力去追求对客观世界认识的确定性。西方哲学家们在对世界本原的探讨中，提出了一系列的世界的“始基”。如泰勒斯的“水”，以万物皆由水而生成，又复归于水；赫拉克利特的“火”，以火为万物本原，一切皆火的燃烧和熄灭；毕达哥拉斯的“数”，以数为事物的原型，构成宇宙的秩序；柏拉图的“理念”，以理念为个别事物的范型；德谟克利特的“原子”，以原子由不同秩序和位置的结合产生物体。他们都力图从独立于自我的自然界中抽象出某种纯粹形式的简单观念，追求一种纯粹的单一元素，来建构客观世界。客观世界是前提，人的认识由客观给予，作为认识载体的语言，其意义也由客观到主观。于是确定性和形式化成为西方人思维和语言的特质。当主体和客体分离，承担主客体关系纽带作用的语言就力图与客观世界完全对应。西方语言以丰满的形式特征描述确定的意义世界，正是要将被割裂的主、客体联系起来。如果没有这种确定性和形式化，面对客体的主体就无法去把握世界。

西方语言由其哲学本体论而规定的“以形摄神”的建构方略，在西方语言学家的论述中也清晰地表露出来。萨丕尔在论述“语言的成分”时十分肯定地说：“总括起来说，从言语的现实里抽象出来的语言的根本成分和语法成分，适应从经验的现实里抽象出来的科学的概念世界；而词，作为活的言语的现实存在的单位，则适应人的实际经验的单位、历史的单位、艺术的单位。句子呢，只有在我们觉得它是由深藏在词里面的根本成分和语法成分所构成的时候，才是完整思维的逻辑的对应物。”[①]语言与世界的“适应”和“对应”，使西方语言具有很强的形式自足，即语言要表达的各种意义与关系大都有了形式上的标志。于是西方的语法分析也就追求最大限度的形式化描写。由此形成的“普通语言学理论”或“现代语言学理论”，本质上也是一种形式理论。

中国文化并不把人与世界对立起来，而是主张“万物皆备于我”、“万物与我为一”。人被视为世界不可分割的一部分，“赞天地之化育”，与宇宙精神相往来。没有割裂和分离，也就没有必要与世界重新发生关系，也就不存在对世界的视觉模式的认识，因为人体现了世界和宇宙的各个方面。《中庸》在这方面作了清晰的表述：“唯天下之至诚，为能尽其性；能尽其性，则能尽人之性；能尽人之性，则能尽物之性；能尽物之性，则可赞天地之化育；可以赞天地之化育，则可以与天地参矣。”天地万物之性与人性是一致的，尽人之性可以尽物之性。这是一种与西方“主客二分”不同的“天人合一”的文化精神，是一种主体涵盖客体的思维。

中国从仰韶文化、河姆渡文化以来约七千年中，以农耕为主的与自然进行物质交换的特殊方式一直在全部经济生活中占统治地位。科学的发展主要和农业生产相联系。这种田园文明把人和自然界看成是有机联系、相互作用的，把世界看作有机联系的整体。如李约瑟等西方科学家所指出的那样，再没有其他地方表现得像中国人那样热心于体现他们伟大的设想：“人不能离开自然”的原则，由此形成的“天人合一”的思维形式，其特点就是坚持普遍联系、整体考察。“合一”成了一个具有稳定性和普遍性的思维模式：知与行、内与外、阴与阳、形与神……所强调的都是相互融合、沟通、作用。这种思维模式

① 爱德华·萨丕尔《语言论》，商务印书馆，1964年，第20页。

必然使中国人对世界的认识和把握带有综合性的特点，反映在语言和语言分析上就是注重言与意的统一，以神统形。运思的方向不是指向形式的确证，而是指向内心的领悟；不讲究分门别类的精确，而讲究融会贯通的全面；不为枝节末叶所卡住，而具有很强的随机性和丰富的联想余地。语言表意之“神”控制着“形”，稳定着“形”，解释着“形”。

老子

对于中国语言这种独特的形神关系，古代思想家作过充分的论述。哲学上的天人合一，其立足点是人的主观体验和感悟。因此在形与神、言与意、文与道这一对对矛盾范畴中，神、意、道这些语言的本质方面是主要的，与之相对的语言的形式方面不具有独立性。中国古代哲学的一个重要命题是“言不尽意”。《老子》即云：“道可道，非常道”，“道常无名”。“道之出言，淡乎其无味。”庄子进一步解释说：“世之所贵道者，意也；意有所随，意之所随者，不可言传也。”（《庄子·天道》）这些哲人认定语言形式的表意功能是很有局限的，甚至“可以言论者，物之粗也；可以意致者，物之精也”（《庄子·秋水》）。这就注定了中国文化不可能发展繁复的语言形式。庄子对于言意关系有一个著名的比喻，即：“筌者所以在鱼，得鱼而忘筌；蹄者所以在兔，得兔而忘蹄；言者所以在意，得意而忘言。”（《庄子·齐物论》）在这里“言”只是达意的一个触发机制。它有意，但又不能尽意。据《世说新语·文学篇》载：“庾子嵩作《意赋》成，从子文康见，问曰：‘若有意也，非赋所能尽；若无意也，复何所赋？’答曰：‘正在有意无意之间。’”言之于意，正是这种“有意无意”的关系。所以汉语的建构须引导人们思考言外之意。“意犹帅也。无帅之兵,谓之乌合。”(王夫之《姜斋诗话》卷二)同样,“以神为主者,形从而利;以形为制者,神从而害。”(《淮南子·原道训》)汉语的语法形式,正是在意(神)的统摄下安排结构的,这样的语法与“以形摄神”的语法之根本不同,在于它是一种意役之法、意会之法、功能之法、活用之法。

钱基博谈到中西文章、文法之异曾指出:“我国文章尤有不同于欧美者,盖欧美重形式而我国文章重精神也。维欧美之尚形式也,故为文皆有定法,……皆缕析条分,日趋精密。后世无不本此以为著述。是以文少隐约模棱之弊,此其利也。然其失在过泥形式,文章不能活用,少生气。”“数千年来,中国无如欧美之文法书,而欧美文法学说则日新月异,岂非以形式可说而精神不可说乎?”①我国现代语法学力图引进大量的欧美语法规则,配以大批“循规蹈矩”的汉语例句,来“说”汉语语法。然而正如吕叔湘所说:“许多语法书,夸大点儿可以说是几乎所有的语法书,都只举些很‘听话’的例子,因而全书‘整齐清洁’,看起来很舒服,可是拿到课堂上去讲,就常常受窘,学生能提出一大堆事例,都是书上没有照顾到的。”②这不仅是因为中西语法体系的不同,更重要的是西方语言的形式和意义都具有“可说”性、确证性,汉语的形式和意义却难以用“说”来驾驭。我国古代语文学也谈文法,但认为“法有死法,有活法”(叶燮《原诗》)。“有一定之法,有无定之法”(姚鼐《与张阮林》)。二者的关系是“相济而不相妨”(同上)。因为“文成法立,未尝有定格也。传人适如其人,述事适如其事,无定之中有一定焉”(章学诚《文史通义》)。“法”以文意为转移。文意恰当地表现出来,文法也就立在其中。“无定之法”一旦经过人的“心营意造”即成“一定之法”。“故善用法者,非以窘吾才,乃所以达吾才也。”(姚鼐《与张阮林》)从这里可以看出,汉语语

① 钱基博《国文研究法》,《戊午暑期国文讲义汇刊》。

② 吕叔湘《吕叔湘语文论集》,第126页。

法是"以意运法"的"活法",而非"以意从法"的"死法"。"神"之于"形"的"运"和"从"的区别,是中西语法的根本区别。

汉语语法的"以神统形"具体表现在三个方面。一是神形同构,即结构的安排循事理逻辑。二是神形异构,即形变而神不变。三是以神解形,即形之多义和歧义由神来化解。

二、汉语结构的自然之序

神形同构,即语法的结构体现语义的结构,按照语义上的先后、大小、重轻等自然次序安排结构成分,这是汉语语法的一个特点。神与形的同构并不是由于二者的对等或对应,而是由于"文以意为主",是"意在笔先","以意役法"的结果。中国语言在表意上的这一特点,赋予语言本身一种本体论的性质,即"文便是道"。古人云:"道者,文之根本;文者,道之枝叶。惟其根本乎道,所以发之于文,皆道也。"(《朱子语类》卷一百三十九)中国语言在表意上的这一特点,也使语法的研究难以获得独立的地位,因为在人们看来,"传有之:'三代无文人,六经无文法。'无文人者,动作威仪,人皆成文;无文法者,物理即文,而非法之可拘也。"(宋濂《宋学士文集》卷六十六)文法即意法,意之表达又非"法"之可拘,而是"文成法立",所以只要专注意义,就把握了语言的组织。如范晔所言:"情志所托,故当以意为主,以文传意。以意为主,则其旨必见;以文传意,则其词不流;然后抽其芬芳,振其金石耳。"(《狱中与诸甥侄书》)"芬芳"即语言组织之"气","金石"即语言组织之"律",文气与节律体现语句的结构,它们都是在"意"的统摄下运作的。所以"文辞有缓、有急,有轻、有重,皆生乎意也"(陈骙《文则》)。

在我们的日常语言分析中,谈到结构问题往往就是语义问题。汉语的组合在形式上没有特定的要求,不依靠语法形态标志来连接语言成分,不具有时态、语态、性、数、格等词形变化,而只是讲究逻辑意义的通顺。我们组织一个联合词组,考虑的是并列的成分是否属于同一等级的不相交叉的概念,而非它们在词形上的一致。我们组织一个偏正词组,考虑的是偏与正两个成分之间是否体现了修饰与被修饰、限制与被限制或补充与被补充的关系,是否使概念更明确,而非偏与正两个成分之间在性、数、格上是否一致。我们组织一个句子,考虑的是顺序自然,事理清晰,而非填充某个因形态配合关系而产生的坚硬的“框架”。因此,汉语中的所谓“主谓不合”、“动宾不配”,多是语义搭配的问题。王力曾说:“就句子的结构而言,西洋语言是法治的,中国语言是人治的。”①“法治”就是形式第一,形式控制意义,形式本身相对独立且自足;“人治”就是意义第一,意义控制形式,形式本身不自足且不独立,只是意义的化身,或曰一种“有意味的形式”。

汉语的神形同构在词语组合的顺序上表现为清晰的文化心理结构。以并列顺序而言,我们可以看到:

长幼有序,如“祖孙”、“父子”、“母女”、“婆媳”、“叔侄”、“兄弟”、“姐妹”、“老少”、“妇幼”、“妇女”。

上下有序,如“天地”、“乾坤”、“首领”、“手足”、“眉目”、“省市”、“地县”、“上下”、“高低”、“栋梁”、“衣裳”。

尊卑有序,如“贵贱”、“尊卑”、“左右”、“君臣”、“师徒”、“将士”。

多少有序,如“岁月”、“巨细”、“多少”、“长短”、“详略”、“繁简”、“斤两”、“厚薄”。

先后有序,如“出巡”、“抄送”、“传讯”、“发排”、“冲服”、“攻占”、“生育”、“遣返”、“涂改”、“摘抄”、“退换”。

大小有序,如“国家”、“城市”、“班组”、“军旅”、“大小”、“眼睛”、“法律”、“乡镇”。

---

① 王力《中国语法理论》,中华书局,1954 年。

男女有序,如"男女"、"兄嫂"、"父母"、"夫妻"、"公婆"、"子女"、"弟妹"、"舅姑"。

好坏有序,如"优劣"、"美丑"、"盈亏"、"忠奸"、"善恶"、"安危"、"功罪"、"真假"、"盛衰"、"荣辱"、"利害"。

远近有序,如"古今"、"秦汉"、"周秦"、"汉魏"、"魏晋"、"隋唐"、"唐宋"、"宋元"、"明清"。

主从有序,如"纲目"、"枝叶"、"主从"、"主仆"、"公私"、"城乡"、"朝野"、"妻妾"、"本末"、"舟楫"。

扩展来看,各种并行事物、行为、状态、性质的内在联系和秩序,都会在词语顺序上反映出来。例如:"认识得更清楚更深刻","兼顾国家,集体和社员个人的利益","严格区分和正确处理","从无到有,从小到大,从弱到强的发展历史"、"一个定理的条件和结论"等。并行词语的秩序可以是客观的,也可以是主观的,即将表意上的重点放在相对靠后的位置。这同样体现了一种逻辑顺序。

词语并行的逻辑有一定的民族性。例如"大小有序",汉语时间状语的并列和地点状语的并列都循此原则,而英语的顺序则反之。如汉语说"1998 年 9 月",英语则说"in Sep., 1998";汉语说"在任何一个原子的第一层",英语则说"at the first ring in any atom"。当两个名词之间具有大和小,整体和部分的关系时,英语的顺序并不考虑逻辑,因为它既可以是 A′B(如 table's top),也可以是 B of A(如 top of the table),而汉语只能"大小有序",说 AB(如"桌面")。谢信一曾以"书在箱子的左边"、"书在箱子的上头"、"书在箱子的里头"三句话为例,指出英语表达这三种空间关系分别使用代表一维的 at,代表二维的 on,代表三维的 in 之类介词。汉语则采用两步到位的办法:

(1)用"在"指出空间关系的一般性质。

(2)指出所说的东西是在某物的旁边、上边、还是里边,来细说这空间关系。

这种方法将感知上的容器和内含物处理成物主和领有物,即箱子“拥有”里头、上头、邻近的空间。人们在表达“书”的位置时，先定整体即物主的位置，再标出部分即领有物的位置。这样一个顺序，是对现实的“临摹”，因而是一种事理逻辑。“假定咱们两人都在房子外面，你想知道我的书在哪里。我告诉你 The book is inside the drawer of the table in the house（书在房子里的桌子的抽屉里）。为了证实我的话，你可以先进入 house（房子），找到 table（桌子），弄清其 drawer（抽屉）的位置，找到那 book（书）。于是汉语就按这个时间顺序说成‘书在房子里的桌子的抽屉里’。”[①]当然，我们也可以认定在这句话中英语由小到大的顺序也是一种认知顺序，但由于英语并不把词序完全对应于某种具体的认知顺序，而只是用形态或句法成分标出或由小到大，或由大到小的可供选择的词序，因而英语表达空间方法已是浮动在现实之上的一种抽象。

当一个结构中出现动词的时候，围绕这个动作会出现一系列表示动作的时空位置，状态结果的成分，这些成分的排序依然有着经验的基础。例如：

就地点而言，如果它是动作的始点，就位于动作前，如：“我从山里来。”如果它是动作的终点，就位于动作后，如：“我来到山里。”如果它是动作的方向，仍位于动作前，如：“我到山里去。”如果它是动作者的位置，就位于动作前，如：“在山里打猎。”如果它是受动者始受位置，仍位于动作前，如：“在门上起钉子。”如果它是受动者受动终点，就位于动作后，如：“钉子钉在门上。”只有经验结构才能解释“在锅里捞饺子”和“捞饺子在锅里”的不同，也只有经验结构才能解释“在马背上跳”为什么不能说成“跳在马背上”。正如俞咏梅所言：“动词在此就像一道筛子，凡是在经验领域里能位于动作后的处所范畴，才

① 谢信一《汉语中的时间和意象》，《国外语言学》1991 年 4 月。

能在句法上位于动词后。"[①]一些学者也曾指出：同样是"字"，说"写字"的时候，"字"出现在"写"的动作后，可以说"字写在黑板上"，不可以说"把黑板上的字写了"。说"擦字"的时候，"字"出现在"擦"的动作前，可以说"把黑板上的字擦了"，不可以说"字擦在黑板上"[②]。动词的意义决定了受动者与地点的关系，这种经验结构与汉语句法形成同构。

就时间而言，如果它是动作发生的范围，就位于动作前，如"他昨天病了"。如果它是动作持续的范围，就位于动作后，如"他病了三天"。

就状态而言，如果它是动作发生时进入的状态，就位于动作前，如"他很快地跑了"。如果它是动作发生后受到的一种评价，则位于动作后，如："他跑得很快。"同样，"他很高兴地玩儿"是说"玩儿"之前的一种心理状态，而"他玩儿得很高兴"是说"玩儿"之后一种心理状态[③]。

当一个结构中出现几个动词时，动作之间的顺序更与动作实际发生的顺序一致了。例如"他去图书馆拿书"和"他拿书去图书馆"，所指经验完全不同。"他坐公共汽车到这儿"和"他到这儿坐公共汽车"，概念结构也随次序的变动而不同。

值得注意的是，中国语文研究传统几乎从一开始就以神形同构解释句法结构。例如《春秋·僖公十六年》："春王正月戊申朔，陨石于宋五。是月，六鹢退飞，过宋都。"对于"陨石于宋五"，《穀梁传》的解释是："先陨而后石何也？陨而后石也。于宋四境之内，曰宋。后数，散辞也，耳治也。"《公羊传》解释得更为清晰："曷为先言陨而后

---

① 俞咏梅《汉语象似法简论》，申小龙主编《走向新世纪的语言学》，台湾万卷楼图书有限公司，1998 年。

② 见 Li, Ying-che, "Order of semantic units in Chinese", *Journal of the Chinese*, Language Teachers Association, 1976. 11. 1. pp. 26-38。

③ 戴浩一《时间顺序和汉语的语序》，《国外语言学》1988 年 1 月。

言石？陨石记闻，闻其磌然，视之则石，察之则五。”先闻“陨”，后见“石”，数之则“五”，这是一个“耳治”的过程，是人对现象的观察过程。“耳治”的顺序“模铸”句法的结构。数词“五”的后置是“散辞也”，即“耳治”过程最终对陨石的分析。对于“六鹢退飞”，《穀梁传》的解释是：“先数，聚辞也，目治也。”《公羊传》进一步分析道：“曷为先言六而后言鹢？六鹢退飞，记见也。视之则六，察之则鹢，徐而察之则退飞。”先见“六”，后见“鹢”，察之则“退飞”，这是一个“目治”的过程。“目治”的顺序“模铸”句法的结构。数词“六”的前置是“聚辞也”，即“目治”过程开始对飞鹢的综合。可见汉语句法结构的背后正是思维过程和概念结构。“耳治”、“目治”的结果正是语言结构对客观世界的直接映照。因此古人把汉语的结构视为天地之常，自然之律。如《孔丛子·公孙龙篇》所言：“《春秋》记‘六鹢退飞’，睹之则六，察之则鹢。鹢犹马也，六犹白也，睹之得见其白，察之则知其马。色以名别，内由外显，谓之白马，名实当矣。若以丝麻加之女工，为缁、素、青、黄，色名虽殊，其质则一。是以《诗》有素丝，不曰丝素；《礼》有缁布，不曰布缁。犡牛玄武，此类甚众。先举其色，后名其质，万物之所同，圣贤之所常也。”当然，语言结构在自然之序即常序之外，也会有变序。变序往往基于人的主观意图，或强调，或突出，它依然映照着概念结构。

三、言不尽意与得意忘言

汉语语法的线性次序与经验结构和概念结构同构，这本质上是汉语语法“以意为主”，“以神统形”的结果。汉语的意义既可以“模铸”形式，以形式为其“实象”，也可以游离于形式之上，以形式为其“虚象”。这时候，形式就表现出灵活变化的特点。这种灵活变化之所以不会引起误解，也正是“得意忘言”、以神统形的结果。根据中国的语言哲学，意义最终是难以言喻的。语言形式在表达意义世界时有难以逾越的局限,因为意义是丰富而不可穷尽的。“道之为物,惟恍惟惚;惚兮恍兮,其中有象;恍兮惚兮,其中有物。”(《老子》第二十一章)如果拘泥于语言形式,就会迷失人对世界认识的“常”与“真”。因此,中国文化一方面承认“言者意之声,书者言之记,是故存言以声意,立书以记言”,一方面又认定“书不尽言,言不尽意”(孔颖达《尚书正义序》)。这就对语言形式采取了一种非常宽松的态度。无论是表达者还是阅读者,都随时准备由迹化的语言表象去把握它所蕴藏的世界本质。一旦领悟,语言的形式如何已不重要。正是这种意义的主导作用,使汉语的句法编码可以容受多变之形而不以辞害意。神形异构而统形之神不变。

汉语语法的神形异构首先表现在主宾易位上,即动词前的主语和动词后的宾语可以互换位置而意义不变。一般来说,主语和宾语对于动词具有种种不同的意义,例如前者是施与的,后者是承受的。这些不同的意义,在西方语言往往由动词和名词的形态变化来确立。所以西方语言将动词定义为具有数(Number)、体(Aspect)、人称(Person)、时(Tense)、式(Mood)和语态(Voice)等范畴的词,而宾语则通常由宾格变化或词序、前置词来标示。而汉语的动词没有这些形态变化,它的语义指向又十分灵活,所以它所联系的成分位置既不固定又无需格的标记。我们既可以说“涨潮了”,又可以说“潮涨了”;既可以说“长个儿了”,又可以说“个儿长了”。主语与宾语的功能模糊,在这里是由它们与动词的语义关系清晰来补偿的。也就是说,与动词相联系的一个名词,无论它出现在主语位置上还是宾语位置上,它和动词的语义关系不变。在意义的统摄之下,汉语的一些主宾可以易位。例如:

水淹了庄稼——庄稼淹了水
自行车走便道——便道走自行车
大脑袋戴小帽子——小帽子戴大脑袋

西昌通铁路了——铁路通西昌了

这个人没有骑过马——这匹马没有骑过人

窗户已经糊了纸——纸已经糊了窗户

竞争和战争,争霸和称霸,充满了帝国主义的整个历史进程——帝国主义的整个历史进程充满了竞争和战争,争霸和称霸。①

汉语中经常产生主宾易位的格式大致有四种:

一是容纳性的名词引起主宾易位。例如:

一条被子盖三个人——三个人盖一条被子

两个人挤一个座位——一个座位挤两个人

一瓶酒喝十个人——十个人喝一瓶酒

这把椅子坐过许多人——许多人坐过这把椅子

大碗盛菜,小碗盛饭——菜盛大碗,饭盛小碗

二是空间性的名词引起主宾易位。例如:

宣传栏贴满了广告——广告贴满了宣传栏

窗前飞过一只鸟——一只鸟飞过窗前

鲤鱼跳出水面——水面跳出鲤鱼

店堂里走进杨二嫂——杨二嫂走进店堂里

歌声响彻大江南北——大江南北响彻歌声

三是受事性的名词引起主宾易位。例如:

他一身淋了水——水淋了他一身

行人走人行道——人行道走行人

货物还没有盖苫布——苫布还没有盖货物

他终于轮到了发言——发言终于轮到了他

① 吕叔湘《汉语语法分析问题》,商务印书馆,1979 年。

脑袋顶着天花板——天花板顶着脑袋

四是心理性的动词引起主宾易位。例如：

妈妈想死你了——你想死妈妈了

你气死我了——我气死你了

你把我羡慕死了——我把你羡慕死了

我担心得你要命——你担心得我要命

我佩服死你了——你佩服死我了

在意义不变的情况下主语和宾语围绕动词的易位，其实质不在于“主”“宾”功能的变换，而在于与动词相联系的名词性成分保持着与动词的语义关系。这种语义关系的保持也发生在宾语和状语的易位上，例如：

扎根边疆——在边疆扎根

落户山区——在山区落户

造福子孙——为子孙造福

服务社会——为社会服务

从移前的“宾语”要加“在”、“为”等介词方能落实在动词前来看，这些宾语原来就具有补充的意义。在这个意义上，汉语的动宾关系是一种非常松弛的动补关系，因此既可以说“醉了酒”，也可以说“醉了人”；既可以说“酒醉人”，也可以说“人醉酒”，而“人”、“酒”与“醉”的关系不变。吕叔湘指出：“一个名词可以在入句之前做动词的宾语，入句之后成为句子的主语，可是它和动词之间原有的语义关系并不因此而消失……在一定程度上，宾语和主语可以互相转化……似乎不妨说，主语只是动词的几个宾语之中提出来放在主题位置上的一个。好比一个委员会里几个委员各有职务，开会的时候可以轮流当主席，不过当主席的次数有人多有人少，有人老轮不上罢了。”[①]这正说出了汉语在主宾易位中以神（语义关系）统形的特点。

汉语语法的神形异构又表现在反义替换上。在汉语的一些句法格式中，同一位置上意义相反的词语可以自由替换而不影响表意。例如：

动词替换。如同一则体育新闻（1984 年 5 月 13 日），《光明日报》的标题是“中国女篮大败韩国队”，《北京日报》的标题是“中国女篮大胜韩国队”。同一句式用“胜”用“败”都不影响句意。如果去掉“韩国队”，“中国女篮大胜”意思不变，“中国女篮大败”则意思变了。这说明动词“胜”的语义指向“中国女篮”，动词“败”的语义指向“韩国队”，带有“使动”的意思，转过来可以说“韩国队败”。汉语中有些动词像“败”一样，可以将所联系的名词转过来说而意思不变。有一些转向是有序的，如从宾位转到主位：

写完了一封信——一封信写完了
找着了这个人——这个人找着了
看过了那出戏——那出戏看过了

从主位转向宾位：

父亲累了——累了父亲
孩子饿了——饿了孩子
态度端正了——端正了态度
演出开始了——开始了演出
狐狸尾巴露出来了——露出了狐狸尾巴
王冕的父亲死了——王冕死了父亲
一个犯人跑了——跑了一个犯人

有一些转向是无序的，如：

① 吕叔湘《汉语语法分析问题》，第 72—73 页。

头摇摇——摇摇头

开花了——花开了

留下他——他留下①

副词替换。汉语中有些副词肯定式和否定式可以替换而意义不变。例如“好”和“好不”，当它们修饰形容词的时候，既可以共同表示肯定的意思，即“好不”等于“好”：

好不热闹——好热闹

好不聪明——好聪明

好不伤心——好伤心

好不神气——好神气

有时又可以共同表示否定的意思，即“好”等于“好不”：

好容易——好不容易

当“好不”表示否定意思的时候，替换用“好”，往往会有讽刺、说反话的意思，依然是否定：

好不争气——好争气

好不合理——好合理

好不值得——好值得

好不正派——好正派

然而在一定的情境下，“好”和“好不”又会各司其职，“好”表示肯定，“好不”表示否定：

这孩子好懂事——这孩子好不懂事

他这个人好谦虚——他这个人好不谦虚

在那里购票好方便——在那里购票好不方便

---

① 吕叔湘《说“胜”和“败”》，《中国语文》1987 年 1 月。

你的消息好灵通——你的消息好不灵通

“好不”和“好”在什么时候是神形同构，各司其职的，在什么时候是神形异构，表意相同的，很难给出一个规则来。在这里，反讽是一个重要的变数。在汉语史上，“好不”的否定义正是借助反语而有了肯定义（例如《西游记》：“若去见他，他那棍子好不重，他管你好歹就打哩！”[①]），而“好”的肯定义也是由于反讽而转为否定义的。

与“好”和“好不”相似的是“差点儿”和“差点儿没”，或“几乎”和“几乎没”，“险些”和“险些没”。这几对词的肯定式几乎都表示否定的意思，否定式几乎都表示肯定的意思。例如：

差点儿进球了——没进球
差点儿没进球——进球了

几乎认出来——没认出来
几乎没认出来——认出来了

险些考上了——没考上
险些没考上——考上了

从意义上看，“差点儿”是对后面动作的满足程度作一点否定，“几乎”和“险些”也是这样。所以“差一点进球了”的意思是没进球，而“差一点没进球”是对“没进球”的满足程度作一点否定，意思自然是进球了。然而问题并不这样简单。对于有一些动词而言，说“差点儿”，意思是否定的；说“差点儿没”，意思仍然是否定的。如：

差点儿输了——没输
差点儿没输——没输

差点儿摔跤——没摔跤
差点儿没摔跤——没摔跤

① 袁宾《近代汉语“好不”考》，《中国语文》1984年3月。

差点儿出错——没出错
差点儿没出错—没出错

为什么说“差点儿没赢”,意思是赢了;而说“差点儿没输”,意思却是没输呢?汉语的形式在这里几乎游离于意义之外。形式上的肯定,意义上却是否定(“差点儿赢了”意义上是没赢);形式上的否定,意义上却有时候是肯定(“差点儿没赢”意义上是赢了),有时候是否定(“差点儿没输”意义上是没输)。对形式的理解,几乎全赖于对意义的领悟,真正是“得意忘言”。朱德熙从“神”的作用来解释这种神形异构。他认为,凡是说话人企望发生的事情,肯定形式表示否定意义,否定形式表示肯定意义;凡是说话人不企望发生的事情,无论肯定形式还是否定形式,都表示否定意义①。这样来解释神形异构,并没有抓住“神”的本质。因为“输”既可能是说话人不企望的事,也可能是说话人企望的事。企望与否,并不直接关涉语形之神,决定理解的还是语形的意义。我们从上面的例子可以看出,遵循肯定形式作否定理解、否定形式作肯定理解的规律的,其动词意义都是正面的,如“赢”、“进球”、“考上”;遵循两种形式一律作否定理解的规律的,其动词意义都是负面的,如“输”、“摔跤”、“出错”。可见,神在统形,意义在起决定的作用,所以形的异常或曰“灵活”并不阻隔交际理解。当形式出现矛盾的时候,人们从词义可以直接意会到真实含义。这种在交际理解中随时准备超越语言形式的状态,是汉民族独有的一种理解策略。

形式上的肯定和否定的对立,在意会之后得以消解,这在副词上表现突出一些,如我们还可以说:

在睡觉以前——没睡觉
在没有睡觉以前——没睡觉

① 朱德熙《汉语句法中的歧义现象》,《中国语文》1980年2月。

他要进来——要进来
他非要进来——要进来
他非要进来不可—要进来

动词前否定与否,意义一样;否定之后,动词后再否定与否,意义还是一样。对立形式的消解,从一个侧面说明了汉语的线性组合不是形式之合,本质上是意义之合。

四、语义和功能执行句法解释权

在汉语语法的形神关系上,神对于形始终保持着独立性。中国哲学史上,庄学重意,玄学重神,禅学重心。即使儒学也讲究修养心性,强调"内省"、"三思"和"默识"。尊为儒家经典的《礼记》主张"太上立德,其次立功,再次立言"。对于"德"、"功"而言,"立言"几成可有可无之事。孔子也反复强调"讷于言"(《论语·里仁》)、"慎于言"(《论语·学而》)。孟子则云:"不得于心,勿求于气,可;不得于言,勿求于心,不可。"(《孟子·公孙丑》)"得于言"对于"心"来说,是外在的。内省、直觉、体悟、神会,才是"求于心"的途径。正由于神对于形有很大的独立性,所以汉语语法中神对于形有很大的解释空间,不受形的羁绊。当形式变化的时候,意义可以不变,甚至可以消解形式的对立。中国古代语文传统即将典籍中的"如"解释为"不如","敢"解释为"不敢"(《左传》:"若爱重伤,则如勿伤;爱其二毛,则如服焉",《正义》:"'如'犹'不如',古人之语然,犹似'敢'即'不敢'。");又将典籍中"无念"解释为"念","毋宁"解释为"宁"(《左传》:"毋宁使人谓子实生我。"杜预注:"'毋宁','宁'也。"《小尔雅·广训》:"无念,念也;无宁,宁也;不显,显也;不承,承也。")。反过来,当意义变化的时候,形式可以不变。同一个形式包容不同的意义,不同的意义从不同的角度解释形式,神形依然相安无事。我们可以从多个方面来考察。

首先，组合形式不变，个别词义变化了，句义解释却不变。例如："我待儿媳就像亲妈一样"和"我待儿媳就像闺女一样"，"亲妈"和"闺女"词义对立，却不影响两句话句义完全一致。又如："人逢知己千杯少"和"酒逢知己千杯少"，"人"和"酒"词义不同，两句话的意思却完全相同。

其次，组合形式不变，个别词义变化了，语义解释也变化了，语法构造也随之改变。如："今年教师节"是两个名词组合，"今年"限定"教师节"，由语义可知是偏正结构。而"今天教师节"，也是两个名词组合，"今天"替换"今年"后，与"教师节"成了被陈述与陈述的关系。语义上的不同解释使语构变为主谓结构。又如："出租房屋"和"出租汽车"都是名词与名词的组合，后一个名词的词义变化导致语义解释变化，语法构造也就不同。前者是动宾结构，后者是偏正结构。

其三，组合形式不变，不同的语义解释决定不同的语法构造。例如：

风化：风吹而变化——偏正结构
　　　风俗教化——联合结构
估价：估算价格——动宾结构
　　　评价——联合结构
生气：不高兴——动宾结构
　　　有活力——偏正结构
题词：题写语句——动宾结构
　　　题写的语句——偏正结构

同样，"学习文件"因语义解释不同也分别有两种语法构造，一为动宾，一为偏正。值得注意的是，语义的解释并非完全客观的。对于不少组合而言，往往是多种解释并存，多种构造并存，却不影响认知。

例如“鸟瞰”既可解释为“鸟在瞰”，又可解释为“像鸟式地瞰”；“审定”既可解释为“审查决定”又可解释为“审查而定”。

其四，组合形式不变，不同的语义解释同一的语法构造。例如：

汉语有共性，也有个性——一般个性
这个人有个性——个性突出

口袋里没钱——没带钱
家里没钱——很穷

在动词“有”和“没”的后面，出现的名词有时含义一般，有时含义特殊。说一个人“有衣服”或“没衣服”，在一定上下文中，有时指一般的任何的衣服，有时指较好的特别适合的衣服，如：“我没衣服，怎么去参加婚礼?”也有些名词平时指一般意义，一旦用到“有”和“没”后就有了特殊含义，如“有水平”、“没水平”，“有能力”、“没能力”，“有本事”、“没本事”。

其五，组合形式不变，语义关系却复杂多变。

例如，同样是偏正结构，说“水草”是指“水里的草”；说“羊草”是指“适合羊吃的草”；说“龙须草”是指“形状像龙须的草”；说“蝎子草”则指“会刺痛人的皮肤，像蝎子蜇人一样的草”。同样，说“钢刀”是“钢制的刀”；说“泥刀”却不是“泥制的刀”，而是“抹泥的刀”；说“马刀”则是“骑马时用的刀”；说“杀鸡用牛刀”，“牛刀”的意思却是“宰割牛的刀”。

我们从这里可以看出，汉语以两个名词组成的偏正结构，其语义关系却要多方意会，不是简单的“A 的 B”的关系。作为“偏”的修饰一方“A”须引起各种曲折的联想才能与“B”联结；同样，作为“正”的被修饰一方“B”也须通过各种意会才能与“A”组合起来。以“皮”为例：“果皮”的“皮”指外层，“铁皮”的“皮”指薄片，“橡皮”的“皮”指“胶状物”，“虾皮”的“皮”指“干状物”，“车皮”的“皮”指“货车厢”，“西皮”的“皮”指“戏曲声腔”，“泼皮”的“皮”指“无赖之人”。再以

“口”为例:“碍口”的“口”是“嘴”,“隘口”的“口”是“山口”,“版口”的“口”是“中缝”,“刀口”的“口”是“刀刃”,“当口”的“口”是“时候”,“对口”的“口”是“工作性质”,“灭口”的“口”是“人”,“切口”的“口”是“语言”,“牙口”的“口”是“咀嚼力”,“茬口”的“口”是“(轮作作物的)种类和(轮作的)次序”,“帮口”的“口”是“集团”。

汉语的动宾结构语义关系更为复杂,远远超出了“动宾”的范围。例如:

因“宾”而“动”——养病、养伤、养老、打抱不平;

在“宾”的地方“动”——烤火、晒太阳、报幕、谢幕、叫门、挤车、吃食堂、抢红灯、拦网、骂街、走钢丝;

在“宾”的时间“动”——玩几天、歇夏、熬夜;

用“宾”来“动”——写毛笔、吃大碗、瞪眼睛、刻钢板;

为“宾”而“动”——跑票、读博士、打扫卫生、考研究生;

从“宾”中“动”——下楼、恢复疲劳;

由“动”到“宾”——上山、下乡、下湖;

向“宾”而“动”——报关、走亲戚;

根据“宾”而“动”——打谱;

使得“宾”“动”——吃饱肚子、走马、走人、歇脚、回春、看医生;

反“宾”为“主”——下雨、开花、堵车、拉肚子;

“动”他而得“宾”——卖钱(卖出物品而得钱)、晒盐(晒干海水而得盐)。

以上这些语义关系都游离于“动作——受事”这一正常的动宾关系之外。由于形不变而神多变,一些动宾组合也会产生歧义。如“招研究生”既可理解为一般动宾关系,即“录取有研究生资格的人来工作”,又可理解为“招收有本科生资格的人来读研究生课程”;“上课”既可理解为“教师讲课”,也可理解为“学生听课”。

汉语的动补结构与动宾结构一样充满了复杂多变的语义关系。由于动补结构往往和动宾结构叠加在一起,语义的变化更加扑朔迷

离,难以从形式本身得到正解。例如:

"拉紧缰绳"是"拉缰绳而缰绳紧了";

"踢坏三双鞋"是"踢(　　)而使三双鞋坏了";

"馋掉了牙"是"馋而牙掉了";

"苦出了头"是"苦而(　　)出了头";

"喝醉了酒"是"喝酒而(　　)醉了";

"看完了书"是"看书而看完了";

"把他气跑了"是"他气而他跑了";

"把他说动了心"是"说他而他动了心";

"把眼睛盼红了"是"盼(　　)而眼睛红了";

"把事情忙忘了"是"忙(　　)而忘了事情";

"被闺女逗笑了"是"闺女逗(　　)而(　　)笑了";

"被泪流湿了"是"泪流而(　　)湿了";

"被掌声羞红了脸"是"掌声羞(　　)而脸红了"。

有些动补结构甚至说不清其中的关系,例如:"你今后别再研究火箭了!人也研究老了,家也研究穷了,身体也研究垮了。"其中"人"、"家"和"身体"与动词"研究"说不清是什么关系,只与补语"老"、"穷"和"垮"有主谓关系①。

其六,组合形式不变,语义上却作了重新分析。例如:

"非常":"这是一个非常时刻","非常"指"不平常"。但我们又可以说:"这件事发生在他的身上非常平常",语义上不能分析为"不平常的平常"。

"半天":"他半天看完了这本书","半天"指白天时间中的一半。"他半天说不出话来","半天"只是指好长一会儿。

"同学":"我和他是同学","同学"是一种称谓。"我和他同学四年","同学"是动作行为,可以说"同过四年学"。"同过学"对"同

① 吕叔湘《汉语句法的灵活性》,《中国语文》1986年1月。

学”的语义作了重新分析。

“随便”:“这个人说话很随便”,“随便”是一种形容。“这件事我随便你”,“随便”是动作行为,也可以说“随你的便”。“随你的便”对“随便”的语义作了重新分析。

“将军”:“他是常胜将军”,“将军”是一种称谓。“小心他过来将军”,“将军”是动作行为,也可以说“将你一军”,“将他的军”。“将你一军”对“将军”的语义作了重新分析(也可以说是恢复了“将军”的古义)①。

汉语中对组合形式的重新分析,往往是由于组合中的“字”又显出了其独立意义。从这个角度看,汉语中的组合由于是“字组”,在凝固性上是先天不足的。汉语的语素以单音节为主,书面上就是以“字”为基本单位。“字”与“字”既可以组合成一个语义相对纯一的单位,如“非常”、“同学”,又可以从这个组合中游离出来,回复其本身的字义。这种组合中的相对独立性使汉语的形式理解不断发生着语义乃至语法的重新分析。由分到合,由合到分,分分合合,人们只有“以神统形”才能真正理解分合中的形式。

从由分到合来看,汉语中许多字组可以在形容、描写的意义上凝固起来。例如“很不讲道理”、“真有点不识好歹”、“太岂有此理”、“派头得很”,甚至“很技巧地谈谈”、“十分女人的问题”。汉语中的确有许多形容词是这样凝结起来的,只是习焉不察罢了,例如“小心”、“客气”、“满意”。

从由合到分来看,汉语中许多字组无论其结构如何都可以重新分析成动宾结构。例如“唱歌”、“跳舞”、“睡觉”、“提醒”,本来都是表示两个动作的并列式,人们却可以说“唱了一首歌”、“跳一个舞”、“睡一个好觉”、“提个醒”。“小便”原来是偏正结构,人们却可以说“小过便了”,“小”成了动作,“便”成了事物。即使是一些语义上不

① 赵元任《汉语结构各层次间形态与意义的脱节现象》,《国外语言学》1981 年 1 月。

可分析的联绵词，人们依然可以把双音节拆成“动”和“宾”，例如“慷慨”重新分析为“慷他人之慨”，“滑稽”重新分析为“滑天下之大稽”。赵元任曾举出两个极端的例子也说明汉语中“字”的分析性：“学了点英语的中国学生给英语动词也编了一些可能语气形式，如：quali-得-fy（配得上）或 quali-不-fy（配不上）。上海的电车，并不通宵行驶。行人夜出，自然十分关心各路末班车，于是有了‘赖四卡’这一名称，即 last car 的沪译。但是倒数第二班车也有实用意义，既然‘四’的前边是‘三’，还有比说‘赖三卡’更自然的吗？于是又有了‘赖三卡’！”[①]吕叔湘还曾举出因“字”的分析性而引出句法重新分析的例子。其一曰：“下雨了，客人想赖着不走，在一张纸上写下五个字：‘下雨天留客’。主人接下去也写五个字：‘天留人不留’。客人又在旁边加上四个圈，把十个字断成四句：‘下雨天。留客天。留人不？留。’”其二曰：“有人把唐人的一首七绝改成一首词：‘清明时节雨，纷纷路上行人。欲断魂。借问酒家何处？有牧童遥指杏花村。’这样的词牌是没有的，可是的确是词的句法。”其三曰：“有一个人在一处作客，吃到南京板鸭，连声说：‘我懂了，我懂了。’人家问他懂了什么，他说，‘我一直不知道咸鸭蛋是哪来的，现在知道了，是咸鸭下的。’这就是说，他把‘咸|鸭蛋’当作‘咸鸭|蛋’了。”[②]

中国古代语文传统把“字”看作语法的基本单位，认为“句者，局也。局言者，联字以分疆”。“夫人之立言，因字而生句，积句而成章，积章而成篇。篇之彪炳，章无疵也；章之明靡，句无玷也；句之清英，字不妄也。振本而末从，知一而万毕矣。”（《文心雕龙·章句》）正因为以字为本而字义又很有弹性，所以汉语形式松弛而容许有丰富的语义解释。字的灵活组合为神的解释提供了自由空间。反过来，神的解释对字组的结构作了最终的认定。汉语语法中这样一个“形”与

---

① 赵元任《汉语结构各层次间形态与意义的脱节现象》，《国外语言学》1981 年 1 月。

② 吕叔湘《语文常谈》，三联书店，1980 年，第 48—49 页。

"神"的互动过程,钱锺书也有精辟的论述。他认为汉语的理解不能只看"句型"即表面形式。如果"泥于文理,未超象外以究事理、心理",即未能悟神而解形,那么必然"不克钩深致远"。清代朴学家认为"既通其词,始求其心"(凌廷堪《楼礼堂文集》卷三五《戴东原先生事略状》),即由语形求语义,"主张诚是也"。"然复求心始得通词,会意方可知言,譬文武之道,并物而错,兼途而用,未许偏废尔"①。这里说的"求心始得通词,会意方可知言",正是汉语语法的以神解形之道。钱锺书以"不×不×"格式为例,指出"此类句法虽格有定式,而意难一准"。或为因果句,如《论语·述而》之"不愤不启"即"不愤则不启",《墨子·尚贤》之"不义不贵"即"不义则不贵"。或为并列句,如《礼记·礼器》之"不丰不杀"即"不丰亦不杀",《圆觉经》之"不即不离"即"非即非离"。如果以为"丰"与"杀","即"与"离"皆二义相反,便类推"谓纳二字训反者于此匡格中,斯成两端(并列)句,则又非也"。如韩愈原道之"不塞不流,不止不行",虽"塞"与"流","止"与"行"二义相反,仍为因果句。所以,"只据句型,末由辨察;所赖以区断者,上下文以至全篇、全书之指归也"②。"上下文以至全篇、全书之指归"是语言形式"神"之所在。汉语的语法分析离不开"神"的导引,"神"的统摄,语义和功能执行对句法的解释权,这是中国语言深刻的文化特征。

钱锺书

① 钱锺书《管锥编》第三册,中华书局,1979年,第1056页。
② 钱锺书《管锥编》第一册,中华书局,1979年,第171页。

5 汉语语法的弹性建构

一、道器不离的领悟空间

中国哲学认为,天人本来合一,物我本属一体,内外融为一片,在这样一种综合性的宇宙观指导下,中国哲学将事物之外象与其内理统一起来,认为“道之外无物,物之外无道”(程颢《语录》四)。因而“道”与“器”别而不离,如程颢所言:“形而上为道,形而下为器。须著如此说,器亦道,道亦器。”(同上一)“事”与“理”别而不离,如程颐所言:“至显者莫如事,至微者莫如理,而事理一致,微显一源。”(同上二五)“体”与“用”别而不离,如程颐所言:“至微者理也,至著者象也。体用一原,显微无间。”(《程氏易传序》)对于事物与其性质、功能的关系,中国哲学有许多精辟的表述:

拿“道”“器”(物)不离来说,古人云:“道不能无物而自道,物不能无道而自物。道之有物,犹风之有动,犹水之有流也。夫孰能间之?故离物求道者,妄而已矣。”(南宋胡宏《知言》)事物与其性质、功能不可分离,因而是可以相互涵盖的。“道非是外事物有个空虚底,其实道不离乎物,若离物则无所谓道。”(陈淳《北溪字义》)于是举物象则道理寓焉,论道理则物象涵之。

拿“体”“用”不离来说,古人云:“即体而言,用在体;即用而言,体在用:是谓体用一原。”(王阳明《传习录》)事物不是“静止”的,而是“流行”的。事物的本体是运用中、功能显示中的本体;事物的功用则是本体之功用,本体之“流行”。离开事物便没有性质和功用,离开功用也就没有事物的存在。当我们注目事物之体的时候,当明白它是“用之藏”,即体通向用;当我们注目事物之用的时候,当明白它是“体之显”,即用由体出,用不离体。

由此,则中国人眼里的事物单位,体用相连,内外融通,功能发散，意蕴丰润。这一点与西方哲学殊为不同。张岱年指出：“中国哲学家都承认本根不离事物。西洋哲学中常认为本根在现象背后，现象现而不实，本根实而不现，现象与本体是对立的两世界。这种‘本根是虚幻现象之背后实在’之观念，多数中国哲人，实不主持之。中国哲人决不认为本根实而不现，事物现而不实，而以为事物亦实，本根亦现；于现象即见本根，于本根即含现象。”①是实亦现、现亦实，还是实而不现、现而不实，划出了中西文化单位论的清晰的界线：前者是弹性的，灵动的；后者是刚性的，确定的。

一个体用相连、内外融通、功能发散、意蕴丰润的单位，必然是能适应各种变化的。中国哲学认为“物之生也，若骤若驰，无动而不变，无时而不移”（《庄子·秋水》）。“在天成象，在地成形，变化见矣”（《周易·系辞上》）。置身于这样一个变动不居的过程，任何单位唯有“周流六虚”而不为定规，“上下无常”而不为“典要”（即刻板的公式），“唯变所适”，才能充分发挥作用，以达到恒久。如果说一个单位的“体”是静，“用”是“动”，那么中国哲学主张“无间于动静”。“其静也，常觉而未尝无也，故常应。其动也，常定而未尝有也，故常寂。”（王阳明《答伦彦式》）动与静不能硬作分别，而应动静合一。因为“若以天理观之，则动之不能无静，犹静之不能无动也”（朱熹《答张敬夫》）。“静者养动之根，动者所以行其静。”（《朱子语类》十二）由此观之，一个动静无间的单位，它在适应各种变化中是非常灵活的。

然而，一个体用相连、内外融通、功能发散、意蕴丰润的单位，又是非常简易的。一方面变中有不变，“天之道，有序而时，有度而节，变而有常”（董仲舒《春秋繁露·天容》），变化不是烦乱无章，而是有常则，有条理的；另一方面，“易简而天下之理得矣”（《周易·系辞上传》）。中国哲学认为“天下之动，贞夫一者也”（《周易·系辞下

① 张岱年《中国哲学大纲》，中国社会科学出版社，1982 年，第 15 页。

传》），世象虽然繁杂，变化虽然灵活，但其中有至简者存在。得其易简之理，“观其所恒，而天地万物之情可见矣。”（《周易·彖下传》）由是观之，人们要想“极天下之赜”，惟有识天下之简。以简驭繁，才是活跃在中国文化各种样式中的那些基本单位的真谛。正如郭绍虞所指出的，中国人的思想是很能从错综复杂的现象中理出头绪，寻出规律，使之简易化，然后再从简易入手，驾驭各种变化和复杂事情。正因其易简，所以要明其变。而正因其变，所以要观其通，在灵活多变中找出各种通例，发现规律。这是汉人学汉语所以能“神而明之”的缘故①。

中国哲学对文化各种样式中基本单位简易而又富于变化的看法，与中国语言有深刻的联系。汉语的基本单位正是体用相连、内外融通、功能发散、意蕴丰润的。正是汉语的这一特征决定了中国哲学乃至文学艺术的表述特征。冯友兰曾指出，西方人读中国哲学著作，第一个印象也许是这些言论和文章都很简短，没有联系。打开《论语》，你会看到每章只有寥寥数语，而且上下章几乎没有任何联系。《老子》全书都是名言隽语。《庄子》各篇大都充满比喻例证。习惯于精密推理和详细论证的西方人，要了解这些中国哲学家到底在说什么，简直感到茫然。冯友兰认为：

> 中国哲学家惯于用名言隽语、比喻例证的形式表达自己的思想。……名言隽语一定很简短；比喻例证一定无联系。因而名言隽语、比喻例证就不够明晰。它们明晰不足而暗示有余，前者从后者得到补偿。当然，明晰与暗示是不可得兼的。一种表达，越是明晰，就越少暗示；正如一种表达，越是散文化，就越少诗意。正因为中国哲学家的言论、文章不很明晰，所以它们所暗示的几乎是无穷的。②

---

① 郭绍虞《汉语语法修辞新探》，商务印书馆，1979 年。

② 冯友兰《中国哲学简史》，第 17 页。

所谓“暗示”,正是由于汉语词语的体用相关,内外融通,功能发散和意蕴丰润。所以能够使中国的诗人“想要传达的往往不是诗中直接说了的,而是诗中没有说的”。以至“聪明的读者能读出诗的言外之意,能读出书的‘行间’之意”①。冯友兰举《庄子》中两位圣人相见而不言,“目击而道存”的例子,指出按中国古代哲学道家的看法,“道”不可道,只可暗示。语言对“道”的表述,不是靠语言固定的外延和内涵,而是靠语言的暗示、语言的“透露”。而且,语言一旦达到了暗示的目的,它就该忘掉。所谓“言者所以在意,得意而忘言”(《庄子·外物》)。这样看来,汉语的单位,在很大意义上,不是一个论证单位,而是一个意义支点,即一个意义的触发机制。这样一个意义支点或者说触发点,当然不可能是“确意的”、“确证的”,而只能是富于弹性的,多义且多功能的。只有这样才便于蕴涵丰富的内容,便于展开丰富的联想,便于在意会中进行各种可能的搭配组合,便于拓展无限的领悟空间。中国传统哲学就认为对“道”、对“理”这些概念的认识,只要用力恒久,就会豁然贯通。

冯友兰

那么,能不能对汉语的富于弹性和暗示的单位加以解释呢?冯友兰持否定的意见。他指出:“《论语》、《老子》中简短的言论,都不单纯是一些结论,而推出这些结论的前提都给丢掉了。它们都是富于暗示的名言隽语。暗示才耐人寻味。你可以把你从《老子》发现的思想全部收集起来,写成一部五万字甚至五十万字的新书。不管写得多么好,它也不过是一部新书。它可以与《老子》原书对照着读,也

① 冯友兰《中国哲学简史》,第17页。

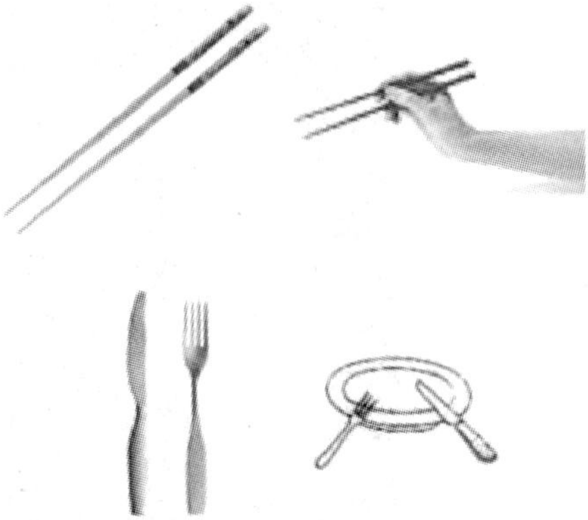

筷子、餐刀餐叉

可以对人们理解原书大有帮助,但它永远不能取代原书。……他(郭象)是《庄子》的大注释家之一。他的注,本身就是道家文献的经典。他把《庄子》的比喻、隐喻变成推理和论证,把《庄子》诗的语言翻成他自己的散文语言,他的文章比庄子的文章明晰多了。但是,庄子原文的暗示,郭象注的明晰,二者之中,哪个好些?人们仍然会这样问。后来有一位禅宗和尚说:'曾见郭象注庄子,识者云:却是庄子注郭象。'(《大慧普觉禅师语录》卷二十二)"[①]冯友兰对汉语单位的"暗示"的理解,正是"不可论证"或没有"确意"的。一旦论证,一旦给以确定的涵义,就丢掉了汉语单位的"暗示"。这样看来,汉语词的弹性不是一种"术",一种技能或方法,而是一种本性。现代科学在认识它的时候,不能把它视为一种要破解的对象,而只能把它视为一个要理解和体悟的宇宙。事实上,正如冯友兰所指出的,富于暗示,而不是明晰得一览无遗,是一切中国艺术的理想,诗歌、绘画以及其他无不如此。诗人想要传达的往往不是诗中直接说了的,而是诗中没有说的。画的线条和颜色也是如此。我们可以说,单位、尤其是基本单位的简易而富有弹性,是中国文化各种样式的一个共同的组织方略。中国的筷子是很简单的,它远远比不上西方餐刀餐叉的复杂。筷子的功能又是不确定的,它不像餐刀有"切"的确定性,餐叉有"戳"的确定性。然而筷子既能"切",又能"戳",既能夹,又能挑,无所不能。中国的毛笔是简单的,也是不确

① 冯友兰《中国哲学简史》,第18—19页。

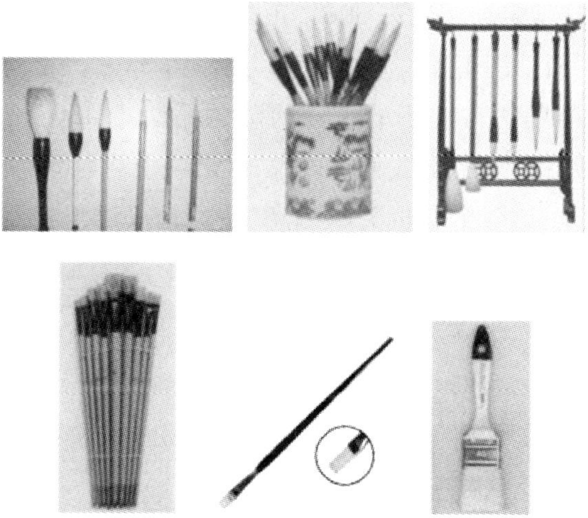

毛笔、油画刷子

定的，不像西方的油画刷子和钢笔那样“刚”而确定。但“笔软则奇怪生焉”，毛笔运用中有粗细浓淡润枯正侧起伏方圆等各种变化。中国文化的基本单位就如老子所言“无执故无失”，孔子所言“无可无不可”。这就是贯注在中国语言中的一种文化精神。

二、体用一原与动静相涵

汉语语法中基本单位的弹性，首先表现在功能弹性上。启功曾形象地指出，汉语的词“是一种多面功能的零件：譬如一个螺丝钉，可以左右旋转，也可以钻进、退出，更可以用锤直接钉入或用钳直接拔掉。例如‘衣’和‘食’，作为名词，是衣服，食物；作为动词则是穿衣的‘穿’、吃饭的‘吃’。所以可以说‘解衣衣我，推食食我’。如果说‘衣我食我’，即是‘给我衣穿，给我饭吃’，那么这句中的‘衣’‘食’二字中即同时各具有动、名两种性质”①。事实上《左传》中“衣”的动

① 启功《古代诗歌、骈文的语法问题》，《北京师范大学学报》1980 年 1 月。

词用法占61%,名词用法占39%,正是同时具有动、名两种功用的。其他如“雨”的动词用法占62%,名词用法占38%;“妻”的动词用法占31%,名词用法占69%;“冠”的动词用法占40%,名词用法占60%,都说明了这一点。我们可以说,汉语一个基本单位(字)同时具有一静(名)一动两个有机关联的意义,这是汉语与生俱来的特点。我们在《孟子》中就可以看到大量这样的例子:

舜在床琴。(“琴”,弹琴。)
汤武身之也。(“身”,亲身体验。)
夫人蚕缫以为衣服。(“蚕”,养蚕。)
是天子而友匹夫也(“友”,做朋友。)
馆于上宫。(“馆”,住旅馆。)
礼人不答反其敬。(“礼”,以礼对待。)
有诸内必形诸外。(“形”,显形。)
则文王不足法与。(“法”,效法。)
民亲其上。(“亲”,认作父母。)
填然鼓之。(“鼓”,击鼓。)
许子冠乎。(“冠”,戴帽。)
得百里之地而君之。(“君”,称君。)
父不得而子。(“子”,当作儿子。)
孔子主我。(“主”,当作主人。)
戚之也。(“戚”,当作亲戚。)

我们看到上古汉语中大量的实词同时具有动、静两种涵义。它反映出中国哲学对事物的运动和静止的关系的深刻理解。先秦哲学就提出“轮不辗地”(《庄子·天下》),即运动中的车轮与地面只是瞬间接触,它既在某一点空间又不在某一点空间。先秦哲学又认为“镞矢之疾,而有不行、不止之时”(同上),即运动中的箭头在一个瞬间既在某一点又不在某一点。这就表明动中有静,静中有动。而古希腊哲学却认为“飞矢不动”，即箭的运动是由一个一个静止的点连接起来的，连接起来的点依然是静止的。他们无法理解看上去矛盾的动静观。中国哲学却认为，“一动一静，互为其根。”（周敦颐《太极图说》）“动静互涵，以为万变之宗。”（王夫之《周易外传·震》）“方动即静，方静旋动，静即含动，动不舍静，善体天地之化者，未有不如此者也。”（王夫之《思问录·外篇》）这就解释了中国语言何以具有动静一原的功能弹性。这种功能弹性在现代汉语中也屡见不鲜。例如：

锄（“举起一把锄锄地”）
铲（“拿来一把铲铲泥”）
锁（“用这把锁把门锁上”）
盖（“一个盖子盖一只碗”）
网（“一张大网网不住满地鱼”）
圈（“画个圈圈了一大块地”）
捧（“手捧一捧枣儿”）
套（“套上手套”）
粉（“用石灰粉把墙粉粉”）
猫（“这只猫猫着腰”）
顶（“找根棍儿把屋顶顶住”）
尿（“孩子尿尿了”）
点（“在眉心点上一个红点”）
电（“这根火线上的电会电死人”）
挑（“挑了一挑柴”）
铁（“他铁了心去城里打铁”）
奶（“他是婶娘的奶奶大的”）
油（“放一小勺油，油油锅底”）
板（“先生站在黑板前，板着脸”）
冰（“把毛巾用冰冰一下”）

标志("交通标志","标志着进步")
意味("意味深长","意味着团圆")
策划("担任策划","策划阴谋")
关系("师生关系","关系你我")
意思("有点意思","意思一下")
祸害("一个祸害","祸害百姓")
笑话("说个笑话","别笑话他")
鱼肉("爱吃鱼肉","鱼肉百姓")
精神("打起精神","精神起来")
神气("神气慌张","神气起来")
胳肢("天不怕,地不怕,就怕胳肢他的胳肢窝")

在汉语的历史发展中,也有不少动静一原的字在形式上作了区分。如"门上钉着一个钉子","钉"之动为去声,静为阴平。"背在背上","背"之动为阴平,静为去声。"扇扇子","扇"之动为阴平,静为去声。还有一些词语由原来的静义而发展出动义,如"荼毒"、"网罗"、"草菅"、"鞭策"、"牺牲"、"物色"、"形容"、"左右"等。

在汉语基本单位的弹性功能中,动静一原一般属于"体之用",如中国哲学所认为的"静即太极之体,动即太极之用"(《朱子语类》卷九十四)。且"静者为主,而动者为客"(朱熹《答徐彦章》,《朱文公文集》卷五十四)。我们从以上一些例子可以看出,它们先有静义,由静涵动。然而中国哲学又认为"动而成象则静"(《张子正蒙注·太和篇》)。在汉语中,"动而成象"就是动词出现在事物性的位置(如"主语"、"宾语"、"中心语")上。如"有吃有穿"、"鱼吃跳,鸡吃叫"、"来就好"、"打也没有用"、"这一次进攻给了对方一个沉重的打击"。在汉语中,有许多双音动词可以将宾语前置而为修饰语,自己则事物化为中心语。例如"安排日程"转为"日程安排",后者中的"安排"已由动转静,因为在中心语的位置上,"动"已"成象"。类似例子有:

情况调查　工作检查　工作汇报　书法爱好
环境保护　外语学习　书稿校对　形势分析
书刊发行　会议筹备　商品采购　智力测验
体能测试　内容介绍　工作调动　经验交流
资料整理　灯具批发　土地使用　家电维修
感官刺激　诗歌朗诵　时事评论　噪声控制
政策研究　情感表达　气象观察　口语练习
经验总结　企业管理　乐队指挥　体制改革

由此可见,在汉语基本单位的功能弹性中,动静一原、动静相涵是一个重要特征。

三、“有分无分”与虚实相涵

汉语基本单位的功能,除了动静相涵,还可以虚实相涵。所谓虚,是指对事物性状的描写,这些描写一般是抽象的,如“桃红柳绿”中的“红”与“绿”,“人高马大”中的“高”与“大”。这些形容性的词,经常可以由抽象的性状含义进一步涵盖与性状有关的实体事象和动作的含义,使虚中见实,融性状与动作、性状与事物事象为一体。由此,形容性的单位功能也显出极大的功能弹性。

首先,性状之虚涵盖事物事象之实。古汉语中即有这样的用例。例如:

且夫贱妨贵,少陵长,远间亲,新间旧,小加大,淫破义,所谓六逆也。(《左传·隐公三年》)

小学而大遗,吾未见其明也。(韩愈《师说》)

披坚执锐,义不如公。(《史记·项羽本纪》)

乘坚策肥,履丝曳缟。(《汉书·食货志上》)

汉语成语是一种历史积淀,其中以性状之虚涵盖事物之实尤为常见,且多处于对举形式中。例如：

挑肥拣瘦　驾轻就熟　推陈出新　因小失大
标新立异　除旧迎新　喜新厌旧　拈轻怕重
舍近求远　恃强凌弱　改邪归正　隐恶扬善

现代汉语中，以性状涵盖事物事象也十分普遍。例如“吃苦”、“见红”、“一横”、“一竖”、“爱干净”、“保守秘密”、“拣了一个便宜”、“搞特殊”、“带来便利”、“出危险”、“装老实”、“维持稳定”、“喜欢热闹”、“给个方便”、“不怕困难”、“扶贫”、“帮困”、“忍受痛苦”、“描红”、“哭穷”、“不辞辛苦”、“偷闲”、“效忠”、“图个清静”、“冲破黑暗”、“损害健康”、“看见光明”、“不知疲倦”、“讨厌虚伪”、“热爱和平”、“打破沉寂”、“饱尝艰苦”、“扑了个空”、“全身发紫”、“人间温暖”、“认生”、“踏青”、“逼真”、“掺假”。

当性状对举的时候，它的事物化、事象化更明显。例如“不知好歹”、“分清是非”、“一家大小”、“妻儿老小”、“全村老幼”、“不论亲疏”、“人间冷暖”、“黑白分明”、“有深有浅”、“旱涝保收”、“各有短长”、“不分生熟”、“粗中有细”、“肥瘦搭配”、“区分轻重缓急”、“吃软不吃硬”、“厚薄价钱不一样”、“只卖真，不卖假”、“穿鲜戴艳”，“披红挂彩”。值得注意的是性状对举在有些格式中涵义并未事物化或事象化：

这幅画长不长短不短的，怎么挂？
这幅画不长不短，正好挂。

这席子宽不宽窄不窄的，怎么用？
这席子不宽不窄，正合适。

显然，性状的事物、事象化只有在通常是事物（名词）出现的位置上才有可能。

性状之虚涵盖事物、事象之实，而虚与实又是相互转化的。所谓“用虚字要沉实不浮，用实字要转移流动”（《雅论》）、“下虚字难在有力，下实字难在无迹”（《诗笺》），正表明中国语文的运用有必要也有可能灵活凸显字的虚与实两个方面。既虚字实用，用抽象的性状涵摄物象；又实字虚用，或曰“死字活用”，用事物涵摄其所具之性状。在古代汉语中最典型的就是用事物（或人）直接修饰动用，表示动作的状态、性质。例如：

（秦昭王）蚕食诸侯，使秦成帝业。（李斯《谏逐客书》）

陈涉首难，豪杰蜂起。（《汉书·陈胜项籍传》）

（狼）蛇盘龟息，以听命先生。（马中锡《中山狼传》）

雄州雾列，俊采星驰。（王勃《滕王阁序》）

天下云集而响应，赢粮而景从。（贾谊《新书·过秦论上》）

周有天下，裂土田而瓜分之。（柳宗元《封建论》）

丁壮号哭，老人儿啼。（《史记·循吏列传》）

现代汉语中也有这样的例子，如“礼貌待客”、“一身渔民打扮”、“真心希望”、“深情注视”、“土法上马”、“婉言谢绝”。有些物象须加“地”来修饰动作，如“历史地看问题”、“本能地抬起手”、“热情地说”，台湾省“八股地说”。有些物象须数量化后再修饰动作，如“一口气看完”、“两条腿走路”、“她一个人旅行”、“他几句话就说服了对方”。

然而在现代汉语中，以事物之实涵摄事物性状之虚，在修饰语中更为常见。例如“龙眉凤目”、“金色池塘”、“榆木脑袋”、“知识分子架子”、“骨肉同胞”、“新潮青年”、“热门话题”、“权威杂志”、“关键部门”、“色情文学”、“专业水准”、“营养午餐”、“传统工艺”、“傻瓜相机”、“快餐文化”、“背景音乐”、“问题少年”、“阳光少年”、“花园城市”、“另类音乐”、“红旗列车”、“魔鬼身材”、“霸王车”、“事儿妈”、“草根阶层”、“深度报道”、“子弹火车”、“趣味数学”、“白马王子”、“强人政治”等。以物象凸显性状甚至大量出现在专表性状程度的副词后。例如“十分专业”、“特传统”、“十分艺术”、“很洋派”、

"很权威"、"很关键"、"很新潮"、"很女人"、"很热门"、"很理性"、"非常绅士"、"非常福气"、"真运气"、"非常青春"、"挺男人"、"太商业"、"很规律"、"较孩子气"、"相当本色"、"净事儿"、"实在晦气"、"不太内行"、"非常八卦"。

其二，性状之虚涵盖动作之实。以性状凸显动作的某一方面可以说是汉语的一大特点。上古汉语中即有大量的例子。如《孟子》一书中就有：

老吾老以及人之老。（"老"，当作老人）
幼吾幼以及人之幼。（"幼"，当作小孩）
孔子贤之。（"贤"，认为贤）
请轻之。（"轻"，减轻）
匠人斫而小之。（"小"，使变小）
齐宣王欲短丧。（"短"，缩小）
益烈山泽而焚之。（"烈"，用烈火烧）
不行仁政而富之（"富"，使富起来）
射者正己而后发（"正"，使端正）
君子远庖厨（"远"，使远离）

在现代汉语中，形容性状的词语表示一种动作，会产生生动的效果。例如"红了脸"、"壮壮胆"、"弯腰"、"斜着眼"、"松口气"、"静下心"、"多事"、"短粮食"、"烫手"、"宽心"、"累人"、"厚着脸"、"瞎了眼"、"温酒"、"热牛奶"、"横下心"、"破门"、"苦着脸"、"哑着嗓子"、"瘸着腿"、"活命"、"脏了手"、"直起腰"、"匀一半"、"紧螺丝"、"低头"、"狠一狠心"、"光着膀子"、"湿了鞋"、"白了一眼"、"亮底牌"、"暖人心"、"乱阵脚"、"傻眼"、"黑了天"、"稳住情绪"、"小了一圈"、"润一润嗓子"、"忙工作"、"晚了半个月"、"少了一条腿"、"强身健体"、"够格"、"青了一块"、"粗着脖子"、"扁着嘴"、"空着手"、"聋了耳朵"、"坏了事"、"一下子黄了脸"、"慢下步子"、"偏心"、"滑跤"。

双音节的形容性词语表示动作在现代汉语中就更常见了：

完善制度 端正姿势 模糊了双眼 麻烦你
冷淡客人 安定边疆 平整土地 明白道理
缓和情绪 深入部队 方便百姓 集中精神
密切关系 繁荣市场 突出重点 严格纪律
壮大队伍 严肃党纪 健全体魄 孤立敌人
纯洁心灵 疏远同学 开阔视野 清醒头脑
勉强对方 涣散人心 焕发精神 激动人心
坚定信心 忠诚事业 松懈斗志 便宜你了
强暴妇女 丰富知识 辛苦自己 活跃气氛

由性状之虚涵盖动作之实，对于许多人可能已习焉不察。其中的一些词甚至看上去已像"动词"。然而如果我们再看一下台湾汉语中的相关现象，就会对汉语词的功能弹性叹为观止。反过来台湾说汉语的人看祖国大陆的上述现象也会发出同样的感叹。例如"热闹"、"枝蔓"、"充裕"都描写性状，可台湾汉语可以说"热闹了澎湖人心"，"枝蔓了这番话"，"充裕了物资供应"。

性状之虚和动作之实，同样是可以虚实转化的。它既可以由虚到实，也可以由实（动作）到虚（性状）。例如"打手"、"看板"、"听力"、"想法"、"笑星"、"买家"、"住房"、"借条"、"飞鸟"、"行船"、"游侠"、"讲稿"、"落叶"、"流水"、"来宾"、"闹市"、"笑脸"、"哭腔"、"喜糖"、"怒容"、"玩具"、"爱心"、"说客"、"跑车"、"动力"、"站位"、"转叶"、"醉蟹"、"走狗"、"跳棋"、"演员"、"挂钟"、"贴纸"、"躺椅"、"跪姿"、"钻井"、"垂线"、"吊环"、"藏书"、"刻刀"、"画笔"、"抄本"、"炒菜"、"扶梯"、"踏板"。

以上都是单音动作词虚化为性状词。双音动作词的虚化更为普遍。例如：

领导人 集中营 装卸工 号召力 报告团

印刷品	记录纸	包装袋	申请书	战斗队
包围圈	指挥员	研究所	粉碎机	创作室
邀请信	安慰赛	折叠床	招待费	招呼站
支持率	选择题	训练课	修改稿	消化药

翻译小说	培养计划	学习方法	投降士兵
帮忙热线	阅读材料	运输车队	增长数字
照顾名额	执行方案	治疗水平	遗失物品
游行纪律	休息时间	宣传任务	推荐名单
替换衣服	审查范围	侵略行为	庆祝大会

以动作涵盖性状甚至出现在专表性状程度的副词后，这时候的动作已完全性状化了。例如“很刺激”、“太投入”、“挺帮忙”、“很安慰”、“很保险”、“很轰动”、“相当动摇”、“挺坚持”、“很讲究”、“很节约”、“挺流行”、“最捣乱”、“有点迷信”、“不太普及”、“很肯定”、“挺算计”、“挺坦白”、“非常优待”、“挺折腾”、“太保守”、“太操劳”。

从以上这些例子我们可以看到，汉语基本单位的功能在运用中非常灵活，具有很大的弹性。一个词的意义是凸显物象、动作即实用，还是凸显性状即虚用，全在于具体的上下文中的运用。中国传统语文学认为：“字之虚实有分而无分。本实字而止轻取其神，即为虚字；本虚字而特重按其理，即如实字。”（谢鼎卿《虚字阐义》）“迨涉笔用之，始得其虚活处。”（袁仁林《虚字说》）“有分而无分”是对“字”的功能弹性的十分精当的表述。正因为“有分而无分”，才能以简洁的单位作灵活多变的组合，达到最佳的修辞效果。启功曾形象地指出：“‘不远千里而来’，即是‘不以千里为远而来’，或‘不怕千里之远而来’，‘何陋之有’，即是‘有何陋呢’，在今天口语中仍有‘有什么道理可讲’的句型，事实上是‘还讲什么道理呢？’句型颠倒，语义并无变更。如果明白词是一个具有多面功能的零件，那么许多倒装句子有时并非真正倒装的。即如上边所说的‘远’字，即具有‘以为远’、

'怕远'、'以远走为苦'等含义,'不远千里而来'也就可顺着讲成'不怕远去千里而来'了。"①

四、左右逢源与积木组合

汉语基本单位的动静互涵、虚实互涵,还经常结合在一起。即一个单位既表示事物、事象,又表示动作,还表示性状。例如:

便宜(拣了一个便宜、很便宜、便宜你了)
方便(行行方便、很方便、方便大家)
优惠(给你优惠、优惠价、优惠你)
游泳(学游泳、游泳池、去游泳)
照顾(需要照顾、很照顾、照顾病人)
阅读(课外阅读、阅读书目、阅读古文)
意识(思想意识、意识形态、意识到错了)
风光(风光无限、很风光、风光了一阵)
成就(建设成就、成就感、成就了这件事)
规划(制订规划、规划区、规划山区)

在汉语中,常常有一些表面上看起来难以涵摄动与静、实与虚诸方面的词,却在具体的上下文中显出意想不到的功能弹性。例如:

公若曰"尔欲吴王我乎?"(《左传·定公十年》)
你我夫妻一场,今后各自珍重!
宝玉听说,便猴向凤姐身上立刻要牌。(《红楼梦》)
栾平唯恐露了馅,一连几个"他""他","他"不出个所以然。(《林海雪原》)
女学堂真不知要闹成什么样子。我辈正经人,确乎犯不上

① 启功《古代诗歌、骈文的语法问题》。

酱在一起。(《高老夫子》)

"你俩的矛盾解决了吧?""我从来不矛盾他,他光矛盾我。"

在汉语中,还有一些表面上看起来功能指向确定的词,在具体的上下文中显出灵活多变的功能指向。例如:

这猫怕人。(既可理解为"猫怕",又可理解为"人怕"。)

汉语中许多表示动作的词在功能指向上都有二重性,例如:

潜能释放——释放潜能
全家兴奋了——兴奋了全家
他感动了——感动了他
笑容收敛了——收敛了笑容
头脑膨胀了——膨胀了头脑
孩子跌倒了——跌倒了孩子
演出开始了——开始了演出
那辆车出手了——出手了那辆车
老人寂寞了——寂寞了老人
肌肤白嫩了——白嫩了肌肤
昨天我忙了大半天——昨天忙了我大半天
这一说外婆倒不好意思了——这一说倒不好意思了外婆

汉语中表示动作的词,其功能往往既可指向主位,又可指向宾位,与之相关的物象无论出现在它的前面还是后面,关系都不变,可谓左右逢源。由于汉语基本单位的功能多面性或曰弹性,汉语一个字的组合能力在理论上几乎是无限的。许多组合以前说不可以的,甚至是错误的,如"英模"、"男足"、"女足",现在都流行了。再看看台湾的汉语,那里的中国人在说"眼睛非常的双眼皮","请了几个邻居来助手"、"屋里黄泥了五六寸厚"、"他兴头了起来"、"天空已经云得很浓"。这些左右逢源的语词让人对汉语单位与生俱来的功能弹性叹为观止。

汉语的语词像积木一样简单而搭配灵活。我们先来看一些积木组合。比如以“飘”、“顶”、“红”、“旗”、“峰”为“积木”，我们就可以“搭”出——

顶峰飘红旗　　红旗顶峰飘
红旗飘顶峰　　顶峰红旗飘
旗飘红峰顶　　峰顶飘红旗
峰顶红旗飘　　红峰顶飘旗
红旗峰顶飘　　旗飘红顶峰
……

启功曾以“长河落日圆”（王维《使至塞上》）中五个单位“搭”出多种句式来。例如：

河长日落圆
圆日落长河
长河圆日落

还有一些“搭”法，表面上看似不通，但放在某个语境中就通顺了，例如：

巨潭悬古瀑，长日落圆河。（“长日”即整天）
瓮牖窥斜照，河圆日落长。（“斜照”，长的落日）
瀑边观夕照，河日落长圆。（河落长，日落圆）
夕照瀑边观，河日长圆落。（河落长，日落圆）
潭瀑不曾枯，圆河长日落。（“圆河”，潭水中出的瀑布，“长日”，永远。）
西无远山遮，河长日圆落。（有山遮则见衔山的半日）

启功说只有"河圆落长日"一句给不出语境[①]。即使如此,这一句依然能够理解。五个字"左右旋转",居然能搭出十种句式,且都能表意,充分反映了汉语基本单位的功能弹性。在汉语口语中也有许多类似搭积木的说法,例如:

说不好、不好说、不说好。
不怕辣、辣不怕、怕不辣。
不讲民主,只讲主民。
不是吃请就是请吃。
前方吃紧,后方紧吃。

由于汉语几乎每个基本单位都有顺读和倒读功能,汉语表达中就有一种独特的"回文"形式,常以对联方式出现。例如:

我为人人,人人为我。
客上天然居,居然天上客。
人过大佛寺,寺佛大过人。

有关老舍《茶馆》的一副对联:

前门大碗茶,茶碗大门前,
满座老舍客,客舍老座满。

宋朝一首诗,顺读是夫忆妻:

枯眼望遥山隔水,往来曾见几心知?
壶空怕酌一杯酒,笔下难成和韵诗。
途路阻人离别久,讯音无雁寄回迟。
孤灯夜守长寥寂,夫忆妻兮父忆儿。

倒读是妻忆夫:

---

① 启功《古代诗歌、骈文的语法问题》,《北京师范大学学报》1980年1月。

儿忆父兮妻忆夫,寂寥长守夜灯孤。
迟回寄雁无音讯,久别离人阻路途。
诗韵和成难下笔,酒杯一酌怕空壶。
知心几见曾来往,水隔山遥望眼枯。

不仅诗可以"回文",句式长短参差的词也可以"回文",更显"积木"之灵活。例如明代汤显祖《邯郸梦》中一首《菩萨蛮》:

梅题远色春归得,迟乡瘴岭过愁客。孙影雁回斜,峰寒逼翠纱。窗残抛锦室,织急还催织。锦官当夕情,啼断望河明。

倒读即为:

明河望断啼情夕,当官锦织催还急。织室锦抛残,窗纱翠逼寒。峰斜回雁影,孤客愁过岭。瘴乡迟得归,春色远啼梅。

无论顺读还是倒读,都表达了妻子被锦官催逼,日夜织锦,心里怀念远谪的丈夫的心情。

更有趣的是汉语中一些可以圆周循环的表达。例如:

可以清心也→也可以清心→心也可以清→清心也可以→以清心也可→可以清心也

香味永清→清香味永→永清香味→味永清香→香味永清

显然,无论是"积木组合",还是"回文",或是"圆周循环",都表现出汉语基本单位极大的活动能量。它们几乎可以在各种有意味的语境中游刃有余,这就为汉语语词运用的艺术化提供了很大的余地。一方面便于作者选择最富涵义和形象色彩、情感色彩的词语(例如"春风又绿江南岸"中的"绿"),一方面便于作者选择更有音乐性、更讲究声律效果的词语。作者的"造境"引起读者的联想,由此形成汉民族独具艺术风格的语言文学。当语文在阅读中散发历史文化丰富的联想的时候,我们由衷地感叹汉语词语的功能弹性所产生的丰富瑰丽的艺术效果。如果说在词的功能的动静转化上,英语有许多接近汉语的地方,如饮酒可以说 to wine,捉兔子可以说 to rabbit,会议可以说 meet,那么在词功能的虚实转化上英语就远不如汉语这般灵活,更别说词的积木组合、回文之类了。英语至多只有个别游戏性表达,如 dog,顺读为“狗”,倒读为“上帝”;rats,顺读为“鼠辈”,倒读为“明星”,所谓“鼠辈造反当明星”。这里变序的单位只是字母,单位本身并没有语义。以词为单位的变序也只是偶尔为之。如一处墓志铭是这样写的:“Shall we all die? We shall die all. All die shall we? Die all we shall.”这种变序对于英语句法已是非常牵强了。

五、组合变序与语义自由

由于汉语的基本单位(字)在语法功能上具有很大的弹性,在语义上具有宽泛的理解空间,因此,当字与字按中国人习惯的双音形式组合起来时,其组合顺序也就有一定程度的弹性。由于双音组合是汉语常见的单位形式之一,因此探讨双音组合中字的顺序的灵活,对理解汉语基本单位的功能弹性有很大的意义。

在汉语的组织中,两个音节组成一个音步。一个音步内的两个字,基于各自在功能上的多面性,往往可以利用变序像回文那样产生出新的意义来。例如:

工人——人工	国王——王国	蜜蜂——蜂蜜
度量——量度	会议——议会	诗史——史诗
音乐——乐音	道路——路道	人生——生人
人为——为人	门阀——阀门	外号——号外
白灰——灰白	年终——终年	象形——形象
节气——气节	鞍马——马鞍	笔译——译笔
地基——基地	鞋钉——钉鞋	渡轮——轮渡
火炉——炉火	奶牛——牛奶	井盐——盐井

黄牛——牛黄　科学——学科　儿女——女儿
路线——线路　房客——客房　本文——文本
房产——产房　皮包——包皮　敌情——情敌
传单——单传　事故——故事　法家——家法
学力——力学　口疮——疮口　法国——国法
法语——语法　论文——文论　花菜——菜花
井水——水井　海内——内海　后嗣——嗣后
人影——影人　长音——音长　后事——事后
理学——学理　声浪——浪声　理事——事理
台前——前台　顶楼——楼顶　典雅——雅典
道人——人道　文明——明文　名校——校名
性感——感性　水池——池水　国民——民国
手枪——枪手　关公——公关　名片——片名
人家——家人　房门——门房　心中——中心
火柴——柴火　名单——单名　人文——文人
棒球——球棒　海南——南海　评书——书评

在这些双音字组中，一个表示事物的字一旦前置，即表性状，因此两字的倒序往往指称不同的事物，表示动作的双音字组也会因倒序而产生新的意义。例如：

出使——使出　进攻——攻进　卖出——出卖
打开——开打　列出——出列　开挖——挖开
送葬——葬送　计算——算计

双音节的字序经过变换以后，整个字组的功能会在动与静、实与虚之间转换。例如动与静的转换：

伙同——同伙　法办——办法　报捷——捷报
车水——水车　犯罪——罪犯　亲近——近亲
分工——工分　师法——法师　实现——现实

生养——养生　带领——领带　歌颂——颂歌
领头——头领　报警——警报　感动——动感
错过——过错　盘算——算盘　锁门——门锁
刷牙——牙刷　证实——实证　画图——图画
乱动——动乱　提前——前提　服丧——丧服
限期——期限　运球——球运　下手——手下
巴结——结巴　行善——善行　愿意——意愿
伴舞——舞伴

有些动静转换用字的声调区别字的不同功能，例如：

铺床——床铺　调色——色调　调情——情调
称职——职称　当家——家当

除了动与静的功能转换，还有虚与实的功能转换，例如：

友好——好友　机动——动机　著名——名著
年青——青年　用功——功用　彩色——色彩
粉红——红粉　邻近——近邻　好看——看好
虚心——心虚　金黄——黄金　窝心——心窝
世故——故世　同等——等同　枣红——红枣
年老——老年　一统——统一　昏黄——黄昏
雪白——白雪

双音节的字序经过变换以后，字组的修辞色彩也会产生变化。例如“担负”有褒义，而“负担”则有贬义。

值得注意的是，有大量双音节的字组在字序变换以后，意义没有变化或者很少变化，这更典型地反映出汉语基本单位在语义、语法组合上的灵活性。这种“自由排序”在汉语史上源远流长，例如：

丈夫亦爱怜其少子乎？（《战国策·赵策》）
若飞鸟依人，自加怜爱。（《新唐书·长孙无忌传》）

余既不难夫离别兮，伤灵修之数化。（《离骚》）
悲莫悲兮生别离，乐莫乐兮新相知。（《九歌·少司命》）

责善，朋友之道。（《孟子·离娄下》）
岂不欲往，畏我友朋。（《左传·庄公二十二年》）

礼，经国家、定社稷、序人民。（《左传·隐公十一年》）
五谷熟而民人育。（《孟子·公孙丑上》）

天地之所以能长且久者，以其生，故能长久。（《老子》）
明久长以导之信。（《国语·楚语》）①

散见于各种古籍中的自由排序的双音词不胜枚举：

姓名——名姓	整齐——齐整	战斗——斗战
简易——易简	安慰——慰安	会计——计会
服从——从服	菜蔬——蔬菜	斗争——争斗
声音——音声	勉强——强勉	学问——问学
意志——志意	讴歌——歌讴	忌讳——讳忌
家室——室家	衣裳——裳衣	兄弟——弟兄
泄漏——漏泄	灵魂——魂灵	痛苦——苦痛
饮食——食饮	国家——家国	土壤——壤土
平生——生平	心腹——腹心	计谋——谋计
寻找——找寻	感伤——伤感	灾害——害灾
心中——中心	指意——意指	语言——言语
故旧——旧故	结交——交结	声名——名声
和平——平和	请求——求请	驰驱——驱驰
计画——画计	热闹——闹热	本钱——钱本
发动——动发	纲纪——纪纲	折磨——磨折

① 张永绵《近代汉语中字序对换的双音词》，《中国语文》1980 年 3 月；韩陈其《史记中字序对换的双音词》，《中国语文》1983 年 3 月；郑奠《古汉语中字序对换的双音词》，《中国语文》1964 年 6 月。

劝解——解劝　赏赐——赐赏　议论——论议
问讯——讯问　蛮夷——夷蛮　枯槁——槁枯
答应——应答　教授——授教　积聚——聚积
兼并——并兼　尝试——试尝　辛苦——苦辛
土地——地土　贫困——困贫　狭隘——隘狭
深刻——刻深　引诱——诱引　尘埃——埃尘
挣扎——扎挣　共同——同共　学习——习学
猜疑——疑猜　故乡——乡故　嘱咐——咐嘱
主张——张主　耻笑——笑耻　报答——答报

在现代汉语中,保留了古代汉语不少字序自由的双音字组,例如:

积聚——聚积　发奋——奋发　见识——识见
欢喜——喜欢　力气——气力　往来——来往
要紧——紧要

同时,现代汉语中又有许多双音字组是字序自由的,例如:

腐乳——乳腐　反倒——倒反　妒忌——忌妒
背脊——脊背　喊叫——叫喊　演讲——讲演
补贴——贴补　互相——相互　开展——展开
地道——道地　样式——式样　感情——情感
救援——援救　悔改——改悔　代替——替代
搭配——配搭　剪裁——裁剪　校点——点校
保准——准保　直率——率直　兄弟——弟兄

在一些双音字组中,字序的变化会显出文言、仿古的色彩,例如下列双音字组中每一对的后一个字组都有文言色彩:

荡涤——涤荡　玩赏——赏玩　辩论——论辩
争论——论争　光荣——荣光　朴素——素朴
健康——康健　应酬——酬应　野蛮——蛮野

汉语基本单位在双音字组中的弹性组合在翻译外来词中也反映出来。“五四”时期出现“觉醒——醒觉”、“和平——平和”、“计较——较计”、“密切——切密”、“限制——制限”、“战争——争战”、“制裁——裁制”、“审判——判审”、“料及——及料”、“援助——助援”、“收买——买收”、“黑暗——暗黑”等对外来词的不同译法，都在一定程度上反映了汉语双音字组的字序灵活性。

字组中字序的自由还反映在一些成语上，例如：

失之交臂——交臂失之　天翻地覆——翻天覆地
心甘情愿——甘心情愿　每下愈况——每况愈下
自不量力——不自量力　决一雌雄——一决雌雄
高深莫测——莫测高深　顿开茅塞——茅塞顿开
砥柱中流——中流砥柱　耿耿忠心——忠心耿耿
得意洋洋——洋洋得意　藏污纳垢——藏垢纳污

中国语言的基本单位在语义和功能上的弹性，使每一个单位都富于暗示。它的不确定性使它充满了表达上的活力。汉语放弃了西方形态语言视为生命之躯的形态限制和关系框架，把受冷漠的形态框架制约的基本语粒或语块解放出来，为语文运用中主体意识的驰骋、意象的组合，提供了充分的可能和余地。我们可以说汉语组织中的单位实体，是一种多维开放实体，是能动地体现交际意识的“活”体。汉语语法正是以能动、发散的基本单位为主体作创造性的发挥的。对于汉语的这一特征，周汝昌指出：

我们汉字语文并非模糊，也不朦胧；它是文化精神之载体与显相：它唯一的特点特质就是“活的”！它所表达的传感的是事物的神采风韵（即生命与文化的合美），而不是“器”的“死物”的形态外相，这就被西方的重“界定”“精确表述”的眼光视为“模糊”“朦胧”了！岂不可嗟可惜哉。

“苍茫”是什么？西文译时，必曰“不清楚”云云。杜少陵名句："此身饮罢无归处，独立苍茫自咏诗"。你能译成"精确"的西文吗？那苍茫，从落日平西的时光感，从出门之后无所归宿的孤独感，直到战乱世界、忧患人生之悲天悯人之大慈大悲之感，都在那二字之中传诉于古今读者的耳边心内。你偏要他（老诗人）必须用"精确界定"的西文来写中国诗，这才"不模糊，不朦胧"？你觉得那心安吗？……

我此际为文春寒尚觉"料峭"，西文没有，怎么办？用"气温计"数据"表述"吗？"杨柳依依"，"依依"怎么译外文？洋人看见柳树，发生"依依"感吗？

汉语文二字"联绵词"是一大特色，举之不尽。迷离、飘渺、依稀、隐约……你会认为真是"模糊"、"朦胧"；但旖旎、缱绻、缠绵、悱恻、潇洒、飘逸、妩媚、娉婷、跌宕、风流……你将它们认为是模糊语，就更错了，——这是生命的神采姿致，精神的照射，生命精神的事，你怎么让它"清晰""具体"？

汉语文所表的是"境"的感受，不是器物死的呆相。外国人如何懂得我们这些语词？我想不太好；而如果无法真正领会这种语文之美好神奇，那么空谈什么文化交融，能有多大的现实基础？……

所以说汉字语文"模糊"，是从西方文化目光来讲的，这本身就昭示吾人：中西文化大不一样是千真万确的难以讳言的大实话。①

对于这样的语言单位，要将它划归某个固定的功能类，而类别的标准或曰类别的"范畴"又模仿西方语法设定，努力使汉语的单位功能固定划一，非此即彼，这是完全违背汉语的天性的。汉语以基本单位的弹性去适应多变的句法安排，取消了这种弹性也就误解了中国语文的基本精神。因为基本单位的简单和弹性，不确定与不自足，使它在

① 周汝昌《思量中西文化》，《文汇报》1999 年 5 月 30 日。

语言组织中具备很大的语义能量和语法能量，便于它能动地随表达意图、逻辑环境、声气节律去灵活运用。不确定和不自足，对于中国语词不是要克服，要加以规范的缺点，而是“约而指通”，能动地体现主体意识、整体意识的优点。正如季羡林所说：“西方印欧语系的语言，特别是那一些最古老的如吠陀语和梵文等，形态变化异常复杂，只看一个词儿，就能判定它的含义。汉语没有形态变化，只看单独一个词儿，你就不敢制定它的含义。必须把它放在一个词组或句子中，它的含义才能判定。使用惯了这种语言的中国人，特别是汉族，在潜意识里就习惯于普遍联系，习惯于整体观念。”①语言与民族思维方式、语言与民族文化心理，就是这样有机联系在一起，构成人类语言与文化丰富的多样性。

6 汉语建构的艺术气质

用文化发生学的观点来看，任何一种文化形式同它所属的文化系统的其他文化形式都有着内在、有机的联系。我们把这种联系称之为“文化通约性”。汉语作为一种有着深厚的文化积淀和浓郁的文化性征的语言，必然和本民族的其他文化形式，尤其是艺术、文学的形式有着深刻的文化通约性。因此，汉语语法的特点与中国文化的特点是一致的。说到中国文化的特点，杨振宁做过这样一个比较：“当我们看一首中文诗与一首英文诗时，最大的感觉是西洋诗太明显，东西都给它讲尽了。讲尽了，诗意也没有了，这我想与西方的文化传统有密切的关系，西方的文化传统很早就特别着重准确，像希腊的几何学是非常准确的。”“相反，中国的文化是比较向诗意及宏观的哲理方面去发展。”“总的来说，中国的文化是向模糊、朦胧及总体的方向走，而西方的文化则是向准确与具体的方向走。”“西方语言文法

① 季羡林《神州文化集成丛书序》，新华出版社，1991 年。

的结构比较准确,这有很多好处。譬如你要写法律上的文件,你当然希望越准确越好,而中国的古哲学中,有许多话到现在人们还辩论不清,这有好也有坏。如果把它当作诗或宏观的哲理,有时不准确反而好。可是在某些情况下,准确比不准确好。我们也可以这样讲,中文的表达方式不够准确这一点,假如在法律上是一个缺点的话,写诗却又是一个优点。”①杨振宁在这里将中国文化的“诗意”或者说“模糊、朦胧、总体”性,与中国语言的“诗意”或者说“不够准确”联系了起来。我们认为,汉语语法确实具有许多艺术特点,这种艺术特点,本质上是汉语的文化特征。以下我们就这些艺术特点本身及其与汉民族文化艺术相关性作进一步分析。

一、汉语建构中的简约灵动

汉语语言单位的一个全息性观照是实体的灵活性。过去人们讲汉语语法的灵活性,往往只从某种先验的框架看语言表层的变化不羁。其实汉语灵性之根在于它的简易性。《易》曰:“易简而天下之理得矣。”这种尚简的精神反映在语言上就是“文贵约而指通,言尚省而趋明”(王充《论衡·自纪》)。“凡文笔老则简,意真则简,辞切则简,味淡则简,气蕴则简,品贵则简,神远而含藏不尽则简,故简为文章尽境。”(刘大櫆《论文偶记》)文章之简,具体落实在文法之简。清人魏禧《日录论文》云:“古人文法之简,须在极明白处方见其妙。”刘勰《文心雕龙》也指出:“句有可削,足见其疏,字不得减,乃知其密。”郭绍虞进一步认为,“中国人的思想是很能从错综复杂的现象中理出头绪,寻出规律,使之简易化,然后再从简易入手,驾驭各种变化和复杂事情。正因其易简,所以要明其变。而正因其变,所以要观其通,在灵活多变中找出各种通例,发现规律。这是汉人学汉语所以能‘神

① 《光明日报》1988年5月7日。

而明之’的缘故。”①

由于尚简,汉语语词单位的大小和性质往往无一定规,有常有变,可常可变,随上下文的声气、逻辑环境而加以自由运用。语素粒子的“随意”碰撞可以组成丰富的语汇。词组块的“随意”堆叠、包孕,可以形成千变万化的句子格局。汉语这种尚简的组织战略,放弃了西方形态语言视为生命之躯的关系框架,把受冷漠的形态框架制约的基本语粒或语块解放出来,使它们能动地随表达意图穿插开合,随修辞语境增省显隐,体现出强烈的立言造句的主体意识。因此,汉语语流中的单位实体,是一种多维开放实体,是能动地体现交际意识的活体。

汉语基本语言单位由尚简而获得的灵活、能动的性质,主要表现在语词的弹性上。所谓弹性,是指语词分合伸缩的不固定性。而这种分合伸缩既是出于语言节奏、修辞的协调性要求,又是因为汉语是一种单音节占优势的语言,在复音化趋势的要求下,语词的“块然”状与可拼合性自然就为分合伸缩提供了可能。于是单复相合,短长相配,于整齐中含铿锵,于参差中含自然,文辞便“掷地可作金石声”了。

西方语言理论认为,词语在句中的组合有语法上的选择和词汇上的选择,通过这两种选择才是合格的组合。但汉语在这两种选择之外,还要求音韵上的协调平稳。《文心雕龙》曰:“偶语易安,奇字难适。”《论文偶记》亦云:“一句之中或多一字或少一字,……则音节迥异。”为此,汉语的语法组织需随语气的顺畅与否而异其措施。汉语的词语单位则需有一定程度的弹性以适应语言组合中音韵的要求。在这个意义上,我们可以说汉语的语法是一种综合性很强的随机语法。

中国现代语法学袭用西方以形式为纲的语法学说之后,往往把汉语语法对词汇、声律的要求排除在语法分析之外,称之为修辞现

① 郭绍虞《汉语语法修辞新探》,商务印书馆,1979 年。

象。郭绍虞曾对此诘问道:单音词与双音词在语句组织中各有其作用,而这种作用又正所以使汉语能在表情达意之外再在音节上起铿锵有力的作用,而这种作用又正所以使语句组织的表情达意的作用更加强,更深刻,也更有力。这难道仅仅是修辞作用而与语法完全无关吗?把单音词和双音词组织得形式整齐一些,或者利用汉语中的四言组织,或者利用这些词组的组织形式,使语句中的词组或短语,形式上较为整齐,音节上比较匀称。难道说这种手法仅仅是古代文人玩弄文字的手法,而与汉语的语句组织丝毫不生关系吗?难道说这不是汉语的语言事实,在现代汉语中绝对不能容许的吗?实际上离开了这种"修辞"内涵,汉语"语法"也就无"法"。不能用西方语法的"一叶"障目,不见汉语语法的"泰山"。

汉语语言单位的弹性表现在功能上就是它的变性,亦即词义功能的发散性。这与西方语言词类那种把词的性质固定在词形上的样态是不可同日而语的。汉语一个个词像一个个具有多面功能的螺丝钉,可以左转右转,以达意为主。只要语义上配搭,事理上明白,就可以粘连在一起,不受形态成分的约束。这一点在古汉语中尤甚。《左传》中单音词"雨"的动词用法占62%,名词用法占38%。"衣"的动词用法占61%,名词用法占39%,"妻"的动词用法占31%,名词用法占69%,"冠"的动词用法占40%,名词用法占60%,而"枕"看似名词,其用法却全为动词(当然,不同的用法可能有不同的语音标志,有待进一步研究,但词的兼类之普遍于此可见一斑)。正因为如此,汉语的语词活动能量大,弹性也大。这就为语词运用的艺术化提供了很大的余地,形成汉民族文学的独特风格,即从作者方面来说是"造境",从读者方面来说是"联想"。古代文学往往使每一个词语都散发着历史文化的丰富联想。它使我们由衷地感叹词语组合意会所产生的丰富瑰丽的艺术效果。

汉语语词的意义又往往是可以虚实转换的。从虚词的形成和功能来看,汉语的一部分虚词是从发声词、收声词和语间助词转化来的,是随语气的呼吸作用而自然演变的。郭绍虞曾经指出,句子语气的含义,可以只看作呼吸的自然作用。这种作用时高时下、有缓有急、可强可弱。于是随声气缓急强弱之不同,也就可以在语句组织上起不同的作用,使负荷这种作用的虚词有不同的词性。这种影响可以使虚词的词类由实到虚,从连词转化为助词;更可以由虚到实,从助词转化为连词。我国古代文艺理论家和散文家对虚词的研究正是辞气型的,他们在自己的创作实践或文艺评论的实践中深感虚词体现文章的精神。文章的抑扬顿挫,气韵的顺畅与否,都与虚词的运用有关。他们从文句气韵的运行规律出发,把虚词按语气的作用归类。如《文心雕龙》云:“至于夫、惟、盖、故者,发端之首唱;之、而、于、以者,乃劄句之旧体;乎、哉、矣、也,亦送末之常科。”刘勰认为,这些虚词“据事似闲,在用实切,巧者回运,弥缝文体,将令数句之外,得一字之助矣”。辞气式的虚词研究从句子的节律、语气入手,贯通虚词,在相当大的程度上是把握住了古代汉语虚词的真谛。袁仁林在《虚字说》中也指出:“虚字无义”,“凡书文发语、语助等字,皆属口吻、口吻者,神情声气也。当其言事言理,事理实处,自有本字写之,其随本字而运以长短疾徐,死活轻重之声,此无以实字见也,则有虚字托之,而其声如闻,其意自见。如虚字者,所以传其声,声传而情见焉。”无论从虚词的产生还是从虚词的实际运用来看,典型的汉语虚词都同语句的声气有关。这正是汉语虚词作用富于弹性的本质所在。许多虚词的语法作用,正是语言声气作用的长期积淀。因此对汉语虚词含义的解释不能像一些西方语言解释介词、连词那样有明确的语法规定性。

汉语不仅实词内部,虚词内部各类功能都有虚实之分,可以互相转化,而且实词和虚词两大部类也可以互相转化。古人云:“用虚字要沉实不浮,用实字要转移流动。”(《雅论》)“下虚字难在有力,下实字难在无迹。”(《诗笺》)十分真切地道出了古人对虚实转化的辩证的语文感受。讲虚实重在转化,所以有“实字虚用”“死字活用”之

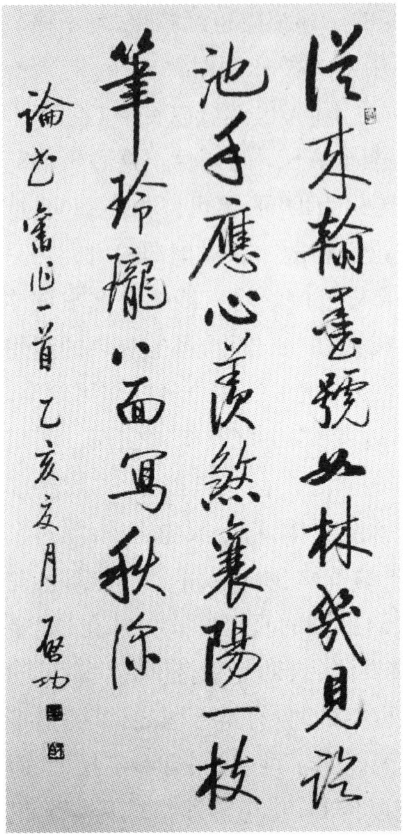

中国书法作品

说。而虚实转化的关键又在用。袁仁林《虚字说》云:“迨涉笔用之,始得其虚活处。”谢鼎卿《虚字阐义》亦云:“字之虚实有分而无分,本实字而止轻取其神,即为虚字;本虚字而特重按其理,即如实字。”在这里,虚实转化又体现出语文表达中强烈的主体意识。现在的语法分析,往往熟视无睹于汉语表达和理解中灵活多变的主体意识,蔽于西方语法的成见,力图划出非此即彼的洋框框来。结果是规则越来越繁琐,人们越说越糊涂,距离汉族人真实的语文感受则越来越遥远了。

汉语语流中单位实体的弹性,使人很容易联想到中国毛笔的弹性,毛笔不像西方的油画刷子那么笨拙,不像西方的钢笔线条那样死板。“笔软则奇怪生焉。”(汉蔡邕语)它吸墨快速,吐墨自由,既能运用笔锋,又能调遣笔肚,不妨也可偶用笔根,书写可按可提,出墨可赡可容,墨色可浓可淡,且在点画运动中灵活调节,尽兴地表现点画的粗细、润枯、方圆、浓淡、重轻、起伏、正侧,且因人而异,因笔而异。不像西方的硬笔,粗不得,细不得,润不得,枯不得,出墨如一,缺乏变化。中国毛笔富有弹性的柔毛,能在纸上画出千变万化的线条、千姿万状的点划。在高明的艺术家手里,它能得心应手,随意挥抒,主宰包罗万象的点和线的王国,形成令人目不暇接、叹为观止的形式风格。毛笔不也是一种充盈着主体意识,在表达中灵活多变的弹性实体么!

汉语语流中单位实体的弹性,又使人很容易联想到中国筷子的弹性。筷子切不如西方的餐刀,戳不如西方的餐叉。然而餐刀只能切,餐叉只能戳,筷子既能切,又能戳,既能夹,又能挑,无所不能,如《老子》云:“无执故无失”,如孔子云:“无可无不可。”这就是贯通于语词、毛笔、筷子的一种文化精神。

二、汉语建构中的“观物取象”

汉语的精神,从本质上说,不是西方语言那种执著于知性、理性的精神,而是充满感受和体验的精神。汉语的语言思维,是一种具象思维。它真实地体现了汉族人哲学思维的性格。西方哲学家往往同时是自然科学家。他们把探索事物的本质规律作为研究对象。为此,他们必须穿过表象、深入里层,最终抛开了表象,形成一种纯粹的抽象思维性格。中国古代哲学讲求“观物取象”,即取万物之象,加工成为象征意义的符号,来反映、认识客观事物的规律。概念是一种思维的抽象,而在用汉语语词固定概念的形式时,中国人习惯于用相应的具象使概念生动可感而有所依托。如古人所说:“盖正言直述,则易于穷尽,而难于感发。惟有所寓托,形容摹写,反复讽咏,以俟人之自得,言有尽而意无穷,则神爽飞功,手舞足蹈而不自觉。”(李东阳《麓台诗话》)“事难显陈,理难言罄,每托物连类以形之;郁情欲舒,天机随触,每借物引怀以抒之;比兴互陈,反复唱叹,而中藏之欢愉惨戚,隐跃欲传,其言浅,其情深也。倘质直敷陈,绝无蕴蓄,以无情之语。而欲动人之情,难矣。”(沈德潜《说诗晬语》)这种具象思维与整体思维也有内在的联系。整体思维使汉民族惯于追求人与自然、社会融契无碍的境界。这种境界所达到的内心和谐,使人以一种审美、直觉的眼光来看待一切,在感性经验中积淀了大量的理性因素。由此形成的具象思维使汉民族的语言充盈着艺术化的气质。

一般说来,语言是抽象思维的承担者。由于汉族人抽象思维往往同形象交织在一起,因而汉语的语词对客观事物加以抽象反映的语义也必然有具象性。在这个意义上,我们可以说汉语是一种艺术型的民族语言,汉语思维具有艺术气质。

汉语的具象思维特征可以从多方面来看。例如从汉语的造词心理习惯来看,汉语经常使用形象譬喻,而不是诉诸本质特征。我们经常用"矛盾"、"鸡眼"、"薪水"、"吹牛"、"吃醋"、"续弦"、"狐疑"、"龙眼"、"哽咽"等概念,而几乎忘了它们本身就是具象譬喻。不仅有象,而且还有声。一个"哽咽"就有哭泣时气息阻塞的声感。汉语的许多拟声词不是一般地诉诸听觉,而是可以表现事物的质感(如"丁零")动觉(如"扑通"),甚至兼有视感(如"哇")。一个"丁零当啷"还兼有听感、质感、动感。汉语的成语、典故、谚语、歇后语更有丰富的形象色彩,尤其是成语的形象不但具有鲜明的民族传统特色,如"紧锣密鼓"、"煮鹤焚琴"、"举棋不定"、"胸有成竹"、"胶柱鼓瑟"、"痛下针砭"、"龙飞凤舞"等,而且还具有汉民族文化的独特渊源。如"精卫填海"、"天衣无缝"、"滥竽充数"、"揠苗助长"、"南柯一梦"、"守株待兔"、"塞翁失马"、"刻舟求剑"等等。最全面地体现具象思维的是汉语中大量带重言叠韵的形貌词。它可以十分逼真地表现视觉、听觉、嗅觉、味觉、触觉。上古汉语形貌之辞有其独特的表现形态。它不像一般意义的形容词那样仅仅为某个事物修饰定性,带有客观体认性。它要传达一个事物给予人的声貌、形貌上的感受,带有主观体验性。因而它在形式上总是诉诸特定的声感,重言叠韵,余音绕梁,以期唤起读者和听者的语文直觉与感受,达到一种身临其境,体之察之的语文通感效果。汉代传注在解释形貌之辞时,概以"××貌"、"××声"、"××然"出之。如《诗经·谷风》"行道迟迟",毛传:"迟迟,舒行貌。"《诗经·甫田》"婉兮娈兮",毛传:"婉娈,少好貌。"《春秋公羊传·僖公九年》"震之者何?犹曰振振然矜之者何?”何休解诂:“振振然,亢阳之貌。”《诗经·击鼓》“击鼓其镗”,毛传:“镗然,击鼓声。”《诗经·车邻》:“有车邻邻”,毛传:“邻邻,众车声。”《诗经·伯兮》“杲杲出日”,毛传:“果然日复出矣。”《诗经·二子同舟》“二子同舟,汎汎其景”,毛传:“汎汎然,迅疾而不碍也。”形貌之辞都有独特的“比物取象”的功能。它们无疑是汉语语词库中具有声色天籁的独具魅力的一类。在它们传达的形象上凝聚了一代一代汉族人的历史感情,融入了丰富的文化涵义,从而把汉语交际的具象思维活动提到登峰造极的水平。

取万物之象,加工成为象征意义的符号,来反映、认识客观事物的规律,并使概念和判断、推理都尽可能地生动形象,可以感受和把握。这种认知方式使得现代汉语词汇中也产生一批以形容词A加词缀BB的ABB式的形貌词。例如“红彤彤”、“香喷喷”、“冷冰冰”、“喜洋洋”等。它们不仅传达一种概念,而且同时诉诸人的听觉、视觉、触觉、嗅觉、味觉,给人一个生动可感的整体形象。

一般说来,ABB这一类格式都有十分鲜明的形象性。这种形象性主要是靠重叠的BB来表现的。为了加强对不同事物形象的生动描写,在同一个形容词后面的BB可以采用不同的声音形象。如“黑”可以有“黑漆漆”、“黑沉沉”、“黑魆魆”、“黑压压”、“黑洞洞”、“黑乎乎”、“黑忽忽”……其中的“漆漆”、“沉沉”、“魆魆”、“洞洞”、“压压”、“乎乎”、“忽忽”基本上没有什么意义差别,只是根据社会约定俗成用叠音表达一个声音形象,它的绘景、拟声作用都是象征性的。说话人也好,听话人也好,对于这种叠音的具体形式并不追究,因此在用汉字记录BB时往往不带有强制性。如:

红通通——红彤彤

黑乎乎——黑忽忽

热刺刺——热辣辣——热拉拉

湿渌渌——湿漉漉——湿漉漉

由于汉字是表意文字,因此十分注重书面形式的表意功能。正像许多同音假借字被人们加上了表意偏旁一样,ABB 的 BB 在被文字记录下来时,人们习惯于根据自己体会到的一部分单音词的意味来搜寻字面意义有点关联的字记录 BB。如"绿油油"、"红堂堂"、"黄澄澄"等。有些实在找不到意味上关联的字,就只好随便找个同音字了事,如"青虚虚"、"热乎乎"、"酸激激"、"甜咪咪"等①。

由此可见,BB 只是一种声音形象。我们在讨论 ABB 结构时不必拘于 BB 的字面意义。

在语音上,ABB 的最后一个音节往往重读,这同一般公认的形容词 AABB 重叠的语音特点类似。

在语法意义上,ABB 的情况比较复杂。试比较:

A:	B:	C:
酸溜溜	红希希	红通通
喜滋滋	甜咪咪	黑漆漆
顺当当	咸津津	甜蜜蜜

C 组的意义显然比单音形容词 A 强化了;B 组的意义却比单音形容词 A 弱化了;A 组的意义则同单音形容词 A 区别不大。值得注意的是,C 组的词往往可以转化成 BA 的形式,如"通红""蜜甜"。我们认为这种可以转化成 BA 的 ABB 格式同 AA、AABB 一样构成形容词 A 的形态变化,表示"较重"的语法意义,是"较重级"。其他的 ABB 格式,由于附加了 BB,则表现出不同的色彩,我们把这些概括为"添色体"。

除了形容词A 的附加重迭形式,还有动词和名词的 ABB 形式:

甲:笑嘻嘻、闹哄哄、活生生

乙:水汪汪、眼巴巴、泪汪汪

① 当然也有一些重叠音段本身含有一定的意义。如"雄赳赳"、"冷冰冰"、"静悄悄"。但这毕竟是少数。而且我们不能肯定它们在历史上发生和演变的情况。

甲类是动词加重迭词缀,乙类是名词加重迭词缀。我们认为这是一种借形容词ABB的构形方法来构词的特殊形式。它们的"通感"色彩同形容词ABB形式是一样的。

除了ABB形式之外,汉语的形容词还有AABB重迭式,它在形式上分为两类:

(1)双音形容词AB的重迭式。这类重迭的最后一个音节重读,即使这个音节在原词中是轻音也不例外。如:

漂亮——漂漂亮′亮(的)(·表示轻音,′表示重音)

"亮"原是轻音,重迭后在最后一个音节成了重音。当一个轻声音节恢复重音时,或用阴平调,如"规规矩矩",或恢复原来的声调,如"清清楚楚"。

(2)单音形容词重迭以后的结合式。这种结合式有两种情况需要区别:

A:大大小小	B:矮矮胖胖
花花绿绿	黑黑瘦瘦
歪歪斜斜	高高大大

A组和B组都是具有同义、反义或相对意义的一对单音形容词的重迭组合。有人称为对举重迭。仔细观察这两组重迭就可以看出:A组重迭结合后表示了一种"纷繁"的语法意义,而B组重迭结合后没有新的语法意义。A组一般不能切断,切断后就失去了"纷繁"的意义,B组可以切开,切开后不影响意义。例如:我们可以说"矮矮的,胖胖的",却不能说"大大的,小小的"。同样,我们可以说"又矮又胖",却不能说"又大又小"。因此,我们认为A组是形容词的重迭形态,是"纷繁体"。B组是词组。

确认可以转化成BA的ABB的A的较重级,我们就比较容易确定BA、BBA、BABA的构形特征。我们先比较几组词:

红——红红(的)、红通通——通红、通通红、通红通红
硬——硬硬(的)、硬邦邦——邦硬、邦邦硬、邦硬邦硬
白——白白(的)、白雪雪——雪白、雪雪白、雪白雪白
冷——冷冷(的)、冷冰冰——冰冷、冰冰冷、冰冷冰冷

不少单音形容词的后附迭音成分都可以这样反过来作为前附成分加强形容词的形容意味。我们把这种形式叫做形容词的“强化级”。在这一级中,BA 和 BABA 都是 BBA 的变体。它们之间有一些细微差别,但这并不妨碍它们共同以前附的形式和进一步强调的意义同 AA、ABB、AABB 对立。

汉语形容词的“级”的问题是由它的生动形式产生的。它是汉语“观物取象”认知方式的重要表现。形容词的构形形式多样,重迭和附加交错,前附加和后附加交错,它们同单个形容词的关系是十分复杂的。

形容词生动形式的“级”的语法范畴在汉语方言中也存在。如广西横县方言单音形容词的“AXA”重迭式。由于 X(元音)的变化,表现出“较轻级”和“较重级”的对立①。又如龙南方言单音形容词的后附成分变化也可以反过来前附以加强形容意味,表示“级”的语法意义。如:

这人戴紧(着)一顶青帽子。(原级)
这人戴紧(着)一顶青贡贡帽子。(比较级)
这人戴紧(着)一顶贡青的帽子。(最高级)②

形容词由于重迭的方式和在句子里占据位置的不同,还表现出“式”的语法范畴。“式”指通过一定的语法形式表示说话人对行为、事物的态度。

① 《横县方言单音形容词的 AXA 重迭式》,《中国语文》1979 年第 5 期。
② 《客家方言里的一些语法现象》,《中国语文》1957 年第 11 期。

汉语双音形容词有一种特殊的"A 里 AB"重迭式。插进"里"这个词嵌,使形容词表达了一种嫌恶的感情。如"龌里龌龊""疙里疙瘩""糊里糊涂""土里土气"等等。我们称为"表憎式"。"表憎式"多用于表示事物可憎的形容词,如"娇气"、"浪荡"、"古怪"、"傻气"等。

另外,单音形容词的 AA 重迭式在作定语和谓语的时候,除了表示"轻微"的语法意义,还表达了感情色彩:

A:眼睛大大的　　短短的绒毛　　圆圆的脸

B:尖尖的下巴　　瘪瘪的嘴巴　　瘦瘦的鼻梁

A 组和 B 组由于受词义和搭配的影响,感情色彩略有不同。A 组表达了一种爱抚的色彩,B 组表达了一种嫌恶的色彩。然而这种区分也不是绝对的。有时尽管是个词义不好的字眼,重迭以后也会有相反的效果。如:

坏坏儿地使个主意,故意把脸上弄得脏脏的。

有时同一个形容词由于搭配不同,感情色彩也不同。如:

尖尖的下巴——尖尖的竹笋

从汉语的句子组织来看,先秦语句构造中已有具象思维的种种形态,它大致可以分为六类,以《左传》为例。

1. 自然现象类

这种句子直接用名词语记录某种自然现象或祭祀、灾情等。它的前面可有句首状语,如:"庚辰,大雨雪。"(隐九)"秋,大水。"(桓元)"冬,饥。"(庄二十八)"秋,大雩"(桓五)"乙亥,尝。"(桓十四)这种句子也可有并列式,如:"九年春,五三月癸酉,大雨霖以震。"(隐九)

2. 应对类

在回答问题时,说话人"人详我略",只作简洁的说明。如:"(伍举问应为后之辞焉。对曰:)'寡大夫围'。"(昭元)"寡大夫围"即伍举问使者的关于继承人的措辞。又如:"(诸侯盟,谁执牛耳?季羔曰:)'鄫衍之役,吴公子姑曹;发阳之役,卫石魋'。"(哀十七)再如:"(琴张闻宗鲁死,将往吊之。仲尼曰:)'齐豹之盗而孟絷之贼。(女何吊焉?)'"(昭二十)本句意为:"齐豹成为坏人,孟絷被害,(都是由于他的缘故。……)"由于是对话,基于人详我略的原则,只摆出了与宗鲁有关的"齐豹之盗而孟絷之贼"这一情况,成为一组具象,即涵盖了说话人的语义意图。

3. 相对数量类

本类句子有两个数量,后量是说明前量的。如:"十年十一战。"(桓二)"狐裘龙茸,一国三公。"(僖五)前量也可承上文而意知,如:"(纳玉于王与晋侯。)皆十瑴。"(僖三十)

4. 任予类

本类句子都是"唯……所……"格式,表示一任对方所好。"唯"后是一个名词性的"所"字结构。如"唯尔所欲。"(昭十三)"唯执政所置之。"(昭七)

5. 存在类

这种句子无所"谓",仅表示一种存在。如:"晋车七百乘。韅、靷、鞅、靽。"(僖二十八)后四个名词列举马上配件四种,意为无所不备。这全凭从上下文意知。这种说明句一般不能以单个名词出现,必须几个名词并列,互相映衬、渲染。

6. 描写类

这类句子用具象定格或具象组合的方式来描摹人貌、物状。它既可以出现在叙述句中,也可以出现在评论句中,例如:

季孙练冠,麻衣,跣行,伏而对曰。(昭三十一)

良夫乘衷甸两牡,紫衣狐裘,至,袒裘,不释剑而食。(哀十七)

晏婴粗缞斩,苴绖带,杖,菅屦,食鬻,居倚庐,寝苫,枕草。(襄十七)

且是人也,蜂目而豺声,忍人也,不可立也。(文元)

句中带点的成分,都是名词性的具象组合。它们穿插在叙事句中,凸显动态的画面,使叙述生动可感,如闻其声,历历在目,具有电影语言中"定格"的强烈形象感。

现代汉语的句子组织中也常常运用"具象定格"的方法。当需要对人或事物作白描的时候,现代汉语可以直接用名词性的词语来作描画。例如:

(那位姑娘)细长的眉毛,胖胖的脸,下巴像瓜子尖,丰满中带着秀气。(陆文夫《井》,下同)

人家不麻不疤,眼睛又不对鸡,五官端正,相貌堂堂。

在叙述行为动作的时候,现代汉语也可以使用名词性的词语,例如:

人们一阵哄笑。

名词性词语还可以穿插在动词性词语中,使叙述中闪现富有动感的霎时画面。例如:

小辣椒一跃而起,闪电式地一记耳光,扇得童少山晕头转向。

"闪电式地一记耳光"中该用"的"却用了"地",这也可以看出这段名词性成分的动作性。这一类的例子又如:

大娘望着她的背影,一声长叹,两行热泪。

"一声长叹,两行热泪"的意思就是"长叹一声,流下两行热泪",但前者用名词性的词组凸显形象,使读者如闻其声,历历在目。这种表现方法于动态中凸现瞬间,具有电影语言中"定格"的强烈效果。这在西方句法"主—动—宾"模式中是不可想象的。中国的传统艺术,经常截取动物运动中的瞬间画面,如奔马、游鱼、飞燕、腾龙、跑鹿,把它们运动中的千姿百态在瞬间定格。这时候,动物的艺术形象是静态的,但其精神面貌是动态的,正所谓"动中有静","静中有动"。传统音乐中的停顿,传统舞蹈中的造型,传统戏曲中的亮相,都具有这样观物取象的艺术精神。

汉语建构中的"观物取象",不仅能够"具象定格",而且能够"具象组合",即用一个个名词语表现的形象平列在一起,组成一幅幅画面,互相映衬渲染,烘托出一种无言的境界。例如:

> 清澈的河水,斑斓的砂石河底,折光的波纹,其中三个人欣喜的面庞和倒影。

"具象组合"既可以用于静态描写,也可以用于动态描写,以其形象、意趣、色彩都很鲜明的画面唤起读者某种感觉、情绪或联想。尤其在动态描写中,"具象组合"能产生很强的艺术效果和感染力。例如:

> 嗖,一皮带,嗡,一链条,喔噢,一声惨叫,……嗖和嗡,皮带和链条,火和冰,血和盐,钟亦成失去了感觉。(王蒙《布礼》)

这就是将动态定格化的具象组合。

汉语的语言思维之所以能够充分发挥具象功能,是因为汉语具有独特的分析性和简略性。汉语思维善于把大千世界的复杂形态分析成一个一个音义全息的发散性的基本粒子。汉语词的单音节形式就恰好适应这种分析。一般认为汉语词汇的发展是双音化的。可是据近年电子计算机的统计,在日常生活用语中单音词的出现率占61%。像"你不是有一枝很好的笔了吗?"这句话里12个词全是单音词。而且有些已发展为双音词的又有单音化的倾向。如"鞠躬"可以说"鞠了一个90度的大躬"。汉语的一个个基本粒子往往是一个个含义丰富的具象。它们自由灵活,易于组合。汉语的句读往往就是这些粒子的碰合。汉字就是用方块的形式把这些语词基本粒子转换成可以目验的图像。因而三四千个汉字通过千变万化的概念组配,就能组成极为丰富的书面语词汇。据统计,汉语 44 300 多个常用词条,只用 3 730 多个字组成。即使是洋洋大观的十三经,包括大批死去的字,也不过 6 544 个字,只相当于莎士比亚一个人的用字量的三分之一,汉语这种极端的分析性使词语的组合十分方便,不受形态的约束,只要语义上合乎逻辑事理,就可以搭配。所以汉语的组织往往是语义和语言艺术方面的考虑大于句法的考虑。

汉语的极端分析性又使汉语交际过程中的"刺激—反应"模式不同于西方语言。汉语一个个的词可以很容易地触发汉族人脑海里储存的一个个有关表象的联想,形成一幅幅连贯的卡通画。汉语语言思维的一个特点就是存在逻辑思维指导、配合和渗透下发生的相对独立的表象运动。汉语思维形成概念(语词)也往往是那些与表象联系得较紧密的概念,即从直接的感受出发,运用形象进行具象化,从内容与形式的有机统一所产生的感受上整体地把握事物的特征。例如文艺欣赏上的"诗味"、"神韵"、"雄浑"、"性灵"、"悲慨"、"劲健"、"冲淡"、"清奇"等概念的形成,都是把观察对象的声音、色彩、线条、韵律、意境等诸因素作为不可分割的有机整体来把握,然后找鲜明简洁而又概括性很强的形象来传达。读者虽然对这些概念的抽象本质不甚了然,但却能实实在在感受到这些概念的丰富内涵,并获得了生发联想的巨大空间。正如周汝昌所说:"我们的十分悠久的和异常丰富奇丽的文化传统给艺术家们准备的'东西'太神奇绚丽了。几乎围绕着每一个字、词都有很多的历史文化的丰富联想。"①

汉语语词组合的灵活自由,使汉语行文免除了许多规矩。与具象组合无关的成分都可以省去。因此汉语的表达往往言简意赅、辞约义丰。由于汉语的单词蕴藏了丰富的语文感受,因此将这些基本粒子排列组合起来,就成为一组组生动可感的具象。高名凯曾指出:"中国语是表象主义的,是原子主义的——'表象主义'就是中国人

① 周汝昌《炼字、选辞、音节美与艺术联想》,《读书》,1983 年。

的说话,是要整个的、具体的,把他所要描绘的事体‘表象’出来。‘原子主义’的意思,是把这许多事物,一件一件,单独地排列出来,不用抽象的观念,而用原子的安排,让人看出其中所生的关系。结果中国的语言,在表现具体的事物方面,是非常活泼的。而在抽象关系的说明方面,则比较的没有西洋语言那样的精确。”①中国的文学语言大师们在采用这种具象思维的语言时,也大都用具象的手法来捕捉事物的形态,描绘心中的感受。这往往能触发每个受过中国文化熏陶的读者的内心深处的共鸣。例如温庭筠的名句“鸡声茅店月,人迹板桥霜”,十个字传达了六种具象:“鸡声”,“茅店”,“月”,“人迹”,“板桥”,“霜”。当一个个语词的具象被诗人艺术地精心安排在一起的时候,它们内涵的丰富联想和民族情感就组成了连续的有机的画面。未着一个动词而早行旅人的动作自在其中,未用一字抒情而孤独的心境溢于言表,因而发散出强烈的表现力和感染力。它引发了读者语感深层的表象活动。因为“鸡声”、“茅店”、“月”、“人迹”、“板桥”、“霜”等词语都同汉民族悠久的民族生活传统联系在一起。汉语承载着世界上无与伦比的民族历史文化宝库,因而汉语语词的这种具象联想功能在世界语言之林中是独树一帜的。王国维曾就词的创作指出:“其‘材料’必求之于自然,而其构造亦必从自然之法律。故虽理想家亦写实家也。”这是深得汉语具象思维之真髓的。从本质上说,汉语语言思维的起点不是明白确定的概念和判断,而是可以引起丰富联想的直观表象。汉语的行文不受形式逻辑的限制。它的思维过程往往是跳跃、多向和随机的。不是在推理中得出结论,而是在具象的排列中悄悄展开抽象过程,体现结论,使思维的抽象运动形象可感,并伴有情感的波动。在我国古代,史诗和戏剧没有得到充分发展,诗、词、歌、赋却达到登峰造极的高度;戏曲、绘画尚空灵而鄙呆实。凡此种种,无不与汉语语言思维的特点有深刻联系。

---

① 高名凯《汉语语法论》,商务印书馆,1996 年。

三、汉语建构中的节奏旋律

任何语言的组织都有其脉络。它是组织得以成形的深层规定性。我国现代语法学所采用的几种西方语言句子分析框架都是注重句子成分的形式内聚的方法。质言之,就是以动词为中心控制全句的关系格局。实践证明,这种方法对于汉语句子是一种偏“紧”的方法,难以切合汉语的句子组织脉络。如果说西方语言的句子脉络是一种以动词为中心的空间结构体,那么汉语句子的脉络是一种具有逻辑天籁的心理时间流。它不像西方语言的句子那样以动词为中心搭起固定框架,以“形”役“意”,而是以意义的完整为目的,用一个个语言板块(句读段)按逻辑事理的流动、铺排的局势来完成内容表达的要求。这一点可以与英文作一个比较,如:

> He did not remember his father who died when he was three years old.

这句话以限定动词 remember(“记得”)为中心搭建,可以直译为“他不记得他三岁时死去的父亲。”这种句式汉族人听来总觉得过“紧”,不顺畅,因为它是以“形”(动词中心的框架)役“意”的。而按汉族人的语言习惯,这句话应说成“他三岁上死了父亲,记不得他父亲的样儿了。”这正是一种按逻辑顺序展开的心理时间流。

汉语不仅动作性成分要按先后或因果次序列位,就是受制于中心词的修饰性成分,也倾向于“外化”为独立的评价性成分而加以铺排。张志公先生曾谈到《红楼梦》中一例:刘姥姥初进荣国府,与王熙凤正说着话,“只听一路靴子脚响,进来了一个十七八岁的少年,面目清秀,身材俊俏,轻裘宝带,美服华冠。”如果把对少年的相貌、身段、打扮的一串评价放在前面作修饰语也未尝不可:“只听一路靴子脚响,进来了一个十七八岁、面目清秀、身材俊俏、轻裘宝带、美服华冠的少年。”但汉语的习惯却不愿意在宾语前加上很多修饰成分,从而使它离开动词太远①。因为这样一来句子的“气”就滞住了，流转不起来。从逻辑上说，刘姥姥偷偷见着王熙凤，正忐忑不安，忽听靴子声响，有个男子进来，她最关心的、急于知道的是“谁来了”，所以先看见的是“少年”，然后才看清楚他的服饰、身段、面目，可见汉语句子的流块建构确实具有一种心理时间的逻辑天籁。被西方语言的句子视为轴心的动词在汉语句子组织中并不是有价值的成分。只有当这个或这些个动词组成句读时，它（它们）才获得了有机性，成为句子的一个板块。因此，把握汉语句子的脉络，应从句读段入手（至于这个句读段是“动宾”还是“连动式”“兼语式”，这是下位的“紧”区分，与句子格局无涉）。我们的析句方法也就因此而从“宽”，即以句读段为汉语句子的基本活动单位，以句读段服务于不同表达功能的不同铺排律为汉语句子的基本格局。

汉语句子的脉络与句子节律又是浑成一体的。音步是节律的基础。汉语利用语词单位“单音节”“孤立”的纯一特点，以单音词构成单音步，以双音词构成二音步，于是只需把单音词与双音词巧为运用，使之错综变化，也就自然造成了汉语的节律。而句读形态正是这种音律变化的最佳节奏板块。汉语句子的生动之源就在于流块顿进之中显节律，于循序渐行之中显事理。流块的顿进将音乐性与顺序性有机地结合起来，由“音句”进入“义句”，随事态变化的自然过程，“流”出千姿百态的句子来。西方的言语表达总是一口气念去，须一句讲完才作一停顿。汉语的言语表达则从容不迫，断续相间，并不重在一口气说完全句，而让一个个发散性的意象团块自然拼接，推宕语气，组成言语传达的全息景观。古人云：“以声气为句者，不憭文法必待意具而后成辞，则意或至离析；以文法为句者，不憭声气但取协节，则词言或至失调。”因此，“但以集数字论一意者为句，期令断句之术简捷易知。”（黄侃《文心雕龙札记》章句）可见音句与义句相辅相成，

① 张志公《谈谈辞章学》，《现代汉语讲座》，知识出版社，1983 年。

互为条件，才能达到交际的目的。音句不仅以它的停顿表现了节律，而且以它的停顿传达了句子的脉络。汉语的句子组织一旦采取音句铺排的形式，往往可以不用关系词而显示出关系来。音句的顿进将语气和语法脉络有机协调地结合在一起，这是汉语语法流块建构的一大特色。而西方语言的词组是没有这种集语气、脉络于一身，尽堆迭、套合之能事的“音句”作用的。

总之，利用单音词和双音词的弹性组合，灵活运用而成为音句，再循自然事理之势巧为推排成为义句，于音节铿锵之中传达交际意念，这就是汉语句子建构由组块到流块的全过程。

中国山水画

汉语的流块建构与汉民族其他文化艺术形式在“流”态动感上具有通约性。我国古代的雕刻、书法与绘画都不重视立体性，而注意流动的线条、飞动的美。于疾徐波折、自由流转的线条之中透出勃勃的生气和生命的旋律，于“移视”中可体会它的流动气势。形象的律动代替了形象的四平八稳。

中国画的“气韵生动”即指“空间艺术”中的“时间因素”。西方画家的笔下往往只有一个瞬间。中国画讲究动点视学运动本身就带有时间性。它既见于艺术形象内在生动之律动，也见于画面布局的虚实、开合，笔墨的刚柔、疾徐、浓淡、枯润、顿挫、断连、起伏等统一变化、变化统一之中。

中国的书法主张“以风骨为体，以变化为用”，“灵变无常，务于飞动”（张怀瓘《书议》、《文字论》）。书法字体的发展，正是变方为圆，变单为连，大小、重心均无定则，甚至连点、画、提按、三过折法等在书写中也只是存意而已，实实在在的却是线条的流动，矢矫奇突，流美飞扬，仪态万方，不可端倪。好的书法作品在章节之间力图抒发一唱三叹、饶有变化的节奏感、旋律感。或重如崩山，或轻如飞花，或捷如闪电，或涩如柏身，或露如奔湍，或蓄如蕴玉，或刚如凿铁，或柔如嫩荑，因而元气淋漓，生气盎然，大气磅礴。种种点画线条，行气的旋律，在一幅书法作品里，能够汇合为一曲磬鼓琴瑟齐鸣、悠扬动听、撞叩心扉的乐章。因而中国书法本身正是一种节奏旋律艺术。只要线条一触及感官，便能带着人进入特定的时间流程中，顺着线条展开的顺序前进。在这里，情感的运动是与线条的流动融为一体的。

中国的戏剧造型不像西方的造型姿态那样通过一个个静态凝重的孤立的造型来体现人体特有的美，让观众在静穆中得到雕塑性的欣赏。中国的戏剧造型讲究在连绵协调的姿态运动中追求一种势、韵、味、境界，就像水袖的梢节起、中节随、根节追，于波澜曲折、连绵不断的动势中达到美的境界。

中国古代的建筑追求的是由空间的直观向时间的知解渗透。以群体组合为主，平面的基本划一的“间”为单位；结构以横向排架的木构架为主；造型以横向构图为主，铺陈舒展形成层叠的序列节奏，排出变幻多端的空间艺术。建筑的艺术形象不在于单体的造型欣赏，而在于群体的序列推移；不在于局部的雕琢趣味，而在于整体的神韵气度；不在于突兀惊异，而在于节奏明晰；不在于可看，而在于可游。我国的园林也是充分调动一切自然的人工的条件，尽量创造丰富的动态的流动画面，步移景异，曲径通幽，提供可供驰骋想象力的广阔场地。

中国的戏曲讲究程式化，其要义就是“打破团块，把一整套行动，化为无数线条，再重新组织起来，成为一个最有表现力的美的形象”①。我国的戏曲音乐在表现形式上以板式的变化作为结构的基础，通过音乐节奏的变化来表现人物性格和戏剧矛盾的发展变化，并且在这种表现中特别突出节奏的作用。这是中国戏曲独有的创造。就像语言结构具有人的呼吸声气依托一样。戏曲音乐的节奏变化也表现了人的内心节奏变化。尤其当戏剧情绪发展到高潮时，固定的节拍形式已不足以表现情绪，于是出现节拍颇为自由、节奏上伸缩性极大的散板，达到节奏之“流”的极致。

从以上可见，汉语的“流块建构”反映的正是中国文化表现形式的一种典型样态。这种民族文化通约性在民族语言分析中具有极强的解释力和科学性。

四、汉语建构中的传神写意

由于汉语语言组织弹性实体和流块建构的特点，汉语的句法尽管简短，却变化无穷，可以造成多姿多彩的文体风格，可以在语言艺术的广阔领域内充分施展。正由于汉语的语法方略总是以简驭繁，以能动、发散的基本单位为主体作创造性的发挥，所以，任何先验的、坚硬的框架都框不住汉语语法。唯有从基本单位主体发挥的动态过程来把握语法脉络，把简单性与复杂性、能动性与规律性辩证地结合起来，才从本体上理解了汉语的精神。

从这里我们可以看出，汉语语法的“形”的因素不是主要的，“神”的因素倒是更基本，因而也更显豁的。如果说西方语法是以形摄神，那么汉语语法是以神统形的。

我国古代的语言研究讲究“神而明之”。语言分析所用的许多概

① 宗白华《中国美学史中重要问题的初步研究》，《文艺论丛》，1979 年。

中国古代建筑、园林

念、范畴,都出自人的主观感受。运用辩证的两端来具象化,用简单的性状征喻来表述自己的语感和体验,从形式与内容的有机统一所产生的表达效果上整体地把握语言特征。这与古人"文以意为主""意在笔先""以意役法"的文辞观是一致的。用西方形式主义的语言分析眼光来看,汉语的理解几乎是只有"人"而没有"法"。当西方民族汲汲于向外探索,以发展世界、改造世界为获得自由的途径时,中国人则向内探求,以认识自身、完善自身为获得自由的途径。这种内向型文化所显示出的独特的人文性往往是西方的科学传统眼光很难理解,也很难企及的。

从现代辩证思维的观点来看,语言是一个有机联系的统一整体,其中各种不同的单位通过自己的属性而与其他单位相联系。语言单位的性质是在单位之间的普遍联系中表现出来的。因此,这种联系不是抽象的,而是非常具体的,是互相区别着的语言单位本身之间的联系。离开了语言单位的内容,语法就无法反映语言单位的普遍联系,无法包含语言单位的多样性统一,无法从最简单的规定逐步上升到具体的系统。我们所说的语法系统的这种"具体"性,并不是它同语言结构其他要素(如语义、语音)的直观联系,而在于它是语言分析过程的终点,是通过对语言结构的许多方面的抽象所获得的认识的统一和总和。因此它是关于语言事实的最深刻而又最有内容的知识。它不仅反映语言单位的外部联系,而且反映了语言单位内部的本质性联系。中国语言的"以神统形"的过程,就同中国绘画的"拟容取心"的过程一样,都是由具体到一般,再由一般上升到具体。现代科学对汉语和汉语研究的这一传统的理解与发展不仅需要从具体到抽象的过程,更需要从抽象上升到具体的整体把握。要避免那种"义无反顾"地用西方语言研究的科学传统取代汉语研究的人文传统,用冷漠的知性分析取代辩证的语文感受的简单做法。在语法分析中,古人弃"形"而求"神",固然是它不科学精密之处,但它贴近汉族人的语感,比起现在繁复的语法学体系来,自有其优越之处。我国现代语言学注重汉语"形"的规律的发掘是不错的,但它颠倒了"神"与"形"的位置,企图以"形"摄"神",而它的一套形式范畴,又都是西方形态语言之"形",这就造成分析方法与语言事实的深刻牴牾。现有的语法体系之所以不实用,关键在于它所用的西方语法"主动宾"那一套"形摄"范畴与框架,游离于汉语组织的"神"之外。

随着当代语言学视野的开阔,人类语言的多样化已使越来越多的当代语言学家认识到不能把语言看作是某一理想逻辑或西方文化的衍生物。每一种民族语言都有独自的逻辑、组织、修辞方式和美学价值。"形摄"与"神摄"之异不仅是一种语言精神上的差异,它本质上是两种文化精神的对立。西方的文化精神以形式逻辑体系和系统的实验为基础。人们用清晰的几何学、逻辑学方法认识自然,从理解到表达都渗透着理性因素,受形的驱使,沉浸在神圣的比例与完整的和谐之中。这是一种静中求真的科学文化精神。中国的文化精神主张"格物之功只能在身心上做",因为"道"(精神)是绝对的实在,一切外象则归于虚设。于是在"神"的诱导下调动各种艺术修辞手法驰骋主体意识,于是"气韵第一","用笔第二",没有形与比例的地位。

这是一种在动中写意的人文文化精神。对于这一点,我们从中国文化的其他表现形式上同样可以得到验证。

中国古典美学认为,真正的艺术形式美,不在于突出艺术形式本身的美,而在于通过艺术形式把艺术境界、艺术典型突出地表现出来;不机械死板地写实,不追求表面的形似,不重细则的真实,而重神似。

古代诗论认为“诗之极致有一,曰入神”(严羽《沧浪诗话》),崇尚“传神写照,正在阿堵”,认为“近代之诗如写照,毛发耳目,无一不合,而神气索然”(《谷山笔尘》卷八)。

古代戏曲无论环境、时间、语言、动作、服装等等都不是机械模仿现实,而讲究时空的随意性,动作的虚拟性,语言的夸张性,审美的象征性。我国古代的戏曲理论尚“化工”而弃“画工”,认为“画工”“似真非真,所以入人心者不深”。“虽工巧之极,其气力限量,只可达于皮肤骨血之间。”“已落第二义矣。”(李贽《杂说》)

古代小说区别于西方小说静态地、细察地长篇累牍描绘环境、处所、景物,以及剖析人物心理的手法,很少离开人物性格作孤立的环境描写和景物描写及心理描写。在人物肖像描写上,西方小说极尽精工细刻之能事,我国古典小说则强调特征的概括,“遗貌取神”。

古代绘画理论主张“拟容取心”,“因心造境”,“传神写意”,“纵得形似而气韵不生,以气韵求其画,则形似在其间矣。”(《历代名画记》)这也就是说,要把对物象的模拟和画家的心意情思的寄托结合起来,将具体物象传达为一种艺术意象。

古代的建筑传统以人的知解力作为创作的客观尺度,要求建筑物的空间比例、组合方式、装饰手法、结构机能都是人所能理解的,所能接受的。因此中国的建筑没有高不可攀的尺度,没有逻辑不清的结构,没有节奏模糊的序列,没有不可理喻的造型,也没有莫名其妙的装饰。这种人的尺度不仅在于外在表现形式,更深入到内在的情感涵义。不但要唤起普遍的心理感觉(如崇高、肃穆、静谧、舒畅……),还要求尽量阐述特定的伦理解释(如震慑、崇敬、追慕、信仰……)。

中国古代舞蹈、音乐

古代的山川游览也是以感情悟物,所谓“玉女峰”“五老峰”都是赋予静物以品格,达到人格化。我国有园林处必有建筑,因为有了建筑就有了生活,有了人的情感,于是有了诗情画意。欧洲原始森林的风光是好看,但中国更欣赏“芳草有情,斜阳无语,雁横南浦,人倚西楼”。有楼就有了人,有人就有了情。

古代的书法主张“神采为上,形质次之”,“心手达情”(南齐王僧虔《笔意赞》),“假笔转心,妙非毫端之妙,必在澄心运思至微妙之间,神应思彻。”(虞世南《笔髓论》)于是由客观迫向主观,由表象迫向本质。它的波折连绵就是精神的流露,它的形式要素的美的组合就是艺术家情感的显现。它的线条的流动不是对既有的节奏保持良好的亲和力,而是按照内心的律动来反抗、修正或改造既有的节律。所谓“喜则气和而字舒,怒则气粗而字险,哀则气郁而字敛,乐则气平而字丽。情有轻重,则字之敛舒险丽亦有深浅,变化无穷”(陈绎曾《翰林要诀》)。可见,书法线之脉动乃心之脉动。

中国的歌舞很早就有追求情节性的倾向,因而中国的音乐也就不满足于按一两种节奏型作规律的反复，而是发展了多层次的节奏。戏曲音乐往往从散板开始，经过抒发情感的慢板，最后进入紧张热烈的快板，其间又有若干不同的节奏层次，体现出节奏和旋律进行的强烈的戏剧性品格。这种戏剧性品格既是音乐形象的内在精神特点，又是创作主体的精神活动，它又直接表现情节内容。音乐正是在"神"的主宰下流淌变化的。

总之，崇本息末而非穷究事理，和谐大度而非斤斤计较，情感感受而非认识模拟，使中国文化的一切形式都具有温柔敦厚、富于人情味的风格。汉语的表达宗旨或者说美学精神又何尝不是如此！《庄子·外物》云："鉴者所以在鱼，得鱼而忘筌。蹄者所以在兔，得兔而忘蹄。言者所以在意，得意而忘言。"在文学作品中，言以造象，言以造境。而言语之象，以意为终极目的。言语形式的过分突出，会损害意象的传真。因此，为了达意，对于言语形式本身就需一种积极的否定，所谓"得意在忘象，得象在忘言"，达到一种"象生于意而存象焉，则所存者乃非其象也；言生于象而存言焉，则所存者乃非其言也"（王弼《周易略例·明象》）的境界。与这种美学境界相适应，古人的文辞观也就是"言授于意"（刘勰《文心雕龙》）；"篇无定句，句无定字"，"系于意，不系于文"（白居易《新乐府序》）；"意能遣辞，辞不能成意"（杜牧《答庄充书》）；"咏物因不可不似，尤忌刻意太似；取形不如取神，用事不若用意"（《远志斋词衷》）——这就是古典语文与古典美学统一的文化精神。

五、汉语建构中的音韵象征

（一）音象与意象

中国古代的文学批评把诗歌的音律形象称为"韵"，认为"诗被于乐，声之也。声微而韵，悠然长逝者，声之所不得留也。一击而立尽者，瓦缶也。诗之饶韵者，其钲磬乎？”（陆时雍《诗镜总论》）“韵”之悠长，总是延伸着深远无穷之“意”，于是“余意”又是对“韵”的另一种诠解：“有余意之谓韵……凡事既尽其美，必有其韵，韵苟不胜，亦亡其美……必也备众善，而自韬晦，行于简易闲淡之中，而有深远无穷之味。观于世俗，若出寻常。至于识者遇之，则黯然心服，油然神会。测之则益深，究之而益来，其是之谓也。……故巧丽者发于平淡，奇伟有余者行之于简易，如此之类也。……夫绮而腴，与其奇处，韵之所从生；行乎质与臞，而又若缓不收者，韵于是由乎成。”（范温《潜溪诗眼》）其实，“韵”是乐与意的有机统一。从乐的方面说，音律的律动给予读者一种审美心理的快感，诗歌只有在这种音乐美的快感中才能充分表达情感，展开想象。正如西方学者所说：“（音乐）是在艺术中最不便于造成空间印象的，在感性存在中是随生随灭的，所以音乐凭声音的运动直接渗透到一切心灵运动的内在发源地。”[①]“唯有音乐能够自如地唤起人们对似真非真的美景，对将信将疑的世界的想象。”[②]从意的方面说，诗歌的情感越充沛、寓意越深远，其乐意也越浓郁，音律形象也越动人。所以古人说：“言之不足，故嗟叹之；嗟叹之不足，故永歌之；永歌之不足，不知手之舞之，足之蹈之也。”中国古代的文学批评对诗歌的以声寄意有着深刻的认识，认为：“诗以声为用者也。其微妙在抑扬抗坠之间。读者静气按节，密咏恬吟，觉前人声中难写，响外别传之妙，一齐俱出。朱子云：‘讽咏以昌之，涵濡以体之。’真得读诗趣味。”（沈德潜《说诗晬语》）

诗歌的音律形象建立在语言词汇的声音形象基础上。从人类认识的起源来说，词汇的语音形式往往存在着理据。例如已知的各种语言称呼父母的词音大致相同。美国语言学家雅可布逊在《为什么叫“妈妈”和“爸爸”》一文中作了这样的解释：婴儿的吃奶动作经常

① 黑格尔《美学》第三卷上，商务印书馆，1979 年，第 349 页。

② 戴里克·柯克《音乐语言》，人民音乐出版社，1981 年，第 30 页。

伴随一种轻微的呣呣鼻音,这是双唇贴在母亲的乳房上,或者贴在奶瓶的奶嘴上,嘴里饱含奶汁时所能发出的唯一的声音。往后,哺乳时所发出的这种声音,就成了一见到食物就出现的一种预感信号,最后则变成想吃东西的一种表示,或者更进一步用来表示不满或表示等待食物和喂奶人等得不耐烦或其他任何没有得到满足的愿望。当嘴里没有食物时,呣呣鼻音可能跟随一个张开口腔,特别是双唇的音,或任何一个元音。由于母亲是抚育者,因此婴儿的愿望大多是向她提出的,于是逐渐把鼻辅音感叹词转而用来表示母亲了。法国哲学家孔狄亚克在《论语言的起源及其进步》中也指出,一个孩子因为失去了一件他觉得必不可少的东西而感到痛苦。他不光发生一些叫喊声,他还使劲想得到这件东西,他摇晃脑袋、挥舞胳膊,扭动身体的各个部分。另一个孩子为这幅情景所触动,想要减轻他的痛苦,便尽其所能去做。于是,激情迸发时所发出的呼喊声在自然而然引起动作语言的过程中促进了心灵活动的发展,"这两个孩子既已养成了把某些观念联结到人为信号上去的习惯,自然的叫喊便为他们提供了样板,可以此创造出一种新的言语。他们发出了新的声音,同时,不断重复着那些声音,伴以某种指明他们想要使人注意的东西的姿势,他们就这样养成了习惯,即把名称加给事物。"①由此看来,词音是人类心智的符号。人类的认识按照事物和行为呈现在眼睛里和耳朵里的形式来模铸观念符号,于是词音形式本身就概括着所指的形象。这一点在原始语言中是一种普遍现象。中国的语言学者也认为:"语言者不冯(凭)虚起,呼马而马,呼牛而牛,此必非恣意妄称也。"(章炳麟《国故论衡·语言缘起说》)"凡有语义,必有语根。言不空生,名不虚作,所谓'名自正'也。《左传》言名有五,是则制名皆必有故。语言缘起,岂漫然无所由来?无由来即无此物也。"(黄侃《文字声韵训诂笔记》)

---

① 孔狄亚克《人类知识起源论》,商务印书馆,1989年,第136—137页。

（二）客体音象与直观感悟

在人类对世界的感受与认识中，最能撞击心灵以形成观念的是事物的音响。在早期汉语词汇的“以声象意”中，最常见的也是模拟事物音响的词音。例如“火”之词音象“风火相薄”之声；“水”之词音象“急湍相激”之声；“滴”之词音象“檐溜下注”之声；“草”之词音象“履草之声”；“萧”之词音象“风吹蒿叶”之声；“栗”之词音象果裂之声；“木”之词音象击木之声；“竹”之词音象击竹之声；“金”之词音象击金之声；“鸡”之词音象鸡鸣之声；“牛”之词音象牛鸣之声；“豕”之词音象豕鸣之声；“羊”之词音象羊鸣之声。章太炎曾专门分析过汉语中的鸟名的“物音”依据：“何以言‘鹊’？谓其音‘即足’也；何以言‘雀’？谓其音‘错错’也；何以言‘雅（鸦）’？谓其音‘亚亚’也；何以言‘雁’？谓其音‘岸岸’也；……此皆以音为表者也。”（《语言缘起说》）更有意思的是布谷鸟名在中国古代依其鸣叫声而有多种词音形式，如“布谷”、“拨谷”、“击谷”、“获谷”、“郭公”、“勃姑”、“步姑”、“结诰”等，都是依声命名。而在其他语言中布谷鸟又分别叫 cuckoo（英语），coucoum（法语），der kuckuck（德语），cuclillo（西班牙语），cuculi（意大利语），kakuk（匈牙利语）カッコウ（日语）等，也都以鸟鸣为命名依据。显然，这是自然界事物的音响作为一种“激情物”作用于人，使人的心理律动产生“同频共振”，形成观念的物质形式。每一次命名都是一次以声象意的认知过程。

其实，以声象意的命名远不是这么简单。郭绍虞曾分析过“丁”、“当”两个拟声词的演化。其中既有叠音又有音转，所“象”之“意”也渐趋复杂。“丁”、“当”的叠音为“丁丁”和“当当”，混合又为“丁当”，长言之为“丁丁当当”，复言之为“丁当丁当”。白居易诗云“丁丁漏向尽”，杨万里诗云“寒生更点当当里”，《水浒传》潘金莲云“我是一个不戴头巾男子汉，丁丁当当响的婆娘”，这里的拟声词既有自然之音又有主体之情。自然界的声音再复杂一些，便有“克丁丁”、

"克当当"、"吉丁丁"、"吉当当"、"克丁当"、"吉丁当"、"克丁克当"、"吉丁吉当"等形式，再配以双声叠韵词，如"玲琅"等，变化就更复杂了，如"丁玲当琅"。声音稍转，又作"听泠堂泠"（"泠"读吴音），"亭伶宕泠"，"青伶昌泠"，"星伶霜泠"，"冰伶砰泠"，"平伶彭泠"，"磬伶坑泠"；读作入声，则有"滴律搭剌"；声音稍转，又作"铁律搭剌"，"切律察剌"，"悉律萨剌"，"歇律豁拉"，"匹律拍剌"，"吃律搰剌"，"戛律聒剌"，"极律革剌"；读作阴声，又有"低黎达拉"；声音稍转，又有"梯黎他拉"，"比黎摆拉"，"迷黎埋拉"，"其黎革拉"。"丁当"之"当"音转为"东"，"丁东"又可以展开一个系列，如"丁丁东东"、"丁玲东珑"、"亭玲同珑"、"星玲松珑"、"欣玲烘珑"、"琴玲共珑"、"倾玲空珑"、"凭玲蓬珑"、"滴律笃落"、"铁律拓落"、"切律触落"、"悉律索落"、"必律剥落"、"匹律扑落"、"极律谷落"、"梯里拖罗"、"叽里咕噜"等。汉语的拟声词可以极尽错综变化之能事，表现客体之声和主体之情。我们在中国古典诗歌中往往可以看到许多曲尽拟声之妙的诗句。如："吉丁当玉马簷头闹"，"鸟声依树克丁当"，"更着一双皮屐子，纥栉纥榻出门前"，"飘风骤雨相激射，速禄飒拉动簷际"。在元曲中拟声的表现力更发挥得淋漓酣畅，例如："则被这吸里忽剌的朔风儿那里好笃簌簌避，又被这失留屑历的雪片儿偏向我密濛濛坠，将这领希留合剌的布衫儿扯得来乱纷纷碎，将这双乞量曲律的肐膝儿罚他去直僵僵跪。……"（《杀狗劝夫》）一般说来，汉语中的塞音声母音节多用来模拟碰撞之声，如"啪"、"呯"、"滴答"；擦音声母音节多用来模拟摩擦之声，如"咝"、"沙"、"嗖"等；后鼻音韵尾音节多用来模拟共鸣之声，如"轰"、"哐"、"通"等。由此类推，汉语中的具有一定语音特征的音节在命名中赋予所指对象一种类别义。例如：

圆转之音有"滚"、"昆仑"、"傀儡"、"丘垅"、"累累"、"果"、"瓜"。

冲撞之音有"顶"、"钉"、"打"、"敲"、"击"、"碰"、"舂"、"冲"、

“抨”、“拍”、“考”、“撞”。

爆裂之音有“爆”、“判”、“澎湃”、“磅礴”、“蓬勃”、“半”、“片”。

切磋之音有“撕”、“嘶”、“切”、“错”、“磋”、“锯”、“磨”、“龃龉”。

碎细之音有“散”、“洒”、“碎”、“筛”、“数”、“蟋蟀”。

人们在语言实践中发现,汉语中一定的词音特征伴随着一定的形象色彩。例如长音宽缓不迫,因而辽远闲静;短音急促剧烈,因而繁杂激动;清音纯净明快,因而愉悦轻逸;浊音厚重阻滞,因而粗劣慢乱。最典型的是带 m-声母的词音,几乎总是给人一种蒙眬的感觉,例如“茫”、“暮”、“冥”、“渺”、“绵”、“梦”、“昧”、“没”等。

正由于汉语词音的“以声象意”有一种直观感悟的范畴化特点,所以词音往往基于拟声而又超越其上,表现出模态、绘状、象征的功能。《诗经》中就有许多这样的例子。例如以“参差”状不整齐之貌(《诗·周南·关雎》“参差荇菜”),以“喈喈”状鸟鸣和谐(《诗·周南·葛覃》“其鸣喈喈”),以“依依”状柳树垂枝(《诗·小雅·采薇》“杨柳依依”),以“瀌瀌”状大雪纷纷(《诗·小雅·角弓》“雨雪瀌瀌”),以“杲杲”状阳光明亮(《诗·卫风·伯兮》“杲杲日出”),以“灼灼”状桃花鲜艳(《诗·周南·桃夭》“灼灼其华”),以“沃若”状树叶柔润(《诗·卫风·氓》“其叶沃若”)。后代的诗歌中也有不少拟声兼状貌的例子。例如抖动声与抖动态总是融为一体。树叶的颤动即为树叶经风之声,如江总《贞女峡赋》“树索索而摇枝”中的“索索”。神情的战栗即为神情瑟索之声,如康海《中山狼》“却教俺战笃笃的魂儿早不觉滴羞跌屑的骇”中的“滴羞跌屑”。由“声”到“态”,是词音抽象跃上一个新的高度,也是人类认知不断综合,不断丰富的一个过程。刘勰从诗人感物的角度对这一过程作了贴切的描述:“是以诗人感物,联类不穷;流连万象之际,沉吟视听之区。写气图貌,既随物以宛转;属采附声,亦与心而徘徊。”(《文心雕龙》)

(三)主体音象与情感波澜

除了自然界事物的音响之外,在人类对世界的感受与认识中,频频撞击心灵以形成观念的还有人在其社会生活中的感叹。感叹往往是人类在社会劳动中因有感而发。所发之音每每与所感之物联系了起来,成为一种观念的物质形式。中国古代语言学者作过一些精辟的解释。

例如“芋”字。《说文·艹部》的解释是:“芋,大叶实根,骇人,故谓之‘芋’也。从艹,于声。”从这一解释可以看出,“芋”因其形状硕大骇人而得名。那么“芋”和硕大骇人又有什么联系呢?查《说文》口部:“吁,惊也。”徐锴认为:“芋犹言吁也。吁,惊词。”如此则“芋”因惊异其硕大而发“吁”之惊叹而得名。又查《广雅》:“芋,大也。”段玉裁认为“凡于声字多训大”。可见“吁”本身又有硕大之义。《诗经》中“吁谟定命”,“川泽讦讦”中之“吁”和“讦”,毛亨的解释都是“大也”。我们可以推测,“吁”声由惊叹之声而状硕大之形,这就是“芋”得名之由。

例如“许”字。从字形上看,“许”从“午”声,“午”即“杵”之象形字。《说文》认为“许”是舂者送杵之声。杨树达进一步认为,“舂”字也从“午”。查《礼记·曲礼上篇》:“邻有丧,舂不相;里有殡,不巷歌”。文中“相”与“歌”对文,可知“相”有“歌”义。所以郑玄注:“相,谓送杵声。”《荀子·成相篇》其文皆为有韵之歌辞,亦可证“相”有歌义。《史记·商君列传》云:“五羖大夫之卒也,童子不歌谣,舂者不相杵。”这又证明古人舂粟送杵作声。《淮南子·道应篇》亦云:“今夫举大木者,前呼‘邪许’,后亦应之,此举重劝力之歌也。”举大木者当劝力,举杵舂粟者亦当劝力,因此“许”字的本义就是举杵劝力之声,它的古音正是“嗨”。“许”义的演变由助力之声而引申为应声之“听”。

近人张维思曾这样论述词变的感叹理据:“……人在工作时,最易于无意中有声于喉间，一则借以引起他人之注意，一则借以形成共同工作之情绪。……个人工作时，或以歌，或以呐喊，借以引起他人之回声。女子在深林中采果时，发音甚锐，若长啸然，盖所以壮其胆，助其心也。……原始人类亦同于此。当游猎觅食时，到处呐喊，以招伴侣。久之，同一性质之运动，遂有同一性质之声音，采拾时有一特种之声音，狩猎时另有一特种之声音。为日既久，声音与工作遂构成互相联系之观念，闻其音，而知其事。……人在同一工作过程中，发同一之声音；在另一相同之工作中，又发另一相同之声音，于是工作与声音形成相联系的观念。而此种种不同之工作与声音，各形成为各个相联结之不同观念，久之公认此声音为此工作之特音，彼声音为彼工作之特音，于是事各有名而物各有号矣。"①词音的感叹理据使许多词的语音特征以其心理印象征诸人的情感，虽然随着语言的演变，这种征诸情感的功能已不明显，但当语言艺术家为表达特定的情感而艺术地组织句法和语音形式的时候，词音的感叹理据仍然会在读者的心理上激起情感的波澜。

（四）由单声象意到衍声象意

毫无疑问，无论是客体的音响还是主体的音响，它们的以声象意都是有局限的。面对纷繁的世象和丰富的情感，单体对应的以声象意命名必然趋向同构对应的衍声象意命名。这一过程的运思机制是类推。

例如，最初把物体滚动的声音"骨碌"来称滚动。由于滚动的东西都是圆形的，于是"骨碌"词音衍声象意，产生了"果"、"螺"、"蜗"、"螳螂"、"裹"、"颅"、"骷髅"、"葫芦"、"瓠"、"壶"、"炉"、"履"、"蝌蚪"、"颗"、"骨突"、"疙瘩"、"蛋"、"卵"、"团"、"瘤"、"疣"、"丘"、"球"、"豆"、"头"、"首"、"蓓蕾"、"喉咙"、"轮"等词。

① 张维思《语源蠡测》，《中国文化研究汇刊》1945年第5卷。

又由于圆形之物往往屈短,于是又以同构衍声,产生了“侏儒”、“蜘蛛”、“橛”、“屈”、“崛”、“倔”、“孑孓”等。从圆形之物抽象出圆和全的概念,于是词音又衍声象意产生“圆”、“专”、“颛颛(圆貌)”、“鲲”、“丸”、“完”、“全”、“元”、“囫囵”等。

圆形之物动态地看,则凡旋转运行之属都可视为同构。于是产生“旋”、“转”、“斡”、“迴”、“扶摇”、“辘轳”、“碌碡”、“陀螺”、“碌碌”、“累累”、“历历”、“屡屡”、“淋漓”、“碾”、“辗”、“赶”、“云”、“沦”、“芸”、“运”、“回”、“还”、“规”、“返”、“反”、“般”、“班”、“贩”、“顾”等。

圆形之物静态地看,则凡浑然一体者皆属同构。于是产生“混沌”、“和同”、“混”、“惑”、“惛”、“昏”、“糊涂”、“混蛋”等。

圆形之物稍加变形,则凡卷曲纠结之属皆同构。于是产生“卷”、“拳”、“缠”、“缭”、“绕”、“捆”、“纠”、“缪”、“胶”、“交”、“绞”、“曲”、“崎崛”、“枳枸”、“伛偻”、“杞柳”、“考”、“老”、“栲栳”等;凡上隆之物亦同构,于是产生“穹隆”、“痀瘘”、“岣嵝”、“篓”、“弓”等;凡凹曲多孔之物亦同构,于是产生“孔”、“坑”、“角落”、“壳”、“窝”、“窟窿”、“窍”、“陷”、“凶”等字。多孔又引向空疏,于是又有“空”、“糠”、“砾”、“疏”、“寮”、“镣”等字。

空疏之物能够透光,“凡物空者无不明”,于是“骨碌”词音又衍声产生一系列有光明义的词,例如“光”、“阳”、“明”、“朗”、“壳”、“旺”、“王”、“皇”、“章”、“晃”、“旷”、“堂”、“彰”、“爽”、“炯”、“炳”等。由物之明又类推到人之“明”,又产生“聪”、“灵”、“聆”、“晓”、“玲珑”、“伶俐”等字。

圆形之物又可以理解为一定的范围,于是同构之物又有“围”、“藩”、“槛”、“阑”、“牢”、“圃”、“园”、“苑”、“囿”、“国”、“囤”、“廪”等。范围又显示一定的限制,于是有“拘”、“规矩”、“规律”、“牢狱”、“囹圄”、“干阑”等字。

我们从“骨碌”作为物体滚动之声向各个方向的衍声象意,同构类推，可以看出词音的理据环环相因，几乎没有穷尽。由一源而派生众流，或迂回曲折，或奔腾不息。这样的例子还可以举出许多。例如“解”、“割”、“辜”古音相近，义也相近，同出一源。“解”由“解剖”而指向“排解”、“解释”，又产生一个“懈”字；“懈”由“懈怠”而指向“休息”，又产生了一个“廨”字。又如“二”由数目而指向成双作对之物，因而产生“耳”“而（颊毛）”，你我相对又衍作“尔”，彼此相像又衍作“如”，前后相连又衍作连词“而”。与此相关，有了“耳”音，佩耳之玉也叫“珥”。再如两岁之牛称“犊”，三岁之牛称“犙”，四岁之牛称“牭”，驾三马称“骖”，驾四马称“驷”，八岁之马称“馴”，军旅组织五人为“伍”，十人为“什”。凡此种种，都是衍声象意，以同构类推的方式命名。最有趣的是以色泽之同衍声象意的。例如以红色为线索，则云红曰“霞”，玉红曰“瑕”，马红曰“騢”，虫红曰“虾”，红色曰“赮”。以白色为线索，则鸟白曰“翯”，牛白曰“犨”，禽白曰“鹤”，马额白曰“骓”。以黑色为线索，则土黑曰“垆”，犬黑曰“獹”，瞳子黑曰“胪”，水黑曰“泸”，鸟黑曰“鸬”，鱼黑曰“鲈”，玉黑曰“玈”。在汉民族的认知命名中，语义的取象（意象）与语音的取象（音象）有机结合在一起，使语汇世界浸润着浓郁的“观物取象”的人文精神。中国古代的语言学家认定“至繁之字义”有“至简之语根”；简既滋繁，也可统繁；繁由简出，则必归简。因而语言的意义世界是一个充满理据的世界，语言的音韵系统也是一个浸润理据的系统。正如《吕氏春秋》所云：“物自名也，类自召也。”“盖万物得名，各有其故。虽由约定俗成，要非适然偶会。”（黄侃《文字音韵训诂笔记》）

（五）汉语诗韵的意象经营

汉语词汇的以声象意为汉语诗歌音律形象的塑造提供了富有表现力的材料。中国古典诗歌在艺术地营造意象的同时，充分开掘词音的象征功能，使诗歌语言出神入化，动人心弦，音随意转，跌宕起伏。其方式主要有以下四种。

其一,运用韵脚的象征功能。汉语的诗韵在其象征意义上可以大别为洪亮、柔慢、细微三类。因而一首诗歌选择的韵脚奠定诗歌的情感基调。例如抒发思乡怀古之愁情的《黄鹤楼》,所用韵语就词音悠长而徐缓:“昔人已乘黄鹤去,此地空余黄鹤楼。黄鹤一去不复返,白云千载空悠悠。晴川历历汉阳树,芳草萋萋鹦鹉洲。日暮乡关何处是,烟波江上使人愁。”然而以欣喜若狂的心情写下的《闻官军收河南河北》,所用韵语就洪亮而奔放:“剑外忽传收蓟北,初闻涕泪满衣裳。却看妻子愁何在,漫卷诗书喜欲狂。白日放歌须纵酒,青春作伴好还乡。即从巴峡穿巫峡,便下襄阳向洛阳。”

在同一首诗中,为了表现感情的跌宕起伏,还相应地换韵以征意。一种换韵是象征情绪的对比。例如韩愈的《听颖师弹琴歌》,前两句用圆润之韵:“昵昵儿女语,恩怨相尔汝”,后两句情绪一变而为激昂,韵脚也换以阳刚之韵:“划然变轩昂,猛士赴敌场。”一种换韵是象征情绪的回旋曲折。例如张若虚的《春江花月夜》四句一换韵,由平而仄,由仄而平,回环不已,令人情随流水,荡气回肠,吟哦不已:“春江潮水连海平,海上明月共潮生,滟滟随波千万里,何处春江无月明。江流宛转绕芳甸,月照花林皆似霰,空里流霜不觉飞,汀上白沙看不见。江天一色无纤尘,皎皎空中孤月轮,江畔何人初见月,江月何年初照人。人生代代无穷已,江月年年只相似,不知江月待何人,但见长江送流水。……”频频换韵,形成推波助澜之势,象征着感情的曲折与回荡。中国古典诗歌就是以这种声意同构的音律形象声情并茂地阐发诗意的。

其二,运用双声叠韵的象征功能。如果说韵脚的安排是为诗歌音律取得一种句与句之间的回环美,那么双声叠韵的安排则为诗歌音律谱写一种词与词之间应和美。这种词音律动的美感功能最初完全是一种天籁。刘师培有言:

上古之时,未有诗歌,先有谣谚。然谣谚之音,多循天籁之自然。其所以能谐音律者，一由句各叶韵，二由语句之间多用叠韵双声之字。凡有两字同母，是为双声；两字同韵，谓之叠韵。上古歌谣，已有此体。昔尧时《击壤歌》曰："日出而作，日入而息。""日出""日入"，皆叠韵也。虞廷之赓歌曰"股肱""丛脞"，此双声也。舜时之歌曰："祝融西方发其英"。"祝融"二字，亦双声也。《诗》三百篇，大抵指物抒情之作。一字不能尽，则叠字以形容之，如雎鸠之"关关"，葛覃之"萋萋"是也。或用叠韵，则山之"崔嵬"，马之"虺虺"是也。或用双声，如"蝃蝀在东"，"鸳鸯在梁"是也。双声叠韵，大抵皆口中状物之词，及用之于诗，则口舌相调，声律有不期其然而然音。（《论文杂记》）

汉语的语词以单音节为主。音节之间的协调成韵，最自然的方式就是音节部分或整体的重迭。在汉语诗歌音律形象的塑造中，这种自然的音节谐和律起着重要的作用。它有灵活多样的表现形式，令人叹为观止。例如：

句内单用："世沈淖而难论兮，俗岑峨而嵾嵯。"（《楚辞·七谏》）"溯高风以低徊兮，览周流于朔方。"（《楚辞·九叹》）

句内复用："聊仿佯而逍遥兮，永历年而无成。"（《楚辞·远游》）"曾歔欷余郁邑兮，哀朕时之不当。"（《楚辞·离骚》）

句内间用："倒之颠之。"（《诗经·齐风》）"优哉游哉。"（《诗经·小雅》）"如切如磋。"（《诗经·邶风》）

句际间用："何草不黄，何日不行？何人不将，经营四方？何草不玄，何人不矜？哀我征夫，独为匪民！"（《诗经·小雅》）"隰桑有阿，其叶有难。"（《诗经·小雅》）

句际连用："无田甫田，维莠骄骄，无思远人，劳心忉忉。"（《诗经·齐风》）"月出皎兮，佼人僚兮，舒窈纠兮，劳心悄兮。月出皓兮，佼人懰兮，舒忧受兮，劳心慅兮。月出照兮，佼人燎兮，舒夭绍兮，劳心惨兮。"（《诗经·陈风》）

句际对用:双声对双声:“生涯已寥落,国步尚迍邅。”(杜甫《秋日夔府咏怀》)叠韵对叠韵:“穿花蛱蝶深深见,点水蜻蜓款款飞。”(杜甫《曲江》)双声对叠韵:“牢落乾坤大,周流道术空。”(杜甫《奉寄河南韦尹丈人》)还有在所对位置上进一步复杂化的:“西峰峥嵘喷流泉,横石蹙水波潺湲;东崖合沓蔽轻雾,深林杂树空芊绵。”(李白《当涂赵炎少府粉图山水歌》)

在中国古典诗歌中,双声叠韵不仅是一种词法现象,而且是一种句法现象。为了塑造音律形象,诗人着意在词与词的句法安排和选择中突出韵律的应和。其中最为常见的便是选择具有双声叠韵关系的词音形式。例如:

句际音步应和:“细雨湿衣看不见,闲花落地听无声。”(刘长卿《别严士元》)这是在音步之首以双声应叠韵。“峥嵘洲上飞黄蝶,滟滪堆边起白波。”(张谓《别韦郎中》)这是在音步之尾以叠韵应双声。“梦渚草长迷楚望,夷陵土黑有秦灰。”(刘禹锡《松滋渡望峡中》)上句音步首字“梦”、“迷”与下句音步首字“夷”、“有”双声应和;上句音步尾字“渚”、“楚”与下句音步尾字“陵”、“秦”叠韵应和;上句音步尾字“长”、“望”与下句音步尾字“黑”、“灰”也是叠韵应和。“隔座送钩春酒暖,分曹射覆蜡灯红。”(李商隐《无题》)这是音步首尾错综应和。上句“隔”、“钩”双声,下句“分”、“覆”双声,互为应和。“疎松影落空坛静,细草春香小洞幽。”(韩翃《同题仙游观》)这与上例异曲同工。上句“松”、“空”一为音步尾一为音步首,成叠韵之对;下句“草”、“小”一为音步尾一为音步首,也为叠韵。上下应和。

句际非音步应和:“河山北枕秦关险,驿路西连汉畤平。”(崔颢《行经华阴》)上下句“秦”对“畤”,“关”对“汉”。“袖中吴郡新诗本,襟上杭州旧酒痕。”(白居易《故衫》)上下句“袖”对“旧”,“新”对“襟”。“惊风乱飐芙蓉水,密雨斜侵薜荔墙。”(柳宗元《登柳州城楼》)上句“风”、“蓉”与下句“密”、“薜”叠韵应和。“春城月出人皆醉,野戍花深马去迟。”(岑参《使君席夜送严河南赴长水》)上句

"春"、"城"双声,"月"、"出"叠韵,下句"野"、"花"叠韵,"戍"、"深"双声,上下应和。

对于双声叠韵在中国古典诗歌中的功用,中国古代诗学有明确的认识。李重华《贞一斋诗说》云:"匠门业师问余'唐人作诗,何取于双声叠韵,能指出好处否?'余曰:'以余所见,叠韵如两玉相扣,取其铿锵;双声如贯珠相联,取其宛转。'""铿锵"与"宛转",都是为了适应一定的音律形象的需要。双声叠韵的象征功能还可以同韵脚的象征功能结合在一起。一首七绝诗,在其一、二、四句的句尾字协韵的同时,第一句还可与第三句的句尾字协声。或在其二、四句的句尾字协韵的同时,一、三、四句的句尾字又协声。前者如"金陵津渡小山楼,一宿行人自可愁。潮落夜江斜月里,两三星火是瓜州。"(张祜《题金陵渡》)后者如"岐王宅里寻常见,崔九堂前几度闻。正是江南好风景,落花时节又逢君。"(杜甫《江南逢李龟年》)这种句尾字音在叠韵之外又以双声呼应的音律安排,使诗歌声情的内在联系更为统一与和谐。

其三,运用叠音的象征功能。在中国古典诗歌的音律材料中,叠音的象征意义是最为突出的,它使词音单位潜在的声情内涵凸显了出来,给读者留下深刻的印象。例如李清照《声声慢》开头三句:"寻寻觅觅,冷冷清清,凄凄惨惨戚戚。"三句诗用七个叠音形式,强烈地渲染了诗歌所表现的寂寞凄凉的情绪。叠音造成一种足行缓缓的音律效果。人们能感受到作者在丈夫去世后孤独空虚,欲有所求,然而又寻觅不得,倍增凄凉的心情。"寻"、"觅"、"冷"、"清"、"凄"、"惨"、"戚"各字内涵的情感和形象色彩,一经重叠,便声情交融地撞击读者心灵,大大增强了诗歌的表现力。

在元曲中,有一类叠音形式专用在形容词或一些名词、动词的后面,为该词抹上重重的声情色彩,使该词的意象骤然丰满起来,并获得一种通感的修辞效果。例如在"硬"后缀以"帮帮"或"撑撑",在"软"后缀以"柔柔",都渲染了"硬"或"软"的质感,比单独的"硬"字

"软"字所传达的意义丰润多了。而同一个"茸茸"，缀在"暖"后与缀在"闹"后又会获得不同的声情效果。可见这种格式的象征功能是独具一格的。它将词的理性认识与感性认识融为一体，在理性提示的基础上尽情地作感性的渲染。汉语词音的象征功能由此得到了充分的体现。我们来看元曲中的一些例子："世间只有那乌沙是硬帮邦的。"（邹兑金《空堂话》）"则被俺必丢疋搭的巧言儿将你便轻松松罩。"（孔广林《女专诸》）"他闹茸茸前合后偃射雕坡。"（康海《中山狼》）"香喷喷地软柔柔地酥胸如雪。"（董解元《西厢》）"轻拂拂花俏弄影。"（无名氏《金雀记·玩灯》）"热烘烘气夯胸脯。"（洪昇《长生殿》）其中"帮帮"给人硬感；"松松"、"拂拂"、"柔柔"给人不同质地的软的感觉；"茸茸"、"烘烘"给人气氛感，"喷喷"则给人气息感。

其四，发音部位与方法的象征功能。中国古代文人十分重视汉语词音发音特征的象征意义。文学批评中每每出现"侯类、幽类、宵类之字均含诘屈卷束之义"之类的论断。诗歌实践也是如此。韩愈《听颖师弹琴歌》开头两句"昵昵儿女语，恩怨相尔汝。"字音圆润柔滑，与儿女私情的意蕴相协调。后两句气氛骤变："划然变轩昂，猛士赴敌场。"一个"划"字由细音转向洪音，由闭口转向开口，音律呈阳刚之气。司马相如《上林赋》写八条水道混流而下之壮丽景象："赴隘狭之口，触穹石，激堆埼，沸乎暴怒，汹涌澎湃，滭沸宓汨，偪侧泌㶟，横流逆折，转腾潎洌。"连续运用双唇爆破音，以气息受阻爆破象征江水受阻之激沸，摄人心魄。白居易诗"大弦嘈嘈如急雨，小弦切切如私语；嘈嘈切切错杂弹，大珠小珠落玉盘。"（《琵琶行》）其中拟声词都用舌齿摩擦音。尤其第三句连用六个擦音和塞擦音，形成琴音潺潺的音律形象，使人深感诗人调遣词音上匠心独运。杜甫诗"但觉高歌感鬼神，焉知饿死填沟壑。"（《醉时歌》）句中"感"字一作"有"。然而诗论家认为从音律形象看"感"更合适。因为"觉"、"高"、"歌"、"感"、"鬼"都是牙音（舌根音），易以"有"字便不响亮。为了塑造音律形象，中国古典诗歌还刻意在词音的发音部位和方法上求变化和统一。例如:“残星几点雁横塞,长笛一声人倚楼。”(赵瑕《长安晚秋》)上句“残”、“星”、“塞”都为齿音,下句用一位置上“长”、“笛”、“楼”都为舌音。又如:“白狼河北音书断,丹凤城南秋夜长。”(沈佺期《古意呈补阙乔知之》)上句“白”、“北”唇音对下句“丹”、“南”舌音;上句“河”、“音”喉音对下句“城”、“秋”齿音。

综上所述,由于汉语的词汇单音节的特点和词音丰润的认知理据,中国古典诗歌在经营意象的同时为意象刻画出动人的音律形象。这种声情并茂的文学现象充分说明中国语言独具的艺术气质,也体现了中国文学深厚的语言底蕴。

第五讲

汉语交际的思维方式

1 汉语交际与直觉思维

思维和语言是人类各民族表现原始生活经验的两种方式。一个民族的原始生活经验决定了该民族语言表达的方式,而语言表达的方式又同时规定了该民族的思维方式。就原始思维的发生而言,语言的选择就意味着思维方式的选择。然而就思维的发展来看,一个民族典型的思维方式又对语言表达方式产生深刻的影响。例如各民族都有其特有的思维反映现实要素的顺序,因而各民族语言的组织法则就有很大的不同。在世界各大语言体系中,汉语具有独特的、难以为西方民族所理解的面貌。这同汉民族的思维特征有直接的联系。

一、直觉思维与功能主义

中国传统的思维方式,着眼于整体而非个体,着眼于动态而非静态,着眼于事物的功能、属性而非其具体结构,而要把握运动形态中的有机整体,不能靠逻辑分析,只能靠直觉顿悟。这种直觉,不是如西方所谓"一种理智的交融。这种交融使人们自己置于对象之内,以便与其中独特的,从而是无法表达的东西相符合"①,而是一种超理性的体验型直觉。用中国古代的术语来说,就是"体认"、"体道",它超越了在有限时空精确限定下的逻辑分析,超越了对原因与结果的反复寻求,沉浸在直观感悟之中。

直觉感情的思维方式在先秦时代就已普遍运用。当时的学者如孔子所论"子在川上曰,逝者如斯夫,不舍昼夜"(《论语·子罕》),"知者乐水,仁者乐山"(《论语·雍也》),"《诗》可以兴,可以观,可以群,可以怨"(《论语·阳货》),说的都是他的一种直观感受。老子则云:"滌除玄览,能无疵乎?"(《老子》第十章)"不阒牖,见天道。"(《老子》第四十七章)"玄览"和"见天道",说的都是对于天道的直觉。老子认为,"道之为物,惟恍惟惚,惚兮恍兮,其中有象,恍兮惚兮,其中有物。"(《老子》第二十一章)"道"的这种模糊的性质,既非感官所能感知,亦非理性思维所能推究,只能靠直觉领悟。在直觉领悟的时候,要弃置有碍于直觉的感性经验,因为"五色令人目盲,五音令人耳聋,五味令人口爽,驰骋畋猎令人心发狂,难得之货令人行妨"(《老子》第十二章),清除它们才能使心处于"致虚极,守静笃"的状

① 柏格森《形而上学导言》,商务印书馆,1969 年,第 3—4 页。

态。老子将“为学”和“为道”区别了开来。“为学”是学习从经验中来的知识，那都是些关于具体事物的知识。“为道”要把握世界之一般，只能靠直觉感悟。所以说“道可道，非常道；名可名，非常名”（《老子》第一章）。

庄子认为，“天地与我并生，而万物与我为一。”（《庄子·齐物论》）“自其同者视之，万物皆一也。”（《庄子·德充符》）人与万物一体，所以人与万物之间能互相沟通，人能够体悟万物。如何体悟呢？庄子提出“心斋”和“坐忘”。“心斋”顾名思义即“心”的“斋戒”。《庄子·人间世》云：“惟道集虚，虚者心斋也。”郭象注：“虚其心则至道集于怀也。”这就是说，只有保持“心”的虚静，才能得妙道。“坐忘”，用庄子的话来说，“堕肢体，黜聪明，离形去知，同于大通，此谓坐忘。”（《庄子·大宗师》）郭象注曰：“夫坐忘者，奚所不忘哉？既忘其迹（指仁义礼乐），又忘其所以迹者（指形体和心智），内不觉其一身，外不知有天地，然后旷然与变化为体而无不通也。”端坐而摒弃一切心官知觉、理智推度，进入与“道”合一的境界。这也是一种直觉思维的方式。所以庄子说：“道不可闻，闻而非也；道不可见，见而非也；道不可言，言而非也。知形形之不形乎！道不当名。”（《庄子·知北游》）庄子与惠子观鱼于濠梁之上，庄子说：“鯈鱼出游从容，是鱼之乐也。”（《庄子·秋水》）“鱼乐”正是由直觉作出的体悟。正如成玄英所说：“夫物性不同，水陆殊致，而达其理者体其情，（是）以濠上彷徨，知鱼之适乐，鉴照群品，岂入水哉！”（《庄子集释》卷六）庄子论“庖丁解牛”，以神遇而不以目视；论“轮扁斲轮”，得于手而应于心，口不能言，有数焉存于其间，凡此种种，都要靠直觉意会。

在老庄之后，禅宗也强调刹那间的非逻辑解悟。它提出“超言绝虑”，中断一切空间和时间思维，以无念为宗，以无思为思，在完全的自发状态下进入本体境界。宋代理学家以“太极”大全作为本体存在，也认为对本体的认识要靠直觉顿悟。朱熹一方面指出获得知识所必经的程序在于“格物”，他说：“所谓致知在格物者，言欲致吾之知，在即物而穷其理也”；另一方面，要达到心理合一，天人合一，只能经过顿悟。经验知识的积累只是实现直觉顿悟的必要条件。朱熹说：“盖人心有灵，莫不有知，而天下之物，莫不有理。惟于理有未穷，故其知有不尽也。是以大学始教，必使学者即凡天下之物，莫不因其已知之理而益穷之，以求至乎其极。至于用力之久，而一旦豁然贯通焉，则众物之表里精粗无不到，而吾心之全体大用无不明矣。”（《大学章句·补格物传》）这表明，人心生来有一种领悟事物本质的直觉力。这种认识能力在经验的积累下激发出来，但它获得真知的途径是顿悟，而不是在经验材料上的归纳综合，也不是依据某种公理或前提的演绎。理学家张载则把人的认识能力明确区分为三种：

其一曰“闻见”，即人的感官反映外界事物的能力。但耳目闻见是有限的，“如只据己之闻见，所接几何，安能尽天下之物？”（张载《张子语录》）

其二曰“穷理”，即人的理性认识事物的能力。但理性认识依然是有限的，“以穷理为尽物，则亦是但据见上推类，却闻见安能尽物？”（《张子语录》）

其三曰“尽性”，即人的直觉体悟宇宙本体的能力，具体地说就是“大其心”：“大其心，则能体天下之物，……圣人尽性，不以见闻梏其心，其视天下无一物非我。”（《张子语录》）

在这三种认识能力中，“闻见”和“穷理”都是有限的，只有“尽性”这种直觉感情能力才能认识全体。显然，中国传统思维把直觉作为高于感性知觉和理性思辨的一种认知本体的主要方式。由于直觉思维强调通过自身的内省和顿悟去意会对象，所以中国文化的思想表达习惯于用箴言的形式直取事物本质，把握变动的契机，点明运用的关键，重了悟不重形式论证，淡化了思想建构和论证的逻辑系统。这一点和西方民族重演绎、抽象和分析的思维方式有很大的不同。西方民族为了使观察、分析的对象具有客观性，从一开始就将主体和客体严格区分开来，竭力排除主观性。冯友兰对中西思维方式在这一点上的不同有深刻的论述：

> 农的眼界不仅限制着中国哲学的内容，例如“反者道之动”，而且更为重要的是，还限制着中国哲学的方法论。……学中国哲学的学生开始学西方哲学的时候，看到希腊哲学家们也区别有和无，有限和无限，他很高兴。但是他感到很吃惊的是，希腊哲学家们却认为无和无限低于有和有限。在中国哲学里，情况则刚刚相反。为什么有这种不同，就因为有和有限是有区别的，无和无限是无区别的。从假设的概念出发的哲学家就偏爱有区别的，从直觉的价值出发的哲学家则偏爱无区别的。……农所要对付的，例如田地和庄稼，一切都是他们直接领悟的。他们纯朴而天真，珍贵他们如此直接领悟的东西，这就难怪他们的哲学家也一样，以对于事物的直接领悟作为他们哲学的出发点了。这一点也可以解释，为什么在中国哲学里，知识论从来没有发展起来。……因为知识论问题的提出，只有在强调区别主观和客观的时候，而在审美连续体中没有这样的区别。在审美连续体中认识者和被认识的是一个整体。这一点也可以解释，为什么中国哲学所用的语言，富于暗示而不很明晰。它不很明晰，因为它并不表示任何演绎推理中的概念。哲学家不过是把他所见的告诉我们。正因为如此，他所说的也就文约义丰。正因为如此，他的话才富于暗示，不必明确。①

中西思维方式的这种差异，在语言上表现为功能主义和形式主义的对立。所谓功能主义，就是在语言的创造和运用中注重语言的内涵，注重对内涵的意会，注重与内涵相联系相依存的整体，乃至注重语言的整个社会文化功用。所谓形式主义，则是在语言的创造和运用中注重语言形式的确定性和可论证性，注重语言的形式类别，注

① 冯友兰《中国哲学简史》，北京大学出版社，1985 年，第 30—33 页。

重纯粹、客观的语言运用技巧和分析技巧。我们可以从语言交际中修辞的角度对中西语言在这方面的思维差异作一个比较。

二、中西语言交际理论的共性

人类语言研究的原始动机,不外乎两种需要:一是典籍阐释的需要,一是交际修辞的需要,典籍阐释使人类不断深化着民族文化传统的内涵,语言的探究成为人类生存的一种方式;交际修辞使人类不断调整着人际关系,语言的探究成为人类活动的一种手段。无论是典籍阐释还是交际修辞,都出于人类对语言的一种共同的本体论认识。古希腊修辞学家伊索克雷第斯(Isocrates)就认为,擅长使用文辞,是人类文明之母,是法律与艺术及人类福祉的创造过程,是人与兽的区别,是智慧的工具与考验。文辞是经验的装饰者与转化者,使老的事物变新,新的事物变老,使大的事物变小,小的变大。文辞是智力的表征,是人格的反映,是真实而道德的灵魂的外在意象。古希腊的哲学家也认为,文字是理性与智力的格式与决定力。在数学的意义上,它就如同欧几里得定律一样;在文法、字源、象征、注释、修辞和道德的博大而协调的意义上,文字与智慧又不能分开。擅长使用文辞,即富于道德和智慧。中国古代的哲学家认为:"鼓天下之动者存乎辞。"(《周易》)在中国早期的诗歌中,就有"辞亡辑矣,民之洽矣;辞之怿矣,民之莫矣"的观点,即认为民心的安定融洽有赖于文辞的和谐优美。在中国早期的史书中,对语言的社会功用又有深刻的论述。如《左传》所言:"晋为伯,郑入陈,非文辞不为功,慎辞也。"正因为如此,所以古人认为:"出言陈辞,身之得失,国之安危也。"(刘向《说苑》)"乱之所生也,则言语以为阶。"(《周易·系辞上》)反过来,"赠人以言,重于金石珠玉;观人以言,美于黼黻文章;听人以言,乐于钟鼓琴瑟。"(《荀子》)中西古代学者如此将语言与人性、智慧、道德、社会、政治、文化密切联系在一起,如此重视语言的功用价值,必然导致对修辞的关注。

亚里士多德认为："知道我们应当说什么还不够，我们还必须把它说得好像是我们所应当说的。这样，就可以帮助我们的演说，产生一种良好的印象。首先要注意的问题，自然是首先自然而来的问题——怎样从事实本身产生说服力。其次，怎样把这些事实用语言表达出来。第三，恰当的演说方法。"①

墨子认为："先王之书，术令之道曰：'惟口出好兴戎。'则此言善用口者出好，不善用口者以为谗贼寇戎。则此岂口不善哉？用口则不善也。故遂以为谗贼寇戎。""善用口"就是要注重修辞，而修辞又关系到"兴戎"的大事。

由于人类社会文化生活的一些基本需要，中西修辞研究的产生和发展有许多共性。例如，早期的修辞研究都是一种广义的交际、为人的研究，带有很大的实用性。古希腊的修辞学产生于纪元前五世纪末。当时它是一种实用艺术，其功用在于说服法庭审判官、国会元老和教堂听道的群众。这种法律和政治的艺术在罗马帝国时期几乎等于今日的高等教育。中国古代的修辞学也发端于约纪元前5世纪左右。当时所谓的"修辞"，是古人生存居业的一个必要条件，即："君子进德修业。忠信，所以进德也；修辞立其诚，所以居业也。"（《周易·乾·文言》）孔颖达对此的解释是："修辞立其诚，所以居业者，辞谓文教，诚谓诚实也。外则修理文教，内则立其诚实，内外相成，则有功业可居，故云居业也。"这种作为居业的基本条件的"修辞"，无疑是一种对人的言谈举止修养的培育。

又如，早期的修辞研究都讲究由对立产生和谐之美。古希腊学者认为，自然是由联合对立物造成最初的和谐。有限与无限、奇与偶、一与多、左与右、阴与阳、静与动、直与曲、明与暗、美与恶、正方与

---

① 亚里士多德《修辞学》第三卷第一节，转引自《西方文论选》，上海译文出版社，1979年。

长方，这些因素的相反相成造成了和谐之美。艺术模仿自然，表现在绘画上，就是在画面上混合着白色和黑色、黄色和红色的部分，从而造成与原物相似的形象；表现在音乐上，就是混合不同的音调的高音和低音、长音和短音，从而造成一个和谐的曲调；表现在语言修辞上，就是“在常用的词汇中见出变化的用法，使语言显得格外堂皇美丽”（亚里士多德《修辞学》卷三）。中国古代学者眼中的世界也是由对立之物相互作用形成的，所谓“一阴一阳之谓道”（《周易》），“有无相生，难易相成，长短相形，高下相倾，音声相和，前后相随”（《老子》），“一盛一衰，文武纶经；一清一浊，阴阳调和，流光其声”（《庄子》），“五色成文而不乱，八风从律而不奸，百度得数而有常，小大相成，始终相生，倡和清浊，迭相为经。”（《礼记》）在中国古人看来，“声一无文，物一无文。”（《国语》）“参伍以变，错综其数，通其变而成天下之文。”（《周易·系辞》）所以，“日月叠璧，以垂丽天之象；山川焕绮，以铺理地之形，此盖道之文也。……傍及万品，动植皆文：龙凤以藻绘呈瑞，虎豹以炳蔚凝姿；云霞雕色，有逾画工之妙；草木贲华，无待锦匠之奇；夫岂外饰，盖自然身。至若林籁结响，调如竽瑟；泉石激韵，和若球锽：故形立则章成矣，声发则文生矣。”反映在艺术上，就是“五色杂而成黼黻，五音比而成韶夏，五情发而为辞章”（《文心雕龙》）。古代的修辞理论，讨论的也正是情与辞、质与文、道与文等对立统一范畴的相互关系。再具体一些，谈“丽辞”则有“正对”和“反对”，谈“重复”则有“避复”和“反复”，谈“夸饰”则有“夸而有节，饰而不诬”。

三、中西语言交际理论的对立：内涵与形式

尽管中西修辞学的产生和发展中有许多共性的因素，但由于修辞本质上是一种文化现象，它不单纯是一种语辞的修饰技巧，而是语言运用中对文化和社会情境进行的一种调适，所以不同文化传统中

的修辞之学闪烁着不同民族的思维智慧之光。古中国的修辞学和古希腊的修辞学就有着断然不同的文化精神。

首先,西方古典修辞学传统是一种注重形式的传统,中国古典修辞学传统是一种注重内涵的传统。

古希腊的修辞理论具有浓重的形式化意识。当时的修辞学者尽管把修辞提到一个非它无以表达的高度,但意识深处仍把修辞作为一种“术”,一种外在于言谈内容的包装。这种本体论上的二重性在亚里士多德的《修辞学》一书中清晰地表现了出来:“演说术并不被认为是一种高尚的研究项目。然而,由于修辞学的全部工作是关于外部表现的,所以,尽管演说术没有什么价值,我们还是要注意它。否则,离开它,我们就什么都不能做了。”“写下来的语言的效果,更多地取决于文体,而不是思想内容。”由于对形式和内容作了某种程度的分离,亚里士多德对修辞的定义也就是“在任何问题上,使用有效的说服方式的能力”。具体地说,就是依靠演说者的性格产生说服力;依靠激发听众的情感产生说服力,依靠具有说服力的论证方法,包括例证法(归纳法)和推理法(三段论演绎法)。亚里士多德的这一思想,在后来文艺复兴时期的西方修辞学中进一步发展为将有关思想内容的立意、布局等归入逻辑,只讲遣词造句和文体风格的理论,并由此发展出热衷于繁琐分类的形式主义辞格学派。显然,以亚里士多德修辞学思想为代表的西方古典修辞学形式主义宗旨与西方民族注重逻辑关系的分析性思维方式有着内在的联系。亚里士多德在建立他的诗学体系的时候,也是用严密的逻辑分析,从一个基本原理出发,由上到下,从一般到特殊,把所研究的对象和其他相关的对象区别开来,找出各自的异同,然后将它们由类到种地逐步分类,下定义、找规律。

与古希腊的形式主义修辞学传统相对照,中国古代对修辞的原始理解却是“修辞立其诚”,即将修辞与修身养性融为一体,将言辞的修饰归纳于身心的诚挚,所谓“外则修理文教,内则立其诚实”(孔颖达《五经正义》),“修其内则为诚,修其外则为巧言”(王应麟《困学纪闻》),而“辞欲巧”的前提是“情欲信”,先“修身”,然后“贵文”。如韩愈所言:“夫所谓文者,必有诸其中,是故君子慎其实。……体不备,不可以成人;辞不足,不可以成文。”(《答尉迟生书》)这样一种注重言辞内涵的修辞观念,它对言辞美的基本要求就是“为情而造文”,以内容作为形式选择的基本依据,力求“言有物”、“言有宗”、“言善信”。在中国古代学者看来,言语之美在于“当”,“言而当,知也。”(《荀子·非粗》)而所谓“当”就是合于道德修养的标准。“辩说譬喻,齐给便利,而不顺礼义,谓之奸说。”(《荀子·非十二子》)在这个意义上,“君子耻有其辞而无其德。”(《礼记·表记》)孔子甚至认为:“有德者必有言,有言者不必有德。”(《论语·宪问》)老子更进一步提出:“信言不美,美言不信”,“善言不辩,辩言不善”,“知者不言,言者不知”,可见注重言辞之信实在中国古代修辞理论中占有多么重要的位置!这种内涵第一的修辞学传统将其主要注意力集中在言语修辞的内在美上,而很少关心其外在的形式。

西方古典修辞学传统在其形式主义的宗旨之下,很快形成其类型化和技巧性的研究特色。

从类型化来看,古希腊的修辞学首先根据演说的对象和性质,将演说分为政治演说、法庭演说和典礼演说三类。政治演说是在公众集会或议事会上发表的演说,其主题多为国防、财政、战争与和平、对外贸易、立法等重大问题。法庭演说是诉讼当事人的控告和辩护,其主题多为分析犯罪的动机、作案心理、受害者的情况及判定是非。典礼演说是节庆或丧仪中发表的颂词、悼词,其主题多为对人的美德的褒奖和恶行的贬抑。古希腊的修辞学又将演说的对象分为青年、壮年、老年、富人、贵族、当权者诸类型。各种类型具有不同的性格特征。例如青年类型的特征是“感情强烈,容易不分是非地追求自我满足;在肉体的需要方面,他们大都为性欲所支配而不能自持;他们的需求是多方面的,而且在不断变化;他们性子火急,容易发怒,容不得被人轻视或受到不公平的待遇;他们看重荣誉,更珍视胜利,渴求优胜于别人;他们深信别人,容易上别人的当。自然给了他们青春的活力,加上很少经受挫折,所以他们天真、乐观。他们不留恋过去,而憧憬未来,因为过去的时间太短,没有什么可以回忆的;而未来则很长远,令人向往。他们比年长者勇敢,无所畏惧,满怀信心;他们因为不曾屈居人下,又自命不凡,所以又常骄傲自大;他们见义勇为,不计得失;他们的主要缺陷在于过火和偏激,对人爱得狠,恨得深,对待什么事情都是这样;他们喜欢玩乐,也富于机智……"显然这样的类型化使修辞具有很强的可操作性。

中国古典修辞学传统关注的不是修辞的具体运作,而是修辞的功能。首先是修辞的教化功能。孔子说:"兴于诗,立于礼,成于乐。"(《论语·泰伯》)后人对"兴"的解释是:"兴,起也。言修身必先学诗。"(《论语集解》)"兴"是一种"引譬连类"、"托物兴辞"、"感发意志"的修辞方式。它在中国古人的眼里是通往修身明礼的必要途径。孔子还说,"《诗》可以兴,可以观,可以群,可以怨。"(《论语·阳货》)意思是说,通过"兴"这种修辞方式,人们可以从诗中观察到社会现象,受到感染,产生共鸣,潜移默化地完善道德修养。其次是修辞的经业功能。古人认为,"法先王,顺礼义,党学者,然而不好言,不乐言,则必非诚士也。故君子之于言也,志好之,行安之,乐言之。故君子必辩。"(《荀子·非相》)辩说之值得重视,是由于它具有"明是非之分,审治乱之纪,明同异之处,察名实之理,处利害,决嫌疑"的经业功能。当然这种辩说不是单纯的"好辩",而是须"上本于古者圣王之事","下察百姓耳目之实","废以为刑政,观其中国家百姓人民之利。"(《墨子·非令上》)孟子是一个好辩的学者,然而他说:"我亦欲正人心,息邪说,距诐行,放淫辞,以承之圣者。岂好辩哉,予不得已也!能言距杨墨者,圣人之徒也。"(《孟子·滕文公》)荀子也认为,圣人之辩说,"说行则天下正"。"故期、命、辨、说也者,用之大文也,而王业之始也。"(《荀子·正名》)正因为论辩之道有如此重要的经业功能，所以古人认为"厚乎德行，辩乎言谈，博乎道术"者为"贤良之士"，"国家之珍"，"社稷之佐"，而"能谈辩者谈辩，能说书者说书……"是"为义"之"大务"（《墨子·耕柱》）。其三是修辞的伦理规范功能。上古时期学者认为，自然和社会的运行，都需要一套明确的"道"的规范。真正能阐明这一类规范的，是圣人，所谓"圣人也者，道之管也"（《荀子·效儒》）。好的修辞，应是"道"的具体体现。因此荀子认为："辩说也者，心之象道也。心也者，道之工宰也。道也者，治之经理也。心合于道，说合于心，辞合于说，正名而期，质请而喻。辨异而不过，推类而不悖，听则合文，辨则尽故。"（《荀子·正名》）可见归根结底，修辞是一个"心之象道"的问题，而不仅仅是一个技术的问题。对修辞的评价，也就是看它是否发挥这种伦理规范的功能。所以，"凡言不合先王，不顺礼义，谓之奸言"。那些"不法先王，不是礼，而好话怪说，玩琦辞，甚察而不惠，辩而无用"的人，尽管他们"持之有故"，"言之成理"，但也只是"欺惑愚众"而已（《荀子·非十二子》）。

西方古典修辞学在将修辞诸要素类型化的同时，还十分注意技巧的演示。古希腊的修辞学者认为，"一个演说者只知道说什么是不够的，还须知道该怎以说"。"在演说中，不管我们要对别人说些什么，用事实来说明无疑是正确的，但是语言表达的技巧也是至关重要的。"甚至"写下来的语言的效果，更多地取决于文体，而不是思想内容"。在这种修辞研究的形式主义宗旨的指导下，技巧的作用就凸显出来，由此形成一种技巧分析的研究范式。我们从亚里士多德的《修辞学》中可以清楚地看到这一点。

在词汇方面，亚里士多德提出："第一，恰当地使用联结词，并按照自然的次序来处理它们……第二，对于事物，用它们本身特有的名称来称呼它们，而不是用模糊的一般化的名称。第三，要避免暧昧不清的词汇。除非你有意弄得暧昧不清，就像有些人并没有什么话要说，而故意装作有话要说……第四条规则，是要遵守普罗泰戈拉对于名词的分类,即阳性、阴性和中性的分类。这些区别必须准确地注意到…… 第五条规则,是要用准确的词汇来表现多数、少数和单数……”此外,“为了要做到清楚明白,在选用词汇(名词和动词都一样)的时候,应当选用那些通行的、日常的词汇”。“冷僻的、复合的、新造的词语一定要少用,某些特殊的专门的词语,带有隐喻义的词语,也只有在有利的情况下使用”。

在音韵方面,亚里士多德提出,“散文结构的形式,既不应当押韵,也不应当没有节奏。押韵的形式,因为是人工做作的,所以会破坏听者的信任。同时,它也会分散听者的注意力,老是留心韵脚的重复……可是,另方面,没有节奏的语言,又太没有限制了。我们不要韵脚的限制,但也应当有一些限制,否则,效果就会模糊而不能令人满意,所有的事物都有着数的限制。正是数的限制,造成了结构形式的节奏。”

在文体方面,亚里士多德提出文体不同则修饰的技巧不同。政治演说有如淡远的风景画,在听众众多的情况下,过分细致、精美是不必要的;法庭演说要求简明、精确、完美;典礼演说则须文饰辞藻,以供人诵读。

在辞格运用方面,亚里士多德特别重视隐喻的运用。他指出“隐喻是以此物命名彼物”。它能使被喻的事物受到较佳或较坏的改变。它“最能给予文体以清晰,快感,与异常的气氛”。“语言的生动性,是来自使用比拟的隐喻和描绘的能力(也就是说,使听众看到事物)”,而所谓“看到事物”,就是要“运用一种表现方法,把事物在行动的状态中表现出来。这样,说一个好人是‘方方正正的’,固然是隐喻,好人和方方正正,都是完善的;但是,它却没有提供行动的意思。另方面,我们用了这样的表现法:‘他的精力旺盛,有如盛开的花朵’。这就有了行动的意思了。……荷马常用有生命之物来作无生命之物的隐喻,所有这些地方都因为它们那种行动的效果而显得很出色”。亚里士多德将隐喻的技巧分为四种:从类到种,从种到类,从种到种,互成比例。

技巧的重要性，在古希腊的研究传统中几乎是一种修辞哲学。技巧之于话语内容的相对独立性被绝对化为一种修辞的本体论。学者们认为，谈到暴行时要用愤怒的口吻，谈到不虔诚或肮脏的行为时要用不高兴和慎重的口吻，谈到喜事要用欢乐的口吻，谈到可悲的事要用哀伤的口吻，这些“口吻”（技巧）几乎比说话内容更本质。因为“妥当的用法可以使人们相信你所描写的故事是真实的。因为当你把事情描写得就像人们所做的那样时，这一事实就会使人们得出一个结论：你是信任得过的。因此，不管你所说的故事究竟是不是真的，他们都会把它当成真的”。而且，“一个充满了感情的演说者，常常使听众和他一起感动，哪怕他所说的什么内容都没有”。更具体地说，“演说的作者有时过度采用这样的技巧来影响听众。他们说：‘谁不知道这件事呢？’或者，‘这是人人都知道的’。听的人听了这样的话，会以不知为耻，因而同意演说家，认为他和旁人一样，都知道这件事情”（亚里士多德《修辞学》）。这种“修辞立其术”的修辞哲学与中国古典研究传统中“修辞立其诚”的修辞哲学，体现出完全不同的两种文化精神。

中国古代的修辞观从一开始就以“意旨”的修炼为其着眼点，以“言近而旨远”为修辞的理想境界。《易经》中已有“其旨远，其辞文，其言曲而中”的表述。孔颖达注云：“其旨远者，近道此事，远明彼事，是其意旨深远。”孟子也指出：“言近而旨远者，善言也。守约而施博者，善道也。君子之言也，不下带而道存焉。”（《孟子·尽心下》）朱熹注云：“古人视不下于带，则带之上，乃目前常见至近之处也。举目前之近事，而至理存焉。所以为言近而指远也。”中国古典修辞理论的集大成之作《文心雕龙》在讨论上古时代诸子文章时，所用的标准也是“辞约而旨丰，事近而喻远”。可见，修辞之术在古人心目中仅仅是为特定的修辞之义而设的手段。为了喻意深远，中国古代修辞学不像西方古代修辞学那样惟技巧是求，技巧至上，而是宁愿尽可能地

“省略”技巧，淡化技巧，求其简约浅近，“不下带而道存焉”。这种“守约施博”以达“善言”的修辞观，奠定了中国修辞学传统的基石。

言近而旨远，守约而施博，不仅是中国古代修辞哲学的一种表述，而且具体体现为修辞活动与整篇作品、整个社会人文环境相互依赖、融为一体。由于言尚简约，单个文辞的修饰技巧就远非自足的，它必须在与整个题旨情境的映衬下才能表现自己的喻义。文辞间的这种守约而施博的相互映衬将整个作品结合为一个有机整体。在这个整体中，任何单位文辞的修饰之义都借助题旨情境“以大观小”地显示出来。这就形成了中国古典修辞活动的一个基本方略：情境通观。

情境通观从言语交际的修饰来说就是要注重“言之时”，即准确把握说话的时机。墨子在回答“多言有益乎”这个问题时这样说：“虾蟆蛙蝇，日夜而鸣，舌干擗然而不听。今鹤鸡时夜而鸣，天下振动。多言无益？唯其言之时也。”《论语》中也有这样的记载：“夫子时然后言，人不厌其言。”那么如何才能把握说话的时机呢？中国古代的修辞论家认为首先要区别对待不同的交际对象。

对待君王，要直言相谏。墨子在讨论“君子若钟，击之则鸣，弗击不鸣”这个问题时认为：“夫仁人事上竭忠，事亲务孝，得善则美，有过则谏，此为人臣之道也。今击之则鸣，弗击不鸣，隐知豫力，恬漠待问而后对，虽有君亲之大利，弗问不言，若将有大寇乱，盗贼将作，若机辟将发也。他人不知，己独知之，虽其君亲皆在，不问不言，是夫大乱之贼也！”韩非进一步认为，对君王之谏，要“知所说之心”。如果君王是“为名高者”，言者“说之以厚利，则见下节而遇卑贱，必弃远矣”。如果君王是“生于厚利者”，言者“说之以名高，则见无心而远事情，必不收矣”。如果君王是“阴为厚利而显为名高者”，言者“说之以名高，则阳收其身而实疏之；说之以厚利，则阴用其言显弃其身矣”（《韩非子·说难》）。

对待大夫，要视其地位高低而采取不同的态度。孔子认为：“朝，与下大夫言，侃侃如也；与上大夫言，訚訚如也。”邢昺注曰：“侃侃，和乐之貌；訚訚，中正之貌：下大夫稍卑，故与之言可以和乐。上大夫乡也，爵位既尊，故与之言常执中正，不敢和乐也。”

对待民众，要诲人不倦。《墨子·鲁问》中有这样一段对话：“吴虑谓子墨子曰：‘义耳义身，焉用言之哉？’子墨子曰：‘藉设而天下不知耕，教人耕与不教人耕而独耕者，其功孰多？’吴虑曰：‘教人耕者，其功多’。……子墨子曰：‘天下匹夫徒步之士，少知义，而教天下以义者，功亦多，何故弗言也？’”可见与民众交际，尤其是向民众宣传时，应取“义耳义身”孜孜不倦的态度。

把握说话的时机，还要区别对待不同的场合，“择物而从事焉”。孔子认为，在父兄宗族所在的场合，要“恂恂如也，似不能言者”。在祭祀祖宗的场合及在朝廷，则要“便便言，唯谨尔”（《论语·乡党》）。前者取恭谦的言语修饰态度，后者取明快的言语修饰态度。墨子又认为，在昏乱的国家里，要同他们讨论“尚贤”和“尚同”；在贫穷的国家里，要同他们讨论“节用”和“节葬”；在穷兵黩武的国家里，要同他们讨论“兼爱”和“非功”（《墨子·鲁问》）。《论语》中有这样的记载：

> （孔子）入公门，鞠躬如也，如不容。立不中门，行不履位。过位，色勃如也，足躩如也，其言似不足者。摄齐升堂，鞠躬如也，屏气似不息者。出降一等，逞颜色，怡怡如也。没阶趋，翼如也。复其位，踧踖如也。

这生动地刻画出中国古代学者的“与时迁徙、与世偃仰”的修辞实践。在他们看来，“辞不可不修，说不可不善”，但“修”和“善”本身都不是目的，修辞的真谛在于“辞达而已矣”，这就要充分利用有限的语汇与特定情境的喻义张力。缺乏这种张力，话语就难以奏效，纵使技巧再繁亦非“善言”。所以孔子说：“言未及之而言谓之躁；言及之而不言谓之隐；未见颜色而言谓之瞽。”（《论语·季氏》）“可与言而不与之言，失人；不可与言而与之言，失言。知者不失人，亦不失言。”（《论语·卫灵公》）荀子也说：“故礼恭，而后可与言道之方；辞顺，而后可与言道之理；色从，而后可与言道之致。故未可与言而言谓之傲，可与言而不言谓之隐，不观气色而言谓之瞽，故君子不傲，不隐，不瞽，谨顺其身。”（《荀子·劝学》）

情境通观从文辞表达的修饰来说就是要切合文体。不同的文体适用于不同的对象场合，不同的题旨情境，对文辞的修饰也就有不同的要求。早在魏晋时期，修辞学者就指出：“夫文本同而末异。盖奏议宜雅，书论宜理，铭诔尚实，诗赋欲丽。”（曹丕《典论·论文》）“诗缘情而绮靡，赋体物而浏亮；碑披文以相质，诔缠绵而凄怆，铭博约而温润，箴顿挫而清壮，颂优游以彬蔚，论精微而朗畅，奏平彻以闲雅，说炜晔而谲诳。”（陆机《文赋》）《文心雕龙》一书更对每一种文体的修辞准则都作了详尽的论述：

论“经”则“情深而不诡”，“风清而不杂”，“事信而不诞”，“义直而不回”，“体约而不芜”；

论“骚”则“文辞雅丽”，“气往轹古，辞来切今，惊采绝艳”；

论“诗”则“感物吟志，莫非自然”；

论“赋”则“情以物兴，故义必明雅，物以情观，故辞必巧丽”，“文虽新而有质，色虽糅而有本”；

论“铭箴”则“箴全御过，故文资确切；铭兼褒赞，故体贵弘润。其取事也必核以辨，其摛文也必简而深”；

论“史传”则“文非泛论，按实而书”，“两记则失于复重，偏举则病于不同”；

论“檄文”则“植义飏辞，务在刚健，插羽以示迅，不可使辞缓；露板以宣众，不可使义隐；必事昭而理辩，气威而辞断”；

论“封禅”则“树骨于训典之区，选言于宏富之路，使意古而不晦于深，文今而不坠于浅”；

论“议对”则“理不谬摇其枝，字不妄舒其藻。……然后标以显义,约以正辞。文以辨洁为能,不以繁缛为巧;事以明核为美,不以深隐为奇”。

文体众多,其修辞准则又需比较而区别。例如《文心雕龙》在讨论“颂”这种文体的时候就说:“颂惟典雅,辞必清铄。敷写似赋,而不入华侈之区;敬慎如铭,而异乎规戒之域。”

不同的文体修辞各异。即使在同一文体中,也要为适情应景而采取不同的修辞策略。刘勰在讨论“诏策”这种文体时就指出:“优文对策,则气含风雨之润;敕戒恒诰,则笔吐星汉之华;治戎燮伐,则声有洊雷之威;眚灾肆赦,则文有春露之滋;明罚敕法,则辞有秋霸之烈。”从这里我们可以看到,文体修辞的本质是为与特定情境相协调而对文辞加以调适。文体的内在“秩序”不是机械的。中国古代修辞理论从一开始就要求人们不要把修辞术绝对化。文体之“本”在于情境通观,文体之“术”服务于情境,而情境“变化无恒,不可为体例”,得体的修辞必须“随物屈曲”,“各中其理”,“居错迁徙,应变不穷”(《荀子·非相》)。

四、知识与体验,口语与书语

注重形式,还是注重内涵,这是西方古典修辞学传统与中国古典修辞学传统的主要分野。由这一分野,又引发出两种传统相互区别的其他一些特征。

其一,西方古典修辞学注重知识性。古希腊学者苏格拉底指出,有知识的人才具有美德。有价值的、朝向至善的修辞学,不是用来在法庭上强词夺理,而是用来追求知识的文字使用,或者说,修辞学本身即知识的具体浮现。由于注重修辞的知识性,修辞学就自然注重理论性。亚里士多德的《修辞学》就是这方面的典范。他给修辞学下的定义是:“修辞学可认为是一种官能,事事发掘有关主题的劝辩方法。”随后他列举四种“技巧性的证明”或劝辩的方法:① 伦理的方法。这种方法基于演说者的人格,也就是以人格的力量唤起听者对他的信任。② 情感的方法。这种方法诉诸听众的情感。③ 确实的推理。这种方法用来建立劝说主题的真理。④ 表面的推理。这种方法只在轻揭真理的表面。亚里士多德的修辞理论就按照这一纲领展开:第一卷讨论资料,即具有辩论潜能的区域。第二卷讨论演说家与听众之间维持良好关系的心理问题。亚里士多德又在修辞学与科学真理之间安排了四层缓冲:其中两层是心理的,即演说家的人格与听众的情绪;第三层是以知识为本的劝说,第四层是表面化的推理。我们从中可以看到,抽象的逻辑分析和缜密的条件是西方古典修辞学构筑其理论体系的基本支柱。从一个基本原理或定义出发,由上至下,从一般到特殊,条分缕析,把所研究的对象和其他相关的对象区别开来,找出各自的异同,然后由类到种地分类、下定义、找规律。

中国古典修辞学则更多地出于经验和体验。早期的修辞理论多散见于典籍的训诂释义及子书文论之中,往往是作者根据自己的语言运用实践,自下而上地阐述。总结修辞经验,难以成其知识的系统性。又兼作者讨论的修辞问题每每同哲学、社会、人生、美学、文学、史学等问题融为一体,因而他们对文辞的看法难以展开自身的逻辑条理,往往是点到即止,以饱含蕴藉的艺术语言,让人神而明之,靠悟性理解理论。即使是一些修辞专论,其体例依然循文艺学或文章学的思路运行,教人以"为文为诗之术"。中国古典修辞学的这种注重体验的特点,同中国语言艺术所追求的境界——"言有尽而意无穷"有深刻的联系。汉语语文实践从语句建构到修辞方略都依托于人的悟性,甚至灵性,所谓"字为人人所能识,为义则殊;字为人人所习用,安置顿异,此在读古文时会心而已"(林纾《春觉斋论文》)。更进一步,则"为文当存气质。气质浑圆,意到辞达,便是天下之至文。若华靡浮艳,气质彫丧,虽工不足尚矣。此理全在心识通明。心识不明,虽博览多好,无益也"(沈作喆《寓简》)。这样一种语文方略,使得论述为文之道的修辞理论在表述方式上也只能采用注重体验、注重领悟的方法,不求面面俱到、"等而下之"的知识性。

其二,西方古典修辞学注重口头演讲。西方最早见于记载的修辞学,是古希腊的诡辩派(又称智者派)传授的以辩论为核心的言谈艺术。早期的修辞学家高吉牙斯(Gorgias of Leontini)本人就是一位外交官。他来到雅典之后,获准向民众作公开演说,演讲题目是联合政体。由于他所用的体裁非常新颖,使听众都着了迷,因为当时的雅典人正是倾心于文辞的优美,仰慕雄辩的技巧。而高吉牙斯使用了诸如对偶、同等支点、词类平衡、相同句尾等修辞技巧,在当时人们看来是值得赞赏的语言艺术。古希腊的学者在理论上明确地将口头语言和书面语言的不同价值区别开来。苏格拉底指出,写在纸上的文字,是静态的东西。它唯一的功用在于告诉读者已知的事情,它是一种"娱乐",是"帮助记忆减退的老人回忆往事的工具"。而口头吐出的语言,是充满活力的辩证语言。这种语言透入听者的心田,并且在问答的过程中可以随时辩护自己。在古希腊学者看来,书面语言就像诗朗诵一样,一方面含有许多游戏成分,一方面只以朗诵感动听众,却不给予问答的机会和教训。正义、美感、善良,只有用口头语言才能传授给他人。因为口头语言能适应论辩的各种机遇,能随时更换字眼、修正、重复、注解,在一问一答、一此一彼的流变性谈话中产生真实和共鸣,从而渗入人的灵魂。亚里士多德在他的《修辞学》一书中开宗明义就说:"修辞学是辩证学的相对学问。"他所谓的辩证是指一种谈话方式的探讨,而非形而上学的推理求证。

中国古代修辞学传统注重书面文辞。早期的修辞研究由于游说论辩的语言实践的需要,对口语言辞有一定的重视,认为"辞者,舌端之文,通己于人";"言行,君子之枢机";"言语之美,穆穆皇皇"。然而很快,言文的价值就分离了,"世皆尚文",书面语言受到高度的重视。这一是由于文学独立意识的形成,促进了对书面语言形式美的追求,以致"俪采百字之偶,争价一句之奇"成为一种风尚;一是由于古代帝王对书面语言艺术的身体力行。据《文心雕龙》的记载,"建安之末,区宇方辑,魏武以相王之尊,雅爱诗章;文帝以副君之重,妙善辞赋;陈思以公子之豪,下笔琳琅;并体貌英逸,故俊才云蒸。"又据《南史》的记载,"宋武帝好文章,天下悉以文采相尚。"由于书面语言艺术受到普遍的重视,古代修辞学也就专注于书面文辞。无论是研究修辞手法,如比喻、丽辞、夸饰、互文、对偶、用事、叠语之类,还是探讨文体风格,如典雅、远奥、精约、显附、繁缛、壮丽、新奇、轻靡之类,都重在书面语言的修饰品味,甚至还开辟了书面字句篇章的专论。例如《文心雕龙》在"心既托声于言,言亦寄形于字"的思想指导下,专辟《练字》章,提出用字"一避诡异,二省联边,三权重出,四调单复";又辟《章句》章,提出:"章句在篇,如茧之抽绪,原始要终,体必鳞次。启行之辞,逆萌中篇之意;绝笔之言,追媵前句之旨;故能外文绮交,内义脉注,跗萼相衔,首尾一体。"古代第一部修辞学专著《文则》开宗明义便从文章学的角度论述作文的原道、功用、教化等哲学、道德、政治原则,由此确立事以简为上,言以简为当,意以蓄为工的修辞原则。古代第一部以"修辞"命名的专著《修辞鉴衡》,其着眼点仍在诗文作法上,"所以教为文与诗之术也"。如果说西方古典修辞学将口语和书面语作了明确的价值分离而崇尚口语,那么中国古典修辞原则用书面语的价值涵盖了口语的价值,把对语言艺术的崇尚自然地倾注在书面语形态上。如刘勰所说:"夫人之立言,因字而生句,积句而成章,积章而成篇。篇之彪炳,章无疵也;章之明靡,句无玷也;句之清英,字不妄也。"(《文心雕龙》)更早的王充也说:"文字有意以立句,句有数以连章,章有体以成篇,篇则章句之大者也。"(《论衡》)这种迅速将语言形态的修饰归结到书面语形态的修饰的古典修辞学传统,反映出中国古代修辞学与生俱来的艺术气质。

杨树达在他的《汉文文言修辞学》中论及修辞的民族性和修辞学的民族特点时曾指出:"族姓不同,则其所以求美之术自异。况在华夏,历古以尚文为治,而谓其修辞之术与欧洲为一源,不亦诬乎?昧者顾取彼族之所为一一袭之,彼之所有,则我必具;彼之所缺,则我不能独有，其贬已媚人，不已甚乎！吾今不欲谓吾书足以尽吾国修辞之全，第欲令世之治此学者，知此事为一族文化之彰表，义当沉浸于旧闻而以钩稽之法出之，无为削己足而适人履，庶足令后生之士有自尊其族姓之心，而他媚之狂或以少戢云尔。”从我们以上所论中西古典修辞学传统的同与异可以看出，由于中西语言与文化的深刻差异，研究语言与文化之学在其范式上也存在深刻差异。这种差异显示出人类对世界认识的丰富性。在这个意义上，文化精神与学术范式迥异的中西古典修辞学传统，是人类语言交际理论的宝贵财富。

2 汉语交际与整体思维

一、整体思维与辞境交融

汉民族思维的基本特征是它的整体性。由于地理环境的差异，西方游牧民族形成并发现了扩张性、冒险性的性格，个体自由的思索取代了统一的意识。而汉民族在华夏中原的沃土上自足地生存，东临不可逾越的大海，西阻于群山，封闭自足的环境使汉民族形成“整体”、“统一”的意识。在社会组织形式上，华夏民族从原始家族制度到中央集权制度，个体的命运同家族的命运浑然一体，形成部分与整体交融互摄的思维模式。在人生观上，先民认识自然，感慨于天地交感而万物生长繁茂；先民认识自身，觉悟到人与人和谐感应而孳乳繁衍。而且，人生于天地之间，“赞天地之化育”，天地人交融互摄，自然界和人类社会都是由阴阳交感而融为一体的整体世界。这样一种“天人合一”的境界也使汉民族的思维模式趋向整体化。

作为汉族人生活经验最原初模型的《周易》，为我们提供了汉民族整体思维的初步的图式。它将由阴（ -- ）阳（—）两爻所组成的六十四卦系统涵盖一切自然现象和人事吉凶。卦与卦之间彼此相关，

构成整体。孙振声所译《序卦传》刻画了六十四卦的有序:

乾卦象征天,坤卦象征地;有天地,然后产生万物。充满天地之间的,惟有万物,所以接着是屯卦;屯是充满、万物创始的意思。万物刚创始时,必然蒙昧,所以接着是蒙卦。蒙是蒙昧、幼稚的意思。万物幼稚,就不能不养育,所以接着是需卦,需是饮食的道理。……

夫妻的关系,不可以不长久,所以在咸卦之后,接着是恒卦;恒是久的意思。但万物不可能长久保持原状,不发生变化,所以接着是遯卦;遯是遁,退避的意思。但物不可以始终退避,所以接着是大壮卦;壮是兴盛,大壮即大的兴盛,壮大的意思。但物不可以始终壮大,所以接着是晋卦;晋是前进的意思。但前进必然会受到伤害,所以接着是明夷卦;夷即痍,创伤的意思。……能够超越常情,才足以成大事,所以接着是既济卦。但万物不可能有穷尽,所以接着是未济卦,《易经》也到此终止,以象征天道的循环不已,人事的无穷无尽。

不仅六十四卦是一个系统的整体,而且每一卦自身是一个完整的思维过程。六爻中的每一爻都与其他五个爻存在千丝万缕的联系,需从别卦整体角度分析一个爻所象征事物情况的吉凶。

《周易》的整体思维方式,在中国文化的各方面都表现出来。在哲学上,老子提出"道生一,一生二,二生三,三生万物,万物负阴而抱阳,冲气以为和"。这里的"生"是生生不息、变化无穷的意思,"和"是和谐与平衡,"道"是整个运动过程、宇宙的本体,这与《易传》的解释"易有太极,是生两仪,两仪生四象,四象生八卦"是一致的,都是有机整体论的思维模式。在这个模式中,道、太极是代表整体的基本范畴,阴阳、八卦等则是这一整体的基本构成要素。以这种思维方式看待世界,必然"观其会通"。任何部分都离不开整体,任何部分都体现着整体。对任何事象的掌握一定要导致对事象之间关系的掌握。每个事象都包含着多重含义，其意义来自事象在整体网络中的位置。因此"天人合一"，人类与自然界水乳交融，自然界不是人类的外在物和客体，不是征服的对立面；"知行合一"，学习的目的不单纯是求真爱智，而是为了完善人的行为，所谓"广大高明不离乎日用"，"君子之学也以美其身"（《荀子·劝学》）；"情景合一"，创作主体不外在于描写客体，而是与之融为一体，"物我两忘"。

在医学上，中国医学认为天地万物互相作用，互相依存。"天有四时五行，以生长化收藏，以生寒暑燥湿风。人有五脏化五气，以生喜怒悲忧恐。"（《素问·阴阳五象大论》）中医以五行生克制化规律来说明世界万物的内在联系与制约："木得金而伐，水得火而灭，土得木而达，金得火而缺，水得土而绝，万物尽然，不可胜竭。"（《素问·宝命全形论篇》）中国医学又认为人体各部分互相作用，互相依存，牵一发而动全身，所谓"饮入于胃，游溢精气，上输于脾，脾气散精，上归于肺，通调水道，下输膀胱，水津四布，五经并行"（《素问·经脉别论篇》）。人的病理状态总是由于阴阳失衡，一方偏衰，一方偏亢，致使人体正常的生理功能紊乱。要保持健康就要保持人体阴阳的动态平衡，维持机体的生化不息，从整体入手。中国医学还认为人与天地万物是一个整体。四时寒暑、晨昏昼夜、日月气象、地理环境，都会对人产生影响。"天气变于上，人物应于下。"（《论衡·寒湿》）人须保持与整个自然界的动态平衡。不仅如此，中国医学更认为人与社会是一个整体。人既是自然的人，又是社会的人，社会因素对人的"七情六欲"发生影响。唯有"上知天文，下知地理，中知人事，可以长久"。

西方民族对宇宙的思考与汉民族的有机整体方式不同，他们把客体分离在主体之外，执著地追求宇宙存在的最后元素，细致地思考构成宇宙的最基本的材料，把一切东西还原成最基本的元素，从而探寻事物真实的组合，建造概念结构，掌握世界的确定性。这与汉民族对世界的整体动态平衡的感受大异其趣。李约瑟在《东方和西方的对话》中对中西不同的思维特点有过精辟的论述[1]。他指出，从欧洲思想史肇始之时起，欧洲人的世界观就不断地从一个极端走向另一个极端，从来没有能够综合起来。一方面，有上帝，以及天使、神鬼、造物主、生命原始等等超自然主义的观点。另一方面，则有原子和无限的宇宙空间。神学的唯心主义和机械的唯物主义两者之间进行着永恒的斗争。前一种思想毫无疑问来源于埃及和巴比伦的古代文明，而后一种思想则多半是大胆的希腊哲学思想的产物。莱布尼兹曾经认真地调和过两者间的矛盾，然而无可否认，他对当时的中国以及儒家经典有着深入的研究，获得深刻的启示。而中国在文明史上从来未曾有过这样的思想分歧。中国的永恒哲学是有机自然主义，即对自然的一种有机的认识，一种综合层次的理论。它完全不牵涉到什么超越人类之上的造物主或超自然的神灵的概念，而同时又给最高级的人类经验以充分活动的余地。因此，它本质上不是二元论，而是整体论。它关注一系列的自然等级及各个阶段的转变过程，把宇宙作为一个有机的整体，或者说单一的有机体。“当年轻的欧洲还在无法调和的矛盾中不断挣扎的时候，中国的文化已经达到了明智的综合统一。”比利时的现代物理化学家、耗散结构的创始人普利高津曾将老子的“道生一，一生二，二生三，三生万物”中的“一”、“二”、“三”解释为一维、二维、三维。他在中国留美学生国庆三十五周年大会上指出：“中国传统思维特点在实现现代化计划中具有一种优势。西方的科学家与艺术家习惯于从分析的角度来观察现实，中国的哲学则表现出一种整体观念。而当代演化发展的一个难题，恰恰是如何从整体的演化上来理解世界多样化的发展。”

汉民族的整体思维方式对汉语的修饰运用有深刻的影响。中国古代修辞学传统与西方古代修辞学传统在修辞思维上一个很大的差

---

① 见 Joseph Ncedham：“Within the Four Seas”，*The Dialogue of East and West*. George Allen and Unwin，London。

异是对修辞与语言环境相互关系的理解，从某种意义上说，西方修辞学传统视修辞为某种独立于人和环境的研究对象。他们力图探究修辞现象自身的规律，并认为要进行这种探究，其前提是把修辞现象从语言情况中分离出来，经过层层分解，找出修辞的“原子”构造，从而把握其规律，驾驭其形式。中国修辞学传统则将修辞与其环境（说话人、听话人、场合、话题等）视为一体。人不能从这个语境整体中离析修辞，而只能参与到这个整体中去，从修辞与环境的普遍联系中感受和认识修辞的意义；不能从这个语境整体中抽取个别联系简化为修辞的因果关系，只能涵泳于语境整体的全部因果的及非因果的联系之中，思考修辞的规律。中国古代的语言理解策略讲究意在言外，如庄子所说：“可以言论者，物之粗也；可以意致者，物之精也。”（《庄子·秋水》）“意之所随者，不可言传也。”（《庄子·天道》）这就是说，文辞本身不是自足的，文辞要表达的全部涵义须从文辞所联系的上下文和整个语境中才能显示出来。修辞的本质也不在于对文辞本身的修饰，而在于文辞与情境题旨的充分的协调、有机地互补与制约，在于文辞对所在语言、社会、文化环境的调适。用古代修辞论家的话来说，即“因事托规，随时所急”（葛洪《抱朴子·喻蔽》），“善于依因机会，准拟体例，引古喻今，言微理举，雅而可笑，中而不伤，不枨人之所讳，不犯人之所惜”（《抱朴子·疾谬》）。这样一种修辞学传统，我们可以说是一种语境通观的修辞学传统。

二、辞之修功在整体

语境通观首先强调修辞的效果在整体而不在部分。

有时候局部可行的修辞，于整体并不可行。南宋的胡仔指出，聂冠卿《多丽词》中上句“露洗华桐，烟霏丝柳”是描写仲春天气，而下句却云：“绿荫摇曳，荡春一色”，显与上文时节不合，“其时未有绿荫，真语病也”。胡仔又指出：“凡作诗词要当如常山之蛇，救首救尾，不可偏也。”这也是一种整体观。例如晁无咎《中秋洞仙歌辞》其首云：“青烟幂处，碧海飞金境，永夜闲阶卧桂影。”诚为佳句。其后云：“待都将许多明付与金樽，投晓共流霞倾尽。更携取胡床上南楼，看玉做人间，素秋千顷。”这就是善救首尾的一例。而朱希真《中秋念奴娇》其首云：“插天翠柳，被何人推上，一轮明月，照我籐床凉似水，飞入瑶台银阙。”亦为佳句。其后却云：“洗尽凡心，满身清露，冷浸萧萧发，明朝尘世，记取休向人说。”这两句意味全无，致使全篇“气索然矣”（《苕溪渔隐丛话》）。这表明，局部参差会使整体不协，而整体不协，局部佳句也就黯然失色。

有时候细部清晰的修辞，更须观其巨部。明代的艾南英在《答夏彝仲论文书》中云：“夫以司马子长、刘向、昌黎、永叔之文，兄舍其根本六经与其法度、章脉、变化、生动、雄深、古健之大者不论，而曰止于辞，则视古人太轻也。且又取《易》、《诗》、《书》、《春秋之传》，而亦曰是皆古人饰字而为之，则视古圣人又太轻也。”可见，就辞识辞，止于字面涵义，是古代修辞学一大忌。单个文辞远非一个修辞上自足的单位，须置之于法度、章脉、风格的大系统中“以大观小”，才能透彻地理解它的涵义。

有时候局部形式的选择，受制于全局的体制。唐代修辞论家认为，文章之“篇”是“连位而合”，文章之“位”又是“累句而成”。句无定方，或长或短，声亦互舛，“句长声弥缓，句短声弥促”。例如：“七言已去，伤于大缓；三言已还，失于至促。”因而在使用的时候，须参互使用，“间其文势，时时有之。”四言句最为平正，五、六言则次之。一般来说，局部句式的安排，“忌在于频繁，务遵于变化”。以四言为主，杂以五言六言。但归根结蒂，句式的长短安排没有可以预言的定规，“欲其安稳，须凭讽读，事归临断，难用辞穷”。要之，“附体立辞，势宜然也”。局部形式的选择要由全局之体制和文势来决定。例如七言句与三言句“须看体之将变，势之相宜，随而安之，令其抑扬得所。然施诸文体，互有不同：文之大者，得容于句长；文之小者，宁取于句促”(《文镜秘府论·定位》)。前者如碑、诔、颂、论、檄、赋、诔等,后者如表、启、铭、赞等。

从根本上说,文章的构思总是先有整体,才有局部。一开始就孜孜于局部的修辞,文章必然失败。因为局部修辞的好坏是由它同全局的协调来决定的。所以唐人指出:“凡制于文,先布其位,犹夫行陈之有次,阶梯之有依也。先看将作之文,体有大小;又看所为之事,理或多少。体大而理多者,定制宜弘,体小而理少者,置辞必局。须以此义,用意准之,随所作文,量为定限。既已定限,次乃分位,位之所据,义别为科,众义相因,厥功乃就。故须以心揆事,以事配辞,总取一篇之理,折成众科之义。”经过这样一番整体熔裁,修辞就不会因理失周而繁约互舛,因事非次而先后成乱,因义相违而文体中绝,因势不依而讽读为阻。文章在整体上就能做到“理贵于圆备,言资于顺序,使上下符契,先后弥缝,择言者不觉其孤,寻理者不见其隙,始其宏耳”。宏观上的整体修辞效果不是由局部相加而成的,而是由大系统中各局部的有机联系、互为映衬与制约构成的。为文如果“情非通晤,不分先后之位,不定上下之伦,苟出胸怀,便上翰墨,假相聚合,无所依附”,那么,只能“事空致于混淆,辞终成于隙碎”(《文镜秘府论·定位》)。刘勰在《文心雕龙》中也指出:写文章如果从局部着眼,那就会“辞采苦杂,心非权衡,势必轻重”。为此,他提出整体布局的三个准则:一是“履端于始,则设情以位体”,即根据情理来确定体制。二是“举正于中,则酌事以取类”,即根据内容来选择事例。三是“归余于终,则撮辞以举要”。即选择文辞来显出要义。然后才能“舒华(文辞)布实(内容)”,“条贯统序”。如果不从整体布局着眼,而是专注局部,想到什么就写什么,“委心逐辞”,那必然“异端丛至,骈赘必多”。

三、辞之修功在适变

语境通观又强调修辞的效果在“因宜适变”而不在拘于一格，晋代的陆机在《文赋》中指出：“体有万殊，物无一量。纷纭挥霍，形难为状。”为文者要想“穷形而尽相”，唯有通变会适，“离方而遯员（圆）”，视不同的题旨情境而有不同的修辞风格。例如，“诗缘情而绮靡，赋体物而浏亮，碑披文以相质，诔缠绵而凄怆，铭博约而温润，箴顿挫而清壮，颂优游以彬蔚，论精微而朗畅，奏平彻以闲雅，说炜晔而谲诳。”这些不同的风格，都需要作者“达变而识次”，不拘绳墨，追求最佳的修辞效果。刘勰在《文心雕龙·定势》中也表达了同样的观点：“括囊杂体，功在铨别，富商朱紫，随势各配。章表奏议，则准的乎典雅；赋颂歌诗，则羽仪乎清丽；符檄书移，则楷式于明断；史论序注，则师范于核要；箴铭碑诔，则体制于弘深；连珠七辞，则从事于巧艳。此循体而成势，随变而立功者也。”然而，即使为不同的文体确立了不同的修辞风格，仍难以穷尽文势的变化，就如陆机所说，“若夫随手之变，良难以辞逮”，因而也非法度所能限。为文者对文章中的“曲有微情”，不妨随宜而施，视各人理解之不同，才情之不同，“或言拙而喻巧，或理朴而辞轻，或袭故而弥新，或沿浊而更清，或览之而必察，或研之而后精”，因宜适变。这其中的修辞之道往往是难以言喻的。“譬犹舞者赴节以投袂，歌者应弦而遣声，是盖轮扁所不得言，亦非华说之所

刘勰

能精”(《文赋》)。

中国古代修辞学传统的语境通观在“因宜适变”这一点上是非常彻底的。古人不仅认为修辞要随不同的文体和题旨而有不同的风格,而且认为这不同的风格又不能机械地对待。如果泥于成见,则过犹不及。例如,颂,论之体意在颂明功业,论陈名理,因而体贵于弘,故事宜博,理归于正,言必雅之。但博雅之风格过之则显其“缓”。铭、赞之体意在铭题器物,赞述功德,其文限以四言,分有定准,言不沉遁,体不诡杂,所以发声必清,出辞必典。但清典之风格过之则显其“轻”。诗、赋之体意在兼声色,叙物象,其文绮靡而华艳。但绮艳之风格过之则显其“淫”。诏、檄之体意在陈王命、叙军容,所以宏其文以及远,壮其文以威物,但宏壮之风格过之则显其“诞”。表、启之体意在陈事述心,敬重肃穆,其文言要而理约。但要约之风格过之则显其“阑”。箴、诔之体意在陈戒约、述哀情,其文切至,以感动人心,但切至之风格过之则显其“直”。以上种种风格上过犹不及的情况,都是将特定文体的风格绝对化,例如为追求博雅,致使文体既大而义不周密,辞虽引长而声不通利;为追求清典,致使理入于浮,言失于浅;为追求绮艳,致使艳物之貌违于道,逞己之心过于制;为追求宏壮,致使漫为迂阔,虚陈诡异;为追求要约,致使心意不能尽申,叙事理又有所阙焉;为追求切至,致使体不经营,专为直詈,言无比附,好相指斥。由此看来,文体风格的规定固然是为适应题旨情境之“宜”,但它不能穷尽题旨情境之“宜”。如果把文体风格凝固化、绝对化,只会适得其反,违背题旨情境之“宜”。语境通观之要义在于具体语境具体分析。“因宜适变”,不拘成见与定规,是语境通观的灵魂。

刘勰在《文心雕龙》中专设了“通变”一篇,对汉语修辞中的语境通观提出了深刻的见解。他说文章的体制有常,学习不同的文体一定要借鉴已有的成熟的作品。但仅仅懂得“诗赋书记,名理相因”,“名理有常”是不够的,因为文章的变化是无穷的。而这“变文之数无方”却是文章得以生存流传的生命力所在,所谓“文辞气力,通变则久,此无方之数也”。要掌握这种“变文之数”,就要在已有的文章体制的基础上,“酌于新声”,深入了解当代语文的新样态。用现代语言学的术语来说,就是要娴熟当代语言运用中的新的语境规则,以求文辞修辞“能骋无穷之路,饮不竭之源”。那些在文辞修饰上“绠短者衔渴,足疲者辍涂”(水桶的绳短,便打不到水而口渴,脚力不够,便半途而辍)的人,并不是穷于文理体制,而是疏于通变之术。在通变的具体操作上,刘勰提出由通观而制定文章的修辞基调,“规略文统,宜宏大体。先博览以精阅,总纲纪而统摄,然后拓衢路,置关键,长辔远驭,从容按节,凭情以会通,负气以适变”。而“情”与“气”都是在具体的语境(话题、场合、对象、时机等)中形成的。修辞唯有“望今制奇,参古定法”,“趋时必果,乘机无怯”,才能“变则其久,通则不乏”,“采如宛虹之奋鬐,光若长离之振翼,乃颖脱之文矣”。

在强调“因宜适变”的同时,中国古代修辞学又期望从总体风格上把握各种题旨情境修辞的宏观分野。其中由体制而言,最为明显的是诗与文的分野。清代修辞论家在讨论“诗文之界”时指出:诗与文“意同而所以用之者不同,是以诗文体制有异耳”。这里的“所以用之者”,即诗与文所处的题旨情境,或者说它们的语用分布特征;换一个角度,也可以说是诗与文内涵的能适应不同题旨情境的语用功能。诗与文的语用功能之异在于:“书(文)以道政事,故宜词达;诗以道性情,故宜词婉。”如果把“意”比作米,那么文的功用就是把米烧成饭,诗的功用就是把米酿成酒。“文之措词必副乎意,犹饭之不变米形,啖之则饱也。诗之措词不必副乎意,犹酒之变尽米形,饮之则醉也。文为人事之实用,诏敕、书疏、案牍、记载、辩解,皆实用也。实则安可措词不达,如饭之实用以养生尽年,不可矫揉而为糟也。诗为人事之虚用,永言、播乐,皆虚用也。”(吴乔《围炉诗话》)这就从总体上规定了诗与文的适用语境和语用功能,为诗与文的整体修辞效果奠定了基调。

又有学者不以体制判分情境风格,而将中国哲学中“一阴一阳之为道"的宇宙观贯注于语文风格世界之中。他们认为文道一体,"天地之道,阴阳刚柔而已",而"文者,天地之精英",必然也是"阴阳刚柔之发也"。理想的语文修辞境界是"统二气之会而弗偏",然而为文总是"值其时其人,告语之体各有宜也"。或"得于阳与刚之美者,则其文如霆,如电,如长风之出谷,如崇山峻崖,如决大川,如奔骐骥;其光也,如杲日,如火,如金镠铁;其于人也,如凭高视远,如君而朝万众,如鼓万勇士而战之"。这是一种以雄浑、劲健、豪放、壮丽为基调的修辞风格。或"得于阴与柔之美者,则其文如升初日,如清风,如云、如霞,如烟,如幽林曲涧,如沦、如漾,如珠玉之辉,如鸿鹄之鸣而入寥廓;其于人也,谬乎其如叹,邈乎其如有思,暝乎其如喜,愀乎其如悲"。这是一种以修洁、淡雅、离远、飘逸为基调的修辞风格。汉语的文体风格视题旨情境而千变万化,无不是上述两种基调因宜适变,互为调和的结果。就好像造物者糅阴阳二端而"气有多寡进绌",于是"品次亿万,以至于不可穷,万物生焉"(姚鼐《复鲁絜非书》)。以阴柔阳刚二气统摄汉语修辞的风格变化,其要义仍在各具体语境通观制约之下的因宜适变的"糅"。中国古代语文研究传统的思维方式是尚简,认为"易简而天下之理得矣"。然而这种"简"不是割舍生命内涵的单纯的简化,而是力图为语言丰富多彩而又蕴藉万端的无穷变化打开理解和阐释的通道。因为语言风格姿态万千的表现力都是根本乎自然之道,否则风格不可能如此绚丽多姿。而要把握语言变化无极的风格,设立再多的体制也是徒然,而且只能是越要说清楚而越说不清楚,惟有根本乎自然之道阴阳二端的消长盛衰,才从本质上把握了语言风格的变化规律。以简驭繁,由"简"境进入灵活多变以至无穷的风格世界。

四、辞之修功在宜人

语境通观还强调修辞的效果最终归结于交际的对象而不在作用

于对象之前的一系列过程中。中国古代修辞学是一种伦理型的修辞学。它所奉行的社稷实用主义，使它必然关注修辞的实际效果，并以此评价修辞的过程。而修辞的效果又直接体现在因人制言上。因为语言交际的根本目的在于影响他人。在中国这样一个注重道德伦理的社会中，语言更有其为世人所瞩目的教化功能。而“导人必因其性”，才能出效果，语言修饰策略也须视对象的不同而易其措施。正如汉代的王充所言：“以圣典而示小雅，以雅言而说丘野，不得所晓，无不逆者。”从历史上看，“苏秦精说于赵，而李兑不说；商鞅以王说秦，而孝公不用”。由此可见说话要看对象。“不得心意所欲，虽尽尧、舜之言，犹饮牛以酒，啖马以脯也”。“鸿丽深懿之言，关于大而不通于小。不得已而强听，入胸者少”。又如“孔子失马于野，野人闲不与。子贡妙称而（野人）怒，马圄谐说而懿”。子贡以妙雅之语说服野人还马，结果适得其反。马夫以世俗诙谐之语说服野人还马，结果说动了野人，还了马。马夫何以会成功呢？因为“俗晓形露之言”，即通俗明白之话。子贡反其道而行之，“勉以深鸿之文，犹和神仙之药以治鼽咳，制貂狐之裘以取薪菜也”（《论衡·自纪篇》）。

王充

王充特别强调文辞是说给人听、写给人看的，因此务求明白易懂。他举“秦始皇读韩非之书，叹曰：‘犹独不得此人同时’”的例子，指出：“其文可晓，故其事可思。如深鸿优雅，须师乃学，投之于地，何叹之有？”王充自己的语文实践也务求“形露”而达到预期的效果。王充“升擢在位之时，众人蚁附”；及至“废退穷居，旧故叛去”。有感于“俗性贪进忽退，收成弃败”，王充作《讥俗》、《节义》等十二篇“冀俗人观书而自觉”。出于这一目的，王充在修辞上便“直露其文，集以俗言”。他形象地比喻说：“断决知辜，不必皋陶。调和葵韭，不俟狄牙。闾巷之乐，不用韶、武。里母之祀，不待太牢。既有不须，而又不宜。牛刀割鸡，舒戟采葵，铁钺裁箸，盆盎酌卮，大小失宜，善之者希。何以为辩？喻深以浅。何以为智？喻难以易。”有些人对王充的“形露易观”的修辞提出质疑：“案经艺之文，贤圣之言，鸿重优雅，难卒晓睹。世读之者，训古乃下。盖贤圣之材鸿，故其文语与欲不通。玉隐石间，珠匿鱼腹，非玉工珠师，莫能采得。宝物以隐闭不见，实语亦宜深沉难测。……何文之察与彼经艺殊轨辙也？”王充回答说：“口言以明志，言恐灭遗，故著之文字。文字与言同趋，何为犹当隐闭指意？狱当嫌辜，卿决疑事，浑沌难晓，与彼分明可知，孰为良吏？夫口论以分明为公，笔辩以荴露为通，吏文以昭察为良。深覆典雅，指意难睹，唯赋颂耳！经传之文，贤圣之语，古今言殊，四方谈异也。当言事时，非务难知，使指闭隐也。后人不晓，世相离远，此名曰语异，不名曰材鸿。”王充认为古代贤圣之文其义之所以隐闭不见，唯卒晓睹，是由于古今语言演变使古义难晓，而不是古人为文有意隐闭含义。修辞着眼于对象，务求明白易晓，这是古今一致的。至于说到务难知才显其材鸿，更是荒谬。“夫笔著者，欲其易晓而难为，不贵难知而易造；口论务解分而可听，不务深迂而难睹。孟子相贤以眸子，明了者察文以义可晓。”（《论衡·自纪篇》）王充又从交际对象的反映来论证他的“口则务在明言，笔则务在露文”的主张。他指出：“高士之文雅，言无不可晓，指无不可睹。观读之者，晓然若盲之开目，聆然若聋之通耳。”他又比喻说：“三年盲子，卒见父母，不察察相识，安肯说喜？道畔巨树，堑边长沟，所居昭察，人莫不知。使树不巨而隐，沟不长而匿，以斯示人，尧、舜犹惑。人面色部七十有余，颊肌明洁，五色分别，隐微忧喜，皆可得察，占射之者，十不失一。使面黝而黑丑，垢重袭而覆部，占射之者，十而失九。”（《论衡·自纪篇》）修辞应像“道畔巨树”、“堑边长沟”、“颊肌明洁”那样“皆可得察”，才能出效果,达到文辞修饰的目的。

修辞的效果在于因人而异,这在中国古代修辞研究中几乎是一种普遍的共识。先秦时代韩非就有“凡说之难,在知所说之心”的精辟论述。墨子也说:“通意后对,说在不知其谁谓也。”(《墨子·经下》)孔子则认为:“未见颜色而言谓之瞽。”(《论语·季氏》)荀子的表述是:“未可与言而言谓之傲,可与言而不言谓之隐,不观气色而言谓之瞽。”(《荀子·劝学》)汉代修辞论家继承了这种因人而异、说话要看对象的修辞观。刘向说:“辩之明之,持之固之,又中其人之所善,其言神而珍,白而分,能入于人之心,如此而说不行者,天下未尝闻也。此之谓善说。”(《说苑·善说》)徐幹谈得更为具体。他提出:“非其人则弗与之言”,“若与之言必以其方”。例如:“农夫则以稼穑,百工则以技巧,商贾则以贵贱,府吏则以官守,大夫及士则以法制,儒生则以学业。”与不同职业的对象谈话有不同的话题策略。而君子如果要与人谈“大本之源”,“惟义之极”,那更要对听话人察言观色,寻找和把握最适宜的时机。“先度其心志,本其器量,视其锐气,察其堕衰,然后唱焉以观其和,道焉以观其随。随和之徵,发乎音声,形乎视听,著乎颜色,动乎身体。”(《中论·贵言》)刘勰在《文心雕龙》中对语言表达中的“顺情入机,动言中务”,“抑引随时,变通适会”都有论述。他批评了种种说话不注意对象的修辞用例,指出:“陈思之文,群才之俊也,而《武帝诔》云:‘尊灵永蛰’,《明帝颂》云:‘圣体浮轻’。浮轻有似于蝴蝶,永蛰颇疑于昆虫,施之尊极,岂其当乎?”(《文心雕龙·指瑕》)

诗文修辞要看对象,因人制言,戏曲修辞无时无刻不面对着观众,更要站在观众的立场上考虑修辞的效果。明代的一些修辞论家在讨论戏曲语言修辞应重内容还是重形式时,曾把修辞与戏曲语言交际的对象——观众对立起来。重内容的一方说:“余意所至,不妨拗折天下人嗓子。”(王骥德《曲律·杂论》引汤显祖语)重形式的一方说:“宁使时人不鉴赏,无使人挠喉捩嗓。”(沈璟《二郎神》)这都是忘了语言表达的宗旨所在。明代的王骥德指出，时曲语言是一种"有关世教文字"，戏曲语言的修辞效果，不在于文人的自我陶醉和欣赏，而在于"令观者藉为劝惩兴起，甚或扼腕裂眦，涕泗交下而不能已，此方为有关世教文字，……不关风化，纵好徒然"。所谓"世教"、"风化"，都表明戏曲语言要达到教育观众、感染观众的目的，"须奏之场上，不论士人闺妇，以及村童野老，无不通晓，始称通方"。要像白居易作诗那样，"必令老妪听之，问曰：'解否？'曰'解'则录之，'不解'则易。作剧戏，亦须令老妪解得，方入众耳，此即本色之说也。"（《曲律》）那么，如何才能使戏曲语言修辞真正打动观众之心，产生预期的效果呢？学者们提出许多以观众为"本位"的修辞思想：

一曰宾白不为深奥。凌濛初指出，古代戏曲的宾白都"直截道意"，即使作四六偶句，也都"浅浅易晓"。"盖传奇初时本自教坊供应，此外止有上台构栏，故曲白皆不为深奥。其间用诙谐曰'俏语'，其妙出奇拗曰'俊语'，自成一家言谓之'本色'"。由于宾白浅显生动，产生了很好的修辞效果，"使上而御前，下而愚民，取其一听而无不了然快意"。然而后来曲辞刻意雕饰，宾白也富丽起来。"甚至寻常问答，亦不虚发闲语，必求排对工切"。这样一来，"必广记类书之山人，精熟策段之举子，然后可以观优戏，岂其然哉？"宾白的富丽不仅观众听不懂，于剧中人物身份也不符。试想，"花面丫头，长脚髯奴，无不命词博奥，子史淹通，何彼时比屋皆成康成之婢，方回之奴也？"（《谭曲杂劄》）

王骥德认为，宾白之难写不下于曲。初出场时以四六饰句的定场白只能"稍露才华，然不可深晦"。如明代汤显祖的《紫箫记》，其定场白"皆绝如四六，惜人不能识"。而高则成的《琵琶记》，其定场白"只是寻常话头，略加贯串，人人晓得，所以至今不废"。戏中各人散语的对口白又须"明白简质，用不得太文字。凡用之、乎、者、也，俱非当家"。例如梁辰鱼的《浣纱记》，其对口白"纯是四六，宁不厌人"，今人又在南曲宾白中用"惟北剧有之"的"者"字，"大非体也"

(《曲律·论宾白第三十四》)。

二曰修辞要有波澜。王骥德从表演的效果出发,认为戏曲语言的修辞"勿落套,勿不经,勿太蔓,蔓则局懈,而优人多删削;勿太促,促则气迫,而节奏不畅达"。总之是要舒促有致,张弛有道。尤其要注意波澜起伏。"传中紧要处,须重著精神,极力发挥使透。""若无紧要处,只管敷演,又多惹人厌憎:皆不审轻重之故也。"(《曲律·论剧戏第三十》)与此相应,曲调的运用也要能推波助澜,"称事之悲欢苦乐。如游赏则用仙吕、双调等类,哀怨则用商调、越调等类,以调合情,容易感动得人"(《曲律·论剧戏第三十》)。

三曰酌于雅俗深浅。戏曲语言源于生活,而又高于生活,要在雅与俗之间保持必要的张力。从雅的方面来看,"夫曲以模写物情,体贴入理,所取委曲宛转,以代说词,一涉藻缋,便蔽本来。然文人学士,积习未忘,不胜其靡"(王骥德《曲律·论家数第十四》)。例如:"张伯起小有俊才,而无长料。其不用意修词处,不甚为词掩,颇有一二真语、工语,气亦疏通。毋奈为习俗流弊所沿,一嵌故实,便堆砌饼饾,亦是仿伯龙使然耳。今试取伯龙之长调靡词行时者读之,曾有一意直下而数语连贯成文者否?多是逐句补缀,若使歌者于长段之中偶忘一句,竟不知从何处作想以续。总之,与上下文不相蒙也。"(凌濛初《谭曲杂劄》)藻饰而使文意上下不连贯,"便蔽本来"。从俗的方面来看,以藻缋为曲固然不行,"以鄙俚为曲,譬如以三家村学究口号、歪诗拟《康衢》、《击抔》,谓自我作祖,出口成章,岂不可笑!""文词说唱、胡诌莲花落,村妇恶声,俗夫亵谑无一不备矣。"(《谭曲杂劄》)这样媚俗也只会败坏戏曲语言的风格,进而败坏戏曲观众的欣赏欲望。正如王骥德所言:"词藻工,句意妙,如不谐里耳,为案头之书,已落第二义";而"既非雅调,又非本色,掇拾陈言,凑插俚语,为学究,为张打油,勿作可也"(《曲律·论剧戏第三十》)。真正为观众所欢迎的是雅俗有致,深浅相宜的戏曲语言。王骥德指出:"大抵纯用本色,易觉寂寥;纯用文调,复伤琱镂。《拜月》质之尤者,《琵琶》兼而用之,如小曲语的本色,大曲引子……未尝不绮绣满眼,故是正体。《玉玦》大曲,非无佳处;至小曲亦复填垛学问,则第令听者愦愦矣!……本色之弊,易流俚腐;文词之病,每苦太文。雅俗浅深之辨,介在微茫,又在善用才者酌之而已。”(《曲律·论家数第十四》)

综上所述,中国古代修辞学传统从一开始就没有把修辞现象从其所在的语用环境中离析出来作“纯粹的”研究,而是立足修辞的社会文化功能和根本宗旨,从语境通观把握修辞的规律和效果,自觉认识修辞与题旨、读者、场合等的相互作用和整体有机联系,从而形成了汉语交际理论独具文化精神的情境原则。它对当代以辞格为中心的形式修辞学有着深刻的启迪,并为之提供了范型转化的基础。

第六讲

汉字的文化内涵

1 汉字的文化定义

汉字的研究,在中国已经有两千多年的历史。一部中国古代语言学史,本质上就是文字学史,即对汉字的音韵、构形、语义及组合规律进行研究的历史。这在世界语言学史上是一种十分特别的学术规范。早在《文心雕龙》中,刘勰就指出:

> 夫人之立言,因字而生句,因句而成章,积章而成篇,……句之精英,字不妄也。振本而末从,

知一而万毕矣。

中国传统语言学认为,一个句子的起点,或者说基点,是“字”,“因字而生句”,这同西方语言因“框架”(词的屈折形态的配合关系)而生句很不一样。后者是句法关系模式在先,形式在先,在“大”框架中填“小”词,后者是以“小”(字)组“大”(句子的事理逻辑格局),以字的流程显局势。刘勰所谓“振本而末从,知一而万毕”,其中的“本”、“一”,都体现出汉语句子以“字”为立足点的建构而非“填构”的语言组织方略①。这正是中国语言学传统对汉字认识的精髓。

然而,在中国现代语言学研究中,承载我们数千年文化的汉字,却被西方的语言学理论定义着。翻开我们通行的语言学教材,对文字的定义,都按照西方标准表述,即:首先,“文字是记录有声语言的书面符号系统”,它仅仅是口语的书面再现;其次,文字是“辅助与扩大语言交际作用的工具”,它仅仅是口语的附庸。这个定义,表述的是西方拼音文字的性质,体现的是西方文化中源远流长的“语音崇拜”。

一、文字定义的西方标准

早在古希腊时代,学者们就已经在理论上明确地将口头语言和书面语言的不同价值区别开来。苏格拉底指出,写在纸上的文字,是静态的东西。它唯一的功用在于告诉读者已知的事情。它是一种“娱乐”,是帮助记忆衰退的老人回忆往事的工具。而口头吐出的语言,是充满活力的辩证语言。它透入听者的心田,并且在问答的过程中可以随时辩护自己。在古希腊学者看来,书面语言就像诗朗诵一样,一方面含有许多游戏成分,一方面只能以朗诵感动听众,却不给予问答的机会和教训。正义、美感、善良,只有用口头语言才能传授

① 申小龙《中国句型文化》,东北师大出版社,1988 年,第 1—17 页。

给他人。因为口头语言能适应论辩的各种机遇，能随时更换字眼、修正、重复、注解，在一问一答的流变性谈话中产生真实的共鸣，从而渗入人的灵魂①。因此，亚里士多德断言：

> 口语是心灵的经验的符号，而文字则是口语的符号。②

苏格拉底也认为：

> 知识原本是我们心中固有的，我们只需通过"辩证法"或一种系统的问答过程使之苏醒并加以运用。③

这里所说的"辩证"，正是指一种谈话方式的探讨。当时的雅典人，正是倾心于口语语词的优美，仰慕雄辩的技巧的。

近代西方源远流长的结构主义语言学，开宗明义就对"文字的威望"进行了批判。结构主义语言学的创始者索绪尔力图把语言的研究与文字的研究中严格区别开来。他痛感在他那个时代，语言的历史研究中的文字每每凌驾于口语形式之上。人们"一般只通过文字来认识语言，研究母语也常要利用文献。如果那是一种远离我们的语言，还要求助于书写的证据，对于那些不存在的语言更是这样。要是任何场合都能运用直接的文献，我们必须像维也纳和巴黎所做的那样，随时收集各种语言的留声机录音的样本。可是记录下来的原件要为他人所认识，还须求助于文字"④。根据索绪尔的分析，文字的这种威望是由于：

(1) 词的书写形象使人突出地感到它是永恒的和稳固的，比语音更易于经久地构成语言的统一性，更易于为人所掌握；

(2) 在大多数人的脑子里，视觉印象比音响印象更为明晰和

---

① 申小龙《语文的阐释——中国语文传统的现代意义》，辽宁教育出版社，1990 年，第 219—238 页。

② 亚里士多德《范畴篇 · 解释篇》，商务印书馆，1959 年，第 55 页。

③ 柏拉图《政治家》，北京广播学院出版社，1994 年，第 134 页。

④ 索绪尔《普通语言学教程》，商务印书馆，1980 年，第 47 页。

持久；

(3) 文学语言增强了语言的重要性。它有自己的词典，自己的语法。人们在学校里是按照书本和通过书本来进行教学的。语言显然要受法则的支配，而这法则本身就是一种要求人严格遵守的成文的法则：正字法。因此文字就成了头等重要的；

(4) 当语言和正字法发生龃龉的时候，差不多总是书写形式占了上风，因为由它提出的任何办法都比较容易解决。

索绪尔认为，文字的这种威望是一种专横和僭越。人们忘记了一个人学会说话是在学习书写之前，而且语言有一种不依赖于文字的口耳相传的传统，这种传统十分稳固。例如立陶宛语是1540年才有书面形式的，然而这时的立陶宛语依然在语音、词的结构、名词变格和声调方面都忠实保留古印欧语的特点。索绪尔断言：语言和文字是两种不同的符号系统，后者唯一的存在理由是在于表现前者。因此语言学的对象不是书写的词和口说的词的结合，而是由后者单独构成的。如果把声音符号的代表看得和这符号本身一样重要和比它更重要，这就好像要认识一个人，与其看他的面貌，不如看他的照片。

美国结构主义学派的布龙菲尔德则从图画到文字的变迁讨论这个问题。布龙菲尔德在他的《语言论》中指出，一个图画到了约定俗成时，我们不妨称之为字。一个字是一个或一套固定的标记，人们在一定的条件下描绘出来，因而人们也按一定方式起着反应。这种习惯一旦建立以后，字跟任何特殊的实物相似之处就是次要的了。由于语言毕竟是我们画不出来的那些事物的一种交流方式，所以图画使用者到了某个时候便按照口语用词来安排他的字符，用某个字符代表口语片断的某一部分。真正的文字少不了这个前提，有些字既代表一个可以描绘的事物，又代表一个语音的或语言的形式；旁的字失掉了的图画价值，只代表一个语音的或语言的形式；单纯的图画字，同语言形式没有联系的，用处就越来越不重要。语言（口语）的价值越来越占主要地位。因此，“在语言学家看来，除去某些细微的枝节以外，文字仅仅是一种外在的设计，就好像利用录音机一样，藉以保存了过去言语的某些特点供我们观察”①。

文字仅仅是一种口语的“外观设计”吗？即使在西方语言中也不能这样说。文字和口语相比，使用了不同的表达形式，这种形式本身参与着意义的建构。美国语言学家雅各布森在他的《结束语：语言学和诗学》中认为任何语言都有六个组成因素，它们的相互关系如下图所示：

语境

信息

说话者……………………………………………………受话者

接触

代码

这表明：任何交流都是由说话者所引起的信息构成的，它的终点是受话者，但交流的过程并不简单。信息需要一些必要的形式：首先是说话人和受话人之间的接触形式（口头的或视觉的，电子的或其他形式的），其次是信息的载体——代码的形式（言语、数字、音响构成物等），其三是使信息“具有意义”的语境的形式（同样的话在不同的语境下会有不同的意义或失去意义）。这样看来，“信息”不提供也不可能提供交流活动的全部“意义”。人们在交流中获得“意义”有相当来自信息的形式——语境、代码、接触手段之中。它们和说话人、受话人、信息一道共同组成整个交流活动的要素结构。而且各要素的作用在交流活动中也时刻处于不平衡之中，这一个或那一个要素会在诸要素中多少居于支配地位。于是，交流活动在一种情景中会倾向于语境，在另一种语境中会倾向于代码，如此等等。信息的性质取决于那个占支配地位的要素的功能。这样看来，文字作为一种代

① 布龙菲尔德《语言论》，商务印书馆，1980 年，第 357—359 页。

码形式，绝不仅仅是语言的记录形式或外在设计，它是全部交流活动的“意义”的一种必要的构成。说出来的信息和写出来的信息会在交流活动中具有不同的意义。这种不同的意义事实上赋予代码形式本身(口语的或书写的)以“生命”。当我们面对文字的时候，我们不是简单地面对一种无意义的语言包装，而是一个有意义的自主的符号系统。

雅各布森

雅各布森在《语言和其他交流系统的关系》中指出，视觉和听觉是人类社会中最社会化、最丰富、最贴切的符号系统的基础。由此而使语言产生了两种主要的变体——语言和文字，它们各自发展着自己特有的结构性质。它的历史也充满着时而互相吸引，时而互相排斥，时而握手言欢，时而剑拔弩张的辩证现象。这一点并不难理解：言语作为一种听觉符号系统，它的结构主要是以时间为建构力量的。文字作为一种视觉符号系统，它的结构主要是以空间为建构力量的。当我们把口语的词或句子用文字书写下来的时候，符号系统的转换伴随着功能的转换——文字要对空间作出承诺。西方哲学家雅克·德里达也曾提出要建立一门书写语言学。他在《书面语言学》、《文字和差异》、《声音和现象》等著作中提出：不应把写作看成是语言的外在“服饰”或声音的简化。世界不是限于和决定于一种以语音为中心的意义模式。通过对书面语言的分析有助于发挥“意义”的潜能，因为书写不是言语的影子，而是关于语言本质的模型。

可见，西方的文字定义，就其本身来说，并没有充分揭示文字的功能，更不用说把这样的文字定义用到具有很强的人文精神的汉字中来了。

二、人类文字性质的二重区分

现代结构主义语言学的创始人索绪尔,是第一个对人类文字的性质作二重区分的人。这一二重区分出现在他的经典著作《普通语言学纲要》中。而我们许多汉字研究者,却有意无意地"忽略"了这一重要观点,将索绪尔对欧洲文字性质的判断,视为人类文字的共同属性,并用以指导汉字改革的理论和实践。

索绪尔对欧洲文字性质的判断,是从欧洲文字和欧洲语言(口语)的关系立论的。在他看来,这种关系有以下几个特点。

(一)文字"唤起"语言

索绪尔认为,语言中只有"音响形象",即"若干为数有限的要素或音位的总和"①。而文字的作用,就是把这种"音响形象""固定在约定俗成的形象里",以便人们在记忆或把握语言时,"可以在文字中用相应数量的符号把它们唤起"。强调文字的这种"唤起"功能,显然就否定了文字的主体性,因为如果没有了语言,即文字的指涉对象,文字就失去了本原,失去了存在的价值。索绪尔正是在这个意义上认为"语言既然是音响形象的堆栈,文字就是这些形象的可以捉摸的形式"。

索绪尔

① 索绪尔《普通语言学教程》,商务印书馆,1980年,第37页。

（二）文字“表现”语言

索绪尔在论述语言符号的性质的时候，把符号和心灵有力地联结起来。他申明“我们所说的符号是指能指和所指相联结所产生的整体”①，所谓“所指”，是指概念；所谓“能指”，就是“音响形象”。索绪尔非常强调语言符号与心灵的同一性、能指与所指的整体性，他反复指出：

> 语言符号联结的不是事物和名称，而是概念和音响形象。……语言符号是一种两面的心理实体，……这两个要素是紧密相连而且彼此呼应的。②
>
> 我们无论是要找出拉丁语 arbor（树）这个词的意义，还是拉丁语用来表示“树”这个概念的词，都会觉得只有那语言所认定的连接才是符合实际的，并抛开我们所能想象的其他一切。……我们把概念和音响形象的结合叫作符号，……arbor 之所以被称为符号，只是因为它带有“树”的概念，结果让感觉部分的观念包含了整体的观念。③

这样一来，语言符号自身就获得了观念的授权，即某种主体性，或者说本原性，语音的地位被大大提升，索绪尔因此宣称：“语言和文字是两种不同的符号系统，后者唯一的存在理由是在于表现前者。”④“表现”一词，十分理性地彻底提升了欧洲语言相对于文字的地位。

然而，令我们深感兴趣的是，索绪尔对汉字性质的判断，却与欧洲文字截然相反。他认为人类的文字有两大体系：

---

① 索绪尔《普通语言学教程》，第 102 页。

② 索绪尔《普通语言学教程》，第 101 页。

③ 索绪尔《普通语言学教程》，第 101—102 页。

④ 索绪尔《普通语言学教程》，第 47 页。

一个是表音体系。这种体系的目的是要摹写词的语音形式，“起初的字母总是相当合理地反映着语言”[①]。例如欧洲的文字。索绪尔明确表示“我们的研究将只限于表音体系，特别是只限于今天使用的以希腊字母为原始型的体系”。

另一个是表意体系。这种体系只用一个与词的声音无关的符号来表示一个词。由于字符与整个词关联，因此字符就间接地与它所表达的观念关联，“这种体系的古典例子就是汉字”。在索绪尔看来，这种文字体系中书写符号有一种取代口语符号的强烈的倾向，也就是说，文字不依附于语言，文字独立地表达概念。索绪尔下面一段话清楚地表达了他对汉字性质的看法：

> 对汉人来说，表意字和口说的词都是观念的符号；在他们看来，文字就是第二语言。在谈话中，如果有两个口说的词发音相同，他们有时就求助于书写的词来说明他们的思想。但是这种代替因为可能是绝对的，所以不致像在我们的文字里那样引起令人烦恼的后果。汉语各种方言表示同一观念的词都可以用相同的书写符号。

“文字就是第二语言”，充分说明了由观念到语言和由观念到文字是汉民族符号系统两条并行不悖的通道，汉字具有与欧洲文字完全不同的价值——其表达功能不在是否有效地记录语言，而在是否有效地传达概念。欧洲文字因其“拼音”而与概念保持着距离，汉字因其“表意”而与概念直接联系。对于人类文字性质的二重区分，对于汉字这种独立于口语的“第二语言”的特性，索绪尔之后的许多西方学者都持肯定的意见。

帕默尔在《语言学概论》中认为，在语言的三种主要的功能，即表达说话者的意思、感情，影响听话者的行为，把所指的事物符号化中，

---

① 索绪尔《普通语言学教程》，第51页。

符号化的作用是(音和义特殊的配合)是最重要的,而符号的材料是语音。至于文字,只有当它变成语音的符号,即"这些视觉符号只在它们指示语音符号时才有意义"[①]。但他同时指出,汉字是一种程序化、简化的图画系统。它不是通过口语词去表示概念,而是由视觉符号直接表示概念。汉字书写的书面语是独立于口语的各种变化之外的。在中国,一个学生学了四千个左右的视觉符号之后,四千年的文献就立刻展现在他的面前,对于他不存在学习中古汉语和上古汉语的负担。但一个学习古希腊文献的学生需掌握多种方言才能欣赏荷马、莎芙、希罗多德、狄摩西亚的作品。汉字的这一特质使它在中国社会、文化的统一中发挥了巨大的作用。中国的统一完全依靠一种共同交际手段的存在,这同任何行政区域的统一是一样的,而这种共同交际手段就是全国普遍通用的汉字。中国各地的方言往往很难被别的方言区的人听懂,古代一则汉字写的布告,"一个广州人要是把它读出来,那声音对一个说北京话的人根本不能传达任何意思"[②]。可是各方言区里的人都能看懂。所以,汉字是中国文化的脊梁。帕默尔认为:"如果中国人屈从西方国家的再三要求,引进一种字母文字,充其量不过为小学生(和欧洲人)省出一二年学习时间。但是为了这点微小的收获,中国人就会失掉他们对持续了四千年的丰富的文化典籍的继承权。"

瑞典汉学家高本汉表示了相同的意见,他说:"中国不废除自己的特殊文字而采用我们的拼音文字,并非出于任何愚蠢的或顽固的保守性。……中国人抛弃汉字之日,就是他们放弃自己的文化基础之时。"

德里达也曾指出,东方社会一直把语法学视为书面语的科学。书面语以视觉和读得懂的方式传达信息,它不是口语的替代品。研

---

① L·R·帕默尔《语言学概论》,商务印书馆,1983年,第103页。

② L·R·帕默尔《语言学概论》,第99页。

究书面语言的术语、条件和前提都与口语不同。

人类文字性质的二重区分,汉字和西方拼音文字的不同特质,造成了中国语言学传统与西方语言学传统的很大不同。

在古代学者的眼里,汉字不仅有字形、而且有字音、字义、字能。

从字音来说,"一句之中,或多一字,或少一字;一字之中,或用平声,或用仄声;同一平字、仄字,或用阴平、阳平、上声、去声、入声,则音节迥异。故字句为音节之矩。积字成句,积句成章,积章成篇。合而读之,音节见矣;歌而咏之,神气出矣。"(刘大櫆《论文偶记》)字音是句子音律的基础。所以,"神气不可见,于音节见之;音节无可准,由字句准之。"(《论文偶记》)

从字义来说,"文字有意以立句,句有数以连章,章有体以成篇。"(王充《论衡·正说》)字义乃是句义乃至篇章义的基础。

从字能来说,"句司数字,待相接以为用";"夫人之立言,因字而生句,积句而成章,积章而成篇。……句之清音,字不妄也。振本而末从,知一而万毕矣。"(刘勰《文心雕龙》)字能是句法的基础。

总之,中国古代的书面语言中,字是根本。它与句子的语音、语法、语义的关系是"振本而末从,知一而万毕"。所以,中国古代的语言学以汉字的研究为核心,《说文解字》之学始终处于小学的主导地位。如许国璋所说:"从语言的书写形式出发,去研究语言,这是汉语语言学一开始就有的特点。"①"汉语的文字学即是研究古汉语演变的历史语言学。"②王力在《中国语言学史》中也认为,西方的语言学和文字学可以截然分科,中国古代的语言学离开了文字学就好像无所附丽。在这个意义上,中国的文字学既不是西方的 graphemics(研究一种语言所使用的文字符号的字位学),更不是西方的 graphetics(研究一种语言在书写时用来表示言语的视觉符号形状的文字学),

① 许国璋《许国璋论语言》,外语教育与研究出版社,1991 年,第 74 页。

② 许国璋《许国璋论语言》,第 75 页。

而是 philology(语文学)。对于中西语言学传统的这种差异,我们不能简单地以西方语言学为标准来作价值判断,就像我们不能以西方文字、语言为标准来评价汉字和汉语一样。这种差异,本质上是一种文化的差异,体现出完全不同的运思方向和价值取向。

三、汉字的文化定义

如果对人类各民族的文字形式作一个二元区分的话,那么在一端的是表音文字,在另一端的是表意文字。从表面上看,这两类文字都能够忠实地记录语言,克服语言在时间和空间上的局限,使之授之异地,传之异时。然而,作为一种文化样式,这两类文字的文化内涵却有很大的不同。

结构主义语言学家索绪尔把印欧系语言和拼音文字的关系经典地解释为一个人的相貌和他的照片的关系,也就是说,表音文字的目的仅仅是要把词中一连串连续的声音摹写出来。然而,以汉字为代表的表意文字,却以意象结构直接体现着民族文化的全部蕴涵。它们不仅作为“第二语言”而与民族思维方式和文化精神融为一体,而且由于它们独特的物质形式,它们在民族文化的发展与阐释中起着表音文字难以企及的作用。

汉字的物质形式即其方块结构是以象形为基础的。从汉字的发展历史和趋势来看,象形的倾向具有深刻的民族性。在传统的“六书”中,不论从“文”(以图纹状物的独体字)的含义和“字”(在“文”的基础上孳生的合体字)的形体构造本身来看,象形都是基础。

指事是在象形的基础上加标记来指事的;

会意是在原有的象形基础上逐步深化,通过形象的复合来提示人们的思维和联想;

形声则是在象形符号的基础上增加声符(或在同音假借的基础上增加形符)来扩大文字再生产的。其声符往往不是真正表音,而只是大概地譬况一下,而且这个表音符号还往往皆表意义,甚至有些形声字在意化的作用下会进一步向意化回归。如"淚"转化为"泪","巖"转化为"岩","陰"转化为阴,"筆"转化为"笔",都成了会意字。

假借、转注是用字之法,不要说两者所用的字皆为意象字,就是用字的结果也往往是向意化靠拢。如"燃火"的"然"被假借为代词的"然"后,又另造"燃"字。"簸箕"的"其"被假借为代词和副词的"其"后,又另造"箕"字。

在汉字发展由象形到形声的过程中,曾经有一个假借的阶段。如果沿着同音或音近假借的表达口语词汇的途径走下去,汉字也许会发展为表音文字。然而汉字却只是在假借的阶段踌躇了一下,又向象形表意的路途回归了。究其原因,是因为假借字脱离了汉字形象表意特征的基础,造成认读古书的很大障碍,不适合汉族人造字、用字、识字的"望文生义"的心理和习惯。而形声字用同样一个象形基础作为偏旁,加上不同的声符便可以创制出大量不同的汉字来。这种义符同声符相结合的灵活而又方便的造字方法,既缓和了造字与口语发展不相适应的矛盾,又符合了汉语语言思维的特点,无疑是当时汉字发展的最佳方案。

与之相关的一个现象是,汉字引进外来词时以意译为主,很少音译。因为音译用的汉字不表意只表音,这在汉族人的文字使用上很不习惯,夹杂在文章中也很别扭。而且汉字像汉语一样一字一音节,也不可能准确表达音素文字。这些都反映中西语言文字在音义关系上的深刻差别。正如语言学家张世禄所说,中国文字的性质,只是一种"目治"的意义符号,一种习惯上的意符①。这使它在根本上有别于拼音文字。汉字的音化是在意化的框架内进行的。

汉字进入形声阶段至少也有两千多年的历史了。两千多年来,汉字的发展长期停留在形声阶段,除了字形字体有些发展变化外,文

① 张世禄《从"反切"到国语罗马字母》,《学生杂志》1935 年 5 月。

字制度基本上没有什么改进。有人说其主要原因在于封建制度长期统治中国，其实，从社会原因来探讨文字制度的变革，并不具有很大的说服力。例如说隶变作为汉字发展史上一次划时代的重大改革，是由于这次变化就发生在中国社会由奴隶制进入封建制的社会大变革时期。事实上，汉字象形作用的消退并非始于隶书。从甲骨文到小篆已能明显地看出这一变化。隶书是从草率的篆书变来的，而在小篆中已有平直的线条而非完全的“随体诘诎”。隶变只是进一步符号化、定型化、规律化。汉字的发展是一个缓慢发展的过程，并不与社会变革对应。

我们认为，汉字的文字体制和汉语的特点有关。

西方语言是一种形态丰富的语言，它的语音形态提供了该语言词法、句法、语义方面的较完整的信息，因此西方语言必然走拼音文字的道路。通过识读拼音就可以全面掌握该字代表的词形所反映的词汇意义和语法意义。

汉语是一种形态简单的语言。汉语句子的词法、句法、语义信息的大部分不是显露在词汇形态上，而是隐藏在词语铺排的线性流程中的。正如语言学家洪堡特所说：“在汉语的句子里，每个词排在那儿，要你斟酌，要你从不同的关系中去考虑，然后才能往下读。由于思想的联系是由这些关系产生的，因此这一纯粹的默想就代替了一部分语法。”①

正是基于汉语认知的这种特点，汉字在表达口语的时候，不能不以象形表意为造字的首要原则，增强单字本身的信息含量，便于读者从上下文的联系中获取语词的确定信息。换句话说，汉语词的形态的语法语义信息量的“匮乏”，在书面语言中是以汉字的语义信息增大作为补偿的。

① 洪堡特《论语法形式的性质和汉语的特性》，参见徐志民《欧美语言学简史》，学林出版社，1990 年，第 69 页。

也正是由于汉语言思维的这种特点,所以汉语毫不忌讳为数众多的同音词带来的词的语言形态信息含量的锐减,而这一点正是汉字拼音化的极大障碍。汉语语音系统的发展趋势是简化。普通话只有21个声母,39个韵母,4个声调,依声韵配合规律拼成四百多个音节,配以四声总共不超过1 300个音节。如此有限的音节形式要表达世界上最丰富、最发达的汉语的词汇,势必造成大量同音词。据对45 200条汉语词目统计,即使有声调的辨义作用,同音词仍占11.6%。在双音词中,同音词的比重也在不断上升。

以主写《中国科技史》而享誉世界的英国学者李约瑟指出:“汉字有很多同音词,用拼音拼出来的英文字母根本无法表达其意思,而从汉字一看便知。”“迄今为止,没有任何一部作品能成功地用汉语拼音写成。”他自己总无法搞清楚拉丁化中文真正要表达的意思,但是一看中文,马上就懂了①。这确实看到了汉字的象形表意性适应汉语表达和理解的特点。在汉字漫长的发展历史中,汉字要同汉语相适应的要求曾推动汉字从象形、指事到会意、形声的发展。在形声字大量涌现后,这一互相适应的要求已基本得到缓解和满足。以后汉字发展的要求只是为更简便而由繁到简的形体变化。文字学家唐兰曾说:“中国文字有五六千年的历史,而且现在还活着,还在使用着。这是文字史上没有的。是什么力量能使它有这么长的寿命呢?如果它不能适应中国语言的特点,不能适应每一个时代的需要,它能活到现在吗?”②这是值得我们深思的。

文字之所以被创造出来,就是为了克服语言音响的时空限制。文字的根本性质就在于这是一种视觉形式,以图像作用于视觉神经,产生条件反射来实现和字义的统一。因此,文字可以“形入心通”。

① 《参考消息》1985年1月5日第2版。

② 唐兰《高举毛泽东旗帜,为中华民族文字现代化而斗争》,《中国语文通讯》1978年第3期。

图像性越强的文字,突破时空局限的功能就越大,它与思维的联系也就越紧密。现代心理学的实验已证明,认读拼音文字要通过语音的分析才能了解意义,认读方块汉字却可以直接从图像获取意义,而较少牵动语音的纽带。国外心理学的试验也证明,儿童阅读英文字母拼写的词的时候,大都是一个字母一个字母拼出来的。这对有失读症的儿童是很困难的。改用汉字就不存在这个问题。因为汉字不怎么依赖语音,可以由字形直接达到意义。脑生理的研究也表明,汉字的图像信号主要是由接受整体印象的右大脑管的,而拼音文字信号由于吸收时有时间先后的线性距离,需要加以分析,所以是由较有分析力的左大脑管的。

我们可以设想,如果汉字采用形态语言的拼音文字制度,那么汉字认读的短时间记忆负担将成倍加大,远不如从方块汉字直接获取信息的速度快。当然,当方块汉字组成双音词时,也有线性距离的问题,也需要分析。但这种分析的信息单元是有限的。一个双音词只有两个单元,而拼音文字的一个词一般总要五六个单元以上。

汉字改革的前辈黎锦熙经过实验也认为,纯拼音文字的阅读速度只有方块汉字的三分之一。究其原因,就是汉字的信息主要不是靠音来传达,而是靠形来传达的。所谓汉字达意必须经过语音的纽带云云,是照搬西方形态语言的文字形音义关系理论。在汉字的书面语言中,语音信息再充分也过不了同音词这一关,更不必说顾全上下文的逻辑语义关系。我们只要想一下为什么汉字中形声字如此众多,难道不是方块汉字为解决同音词问题而以形旁作为区别字义的符号手段,以形达意,努力适应重语义、轻形态的汉语吗?我们再想一下,阅读汉字书面语的速度远比汉语拼音要快,难道不是说明汉字以形达意比汉语拼音以音达意信息传递效率更高吗?汉字的视觉分辨率高,字与字的视差性直观。如"绘画"和"会话",形体的视觉分辨率是百分之八十以上,写成拼音,则都是 hui hua,视觉分辨率是零。从信息论的观点来看,汉字的字形信息是二维的。它的视觉分辨率高,示差性强,信息量和冗余度大。每个方块汉字正落在圆形视网膜上,容易形成条件反射。这就有效地简化了阅读译码的过程。信息密度大,且无形态变化,容易形成条件反射,阅读效率自然就高。而汉字的主要功能正是供阅读的。

综上所述,汉字的文化定义不应是西方语言学的经典定义,即"文字是有声语言的书面表达形式";"文字是有声语言的辅助交际工具";"它同思维的联系是通过语言的间接联系,即思维—语言—文字"①。汉字的文化定义应该这样表述:

汉字是汉民族思维和交际最重要的书面符号系统。

2 汉字的文化功能与文化形态

一、文字与文明

人类的文字体系,无论是表音文字,还是表意文字,都是人类文明的有力杠杆。

《英国大百科全书》(1964 年版)在"文明和文化"条中指出,文字是人类文明的最伟大的一个组成部分。没有语言文字,文明甚至不会出现,而且肯定永远不会达到它的高级形式。文字是创造奇迹的行为,它创造了许多脱离了文字就不能存在的东西。正如 18 世纪一位牧师所谈到的:"文字有一些神秘莫测的力量。这使它们产生了一种超出我们通常所能解释的力量。"欢乐和无穷的悲哀随着文字而来。文明中主要的感情成分——人类生活中非常尖锐和独特的成分,就是主要由文字组成的。它们可以建立敏感的、激动的新境界。文字在很大程度上提高了我们记忆力的清晰度,同时还制约了我们的想象力。如果没有文字,则想象不可能广泛存在。用这些文字创

① 王德春《语言学教程》,山东教育出版社,1987 年,第 292 页。

造的词汇使我们能详尽表达和发挥我们的希望、害怕、顾忌、沾沾自喜、嫉妒、悔恨和报复等心境，这远远超过了在旁观者看来是合理的程度。我们用文字可以回顾过去还可以展望未来。用文字建造的宫殿能比任何用手建造的宫殿更加富丽堂皇，用文字建造的地牢能比任何用手建造的地牢更加阴森恐怖。

《英国大百科全书》对文字的这些礼赞，道出了文字在民族文化和人类文明发展中的不可替代的巨大作用。在这种巨大作用中，我们尤为关注的是表意文字的文化功能，尤其是赖以实现其功能的表意文字的文化形态。因为这种文字能以形达意，与思维直接联系，直接反映思维的内部语言代码，而无须通过语音的音隔带。

任何一种表意文字，作为一种文化样式，其结构形态都有一个形成的过程。中国古代的学者们曾经将这一过程附会于一个美丽的神话。《淮南子·精神篇》作了一个惊心动魄的描述：

仓颉作书而天雨粟，鬼夜哭。

据高诱的解释，"仓颉始视鸟迹之文造书契，则诈伪萌生。诈伪萌生则弃本趋末，弃耕作之业而务锥刀之利。天知其将饿，故为雨粟。鬼恐为书文所劾，故夜哭也。"对仓颉这样一位传说中的汉字之父，《春秋元命苞》的记载更为具体："仓帝史皇氏名颉，姓侯冈，龙颜侈哆，四目灵光，实有睿德，生而能书。于是穷天地之变，仰观奎星圆曲之势，俯察龟文鸟羽山川，指掌而创文字。天为雨粟，鬼为夜哭，龙乃潜藏。"

在关于仓颉造字的传说中，汉民族寄托了对汉字文化功能的礼赞和所感受到的心灵震慑。文字使人类文明发展到一个崭新的水平，犹如在人类的双目之上又增加了一对眼睛，可以鉴往知来，观照四方，并修养睿德，使鬼魅无所遁身。从先秦老庄的哲学来看，"道不可言，言而非也"，"知者不言，言者不知"，语言往往成为人类传递虚假信息的工具。这是一种文明的代价。尤其在文字产生以后，更容易在文明进化中伴随“诈伪萌生”。然而文字毕竟是人类发展的巨大动力。“天”都会为之“雨粟”，因为文字使人类的经验得以积累传承，促进生产力的迅猛发展，惊天地，泣鬼神。

仓颉造字的传说一方面体现了汉民族对汉字文化功能的无限崇敬，从而使汉字的创造人格化，另一方面又揭示了汉字文化形态的形成过程。所谓“穷天地之变，仰观奎星圆曲之势，俯察龟文鸟羽山川，指掌而创文字”，实际上是一个观物取象的过程。汉代的文字学家许慎认为，在仓颉造字之前，古人已经“仰则观象于天，俯则观法于地，视鸟兽之文与地之宜，近取诸身，远取诸物”，开始了象征符号的创造。到了黄帝的时代，“仓颉见鸟兽蹄迒之迹，知分理之可相别异也，初造书契”，其方式是“依类象形，故为之文”（《说文解字叙》）。汉字的产生，正是汉民族对自己所理解的世界样式的符号化勾勒。

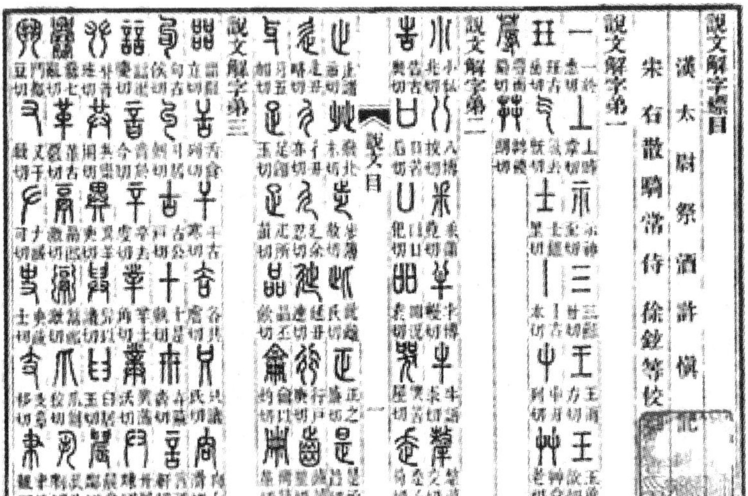
說文解字標目

漢太尉祭酒許慎記

宋右散騎常侍徐鉉等校

說文解字弟一

說文解字弟二

說文解字弟三

《说文解字》

正由于作为一个独立的表意系统，汉字的结构体现出汉民族看待世界的样式，因而汉字具有独特的文化解读功能。

汉字是一种以象形表意为基本特征的文字。虽说一般的文字系统都经过象形的阶段,但象形文字所包含的文化信息和语义密码只有在汉字中基本保留了下来,从而为汉民族文化心理的阐释提供了系统的依据。中国古代的小学就是以汉字的形式和意义的分析为中心,对经典进行文化阐释的。而小学的汉字系统,就是一个文化的符号世界。中国古代的第一部字典《说文解字》出现于东汉时代。这部集大成的字典正是西汉文化复兴的产物。当时字学的兴盛说明语文教育的普及,经学的兴盛说明继承和发展原始儒学传统的重要。以字说经,以经解字,把小学作为通经的津梁,正是《说文解字》背负的文化使命①。金克木曾指出,《说文解字》的出现"也是为通讯,但不是只为了当时通讯(读律,正确解释法律条文),而主要是为了古今通讯,即许慎自己说的'前人所以垂后,后人所以识古'。这就是继承传统,是那时代的人认为最重要的事。同时,西汉的儒生和方士糅合,《经》、《纬》并兴,思想由复杂而趋向于系统化(这反映当时的民族和国家对文化的要求)。东汉的许慎继承了这个传统,'知天下之至赜而不可乱也',所以《说文解字》又不仅是一个文字代码本,而且是一个文化符号系统的代码本,是一个汉代符号世界图谱。……它使我们得知当时系统化的文化思想"②。金克木说:

> 《说文解字》的符号世界是汉朝人在公元前后一段时期的宇宙观(世界秩序),这是一个封闭系统。始"一"终"亥",是"立一为端。……以究万原。毕终于亥,知化穷冥"。从"一"(元、天)、"上"(下)、"示"(神)、"三"("天、地、人"、王)开始,到"二"、"土"等而归结到数(从"四"到"九")、"兽"、干(甲……癸)、支(子……亥)。十干分指东、南、中、西、北,又指四季;十二支分指十二个月。最后说是"亥而生子,复从一起。"这个分部

---

① 申小龙《中华文化通志·语言文字学志》第一章第三节《汉代文化复兴与小学的起源》,上海人民出版社,1998 年。

② 金克木《艺术科学丛谈》,三联书店,1986 年,第 86 页。

> 排列次序传达了汉朝人认识世界和人类社会自身的完整的宇宙观体系,将整个宇宙排列成一个封闭的有秩序的自我循环的结构。这个符号系统是一个符号世界,反映一个现实世界,更是表现出一个"文化"世界,也显示了汉代人对自己创造的符号(文字)的态度,即符号学的所谓"认识论"(用哲学术语而含义不同)。……古时人总是认为文字符号全体即代表宇宙事物全体(以语言文字表现对宇宙的认识),符号秩序和宇宙秩序有密切关系(符号是万物的象征)。①

不仅是符号秩序,即使是汉字符号本身,其字形的分析诠释也可以用来表达深湛的思想。例如《易》曰:"兑者,说(悦)也";《论语》曰:"政者,正也";《礼记》曰:"仁者,人也";《左传》曰:"止戈为武";《韩非子》曰:"古者仓颉之作书也,自环者谓之私,背私谓之公"。……所以,姜亮夫在《古文字学》一书中指出:

> 整个汉字的精神。是从人(更确切一点说,是人的身体全部)出发的。一切物质的存在,是从人的眼所见、耳所闻、手所触、鼻所嗅、舌所尝出的(而尤以"见"为重要)。故表声以敲,以箫管(即吕),表闻以耳(听、闻、聪等);表高为上视,表低为下视,画一个物也以人所感受的大小轻重为判。牛羊虎以头,人所易知也;龙凤最祥,人所崇敬也。总之,它是从人看事物,从人的官能看事物。②

我们可以说汉字的解析从一开始就具有思想史和文化史的意义,而不仅仅是纯语言学的意义。

文字与文明的关系,是人类文化研究的重要方面。对汉字文化内涵进行研究,是对汉字字形、字义、字音、字能的综合研究。它包含

---

① 金克木《艺术科学丛谈》,第88页。

② 姜亮夫《古文字学》,浙江人民出版社,1984年,第69页。

着当代汉字学对汉字性质的反思，也包含着当代汉字研究对书面语言特质的反思。从根本上说，口头语言和书面语言是人类语言的两个不同的本源。声音符号和视觉符号因其各自不同的功能而共同承担人类交际、信息传播的主要媒介作用。文字因其图像性而具备的突破时空局限的能力，是口语无法替代的。即使是那些没有文字的民族，他们也必定有各种具有象征意义的图形符号。正如陈望道所说：

假若追溯源头，文字实与语言相并，别出一源，决非文字本来就是语言底记号。人们知道用声音表达思想，也就知道用形象表思想。知道从口嘴到耳朵的传达法，一面就又知道从手指到眼睛的传达法。①

事实上，无论从心理学还是生理学的角度看，人类最初的视觉符号比听觉符号更接近所要表达的东西。正因为如此，文字才成为人类文明的伟大杠杆。

二、汉字的历史文化认识价值

中国的历史文化，有数千年的渊源。用汉字记载的浩瀚的典籍，为我们记录和传承了丰富的历史文化信息。然而，中国现存最早的典籍，至多也只可达到晚周至春秋战国之际。在那个时期之前的中国历史文化，我们唯有通过古汉字去了解。因为汉字发展的历史比中国古文献的历史长得多。公元前十多个世纪的殷商时代使用的汉字即甲骨文字，已经是一种相当成熟的文字体系。这说明在甲骨文之前，汉字已经走过了一个漫长的发展时期。这个历史时期的起点，大约在公元前三千年的中期，距离夏朝的建立尚有数百年②。从这个

① 陈望道《修辞学的中国文字观》，《立达季刊》1925 年第 1 卷第 1 期。
② 裘锡圭《文字学概要》，商务印书馆，1988 年，第 22—28 页。

甲骨文

意义上说,汉字是一座恢弘的历史博物馆。它不仅是历史文献记载的工具,而且它本身为我们提供了大大早于历史文献的远古历史文化信息。更重要的是,历史文献的记载总是有意无意地遮蔽历史文化真相。首先,它往往是一种个人或利益集团的行为,它浸透了执笔者对历史的见解,体现的是个人或利益集团的“话语霸权”。其次,它只涉及历史文化的某个方面,我们难以从有限的文献记载中对当时代的社会文化有全景式的了解。然而汉字在这两方面却凸显其优势:一方面,汉字的象形象声象意之构造是社会大众约定俗成的结果,它真实而又客观地反映当时代全社会的认知水平和认识成果;另一方面,汉字作为汉民族思维和交际的书面语言符号系统,它包罗社会文化的方方面面,映射社会文化的每一个细节,展示社会文化的多维层面。当然,汉字这种独到的社会文化认识价值,并不是一览无余地展现在字的画面上的。它需要经过专门的“说文解字”工作去发掘和发现。它的一个个画面,也需要经过专门的“内引外联”,才能系联成社会文化的大观园。

独特的文化形态和深厚的文化内涵,使汉字成为中国历史的真实而又丰繁的镜象。几乎每一个古汉字都可以从字形、字音、字义、字能解读一部分文化史。

拿甲骨文来说,它虽然只是上古时期的占卜之辞,但从占卜这一个窗口,大至祭祀、征伐,小至牙痛、耳鸣,都可以观察到:

论天文,卜辞中有最早的日食记载;

论农事,卜辞中有各种农作物资料;

论田猎,卜辞中有当时中原地区种种野生动物的形象;

论社会史，卜辞中有殷商时复杂的身份性称谓。

从甲骨文到钟鼎文，社会前进了数百年，汉字也作了全面的映射：

与衣有关的字，甲骨文只有一个衣字，金文中已有“衣”、“裹”、“裔”、“襄”、“亵”、“裕”、“卒”等12个字（据《金文编》，下同）；

与食有关的字，甲骨文只有一个食字，金文中已有“食”、“饴”、“养”、“馑”、“饗”等10个字。

与住有关的宀部字，甲骨文只有“家”、“宅”、“室”、“宣”、“安”、“宝”、“宿”、“寝”、“客”、“寓”、“宗”等12个字，金文中已有“宏”、“定”、“宴”、“富”、“实”、“宦”、“宰”、“守”、“宠”、“宥”、“宜”、“宵”、“寡”、“寒”、“害”、“宕”、“宋”、“宗”等36个字。

与住有关的广部字，甲骨文只有一个庞字，金文中已有“庐”、“府”、“库”、“厩”、“广”、“庶”、“庙”等13个字。

从金文到小篆，社会又有了飞速发展。《说文解字》中衣部之字已达116个，食部之字已达62个，宀部之字已达70个，广部之字已达49个。

汉字的孳乳是社会生活发展的极其真实而宝贵的记录。至于汉字记载的史实内容就更不用说其历史价值了。金文中所载的祭典、训诰、征伐功勋、宠锡策令、授土授民、盟誓约信，乃至执驹之礼、兵权之重、赏赐之多、公田之大……构成一幅幅生动的历史画面，成为研究西周文化和社会制度的珍贵资料。值得重视的是汉字的阐释往往能和汉字记载的历史文献相互佐证。

例如，我国在殷代进入农业社会，在这之前还出现过哪些生产方式呢？我们从甲骨文的“田”字既表示田猎，又表示田耕，可以了解到在农耕的生产方式前，一定还存在田猎的生产方式。这一信息从上古表示田猎的汉字“獲”和表示田耕的汉字“穫”同音，也可以得到证实。再从历史文献来看，在甲骨文记录的卜辞中，有关田猎的条目有197条，其中186条是田猎，11条是渔猎。《易经》中有关渔猎的文句最多。而讲到猎人时,则总说"王用之驱";讲到猎具时,则是"良马逐",讲到猎获物时,不外"狐"、"鹿"、"雉"、"鱼"、"隼"之类小动物,可知渔猎在当时已经娱乐化,畜牧久已发明。由此也可证实商代是从渔猎时代进入畜牧时代,并已出现了农业[①]。

张世禄对古汉字结构中传达的我国上古时代渔猎生产的消息曾有精辟的论述。他认为,我国西北地区群山连绵,适合猎牧生产,所以北方的民族都有尚武的精神。从汉字来看,我国古代西部民族统称"西戎","戎"这个字,部首从十,从戈,十就是甲的意思。狄也是西部的一个民族,从"狄"字可以看出,这个民族的人身旁携一犬。貊是古代我国东北部的一个民族,从"貊"这个字看,这个民族的人身穿毛裘,形状如猛兽,所以"貊"字部首从豸。张世禄从这些文字得出结论:"今以社会进化之程序推之,吾知吾先祖必为狩猎之野人也。"[②]自西北高原山地向东,我国的地势逐渐趋于平缓。东部平原上适合农业生产,于是在汉字上"东"字就有"农郊"的意思,"盖自西徂东而为农也"。再看"餐"字,其字形是表示所食兽骨的残留形状。这是由于"山谷之民好杀"。《淮南子》中也有记载:"西方有形残之尸。"再看"卤"字,其本义是"西方盐地",我国西北山地正是多盐地区。以上这些古汉字都传达了一个重要的历史信息:我国汉民族由西北地区向东迁移,随着地理状况的变化,使得原来的狩猎生产变为农耕生产。至今在汉字中依然遗留着许多渔猎畜牧时代的信息,例如:

> 凡禽兽字义,多借以言人事。如笃,本训马行顿迟,而以为人之笃实。特,本为牛父,而以为人之奇特。群,本为羊群,而以为人群。哭,本为犬嗥,而以为人哭。此外如狱,从二犬。……它即蛇,今作他,以彼称。习,从羽,盖《礼记·月令》曰:"鹰学习也。"隶,取鸟兽之倒毛,追逐及之也。瞿为注视。雠为俦偶。

---

① 郭沫若《中国古代社会研究》,人民出版社,1954 年。

② 张世禄《文字上之古代社会观》,《张世禄语言学论文集》,学林出版社,1984 年。

乌为呼叹。羊者,祥也。求,即裘,兽皮也,而含求得之义。異,本为翼,而作异同之异。朋,鸟也,而名人之同游。能,兽也,而以名才能之能。为,猴属也,而以名作为之为。凡此者,皆一切行动作事之名,取诸禽兽也。必以猎牧民族,处大鸟大兽之世,日与为伍,故喜假之以为名。而分别智慧,又得自兽蹄鸟迹。则采之一字,所以为人禽间之纪念字也欤。或者,本人类始由鸟兽进化,犹闽蛮字之从虫,以其身图龙蛇,近于虫也。贝者,海介虫也,以之为币,故货贾等字从贝,贵贱也称人,则人物混矣。数物曰员,从贝,今作吏员之员矣。毋串一字,聚两贝而贯以一也。禮,即豊,即蠡,其时礼器盖用蛤利,犹丽之用为俪皮也。……凡此皮草贝蛤之所以如此通行者,非渔猎社会之现状而何?是以以佃以渔之风,于今犹存遗迹也。①

从张世禄的论述可以看出,汉民族的祖先由渔猎生产方式进入农耕生产方式,很重要的一个条件是东移后地理环境的改变。这一时期产生的汉字,其构形充分反映了当时的生产面貌。汉字的历史文化认识价值于此可见一斑。

三、汉字的“观物取象”及其结构化

汉字的产生,是一个“观物取象”的结构化过程。这一过程,可以从汉藏语系中其他图画文字的形态看出清晰的轮廓。

例如在远古时期,我国西北河湟地带居住的羌人向南迁徙至岷江上游,又向西迁至金沙江上游东南地带,在那里形成了纳西民族。纳西民族书写他们的经书所用的文字——东巴文字,也是一种表意文字。董作宾在《么些(纳西)象形文字字典序》中认为,纳西东巴文

① 张世禄《文字上之古代社会观》,《张世禄语言学论文集》,学林出版社,1984年,第2页。

字与汉民族的古文字存在发展阶段上的差异。前者是文字演变过程中的童年,后者已是少年。马叙伦也认为,纳西族文字"几乎可以说是汉字的前身"①。在甲骨卜辞中有大量关于"羌"的记录,说明羌族与汉族在上古时代有密切的关系。汉语和纳西语都有声调,都以单音节词根为基础,都以词序和助词表达语法意义,都属汉藏语系。我们从纳西文字的特点可以看出汉字由图画文字衍变的一些原始轨迹。

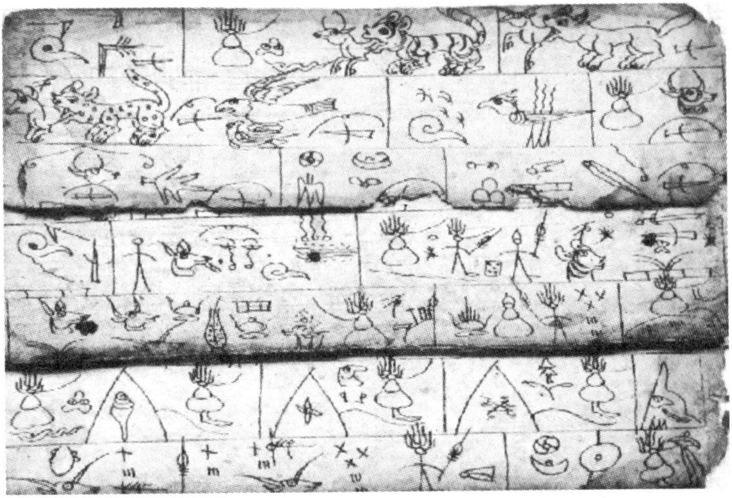

纳西文字

纳西文字的象形方式丰富多样,无论是太阳、月亮、动物、植物,都能"随体诘诎",取象构形,尤其是它还能从一个字形的各种变易分化出一连串与之相关的字形。例如:

"人"字形稍作变易就可以表示"立"、"坐"、"伏"、"舞"、"走"、"跑"、"跳"、"左"、"右"等。

"水"字一剖为二就分别表示"北"和"南"(纳西族所居的滇藏高

① 马叙伦《中国文字之源流与研究方法之新倾向》,《马叙伦学术论文集》,科学出版社,1958年。

原，水流自北而南）。

“日”字的圆环中心缺一点表示“日无光”，边上缺一点表示“日蚀”。

“刀”字像一把匕首，略作曲折即为“刀折断”。

“树”字曲折则表示“树折”或“折断”。

“山腰”字略加删削即为“山脚”。

“水尾”字略加延长即为“水之长”。

更有趣的是方位的变化：“月”字倒置即为“夜”。“人”字侧卧即为“投宿”，“人”字平卧即为“病”。“碗”字倒置为“缺粮”①。

而在汉古文字中，这种变易形体及其方位的造字方式却很少见。唐兰在《中国文字学》中认为，古汉字的形式是很自由的，正写反写很随便。在甲骨上刻卜辞，两边是对称的。右边的左行，所有的文字都左向；左边的右行，所有的文字都右向。所以除了一部分两边都完全相同，反正都是一样的文字，每个字都可以反过来写。反“人”还是“人”，反“正”还是“正”。一直到铜器时代的铭文，还有全是反写的。这种自由的字形，显然比纳西文字“不自由”的字形，有了更高的抽象程度，是文字取向符号化的表现。但我们仍可以从古汉字的形式中找到它的原始构形的遗迹。

例如甲骨文中的“目”字侧立则为“臣”字，“人”字倒置则为“逆”字。“止”字象脚形，脚趾向上表示往和前行，脚趾向下表示来和后退。金文中的“皿”字倒置则为“覆”字。

然而这些变易字形而产生的字毕竟很少。它说明古汉字已在抽象表意甚至记音方面前进了一大步，不再需要依赖丰繁的变易字形的造字手段，这种手段自然就萎缩了。但它却为我们提供了一个汉字源于图画文字的形象的依据。今天我们看到纳西文字用三三排列

① 有关纳西文字的材料参见王元鹿《汉古文字与纳西东巴文字比较研究》，华东师大出版社，1988年。

的九个点表示“九”,而把点改成圆圈时又表示“九对蛋”,把“肉”字画胖一些即为“肥肉”,画瘦一些即为“瘦肉”;而作品字形的三个圆圈既作“星”又作“颗粒”,我们就可以想见写实程度高对于文字交际的种种不便,由此认定古汉字已是一种相当成熟的文字。

纳西文字不仅通过象形符号的变易来造新字,而且通过为象形符号加指示性符号的方式来造新字。例如:

在象形字“牛”(像一只牛头)旁加一个表示声气的曲线,即为“吼”字。

在象形字“人”旁加一个表示树的竖线,即为“靠”字。

在象形字“人”旁加一个表示阶梯的斜线,即为“登”字。

在象形字“人”上加一个表示所戴之物的斜线,即为“戴”字。

在象形字“人”旁加数点,即为“我们”。

在横卧的“人”字上加一曲线,表示人的声气,即为“眠”。

在象形字“水”上加曲线,即为“冷”。

在象形字“天”周围加许多曲线,表示“天摇”。

这种加符号的字虽然其符号有所抽象,但字的主体依然是图画。而古汉字中这种扩大象形符号功能的造字方式已不多见。加符号如同象形符号的变易一样,都是象形造字功能的延伸。这种延伸在文字的原始状态中是十分自然的,因为当时缺乏其他更为抽象的造字思维。而在抽象造字已经很成熟的古汉字中已几乎绝迹。当然这并不妨碍我们从个别古汉字中看出象形加符号的造字遗迹。例如“刀”字加点成“刃”字。“旦”字日下原作山字,后来逐渐演化为一横。“上”字和“下”字从小篆字形看似乎是“人在一上为上,人在一下为下”(贾公彦《周礼》疏),后来人形简化为短横。但这类例子毕竟不多。

至于纯粹的以抽象符号指事的字,纳西文字中以数字最为典型。从一到九,都是逐步增加钩形刻画符号。然而与汉古文字相比较,这种数字形态的抽象化又是不够的。首先,甲骨文中“五”作×型,

"六"作∧型,"七"作十型。这显然比单纯直观的刻符叠加更为抽象简便了。其次,甲骨文中数字已完全独立,例如表示三头牛必然是"三"字加"牛"字。而在纳西文字中,数字尚未从具体事物中完全抽象出来,所以表示"三颗种子"仍画三个圆圈成品字状,表示"三兄弟"或"四兄弟"则分别排列三个或四个人字。

当纳西文字要表示比较抽象的概念的时候,象形符号功能的延伸已无法采用变形或加形的方法。这时纳西文字只能直接用象形字在原有具体意义之外再表示一个与之相关的抽象意义,形成一字多音多义。例如"锅"字又作"铜"解,"斧"字又作"铁"解,"火"字又作"红"解,"乳"字又作"白"解,"炭"字又作"黑"解,"花"字又作"美"解,"麦"字又作"五谷"解,"獐"字又作"兽"解,"羊"字又作"家畜"解,"太阳"又作"时日"解,"月亮"又作"月份"解,一年四季春夏秋冬则分别由"风"、"雨"、"花"、"雪"来表示。这种由具体物象延伸出抽象意义的"造字",将形象符号的表意功能发挥到极致。在古汉字中,因纯粹表音的假借和形声字的出现,这种具象延伸的造字方式已急剧衰落。仅有个别字还能透露这种造字方式的原始消息。例如"自(鼻)"字又作"自己"解。

从以上的比较可以看出,汉字是由图画文字发展而来的。汉字的前身经历过一个类似纳西文字这样的原始具象造字的阶段,或者说图画文字的阶段,因此在古汉字中还保留着不少图画文字的遗迹:

或是直接摹写客体,甲骨文中还有不少栩栩如生的动物形象,如猪形、马形、虎形、猴形;

或是以图形作种种提示,例如器物铭文上的族名、人名以及对各种历史事件的纪念性图形;

或是以图形的组合见意,如金文中以手形、刀形、牛形组合而见"手持刀杀牛"的意义。

一些图形组合甚至在古汉字和纳西文字中有着相同的理据。例如甲骨文"涉"字以"人足涉水"见意,东巴文字"涉"字则以"马蹄涉水”见意;甲骨文“歹”字以“宾主对坐而食”见意,东巴文字“歹”字也是以同一理据组合图形。

当然,古汉字的图画性已大大淡化了。即以组合见意而言,古汉字已逐渐摆脱图形而以字形组合。例如“小”“大”组合为“尖”,“大”“长”组合为“套”,“追”“来”组合为“归”,“四”“方”“木”组合为“楞”。汉字的发展历史,正是图画文字的象形、象意特征逐渐退化的历史①。

3 汉字结构形态的变异:历时与共时

一、汉字结构形态的历时变异

汉字由图画文字发展而来,汉字的发展史又是图画文字的象形、象意特征逐渐退化的历史。这种退化不是要将汉字发展为一堆纯粹假定性的符号,而是要使汉字的表意功能更好地适应语言与思维的发展。在汉字表意功能的不断完善中,汉字的结构形态无论在历时层面还是共时层面都经历了很大变化。

从历时层面来说,汉字的文化形态经历了一个不断符号化的递嬗过程。根据考古学的发现,汉字由图画文字向象形文字的过渡,在距今四千五百年左右。因为在龙山文化出土的夏代初期的陶瓷残片中已发现用于记事的汉字。殷商文字的代表是甲骨文。这种文字具备了象形、指事、会意、形声等多种造字法,并大量使用假借字。但这种早期汉字还保留着种种图画文字的“胎迹”:

一些义近的偏旁可以互相代换,如从牛的字可以从羊,从豕的字可以从鹿,从人的字可以从女。

---

① 本节参考王元鹿《汉古文字与纳西东巴文字比较研究》,华东师大出版社,1988年。

同一个字可以用不同的偏旁组合，如“正（征）”字既可以口（城）止（趾）会意，也可以两止（趾）会意。偏旁的位置也不固定。

同一个字还可以不同的方式构形，例如“凤”字，象形造字为鸟形，形声造字又加凡声；再如“星”字，象形造字为品形，形声造字又加生声。

同一个字的偏旁还可繁可简，如“网”字形的网中交叉的线条可从几画到十几画。

这都表明甲骨文字还没有完全定型化。而异体丛生正是象形造字必然带有的弱点。

金文

然而与图画文字相比，甲骨文字毕竟在符号化方面迈进了一大步。它的象形字大部分已经线条化、轮廓化、特征化了。尤其是甲骨文正以一种强劲有力的趋势用形与声的互注发展汉字的表意功能，使汉字能大量适应日常交际中新概念新语汇的形成。例如：

甲骨文的“河”字即在原有的“何（荷）”字形体上加形符“水”；

“祀”字即在原有的“巳”字形体上加形符“示”；

“灾”字即在原有的象形符号上加声符“才”；

“鸡”字即在原有的象形符号上加声符“奚”。

周代的代表文字是金文，它在结构上与甲骨文没有很大的不同。春秋战国时代，由于社会的变革，封建割据冲破了汉字的统一规范。各种地方势力和地方文化对汉字作了种种改造，或分化，或繁化，或简化，但汉字发展的历程并没有中断。作为汉字发展主流的秦系文字，出现了直线化、笔画化的趋势。尤其是在秦统一天下后整理、推行的小篆，字形简化，形体固定，异体字减少，合文①淘汰。秦系文字的进一步发展，终于导致汉字形态的巨变，产生了隶书。

隶书前的古汉字都以曲线构形以象实物之形。这种写实性的曲线虽经小篆改为圆润的线条，但象形的表意作用仍很突出。隶变②将圆润的线条改为方折的笔画，使汉字的书写彻底摆脱了“描绘”而成为符号的书写。隶书大大简化了汉字的形符。许多以不同实物为摹写对象的形符被简化成单一的符号。例如：

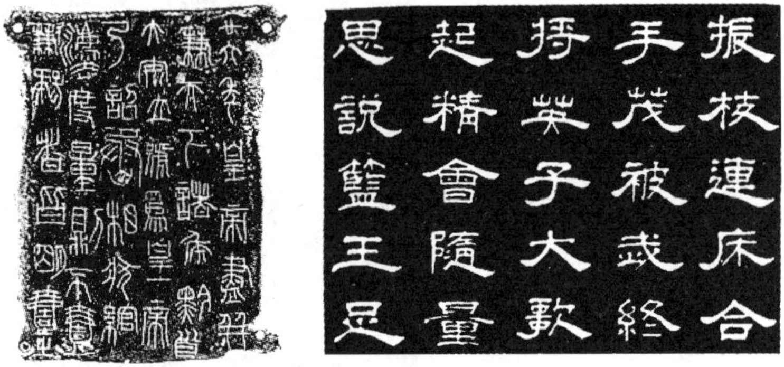

小篆、隶书

隶书中的“鸟”字的四点，在小篆中是鸟爪的象形符号；

隶书中的“燕”字的四点，在小篆中是燕尾的象形符号；

---

① 合文是指把两个或三个字合写在一起的字。表面上看是一个字，实际上代表两个或三个字，读两个或三个音节。

② 隶变指汉字从小篆到隶书的变化。在这一变化中，汉字失去了典型的图画色彩，增强了符号性。因此隶变成为古文字和今文字的分水岭，是汉字发展中一个重大的变革。

隶书中"鱼"字的四点,在小篆中是鱼尾的象形符号;

隶书中的"然(燃)"字的四点,在小篆中是火的象形符号。

统一改为四点以后,这些字的象形作用显然淡化了。

同样,隶书中"奉""奏""春""秦""泰"诸字的上部在小篆中也是不同的形符,统一后也难以"据形索义"了。

在小篆中荣华之"华"是在"花"的象形符号上加草头,华山之"华"是在"花"的象形符号上加"山",隶书中一律作"華"。由于形符的简化和统一,许多字难以看出本义。

再如"气"的本义为云气,"氣"的本义为祭祀或馈赠用的活牲或谷物。在隶书中用"气"表"乞"(后又减去一笔),用"氣"表"气",又造一个"饩"字表"氣"的本义。

又如"渴"的本义是"尽",隶变后表示"欲饮";"竭"的本义是"负举",隶变后表示"尽";"揭"的本义是"高举",隶变后表示"负举"。这些都是在隶变后失去本义,而在后代文字学家看来是近"讹"的。王念孙就说:"贼之从戈则声而改从戎,赖之从贝剌声而改从负,半讹也。"(《重刻说文解字序》)

隶变后"布"已看不出"从巾父声","年"已看不出"从禾千声","书"已看不出"从聿者声","春"已看不出"从草日,屯声","香"已看不出"从黍从甘","犀"已看不出"从牛尾声","表"已看不出"从衣毛声"。在符号化的过程中,汉字在象形的作用上付出了代价。

但隶变并没有改变汉字象形表意的性质,只不过使汉字的象形表意手段大大简化了。隶变后的汉字依然可以有一定的索形依据。例如:

"車"子在甲骨文中画有车厢、车轮、车衡、车辕、车轭、马、辔、车辖。隶书中的"車"仍可以看出一个车厢和两个象征性的车轮。

"角"字在甲骨文中象牛角形。隶书中的"角"字上部仍呈角形。

"从"字在甲骨文中以双人与道路(彳)会意,表示行动相从。隶书中的"從"字仍保留了此形此义。

“尘”字在小篆中以三只“鹿”加“土”字会意。隶书中的“麈”字保留了一个“鹿”形。

“历”字在古汉字中从止从林表示经过，隶书中不变。

当然，在形的象与不象之间，隶书往往“象”得十分曲折。例如“鹿”字，在甲骨文中是一个头、角、腿、尾俱全的形象，角有许多枝杈。后来在小篆中已减为两个角叉，在隶书中只有象征性的一点一横了。

这种曲折之“象”在隶书对偏旁的整理简化中也很明显。在古汉字中，同一个象形符号无论作单字还是作偏旁都是一样的形状，而在隶书中则因不同的字形框架而变形，例如：

“手”形作偏旁则左有“打”，下有“拳”，上有“看”；

“示”形作偏旁则左有“祖”，下有“祭”；

“犬”形作偏旁则左有“狗”，右有“猷”，下有“獒”；

“火”形作偏旁则左有“炮”，下有“然”“焚”，上有“光”；

“水”形作偏旁则左有“河”，下有“浆”；

“心”形作偏旁则左有“性”，下有“恭”“志”；

“邑”形作偏旁或为“都”，或为“浥”；

“阜”形作偏旁成了“陈”；

“肉”形作偏旁则在左、右为“肝”“胡”，在下或为“脔”，或为“肯”。

从这些偏旁也可以看出，隶变后的汉字结构虽然褪去了古汉字原始的象形特征，但在它的笔画态势中依然保留了相当程度的象形表意的理据，而同时，隶变后的汉字又大大便于书写了。显然，这是汉字表意功能在发展中的自我完善。

汉字数千年的发展过程，是其与生俱来的象形表意功能不断完善的过程。世界上许多文字都曾经历过图画文字的阶段，然而后来大多走上了用字母记音的发展道路，成为口头语言符号的书面符号。而汉字却把它的以形示意的文化形态发展、保存了下来。为了适应汉语表达的需要，汉字在表示词音上发展过多种手段，但它的逻辑框架依然是以表意为核心，形成其独具一格的文化样式。

汉字的文化形态使其成为世界上罕见的蕴涵深厚文化传统的书面语符号，也使它在维系民族统一，传承历史文化上发挥着巨大的作用。在语言与文化的现代化进程中，汉字前进的步伐不会停止。它将在新的科学技术与社会历史的条件下，不断发展与完善其象形表意功能，为人类对文字形态的理解提供前所未有的新的途径。

二、汉字结构形态的共时变异

汉字不但在历时层面发展变化，在历代共时层面也因地域的不同而频繁变化着。一般说来，社会的治与乱，跟汉字的共时变异有直接的因果关系。社会政治稳定时，统治者总是用行政措施推行一种标准文字。社会政治动荡时，文字作为旧规范的一种象征，也受到各种力量的冲击，新书杂体应运而生。我们在春秋战国时代看到的就是这样一幅图景。

在西周时代，周王依靠宗法分封制牢固掌握着国家政权。当时的文字也垄断在贵族、政府部门及为他们服务的巫、史、卜、祝的手中。当时刻在周王室的主要器皿——青铜器上的汉字都浑厚自然，庄严不苟。这种刻有铭文的铜鼎是国家祭祀用的礼器，并因而成为国家权力的象征。据史书的记载，周王封赐诸侯大夫是要赐予重器，作为信符和标志。各诸侯国世传的“重器”成了其权力和身份的象征。当一个诸侯国灭亡时，更要“迁其重器”。《左传》云：“诸侯之封也，皆受明器于王室。”（《昭公十五年》）“楚子观兵于周疆，定王使王孙满劳楚子，楚子问鼎之大小轻重焉。”（《宣公三年》）这里所说的“问鼎”已带有威胁国家政权的意思。如此重要的铜鼎，其所刻铭文多为周王功德、祖先业绩、赏赐事件及政令等，其文字风格自然就端庄凝重了。而铸鼎主要是周王室的权力。

平王东迁之后，周王的地位一落千丈。各地诸侯割据争霸，铸鼎自重。本来铜器的数量严格受身份等级的限制,而诸侯力量一旦膨胀,铸鼎之风也就蔓延开来,鼎器的形制、装饰也呈现出地方化的色彩,刻在鼎器上的文字也逸出了西周铭文的规范。从现在出土的春秋时期的以齐、楚为代表的东土国家的铜器铭文来看,文字结构或繁化或简化,文字风格纤巧细长,华丽而富于装饰感。这种汉字在春秋时期的共时变异,尤以楚系文字变甚。

楚系文字流行于春秋战国时期南方诸侯国。从地理上看,当时文字变异的中心有齐、楚两个,如胡光炜在《古文变迁论》中所言:"齐、楚为河东两大国,邻近诸邦,皆为所化。北方诸国,如邾、如曾、如铸、如纪、以至晋燕,皆属齐派。……南方诸国,如邛、如郐、如都、如黄、如宋、如吴,皆属楚派。"主要由楚人所使用的文字以其特有的风格影响了受楚文化浸染的南方诸国文字。楚文化的特点是由其地理环境决定的。楚人生活在江、湘、汉、淮流域,对水脉有着系之生存的崇敬。他们不仅把水脉作为神灵加以祭祀,所谓"江、汉、睢、漳,楚之望也"(《左传·哀公六年》),而且把水脉作为文学歌颂的对象和哲学思辨的媒体。老子《道德经》中就有"上善若水,水善利万物,故不争,处众人所恶,故几于道"和"天下莫柔弱于水,而攻坚强者,莫之能胜,其无以易之,弱之胜强,柔之胜刚,天下莫不知,莫能行"的论述。水的崇拜使楚文化以水的柔美秀丽为审美的尺度。楚人的舞蹈即以长袖细腰为风尚,如《楚辞·大招》所云:"小腰秀颈,长袂拂面。"楚国的礼器也颇具修长、清丽的风格。楚人书写的文字自然也浸润着楚风。笔画修长清丽,首尾匀细如一,富于波折变化,排列整齐美观。笔势则圆转流畅,柔韧劲健,疏阔奔放,纵横恣肆,且多奇诡之美。

一般说来,文字规范的失禁往往是新书发展的动力。因为文字只有便于书写,才能更好地适应社会发展的需要。而对于文字改革的迫切愿望则来自各地下层的人民。战国时代,各诸侯国中新兴地主阶级的力量逐渐强大,"公室"崩塌。文字也从少数贵族的垄断中解放出来。特别由于商业城市的兴起和商品生产和交换的发展，大批商人、手工业者和平民开始使用文字。这无疑为文字的放任和惟便是从提供了历史条件。下层人民文化水平低，对于文字没有传统的成见，只有功利的要求，这就成为文字趋简、趋易的强大动力。我们看战国时的铜器铭文已是民间书体的风格，渐渐装饰化，潦草化。战国时货币上的文字也已趋简。战国时的玺文（印章上的文字）、陶文（陶器上的文字）也多反映民间铸工的书写习惯。战国时的简牍文字和缯帛文字，其线条都趋向直线、弧线，逐渐笔画化。这显然是书写的生理习惯使然。在秦统一中国以后，新的政治秩序要求新的文字规范，而这规范只能在民间书体的基础上产生。《说文解字叙》记载了这一段历史：

> 其后诸侯力政（征），不统于王，恶礼乐之害己，而皆去其典籍。分为七国，田畴异亩，车涂异轨，律令异法，言语异声，文字异形。秦始皇帝初兼天下，丞相李斯乃奏同之，罢其不与秦文合者。斯作《仓颉篇》，中车府令赵高作《爰历篇》，大（太）史令胡毋敬作《博学篇》，皆取史籀大篆，或颇省改，所谓小篆者也。

其实，李斯等人不过是根据秦地流传已久的比较简省的字体，参照籀文加以整齐划一，以形成新的字形规范。后来秦汉之际社会动荡孕育了隶书，汉末和南北朝社会动荡孕育了楷书，都经历了这样一个过程。这说明，汉字的共时变异和失范，往往是历时演变的杠杆。

引起汉字共时变异的因素是各种各样的。变异的结果总是产生大量的与正字相对的俗文字。一般来说，民间的文字使用者都是字形书写的实用主义者。因此起于民间的各种社会、文化活动是文字变异的温床。唐代的民间讲唱文学变文中有大量的俗字。

例如《敦煌变文集·汉将王陵变》中，"（卢绾）走出军门，樸马樊鞍"的"樸"是"秣"的俗字；"霸王遂诏钟离末，领取陵母，反缚，交之十武士，各执刀捧，驱至帐前"中"捧"是"棒"的俗字；"帐中饮酒飦卢绾,适来见过人否"中"飰"是"饭"的俗字。

到宋元时代,由于市民阶层的出现,市民文学兴起,俗字也大量流行起来。其形式有减笔字、草书楷化字、轮廓字、民间手头字等等。更有甚者是清代的太平天国运动在其文书中有意识地造俗字。例如"国"写成"国","福"写成"福","魂"写成"дз","火"写成"熫","明"写成"溯","属"写成"房","庙"写成"庴","顺"写成"顺",甚至王位之下的"小王"写作"坐",咸丰皇帝之"丰"写作"獯"。他们还对大量的字做了改动,以避神之讳,避王之讳。

一般说来,俗字的认读要依托正字,而正字的肯定往往依赖上下文的文义联系。改字一多,上下文的意思就连贯不起来,正字意识不到,俗字也就难以理解。例如《钦定英杰归真》中云:"三方五氏之称,恐是后人妄称,姑置不论。"其中"三方五氏"不知所云。原来"方"为"皇"的改字,"氏"为"帝"的改字。又如李秀成给陈坤书的信中称"会司并进",也令人不解。原来"司"是"师"的改字。这种不是为了书写方便,仅仅是出于某种意识形态的造字改字,只会引起文字使用的混乱,并最终失败。

三、方音与汉字变异

汉字的共时变易与方音有密切关系。各地的文字使用者往往根据自己的方音造俗字。这些俗字如果是形声字的话,它的声旁总是尽量接近方音,形旁总是尽量接近字义。

例如在浙江,晒衣服的竹竿写作"笐"(音杭);篮子、茶壶的柄写作"电"(音"贯"浊声);菜橱写作"庎"(音戛);衣服的边写作"缏"(音便);搓揉写作"挷"(音近玉);白眼看人写作"眅"(音贩)。

在四川,固执写作"犟"(音强);量米的量写作"搁"(音焉);扛写作"挓"(音老)。

在北京,用锄翻松地写作"耪"(音旁),三个写作"仨";第三人称敬称写作“您”。

在上海,商品便宜写作“噱”(音强)。

在广东,骗写作“呃”(音厄);直写作“掂”(音店);睏写作“瞓”(音训);杀鸡写作“劏鸡”(劏音当);肥皂写作“番枧”(枧音见);“刚刚”写作“啱啱”(音岩);“我的书”写作“我嘅书”(嘅音既);“那个”写作“嗰个”(嗰音個);“这么多”写作“咁多”;(咁音甘);“这样”写作“噉样”;“盖”这个动作写作“冚”;“揹”这个动作写作“孭”。表示水边停泊船只的地方,宋代以前写作“步”(唐柳宗元《永州铁炉步志》:“江之浒,凡舟可縻而上下者曰步。”),或“步头”(宋苏舜钦《寄王几道同年》:“步头俗皁暖出没,石侧老松寒交加。”)。元代以后“埠”和“埠头”成为通行写法(明唐寅《松陵晚泊》:“晚泊松陵系短篷,埠头灯火集船丛。”)。可是广东地区的写法却将“埠”的声旁“阜”改为更接近广东方音的“甫”。例如清末广东任官王韬的《欧洲各都民数》:

四海之内遗徧设埔头,欧洲人足迹徧於天下,所至即思兼。①

各地方言字中都有许多表示语气和拟声的字,例如“嚟”“咯”“咻”“啩”“啦”“嗼”“嘞”“咩”“啵”“旺”“嚨”“咘”“呲”等。还有不少合音字,如吴语的“覅”“嫑”,四川话的“嫑”,北京话的“甭”等。

各地的文字使用者还往往根据自己的方音写假借字。这种汉字使用上的共时变异难以约定俗成,总会出现一字多文现象。例如吴语中表现事物体大而笨重,有的人写作“狼犺”(《拍案惊奇》),有的人写作“狼抗”(《吴下方言考》),有的人写作“肯获”(《定海方言志》)。苏州话表示收拾、整理的动词,评弹《白毛女》写为“收作”,例如:

侪去拿俚喊进来,让我来收作俚。

① 陈五云《从新视角看汉字:俗文字学》,河南人民出版社,2000年,第54—55页。

评弹《林冲·血溅山神庙》写为“收捉”,例如:

这一来我好一门心思,细模细相,拿陆谦来细收捉。①

曾宪通在《明本潮州戏文所见潮州方言述略》一文中谈到古代潮州戏文中据方音造俗字的情况,他指出:

在用字方面,方言词借用同音字来记录的现象非常普遍,例如“女人”这个词,戏文中就有姿娘、恣娘、资娘、孜娘、诸娘等不同写法。“不如”这个词,有时写作“不未”,也有时写作“不们”或“不微”的。又如“掞”字,本是铺张、舒展的意思。戏文中用为“掞胭脂”的“掞”,又常用作“掞荔枝”的掞义与掷同;有时还用为“听掞”,意为“听错”。……潮州话中还有好些只有音义并没有本字的词,戏文中往往随时写上个同音字来表示。②

一些方言字的创造并不仅仅是为了适应方言地语音和语汇,而更是出于吉利的心理。如广东话中的“舌”与“蚀”同音,卖猪舌的人为了避免说这个令人不快的音,便把“猪舌”叫做“猪利”,写作“猪脷”。广东话中的“肝”与“干”同音,卖猪肝的人为了避免引起“一贫如洗”的不快感,便把“猪肝”叫做“猪润”,写作“猪膶”。

汉字的一字多文在一定程度上反映了汉字作为一个表意符号,既独立表意,又要与表口语词相适应的矛盾。汉字的形声结构力图调和汉字表意和表词的矛盾。它的表意,不必是“确意”,即不必以形旁确切地指称字义。像“爸”以“父”为形旁,“船”以“舟”为形旁,“頭”以“页”为形旁,这样“确意”的形旁非常少。大部分形旁都只提供义类。这就为形声字以声旁表词提供了很大的空间。由于形旁指称的义类为字义确立了一个稳定的基础,声旁在一定的条件下就可以变异。这一定的条件主要就是方言环境。汉字的表意性为中国各

① 陈五云《从新视角看汉字:俗文字学》,第56—57页。

② 曾宪通《明本潮州戏文所见潮州方言述略》,《方言》1991年第1期。

方言区的交流和沟通提供了必要条件，但同时，由于我国各地方言在语音上的巨大差异，汉字在各地方言区内流通时，它的部分形声字的声旁必然和当地的方音发生冲突。由于形声字在习惯上是按声旁来读的，这样，按当地的语音改动声旁就不可避免了。当然，这样的声旁变异很不容易形成一个约定俗成的规范，因为同一个声旁可以采用的汉字形式很多，它不容易在一个方言区内形成统一的意见。加上官话正字在书面语中的权威地位，方言俗字即使出现往往也难登大雅之堂，所以由方音造成的方言俗字的流行有很大的局限。说到底，汉字是以方块形式整体表意，形声字虽然其形旁仅提供字的义类，但是当形旁和声旁组合成一个整体时，它是以整体框架显示字义的，这也是大量形声字能够在不同方言区通行无阻的根本原因。

从某种意义上说，大量方言字的产生是汉字的活力所在。不少方言字进入了正字的系统，如北京话的方言字“捡”“捂”，西南官话区的方言字“搞”，吴语区的方言字“什”“叶”，粤语区的方言字“泵”等。有些方言字则以其特有的乡土魅力存在于文学作品中。例如鲁迅小说《故乡》中就有一个绍兴方言字“猹”，它表示一种獾类的小动物。这个字在小说中字音毕肖，栩栩如生。

4 汉字造型的认知框架

一、汉字意象结构化的基本途径

汉代的文字学家许慎认为，在仓颉造字之前，古人已经“仰则观象于天，俯则观法于地，视鸟兽之文与地之宜，近取诸身，远取诸物”，开始了象征符号的创造。到了黄帝的时代，“仓颉见鸟兽蹄迒之迹，知分理之可相别异也，初造书契”，其方式是“依类象形，故谓之文”（《说文解字叙》）。可见，“观物取象”，即从客观物象中提取主观意象，并通过方块汉字的结构化将意象表达为一种文（纹）理，这是汉字建构的基本方式。

汉字的起源和发展已有数千年的历史。与此同时,古代汉民族很早就形成了"物生有两"、"二气感应"、"刚柔相摩"、"一阴一阳谓之道"的朴素辩证思想。与汉字具有异曲同工之效的《周易》中的卦爻,实为这种辩证思维的最集中的体现。《周易》通过象征天、地、雷、风、水、火、山、泽八种自然现象的八卦形式推测自然和社会的变化,以阴阳两种势力的相互作用作为产生万物的根源。它的所谓"吉"卦,多为上下两卦具有交感性质的;所谓"凶"卦,多为上下两卦不具有交感性质的。如《泰》卦的象是地在上,天在下,象征着阴气上升,阳气下降,天地交感变化,因而是吉卦。而《否》卦的象是天在上,地在下,没有交感易位的变化,没有发展的前途,因而是凶卦。"刚柔相推,变在其中",是古人朴素的宇宙观和形象的辩证法。《老子》亦云:"道生一,一生二,二生三,三生万物。万物负阴而抱阳,冲气以为和。"这里所说的"一"即太极、终极,太极生两仪,从而演化万物。这里的"二",实质就是"一",然而它是一种不断运动、变化的相对的过程。西方哲学也讲究"一",然而由"一"生出来的不是负阴抱阳、阴阳相辅的动态和谐之"二",而是另外一个作为从属的"一",以此构成不和谐的"二元":神统治人,本质统治现象,理念统治实在,理性统治感性。在中国古代哲学中,万物都是对立物的变幻,都具有"交感"的性质,相互对立而又相互渗透、互存互补,相辅相成。无论是男女、日月,还是天地、阴阳,都是在浑然一体中往复变化,就像太极图中黑白二色共处于一个圆球之中。古人云:"天地万物之理,无独必有对。"(《河南程氏遗书》卷十一)"二端故有感,本一故能合。"(张载《正蒙·乾称》)"凡天下之事,一不能化,惟两而后能化。"(《朱子语类》卷九十八)"天下之变万,而要归于两端,两端归于一致。"(《老子衍》)"两不立则一不可见,一不可见则两之用息。"(张载《正蒙·太和》)总之,"其阴阳两端循环不已者,立天地之大义。"(张载《正蒙·太和》)这种辩证的思想在汉字构形中的最直接的表现就是汉字的二合建构。

二、汉字意象的内在逻辑

古汉字是以象形为基础的。所谓象形，以许慎的说法，就是“画成其物，随体诘诎”。然而人事纷繁，要求每一个字符“画成其物”是非常困难的。在古汉字中，其正能独立地描绘事物的字形不多，如“山”“止（趾）”“门”“人”“象”“女”等。大部分象形字，或是画部分以代全体，如“羊”和“牛”画头角，“木”画枝干，“车”画车厢和轮，“马”画头和鬃，“虎”画口和牙，“隹（短尾鸟）”画头和翼。难以取特点的只得截取一小部分，如“网”和“吕（脊椎）”。或是画他物以衬托，如“瓜”画瓜蔓，“须”画头颅面颊，“齿”画口，“眉”画目，“州”画水流，“血”画盛血之盘，“侯（箭靶）”画箭，“牢”画羊。至于动作行为，只能或突出活动的生物器官，如“见”以目象，“闻”以口、耳象，“祝”以屈体之人仰天之口象，“企”以足尖着地象，“拱”以双手象，“鸣”以鸟嘴象，“臭”以狗鼻象；或突出活动的环境，如“集”以木作背景，“陟”以山作背景，“徙”以路作背景，“盥”以盆作背景，“涉”以水作背景，“出”以居室作背景；或突出活动参与的各方，如“牧”以持鞭之手和牛合成，“逐”以人足和豕合成，“采”以手和树上之果合成，“艺”以人和树苗合成，“食”以口和食器合成，“射”以手和弓箭合成。

从以上这些例子可以看出，象形汉字在表意的过程中，为了克服“画成其物”的局限，早已在自觉或不自觉地对事象进行分析，根据事象的特点和意义要素的组合，设计汉字的结构。每一个字的构形，都是造字者看待事象的一种样式，或者说造字者对事象内在逻辑的一种理解。而这种样式和理解，基本上是以二合为基础的。也就是说，象形汉字的孳乳，是一个由“一”到“二”的过程，由单体到合体的过程，由简单象形到会意象形的过程。而会意，正是汉民族辩证思维的一种原始运作。

会意字的基本形式是两个（少数是两个以上）象形符号的组合。例如“走”字的古文以一走动之人和一足会意；“武”字的古文以一戈和一足会意；“步”字的古文以双足会意；“即”的古文以一人一食器会意（《说文》：“就食也”）；“从”的古文以二人相随会意；“北”的古文以二人相背会意（《说文》：“乖也”）；“刑”的古文以人和牢狱会意；“并”的古文以二人并立会意；“陷”的古文以人和陷阱会意；“舀”的古文以手和穴会意；“旦”的古文以半升之日和全升之日会意；“宿”的古文以人和席子会意；“得”的古文以手和贝会意；“族”的古文以人和军旗会意；“奚”的古文以绳索和奴隶会意（《周礼注》：“女妇也”）；“获”的古文以手和鸟会意；“竞”的古文以二人竞逐会意；“腰”的古文以双手叉腰会意；“戒”的古文以双手持戈会意。可以说，二合是汉字意义结构的基本框架。

除了以相互对待的形象符号会意之外，汉字的孳乳还采取一种较为理性的解释性的二合结构。例如：山高合为“嵩”，少力合为“劣”，大长合为“套”，小土合成“尘”（“塵”的异体），山石合成“岩”（“巖”），入米合成“籴”，出米合成“粜”，小大合为“尖”（上小下大），上下合为“卡”（不上不下）。在这些字中，字符的意义代替了形符的意义。其结构依然是二合的。造字者对汉字所指称的事象均作了二元的析解，从而产生了事象的朴素的原逻辑。

甲骨文

然而，无论是以形象符号会意还是以字符会意，汉字的孳乳都不能停留在会意上。许多抽象的事物难以造象，许多具体的事物也难以刻画。于是，为了适应记录语言、表达语词概念的需要，假借字应运而生。假借字并不造新字，然而其功用独步一时。古人云："天下之事无穷，造字之初，苟无假借一例，则逐事而为之字，而字有不可胜造之数，此必穷之数也，故依声而托以事焉。视之不必是其象，而言之则其声也；闻之足以相喻，用之可以不尽。是假借可救造字之穷而通其变。"（孙诒让《与王子壮论假借书》）根据对《殷契粹编》用字的统计，在全书 20 856 个字中，假借字有 12 701 个，约占总用字数的 61%。毫无疑问，假借使象形汉字的表词功能大大增强，并且使象形汉字和语言中的词建立起稳定的关系，更使按语句顺序记录话语成为可能。可以说，自假借大量使用以后，汉字真正跨入了音节表意文字的阶段。当然，从字形结构本身来说，假借依存的汉字构形的原逻辑框架并没有改变。正如孙常叙所言："假借写词法在从图画文字到表意文字的质变过程中是一个关键。这不意味着它是孤立地发挥作用的。首先，假借是凭借形象写词而存在的。它可以根据被描画事物的名称，以同音词关系，就其在所写词句中的地位和关系，想出所写的词来。没有形象写词，就没有假借写词的可能，因此，假借写词它不能离形象写词而存在。其次，突破图画文字樊篱，是书写形式摆脱语意图解向有声语言组织就范的过程。这时，假借写词是和它依之存在的形象写词同时活动，互相作用，组成一个整体力量而横决先期文字区宇的。没有象形、象事、象意等写词法的同时确立，光靠假借，在当时是不能成功的。"①

然而，假借字一多，必然产生一形多义、一字多词的现象。汉语的同音词多，在选用假借字形时，音同音近的字形都可能入选，于是

① 孙常叙《从图画文字的性质和发展试论汉字体系的起源与建立》，《吉林师大学报》1959 年 4 月。

又出现一义多形，一词多字的现象。这些都使语言表达含糊混淆。为此，就要增强假借字的区别性。这种区别，是建立在对汉字音义关系的辩证认识的基础上。象形汉字在使用中的含混是与它的表词相联系的。象形汉字的形式本身是传达意义的，可是词却是一个音义结合体，具有二重性。假借字反其道而行之，其形式仅仅传达声音，同样无法适应词的音义二重性。古代汉民族的造字者认识到，仅仅有意义结构上的辩证二合观点，并不能满足汉字表达的功能；只有在意义关系上贯彻辩证二合的观点，才能从根本上完善汉字结构的表达功能。具体来说，就是需要为一形表多词的字加注形符以义别之，或加注音符以声别之。换句话说，就是在字义混同时标音，在字音混同时标义，使大部分汉字都能在音义两方面站住脚，以二合求统一。正是这种成熟的辩证思维，使汉字构形进入一个前所未有的充分发展阶段。

即以“齐”字为例。《论语·乡党》“齐必变食”，《集韵》言：“隶作斋。”《论语·乡党》“摄齐升堂”，《经典释文》作：“齐，本又作𧛓（衣下缝）。”《左传·庄公六年》“后君噬齐”，杜预注曰：“若啮腹齐，喻不可及。后作脐。”《礼记·王藻》“趋以采齐”，《经典释文》作：“齐，依注作荠。”《礼记·乐记》“地气上升”，注曰：“齐读为跻（升腾）。”《周礼·天官·醢人》“以五齐、七醢……实之”，注曰：“齐当为齏。”《尔雅·释虫》“蟦，蛴螬”，《经典释文》作：“蛴，本又作齐。”《礼记·祭统》“君执鸾刀羞齐”，《经典释文》作：“齐，本亦作哜。”以上斋、𧛓、脐、荠、齏、蛴、哜诸字都是“齐”字假借后加形旁加以区别而造成的形声字。显然，形声二合构形是一种完善的表词形式。从这个意义上说，形声之前的二合结构都仅仅是意之合，对形声结合来说它们还是“独体”，只有形声才具备了科学的合体表词手段。所以段玉裁在注释《说文解字》“形声者，以事为名，取譬相成，江河是也”时云：“以事为名，谓半义也；取譬相成，谓半声也。江河二字，以水为名，譬其声为工、可，因取工、可之声而成其名。其别于指事、象形者，指事、象形独体,形声合体。”

“合体”与“独体”的区别,不仅在于合体表词方法的完备,而且在于合体思维方法的成熟。在形声表词之前,虽然以意义符号结合表词的方式多以二合分析事象,组合事象,但也并不排除三合甚至多合的现象。例如三人为“众”,多木为“森”,木上三口为“喿”(《说文解字》:“鸟群鸣也”),手持火在室内搜寻为“叜”,手持器械在室内殴人为“寇”,日月而空为“曌”,两手分为“掰”,等等。而在形声字中,二合的思维已经成熟,词的意义二重性为汉字的二合构形提供了坚实的基础,一形一声成为形声字固定的结构模式。一个字不可能有两个形符,也不可能有两个声符。有些字看似多合,实质上仍是二合。如“宝”字,甲骨文像房子里有贝和玉,是个会意字。后加注音符“缶”,作“寶”。从表面上看有三形一声,实质仍是一形一声。又如“碧”字,《说文解字》释为“从玉、石,白声”,实质是“石”形“珀”声。正因为形声结构在表词方法和思维方法上都趋向完善,所以以形声构形的字逐渐成为汉字的主流。

从具体的形符的构字量来看,甲骨文中只有六十余个形符,其中能造字五个以上的只有“人”、“女”、“止”、“口”、“示”、“木”、“水”、“日”、“火”、“雨”、“犬”、“佳”等十四个形符。而缺乏孳生能力,只有一个字形的形符有二十余个。而到了两周和战国时期,形符的孳生能力普遍增强了。例如“土”旁在殷商甲骨文中只有一个字,而在西周时已有10个字,战国时增加到32个字。“贝”旁在殷商时只有一个字,西周和战国时已增至19和18个字。“肉”旁在殷商时只有一个字,西周时已增至10个字,战国时又增至25个字。“心”旁在殷商时只有一个字,西周时已有27个字,战国时增至65个字。许多形符在殷商时尚未出现,后世不但出现而且有很强的造字能力。例如“竹”旁在西周时有10个字,战国时增至21个字。“金”旁在西周时出现30个字,战国时增至42个字。“邑”旁在西周时出现21个字,战国时增至89个字。“疒”旁在西周时出现5个字,战国时增至29

个字。“言”旁在西周时出现28个字,战国时增至42个字。这些形声字的激增,一方面是由于社会发展的需要,例如“贝”旁字之于商业交换的增多,“金”旁字之于金属的广泛使用,“邑”旁字之于城市的增加等;另一方面形声二合结构在表词上的优势适应了社会发展的需要。从整个汉字系统来看,甲骨文中的形声字约占全部字数的20%,后世的形声字则已占全部字数的90%了。

值得注意的是,形声字的二合结构并不是音义矛盾的双方平分秋色。从表面上看,形声字结构或是左形右声(如论、校),或是右形左声(如期、胡),或是上形下声(如箕、药),或是上声下形(如基、盲),或是内形外声(如问、辮),或是内声外形(如固、裹),但实际上,形符是附属于声符的。因为形声字发展的主要动力是为了区别大量使用的假借字,这些假借用字正是以其声音表意的。后来加上形符只是为了给声音所表之义加注标记。形符的这种辅助性质使历代解释字义的语文学家将字义的根据更多地放在声符上。宋代文字学家王圣美认为:“古之字皆从右文。凡字,其类在左,其义在右,如木类,其左皆从木。所谓‘右文’者,如戋,小也。水之小者曰浅,金之小者曰钱,歹之小者曰残,贝之小者曰贱。如此之类,皆以戋为义也。”(沈括《梦溪笔谈》卷十四)宋代的其他学者也指出:“青字有精明之义,放日之无障蔽者为晴,水之无溷浊者为清,目之能明见者为睛,米之去粗皮者为精。”(张世南《游宦纪闻》)“卢者,字母也。加金则为铲,加目则为胪,加黑则为黠。凡省文者,省其所加之偏旁,但字母则众义该矣。亦如田者字母也,或为畋猎之畋,或为佃田之佃,若用省文,惟以田字该之。他皆类此。”(王观国《学林》卷五)清代的训诂学家在此基础上进一步指出:“凡声同、声近、声转之字,其义多存乎声。”(郝懿行《尔雅义疏》)“学者之考字,因形以得其音,因音以得其义。治经莫重于得义,得义莫切于得音。”(段玉裁《广雅疏证序》)段玉裁在《说文解字注》中论述更为深入:“声与义同原,故谐声之偏旁多与字义相近。此会意形声两兼之字致多也。《说文》或称其会意,略其形声;或称其形声,略其会意。虽则省文,实欲互见。不知此,则声与义隔。”“凡同声多同义。”

形声二合结构中声符的主体地位从字形本身也可以看出来。首先,由于形声字中因形近而分化的字少,因同源音近而分化的字占大多数,因而形声字的声符的形体较形符稳定得多。形符由于仅起一个标记意义的辅助作用,带有很大的随意性,缺乏系统性和逻辑性。同一形符往往不是同一类东西,如“犬”旁的“狻”、“狐”、“猴”、“猪”不是同类,“虫”旁的“蛟”(龙类)、“蚡”(鼠类)、“蚩”(鸟类)、“虹”(天象类)、“蜼”(猿类)也令人不得其解。“竹”旁之于“笑”,“车”旁之于“较”,“虫”旁之于“虽”“蛮”“闽”,“水”旁之于“演”,也都存在这样的问题。同一字的形符还常常有异体,这更增加了随意性。例如“逼”与“偪”,“饫”与“秣”,“氓”与“甿”,“挽”与“輓”,“盘”、“槃”与“盤”,“镘”、“槾”与“墁”。反过来,同一类事物往往有多种形符。例如与手有关的形符有“寸”、“爪”、“殳”、“支”、“手”、“又”、“聿”、“叉”等十几种,与眼有关的形符有“目”、“见”、“瞿”、“朋”、“苜”等多种,与口有关的形符有“口”、“誩”、“品”、“只”、“言”、“曰”、“号”等多种,与行走有关的形符有“足”、“行”、“廴”、“彳”、“步”、“走”、“辵”、“夂”、“九”等多种。许多形符属“同义反复”,如“火”、“炎”、“焱”,“虫”、“蚰”、“蟲”,“屮”、“艸”、“茻”,“隹”、“雔”、“雥”,“山”、“屾”,“木”、“林”等等。同是表示猪,“猪”从“犬”,“豭”从“豕”,“豚”从“肉”,“彘”从“彑”。同是表示亲属关系,“姑”“姪”从“女”,“舅”“甥”从“男”;“伯”“仲”从“人”,“孟”“季”从“子”。

其次,形声字的主体——声符的形体是稳定的,而形符常常要变形,显示出强烈的对声符的依从性。较小的变形如“土”旁,作声符时不变(如“杜”“肚”“吐”),作形符时则倾斜(如“堤”“坊”“地”)。又如“羊”旁,作声符时不变(如“洋”“详”“佯”),作形符时也倾斜(如“羚”“羚”“羶”)。较大的变形如“足”旁,作声符时不变(如“促”

“龊”“娖”），作形符时则变形（如“跑”“跳”“跃”）。又如“邑”旁，作声符时不变（如“浥”“挹”“扈”），作形符时则变形（如“都”“邦”“郊”）。又如“阜”旁，作声符时不变，（如“埠”），作形符时则变形（如“队”“限”“降”）。许多汉字一旦作为形符进入形声结构，都变形了，诸如“犭”之于“犬”，“氵”之于“水”，“亻”之于“人”，“牜”之于“牛”，“丬”之于“爿”，“纟”之于“糸”，“衤”之于“衣”，“礻”之于“示”，“刂”之于“刀”，“扌”之于“手”，“爫”之于“爪”，“忄”之于“心”等等。在隶书和楷书里，形声字的声符一般都不变形，而形符则往往变形。这充分说明形声字的二合结构是以声为主的。这是文字的表词功能决定的。当然，这并不是说形符不重要，恰恰相反，正是形符为形声字的大量孳生提供了可能。形声字是文字在求表达的同时又求区别的产物。没有表达（记录词音）固然没有文字的基础，而没有区别又不可能有有效的表达。这就是形声结构的辩证法。有意思的是这种相互关系在不少形声字中会相互转化，即起表达作用的是形旁，起区别作用的是声旁。例如“鸡”的古文字形与“鸟”相混，就加“奚”声；“凤”的古文字形与“鸟”相混，就加“凡”声；“弦”的古形与“弓”近，就加“玄”声，“齿”的古形与“臼”近，就加“止”声。中国古代的阴阳转化，相辅相成的辩证思维方法在这里得到了充分的体现。

三、汉字构形的结构平衡

与汉字，尤其是汉字的主体形声字的构形的辩证思维相联系的还有汉字书写形式的结构平衡。

结构平衡，是汉民族文化表现形式的一个显著特征。中国古代的建筑，在平面布局上总是有一条中轴线。沿着轴线展开格局，并在轴线上布置最重要、最高大的建筑，因而主次分明，平衡对称。大至宫殿，小至四合院，都是严格的轴线对称的格局，遵循比例和等差，中国的语言也是如此。汉语的音节由声母和韵母组成对立的平衡,韵母内部韵头有开合、洪细的对立,韵尾有阴声韵、阳声韵的对立。汉语的声调既有高(平、上)低(去、入)的对立,又有平(平)仄(上、去、入)的对立,还有舒(平、上、去)促(入)的对立。因而汉语的音律具有整体的平衡美。汉语的词汇以双音节为主,汉语的成语类固定结构以四音节为主,汉语的句法也讲究平行结构。这样一种运思方式反映在汉字构形上,必然也注重结构平衡。

从声符和形符的相互制约来看,汉字结构中形符的位置往往受声符形状的制约。声符细长状,形符就在横轴上相配,成左右结构。如"贩"、"财"、"炕"、"炒"、"婚"、"娟"、"绨"、"经"等。声符横阔状,形符就在纵轴上相配,成上下结构。如"贷"、"赏"、"煎"、"烈"、"娶"、"婆"、"絮"、"紧"。在有些形声字中,声符的位置也受形符形状的制约。形符细长状,声符就在横轴上相配,如"讼"、"颂"、"讧"、"项";形符横阔状,声符就在纵轴上相配,如"翁"、"瓮"、"贡"、"空"。同是一个声符"同",因形符的不同形状就会有"铜"、"筒"、"迥""衕"四种组配。同是一个声符"今",因形符的不同形状也会有"贪"、"岑"、"飡"、"妗"四种组配。形符和声符的相互制约,不仅会产生位置变化,而且会产生形态变化。例如"心"作形符,在纵轴为"恕"、"慕",在横轴为"愉";"手"作形符,在纵轴为"掌"、"奉",在横轴为"拉";"水"作形符,在纵轴为"浆"、"泰"、"益",在横轴为"江";"火"作形符,在纵轴为"煎"、"荧"、"光",在横轴为"煌";"羊"作声符,在纵轴为"恙",在横轴为"祥""翔";"肉"作声符,在纵轴为"育"、"岙",在横轴为"肭";"之"作声符,在纵轴为"芝"、"寺"、"蚩";"来"作声符,在纵轴为"莱"、"赉"、"麦"。

从笔画繁简与面积比例来看,为了保持方块汉字的结构平衡,二合的两部分在面积上并不平分秋色。除了一些笔画大致相等的字符相合(如"打"、"扑"、"什"、"村"、"列"、"切"、"北"等)之外,笔画繁简相合的字其笔画多的字符必然增加面积以求平衡,如"抛"、"憾"、

"捧"、"搁"、"摆"、"海"、"浦"、"溯"、"徊"、"待"、"懈"、"愤"等等。这些字的笔画多的字符约占方块内面积的三分之二。凡是三个相同字符组成的字，为了结构平衡，必然不取横排形，也不取倒品字形，而取品字形，如"鑫"、"森"、"淼"、"矗"等。品字形难以写得方而平衡，所以一些品字结构的字又被更为平衡的左右结构所代替。如"鲜"代替了"鱻"，"奸"代替了"姦"，"羶"代替了"羴"，"渺"代替了"淼"，"粗"代替了"麤"。为了保持结构的平衡，一些字还将笔画甚繁的字符拆卸开，将拆下的一部分移到笔画少的一边去。如"雜"字，《说文解字》释为"从衣，集声"。段玉裁注云："此篆盖本从衣雧，故篆者以木移左衣下作襍，久之改雥为隹，而仍作雜也。""木"移到"衣"下正是出于平衡的需要。又如"疆"字，从土畺声，二合的两部分繁简差异很大。为了结构平衡，便将"土"旁写在"弓"里。

无论是声符还是形符，当它因笔画太多而有可能影响方块字的结构平衡的时候，它都可能被变形处理，甚至被省去部分。对于大量在假借字的基础上增加形符的形声字来说，所加形符往往是简单的，于是作为声符的原假借字形就显得过繁而不和谐，人们就对声符作简化：

一是将字符重叠的声符简化为一个字符。例如："鲜"的"羊"声是从"羴"简化而来，"融"的"虫"声是从"蟲"简化而来，"袭"的"龙"声是从"龖"简化而来，"詈"的"言"声是从"譶"简化而来。

二是将两个字符组成的声符删去一个。例如："歎"的声符"莫"，是从"鷬"简化而来，"茸"的声符"耳"是从"聪"简化而来，"吨"的声符"屯"是从"顿"简化而来，"盘"的声符"舟"是从"般"简化而来，"疫"的声符"殳"是从"役"简化而来，"貌"的声符"豸"是从"豹"简化而来，"驹"的声符"勺"是从"的"简化而来，"炊"的声符"欠"是从"吹"简化而来。

三是将作声符的字符删去一半或一部分。例如："标"的声符"示"是从"票"简化而来，"阳"的声符"日"是从"易"简化而来，"时"

的声符“寸”是从“寺”简化而来,“券”的声符“龹”是从“卷”简化而来,“疖”的声符“卩”是从“節”简化而来,“麇”的声符“禾”是从“囷”简化而来,“黴”的声符“微”是从“微”简化而来,“汩”的声符“曰”是从“冥”简化而来。

四是将作声符的字符省去部分笔画。例如:“嵇”的声符“稽”是从“稽”简化而来,“訇”的声符“勹”是从“匀”简化而来,“鞫”的声符“匊”是从“鞠”简化而来。

对于一些因形近而加注声符的字,所加声符往往是简单的,这时也可能对原有字形加以简化。例如:“星”字的形符“日”是从“晶”简化而来,“瓢”的形符“瓜”是从“瓠”简化而来,“屦”的形符“尸”是从“履”简化而来,“虻”的形符“虫”是从“蚰”简化而来,“龄”的形符“齿”是从“齒”简化而来。这种种简化显然都是为平衡结构而设计的。

5 汉字造型的人文精神

一、汉字构形的主体投射

在世界文字体系中,汉字的构形洋溢着浓郁的人文精神。这不仅表现在汉字构形所描绘的上古社会方方面面的文化风景上,而且表现在汉字构形所体现的汉民族传统思维方式上,其中最显著的是主体思维方式。这种思维方式不把客观世界和思维主体对立起来,不以外部事物及其客观性质作为思维对象,而是从内在的主体意识出发,按照主体意识的评价和取向,赋予世界以某种意义。古人云:“天地与我并生,万物与我为一。”(《庄子·齐物论》)自然界并不是作为认识的对象而存在,而是转化为人的内部存在。所谓“万物皆备于我”(《孟子·尽心上》),就是说,世界内在于人而存在,人的心灵中内涵着自然界的普遍原则。要认识自然界或宇宙的根本意义,只须“反身而诚”，即可“乐莫大焉”（《孟子·尽心上》）。这种建立在主客体统一、人与自然合一意义上的主体思维方式，很自然地将主观理念和情感投射到自然界，使自然界具有人的特点。这种“主体投射”在汉字的构形中充分反映出来。

从根本上说，汉字的建构精神是一种以人为立足点的人本精神。汉字以象形为基础来表示物体。除了有形体之外，汉字表意都是以人为本的。人们并不为鹰造眼字，为虎造口字。“匕”是爬在地下的人，“卩”是跪在地下的人，“長”是有长头发的人，“身”是有大肚子的人，“戍”是人荷戈，“伐”是用戈斫人，“弃”是把孩子盛在箕里扔出去，“字”是把孩子留养在家里。画一只眼睛就代表有人在瞧（如“相”字），画一张嘴就代表有人在说话（如“问”字），画一只脚印就代表有人在走路。正如姜亮夫所说：“整个汉字的精神，是从人（更确切一点说，是人的身体全部）出发的。一切物质的存在，是从人的眼所见、耳所闻、手所触、鼻所嗅、舌所尝出的（而尤以‘见’为重要）。故表声以敂、以箫管（即吕），表闻以耳（听、闻、聪等），表高为上视，表低为下视，画一个物也以人所感受的大小轻重为判。牛羊虎以头，人所易知也；龙凤最祥，人所崇敬也。总之，它是从人看事物，从人的官能看事物。”①对于汉字构形的这种以人的出发点建构观察系的思维方式，古代语言学家也有精辟的论述。许慎在其《说文解字叙》中说：

许慎

古者庖牺氏之王天下也，仰则观象于天，俯则观法于地，视鸟兽之文与地之宜，近取诸身，远取诸物，于是始作《易》八卦，以

① 姜亮夫《古文字学》，浙江人民出版社，1984年，第69页。

垂宪象。及神农氏结绳为治而统其事，庶业其繁，饰伪萌生。黄帝之史仓颉见鸟兽蹄迒之迹，知分理之可相别异也，初造书契。百工以乂（治），万品以察，盖取诸夬。

许慎的这段话言明汉字构形的一个基本方略，即“仰则观象于天，俯则观法于地”；“近取诸身，远取诸物”。无论是天上之“象”还是地上之“法”，都需人的“仰”与“俯”去摄取。俯仰之际就为万物之象打上了人的印记。至于“近取诸身，远取诸物”，其“远”与“近”，“身”与“物”之别更是由人的主体决定的。因而“物象”从本质上说是一种“人象”。正如《周易·系辞》所言：“圣人有以见天下之赜，而拟诸其形容，象其物宜，是故为之象。”许慎认为八卦开汉字构形之先河。从构形方略来说，八卦正是人对天地万物之象的一个主要概括。所以，许慎认为后世所造之书契是出于八卦的启示（“盖取诸夬”），不无道理。从根本上说，中国古代的主体思维正是“论太始之原以明自然之性，……必求诸己”的（《老子指略》）。因而文字的结构必然赋予经验以主体意识的特征，使之带有人的需要、人的态度、人的评价的色彩。文字构形要解决的不是事实问题，而是意义问题。即客体与人的关系问题；在一些情况下，甚至不是真假问题，而是价值选择问题，即客体与人的情感需求的问题。

二、基本建构方略：“取于身又见其为”

汉字构形的主体思维最直观地表现在汉字所描绘的事物类别上。在甲骨文中，有关动物类的字占17%，如禽类之鸿雉燕雀，兽类之兕象牛羊，虫鱼类之龟贝虾蚕，渔猎工具类之网畢，畜牧类之豢牢等。有关植物类的字占15%，如谷类之黍稷禾麦，木类之栗杏桑杞，生产类之耤犁蓐畓、土田畴圃，收成类之丰年啬刍，食用类之酒飤尊殸等。有关天象的字占9%，如气象类之风云雪雨，时间类之朝暮旬夕，星象类之日月光明等。有关地理的字占7%，如陆地类之山岳，川流类之河洛，方位类之南北，行人类之陟降等。有关战争的字占8%，如兵器类之戈矛，方国类之夷羌，战时类之射卫，俘虏类之囚杀等。其他衣带裘帛等衣服类字占1.7%，宫室京高等居住类字占6%，舟车往来之行走类字占3.6%，典册教学等文化类字占1.4%，鼓磬喜乐等娱乐类字占1.7%，鬼祟祝祀等宗教类字占3.6%，大小智敏等数目、性质类字占3.6%。唯有关于人类自己及自己周围人的字最多，占20%以上。如果说一种语言的文化中心词汇比文化边缘词汇详尽，反映文化现象的词汇其数量与它在文化上的重要性成正比的话，那么文字现象也是如此。甲骨文中字形描绘以人为中心，正反映了先民对人的主体的高度关注以及先民认识世界的主体性致思途径。

甲骨文字形的“主体投射”，典型地反映在字的部首上。例如保护、保全的“保”，取人抱幼子之形；企求、企望的“企”，取人踮起脚直立的渴求姿态；郁闷、忧郁的“郁”，取一人踏在一伏者背脊上之形；变化的“变”，取人形倒转（变化之大莫过于倒转）之势；表示性别的“匕”（女性），取向下之人形，于是雌性动物是“牝”，雌鸟是“𠤕”；表示程度的“甚”，取沉湎于女色之形（从甘从匕）；表示提、挈的“至”，取人侧立而手有所提挈之形；“印”字和降服的“服”字，取一手揿住一人之形；包裹之“包”，取人的胎包之形；大小之“大”，取人的正立之形；中央之“央”，取人立于门框中央之形；夹的动作，取两人夹住一人之形；表示高大、辽远的“乔”，取正面之人立于基础上之形（登高望远）；表示不正、不合规矩的“夭”，取歪头之人形（故有“妖”之类字）；表示交叉的“交”，取人的两腿左右交叉之形；表示跟从的“从”，取二人相随之形；表示乖背的“背”，取二人相背之形；表示好坏的“好”，取女人抱子之形；表示妩媚的“媚”，取女人头上加大眉眼之形；站立之“立”，取立姿之人形，而并列之“并”则取立姿之双人形；孱弱之“孱”，取人死后（尸）遗下三（众）幼子形；年长之“长”，取长

甲骨文

发持杖之人形；畏惧之“畏”，取先祖（鬼）持杖教训人之形；挺立之“挺”，取昂然直立之人形；懿德之“懿”，取宫中后妃多子系孙之形（古以后妃多生子为美德）；忤逆之“忤”，取木杵杵心之形；死亡的“死”，取俯首吊唁死者之形；肖像之“肖”，取带血水的胎儿形（以示血缘关系）；克敌制胜之“克”，取头戴胄、手叉腰的武士之形；旁边之“旁”，取人依傍门框之形；文采之“文”，取人在身上刺画花纹之形；贤德之“贤”，取以手捕俘（臣）获得嘉奖（贝）之形。以上这些字，或表动作，或表状态，或表性质，或表方位，其构形都以人为出发点。它的所概括的范畴带有很强的人本特征。

汉字的构形不仅直接以“人”形入字贯彻主体的认识，而且还更多地以人体的部分入字勾勒具有主体性的范畴。其中最常见的是以眼、口、头、手、足之形作为主体的符号构形的。

以眼的符号来说，如正直之“直”取目光直射之形；蔑视之“蔑”取立眉瞪眼踩戈于脚下之形。

以口的符号来说，如古今之“古”取口述远古开天辟地时代事情之形（“古”字之“十”即“甲”，许慎释“甲”为“木戴孚甲”，即植物种子发芽时顶破的外壳）；竞争的“竞”像二人开口滔滔不绝地争论；甘美之“甘”取口中含食物不舍下咽之形；饮食之“饮”取低头伸舌向酒坛饮酒之人形；表示已经之“既”，取一饱餐之人把头转开之形。

以头的符号(页)来说,明显之“显”(顯),取日照下人头之发丝清晰可见之形;颜色之“颜”,取人的脸部富于文采之形;标题之“题”和山颠之“颠”,都以人的头额、头顶会意;悬挂之“悬”,取人首倒悬之形;自己之“自”,取人的鼻子之形;取得之“取”,取手持一只耳朵之形。

以手的符号来说,朋友之“友”,取两只右手形表示二人互相帮助;及格的“及”,取右手抓住一人之形;弹丸之“丸”,取一只手持丸之形;君主之“君”,取右手执笔口中发号施令之形;划分之“划”(劃),取右手执笔、两脚作规之形;尺寸之寸,取指示右手下一寸动脉处之形;封建之“封”,取手持树苗植于土中(在分封的疆界上植树作标记)之形;尺度之“尺”,取人体臂长之形;寻常之“寻”(尋),取人的双臂伸开之长度为形(许慎《说文解字》“尺”下云:“周制,寸、尺、咫、寻、常、仞诸度量,皆以人之体为法”);败坏之“败”,取右手持棍扑打贝之形;分支的“支”,取以手持竹之形;生熟的“熟”,取双手奉奴献享于宗庙之形;巩固的“巩”(鞏),取双手捧玉(保护不使失去)之形;戒备的“戒”,取双手持戈之形;参与的“与”(與),取多只手交错、牙与口会意之形;兴起的“兴”(興),取多只手共举重物之形;早晨的“晨”,取双手拿农具“日出而作”之形;夙兴夜寐之“夙”,取人在月下起身劳作之形;恭敬的“恭”,取双手捧器物示敬意之形;奇异的“异”(異),取人双手拿面具戴在脸上之形。

以足的符号来说,表示乖逆不顺之“舛”,取两足相背之形;表示琼花(木槿)之“舜”,上取如火焰似的花形,下取双足相背示花开烂漫;杰出的“杰”(傑),取正面之人双脚站于树上之形;进出之“出”,取脚上穿鞋出门之形;围绕的“围”(圍),取多足围绕国邑之形;正确之“正”,取足印(征伐者)迈向国邑(进伐)之形;是非之“是”,取阳光(日)破晓(十,即甲),光明遍地(止)之形;表示壮大之貌的“夏”,取一人头、手、足俱全之形;庆祝之“庆”(慶),取鹿、心、足形表示人执鹿皮走到被贺人家表示庆贺;徒劳的“徒”,取人徒步而行之形;落后的"后"(後),取人的脚上缠着绳索之形;先进的"先",取足在人前之形;追逐的"逐",取人足追赶野兽之形,前进的"进"(進),取人足追赶飞禽之形。

以上大量的事实说明,"取于身又见其为",以人的自身肌体和行为通于一切事物,是汉字构形的基本方略。古人将世界的结构关系视为人自身的结构关系的延伸,以人的认知图式和行为模式去理解和建立世界的图式,这是一种浓郁的人文精神。在许多汉字的结构视角上,我们也可以看到人的出发点。天上之物须仰视,因而画出的图式是仰视之形,如古汉字中的日、月、云、电等;地上之物须俯视,因而画出的是俯视之形,如古汉字中的龟、止、爪等;平行之物须正视,因而画出的是正面、侧面之形,如古汉字中的首、齿、禾、鸟、人等。

从某种意义上说,以人的认知范畴图解和规范世界,在人类各民族的原始语言中都有表现。维柯曾经指出,人类各种语言文字的起源都有一个原则,即各民族由于一种本性上的必然,都是用诗性文字(poetic characters)来说话的。诗性文字本质上是某种想象的类型(imaginative genera)。原始人类在对周围环境的反应中,把一切物种和特殊事例都转化成某种象征、隐喻,由此形成一个神话故事世界,就像近人由伦理哲学凭推理得出可理解的类型——寓言故事一样。二者都力图把一种令人满意的、可以理解的、人化的形式强加于实际的经验。维柯认为,从发生学的观点看,由于人类心灵的不确定性,每逢堕在无知的场合,人就把自己当作权衡一切事物的标准。因为人们认识不到产生事物的自然原因,也无法拿同类事物进行类比来说明这些原因,人们把自己的本性移加到那些事物上去就是很自然的。人对辽远未知事物的判断,也是根据已经熟悉的、近在身边的事物。这就像儿童根据它们初次看到的男人、女人或事物,来认识和呼唤以后与他们有些类似或关系的男人、女人或事物。原始人类的诗性智慧(sapienza poetica)和诗的语言正是一种人化了的世界。例如,在许多语言中大部分涉及无生命的事物的表达方式都是用人体及其各部分以及用人的感觉和性欲的隐喻来形成的。在这里“名称”和“本性”是同义的。比方用“首”(头)来表示顶或开始;用“额”“肩”“腰”“脚”来表达一座山的部位;针和土豆都可以有“眼”;杯和壶都可以有“嘴”,耙、锯、梳都可以有“齿”;任何空隙或洞都可以叫做“口”。麦穗的“须”,鞋的“舌”,河的“咽喉”,地的“颈”,海的“手臂”,钟的“手臂”、“心”,船的“腹部”,果实的“肉”,岩石或矿的“脉”,天或海的“微笑”,风“吹”,波浪“呜咽”,物体在重压下“呻吟”,大地“干渴”,葡萄长得“欢”,流脂的树在“哭泣”,磁石“爱”铁,而酒则是“葡萄的血”。这就是人在无知中把自己当作权衡世间一切事物的标准①。然而同样是“主体投射”,中西民族却有本质的不同。西方民族的“主体投射”,是一种外向思维,其目的是为了认识世界、征服世界,满足外在的需要,其“主体投射”的深层前提是世界的对象化,甚至是人的对象化或物化。而汉民族的“主体投射”,不是主客体对立意义上的主体投射,而是主客体统一、人与自然合一意义上的主体投射。它不是把自然界对象化,在对象认识的基础上反思,而是认为世界内在于人而存在,认识人自身,也就认识了自然界或宇宙的根本意义,于是反身内求,从主体自身寻求人和世界的普遍意义。通过自我反思、自我体验、自我直觉和自我证悟,穷尽人和万物的一切道理。显然,这是一种内向思维。内向型的主体投射,表现在语言符号上,就不仅仅是在语义所指上体现原始思维某些特征的诗性智慧,而是在本体论上,即符号结构形态本身,系统、彻底地人化自然,将人的主体意识与自然法则的统一,内化在汉字符号的结构上。汉字构形以人的肌体和行为通于一切事物,以人本主义作为基本的建构方略,充分地说明了这一点。

① 维柯《新科学》,人民文学出版社,1987 年。

三、汉字构形的人文主义观念

汉字构形的主体思维，还反映在汉字结构所体现的人文主义的观念上。人的至尊至重，早在先民造字之初就有体现。它首先表现为一种生命延续的思想，古汉字的形式的许多构思，都由生命延续衍化开来。例如“孔”字，据《说文》的解释是“通也，嘉美之也”。由嘉美之义引申为程度之甚，故《诗经》中有“其新孔嘉，其旧如之何”的说法。段玉裁认为，“孔训通，故俗作空穴字多作孔，其实空者窍也，作孔为假借。”然而这样一个表示抽象的通达意义的字，其构形却是一幅哺乳图。左侧的“子”形象一大头婴儿，双臂上扬；右侧之形则是一个隆起的乳房。以哺乳之形示乳汁通畅，生命延续。一个民族的通达概念植根于乳汁的源源不绝与生命的繁衍不息中，这正是一种浓烈的人文主义意识。后来乳房的“乳”字干脆在“孔”字结构的婴儿头上加一个手形，作抚爱之状，生动描绘了母哺子，子吮母乳的原始生育景观。

在中国远古历史上，商代曾将神鬼凌驾于人与人事之上。我们在汉字的构形中看到，许多自然现象被神灵化了。例如“神”字，《说文》解释为“天神引出万物者也”。然而这个引出万物的天神，其形象在汉字上却是附会于空中的闪电。又如“帝”字，本义为天帝。《尚书・吕刑》中有“上帝监民”的说法。《说文》释“帝”为“王天下之号”。然而“帝”的神灵在汉字构形上却是附会于草木花萼。殷商时人敬事鬼神，或迷信占卜，事无巨细，均求卜于鬼神，依鬼神的“指令”行事，如出入之凶吉、旬夕之安否、年岁之丰歉，风雨之有无等等；或以祭祀贿赂鬼神，幻想神灵曲从于主祭者的请求，于是有伐鼓而祭，舞羽而祭，献酒肉黍稷而祭。殷帝王在一年三百六十日中，几乎无旬不祭，真可谓“国之大事，在祀与戎”。有时为了怕得罪鬼神，不惜残民以事神，杀人而殉己。然而虚幻的宗教在中土终究不能持久。

当风雨不验，祸福不灵，丰歉不时，吉凶不预之时，人们就开始怀疑了。殷后期卜辞中出现的“天”字就形象地说明了这一点。

“天”字的构形，下方的“大”是一个正面斜展双臂的人形，上方的“一”指示人的头顶。由此可见，天的概念是和人的概念联系在一起的。《说文》在解释“大”的字形时说：“大，天大地大人亦大。”在解释“天”的字形时更认为：“天，颠也，至高无上。”而这个“至高无上”，不是神学意义上的，而是人伦意义上的。段玉裁对这一点有很好的阐释：“颠者，人之顶也，以为凡高之称。始者，女之初也，以为凡起之称，然则天亦可为凡颠之称。臣于君，子于父，妻于夫，民于食者皆曰天是也。”天的人伦意义显示出人对神的超越，人对主体自身价值的反思与肯定。事实上，“天”字产生的时代，人们已经开始怀疑对神灵的执迷。殷代晚期的帝乙帝辛就已经不信任贞人的占卜，而开始自贞自占自卜了。根据《史记·殷本纪》的记载，当时的人已敢于“作木偶人，谓之天神，与之搏。为革囊盛血，仰而射之，命曰射天”。据《尚书·微子》的记载，当时的帝辛敢于“沈酗于酒，乃罔畏畏”，而“殷民乃攘窃神祇之牺牷牲用，以容将食，无灾”。商朝的灭亡，更使周朝的统治者“事鬼敬神而远之”，因为鬼神并未保佑虔诚事神的殷人，世间可畏的不是神而是民。与其残民事神，不如敬天保民。《尚书·康诰》记周公对康叔的诰语云：文王灭殷是由于“克明德慎罚，不敢侮鳏寡，庸庸（任用可用的人），祇祇（尊敬可敬的人），威威（畏可畏的事），显民”。他要求康叔“往敷求于殷先哲王用保乂民，汝丕远惟（思）商者成人宅（揣度）心知训，别求闻由古先哲王用康保民”。他还指出：“民情大可见，小人难保。往乃尽心，无康好逸豫，乃其乂民。”在这里，人畏已经压倒了天畏。春秋时代，人的地位进一步升高，“民为神之主”成为一种普遍的共识。人们认为“圣王先成民而后致力于神”（《左传·桓公六年》），“祭祀以为人也”（《左传·僖公十九年》），“国将兴，听于民；将亡，听于神。神，聪明正直而壹者也，依人而行”（《左传·庄公三十二年》），“民之所欲，天必从之”（《左传·襄公三十一年》),"祸福无门,惟人所召"(《左传·襄公二十三年》)。子产更明确宣称"天道远,人道迩,非所及也"(《左传·昭公十八年》)。孔子将古代人文主义思想发展到一个新的境界。弟子请问知识,他答以知人;弟子请问事鬼,他答以"未能事人,焉能事鬼";弟子请问知,他答以"务民之义"。他不再视那些血统高贵者为君子,而将人格高贵作为君子的定义。他认为"人能弘道,非道弘人"(《论语·卫灵公》)。为此,儒家建立了一个以人为中心的人文主义宇宙观,即:"惟天下之至诚,为能尽其性;能尽其性,则能尽人之性;能尽人之性,则能尽物之性;能尽物之性,则可以赞天地之化育;可以赞天地化育,则可以与天地参矣。"(《中庸·第二十二章》)古汉字"天"的构形,既是中国古代人文主义思想的一个源头,又是这一思想历程的生动的见证!在古汉字中,像"天"这样具有人本观念的字还有"大"、"太"、"夫"、"元"等。它们的构形都以人为基本框架,它们的涵义都以人为万事万物之中心。

在中国古代思想史上,由残民事神,到敬天保民,转而为重民轻天,乃至应天常,尽人事,神人地位的兴替,在汉字构形上留下深刻的印记。例如"巫"字,结构上从工。许慎说:"巫,巫祝也。人能事无形,以舞降神者也。象人两褎(袖)舞形。与工同意。"(《说文解字》)而许慎在解说"工"时也说:"工,巧饰也,象人有规矩,与巫同意。"为什么"工"与"巫"可以互释呢?一方面,只有"熟手规矩"者才长袖善舞。如段玉裁所言:"凡善其事曰工。……丅(工)有规矩,而彡象其善饰。巫事无形,亦有规矩,而从象其两褎,故曰同意。"另一方面,"工"的规矩义又引申为典范。在敬事鬼神的时代,作为能够降神,因而是神、祖代言人的巫,地位极高,受人尊敬,是人们的典范,规矩,因而"巫"字构形以"工"为骨干。然而,随着人的地位的上升,随着社会发展、生产进步、人事可恃、民智渐开,天的权威日渐式微,巫也就渐渐失去了它的神圣和灵光,被人们视为诬妄和虚幻。于是由"巫"又孳乳出一个新字:"诬"。

"诬"字,《说文解字》释为"加也,从言巫声"。何以谓"加"?段玉裁《说文解字注》认为"加"即"架"。他说:"玄应五引皆作加言。加言者,架言也,古天架字,以加为之。淮南时则训鹊加巢。加巢者,架巢也。《毛诗笺》曰,鹊之作巢,冬至加之。刘昌宗加音架。李善引《吕氏春秋》注曰:结,交也;构,架也。云加言者,谓凭空构架听者所当审慎也。按力部曰,加,语相增加也,从力口。然则加与诬同部互训,可不增言字。加与诬皆兼毁誉言之。毁誉不以实皆曰诬也。"捏造事实、无中生有的"诬"义,其字形却以神灵的代言人"巫"为依据,或者说其字音却与"巫"同源,这生动地说明了古代汉民族对宗教和天命的怀疑与批判。正如古人所言:"今巫祝之祝人曰:'使若千秋万岁。'千秋万岁之声聒耳,而一日之寿无征于人,此人所以简巫祝也。今世儒者之说人主,不善今之所以为治,而语已治之功;不审法官之事,不察奸邪之情,而皆道上古之传,誉先王之成功。儒者饰辞曰:'听吾言则可以霸王。'此说者之巫祝,有度之主不受也。"(《韩非子·显学》)对巫祝的否定在先秦时代已由神事深入到人事。那些以不实之词游说君主的被称为"说者之巫祝"。可见巫祝的饰伪行诈早已劣迹昭彰。后世杨树达在解释"诬"字时亦云:"盖巫之为术,假托鬼神,妄言祸福,故诬字从巫从言,训为加言,引申其义则为欺,为诬罔不信也。"(《积微居小学述林》)

宗教神事的人文化、人伦化是汉字构形和意义演变中一个十分引人注目的现象。有的时候字形的宗教气息依旧,而字音和字义的孳乳引申却已趋向人事。例如"祭"字,其甲骨文字形象右手持牲肉祭祀。《说文》释曰:"祭祀也,从示,以手持肉。""祀"字,其甲骨文字形从示巳声,《说文》释曰:"祭无已也。"商代称"年"为"祀",恰说明"商人尚鬼,以祀为重",因而"取四时祭祀一讫也"(四时祭祀一遍为一年)。然而后世之祭祀已褪尽其宗教气息。以"祭"而言,古人云:"祭者,所以追养继孝也。"(《礼记·祭统》)祭是一种追念祖先、克尽孝道的仪式。以"祀"而言,"子祭其父谓之祀,亦犹子肖其父谓之似，子继其父谓之嗣也。……然则似、嗣、巳三字音义俱近，固义与祀字受义同原也。后世所谓祠堂，当以祀为本字。”（张舜徽《说文解字约注》）可见，祭祀的“神文”涵义早已被“人文”涵义所侵染，并进而替代。其实，即使以造字之初的“神文”意义而言，也是“人本之延”。正如姜亮夫所言：“即以有关宗教神灵之事而论，吾土习以祖、社两祀为中心。祖即且之繁文，社即土之后起字。土者，人民资生之所由，又与祖相系（或曰对待更洽），古韵同也。其初文盖相同一形之变也。又皆增‘示’以为内在生机。示者，大石文化之灵石也，物质也，似‘远取诸物’者矣。然其立意则本诸寄寓祖先之灵神者也。则宗教源起之社与祖，亦人本之延也。于是而天神地祇、祝福禨祥、礼数祭祀，皆经此（示）立义。对神祇之崇奉，亦出自人先，出自祖宗。故中土于天地神灵，亦皆‘人’化，浸假而‘人格化’。天人相与，复杂不可方物。轩辕、颛顼，为人先为天神，纷不可理矣。此中隐微，亦可自文字见之。一民族之文化，必有其不相杂厕之统一体，此固吾族独立人世之根本素质，亦各族精华之所在。”①

汉字构形的主体思维和所体现的人文主义观念，不仅表现在人的至尊至贵，而且表现在对人之所以为贵、为主的深刻阐释上。汉字“仁”的构形清晰地说明了这一点。“仁”字以“二人”会意。中国哲学认为“天地之性人为贵”，而立人的根本在于“仁”。《礼记・中庸》云：“仁者，人也。”《孟子・尽心下》亦云：“仁也者，人也。”《春秋繁露》又云：“仁之为言人也。”可见“仁义立人”是古代的一种共识。朱熹在他的《孟子集注》中更清晰地表述为“仁者，人之所以为人之理也”。那么，为什么要把“仁”的去、存作为人所以异于禽兽者之根本呢？“仁”的“二人”结构是一个形象的答案，即人不是一种孤立的存在，而是一种社会关系的存在。人是各种社会角色关系的总和。离开了社会关系，离开了人与人的对立，无法给人下一个定义。段玉裁

① 姜亮夫《“示”“社”形义说》，《中华文史论丛・语言文字研究专辑》（下）。

《说文解字注》即把“仁”的“二人”结构解释为一种“人偶”关系。他说:

> 《中庸》曰:“仁者,人也。”注:“人也读如相人偶之人,以人意相存问之言。”《大射仪》“揖以耦”,注:“言以者,耦之事成于此意相人耦也。”《聘礼》“每曲揖”,注:“以相人耦为敬也。”《公食大夫礼》“宾入三揖”,注:“相人耦。”《诗·匪风》笺云:“人偶能烹鱼者,人偶能辅周道治民者。”正义曰:“人偶者,谓以人意尊偶之也。”《论语》注:“人偶同位人偶之辞。”《礼》注云:“人偶相与为礼仪皆同也。”按:人耦犹言尔我亲密之辞。独则无偶,偶则相亲,故其字从人二。

《说文》对“仁”的释义正是“亲也”。这种文字学的解释,实质上是一种文化深层结构的分析。在中国文化看来,人的至尊至贵,其根本原因在于人的道德性。所谓道德性,是指人与人相处的时候个人要从对方、群体出发维护关系的和谐。这就是“偶则相亲”。无论是君臣、父子、夫妇、兄弟、朋友,都是这样的“二人”关系,都要以忠、孝、仁、爱、信、义作为维护群体关系的纽带。因而“温良者,仁之本也;敬慎者,仁之地也;宽裕者,仁之作也;孙接者,仁之能也;礼节者,仁之貌也;言谈者,仁之文也;歌乐者,仁之和也;分散者,仁之施也”(《礼记·儒行》)。

以“二人”、“相亲”来规定人的本质,那么作为一个人,首先就要“爱人”。历代对“仁”的解释都十分强调这一点。“仁者爱人”(《荀子·议兵》)。“仁者,爱也”(《汉书·公孙宏传》集注)。“仁以爱之”(《礼记·乐记》)。“积爱为仁”(《说苑·修文》)。“仁者,爱之效也”(《盐铁论·刑德》)。“爱由情出谓之仁”(《韩诗外传》四)。“仁谓忠爱之道”(《荀子·非相》)。“仁,爱也,故亲”(《荀子·大略》)。“爱”,又要“兼爱”。“亲而不可不广者,仁也”(《庄子·在宥》)。“兼爱之谓仁也”(《太元·元摛》)。“仁者,兼爱之迹”(《庄子·大宗师》)。所谓“兼爱”,就是要“泽及万物”,因而“爱人利物之谓仁”(《庄子·天地》),“仁,爱人以及物”(《周礼·大司徒》)。

作为一个人,除了“爱人”之外,又要“德人”。“以德予人者谓之仁”(《管子戒》)。“为天下得人者谓之仁”(《孟子·滕文公上》)。“与民利者,仁也”(《周书·本典》)。“宽惠行德谓之仁”(《韩非子·诡使》)。因而,“仁”又可以“恩”来解释。“仁,恩也”(《礼记·檀弓上》)。“仁,犹恩也”(《论语·阳货》皇侃疏)。“仁,有恩者也”(《礼记·丧服四制》)。“仁者,恩之效也”(《淮南子·齐俗》)。“仁者,积恩之见证也”(《淮南子·缪称》)。“仁谓仁恩相亲偶也”(《礼记·中庸》疏)。“仁是施恩及物”(《礼记·曲礼》疏)。总之,“仁者,德之光”(《韩非子·解老》)。

人以“爱人”、“德人”为本,还要做到无私、克己。“非其所欲勿施于人,仁也”(《管子·小问》)。“恕则仁也”(《大戴礼记·卫将军文子》)。“德无不容,仁也”(《庄子·缮性》)。因而,“仁”又可以“忍”来解释。“仁,忍也,好生恶杀善含忍也”(《释名·释言语》)。“仁者,不忍也,施生爱人也”(《白虎通义·情性》)。“君子以其不杀为仁”(《说苑·至公》)。“受规谏,仁也”(《新序·杂事四》)。“仁者,不杀之禁也”(《颜氏家训·归心》)总之,“同爱天下之物无有偏私,故谓之仁”(《太玄·元摛》)。“致利除害兼爱无私谓之仁”(《汉书·公孙弘传》)。不仅如此,“仁”还要求是非分明,疾恶如仇。“贵贤,仁也;贱不肖,仁也”(《荀子·非十二子》)。“贵贵亲贤曰仁;杀身成人曰仁”(《一切经音义》六)。以“杀身成仁”来维护“二人”关系的和谐,将个人彻底地纳入“二人”的结构网络,这是中国文化对人的根本要求。汉字“仁”的构形不仅是群体关系的表现,而且是群体关系(家庭、国家、民族、社会)和谐的要求。与此相关,在汉语词汇中,与孤立的“个人”相联系的词语往往带有贬义。如“一意孤行”、“孤家寡人”、“形单影只”、“孤立无援”、“郁郁寡欢”、“孤芳自赏”、“孤陋寡闻”、“孤男寡女”、“我行我素”等等。

汉字构形的主体思维和人文主义,体现了汉民族的文化心理结构。人文主义这个词,通常用来指称西方文艺复兴时期的世俗化思潮。这时它与欧洲中世纪的"神文"主义相对立,在理论上表现为人性论、人道主义同宗教神学促成了近代科学的发展。科学的发展使人越来越相信世界是按照人的理性构造的,人的思维逻辑就是世界万物的逻辑,这种科学的神圣化终于使人文主义发生了深刻的异化,物的科学凌驾于人性和人的价值之上。人与自然的对立终于使人在对自然的征服中失落了自己,科学主义成了人文主义的异化力量。

与西方文化相反,中国文化的人文精神从未把人与世界对立起来,从未出现过那种站在世界对立面,以认识世界、征服世界为己任的"自我"。中国文化不是从独立个体去透视世界,而是从人与世界的全方位关系中去体认一切。这样一来,人不是个体,而是群体的分子;或者说,人是具有群体生存需要、有伦理道德自觉的互动个体。因此,仁爱、正义、宽容、和谐、义务、贡献是至高无上的。中国文化认定人与世界的自然关系和人文关系是你中有我,我中有你,无法非此即彼地截然分开,因而人的价值是在他的社会人文关系场中确立的。这样一种人文主义的人论使中国文化在它几千年的发展中贯注着独特的人文精神。禹夏商周时代就借天道来表示人文。如《尚书》中所言:"天聪明自我人聪明,天明畏自我人明畏";"天视自我民视,天听自我民听"。春秋战国时代,一方面是人性的觉醒,如《孟子·离娄》:"人必自侮,然后人侮之。""天作孽,犹可违,自作孽,不可活。"《荀子·天论》:"强本而节用,则天不能贫;养备而动时,则天不能病;修道而不贰,则天不能祸。"另一方面是人不能遗世独立,而需由亲亲而仁民、爱物。如《论语·雍也》所言:"己欲立而立人,己欲达而达人。"这种主客互融,天人合一,就是中国文化的人文主义基础。它在客体与主体、心灵与肉体、人与神之间没有绝对的对立。不仅人与自然和谐统一,而且人的肉体与心灵和谐统一,人与人和谐统一。

人是所有社会角色的总和,人与世界息息相关,这样一种人文主义和主体思维方式在中国文化的典型样式——汉字中都得到了充分的体现。

后 记

《汉语与中国文化》是我在复旦大学讲授的“语言与文化”课的讲义。这门课从 1997 年开始讲授，作为复旦大学的“普通教育及公共基础课”，面向全校文理各系学生，每个学期都开设，迄今已讲授了十多个学期。当初开设这门课，是应中文系汉语教研组负责人之“命”，有“救场”之慨然。因为谁都知道，全校公选课要吸引全校文理各个专业的学生，这是让每个教师都头疼的。它不像我们在本系讲授专业课那样轻松。然而，“语言与文化”课作为公选课开出后，由于这门课内容的新颖、丰富和生动，它渐渐受到了复旦学生的欢迎，以至于要选上这门课成了不太容易的事。我收到历届选课学生的许多反馈意见，对这门课表示了由衷的赞赏，并提出了许多改进的意见。事实上，这门课在我和学生之间已经形成了良性的互动，一届届复旦学生为这门课补充了大量生动的材料。我也在编写大纲和讲义的同时，针对授课的要求，从自己历年撰写的一系列有关文化语言学的论文和著作中吸收适合讲授的相关内容，并在讲课中不断修改补充。因此，这门课程每个学期都在内容的不断增删中，以致同一个寝室先后选课的同学在课后议论中总会发现这门课又有了新内容。在复旦大学新一轮的课程改革中,"语言与文化"课又成为中文系开出的全校综合课之一,也是综合课中唯一的汉语专业课。它担负着将学生吸引到中文和语言学专业来的"重任"。我自然是乐此不疲。

由于"语言与文化"课一直没有出版教材,每一届学生都曾为此而烦恼,因为他们很难从学校图书馆借到相关的书籍,也很难深入了解和思考课堂讲授的内容。为了更好地提高教学的质量,我们在复旦大学出版社贺圣遂社长和杜荣根先生的支持下,将"语言与文化"课中相对稳定的授课内容整理出版成教材,以满足学生的需要。虽然是一本教材,但本书中的学术观点一定会使熟悉汉语言文字学和语言学以及从事人文科学研究的人们感到新鲜,并参与到当代中国语言学的文化重建中来。

季羡林先生为本书题写了书名。一位 2000 级的学生在她交的期末报告中附言:"早在来沪之前,就听季羡林先生提起过您,言语之中极为赞许,以至于我选到您的课心情很激动。"季先生曾担任我主编的"中国文化语言学"丛书的顾问。只要想起十多年来季先生给予我的探索和创新以极大支持和鼓励,我的心情就久久难以平静。

研究生崔松鸽、唐柳金、邢梅、庄黄腾协助校对书稿,特向他们表示感谢。

申小龙

2003 年 7 月 24 日

主要参考文献

1. 维柯《新科学》,人民文学出版社,1987 年。
2. 卡西尔《人论》,上海译文出版社,1985 年。
3. 索绪尔《普通语言学教程》,商务印书馆,1980 年。
4. 帕默尔《语言学概论》,商务印书馆,1983 年。
5. 洛克《人类理解论》,商务印书馆,1983 年。
6. 康德《导论》,商务印书馆,1978 年。
7. 孔狄亚克《人类知识起源论》,商务印书馆,1989 年。
8. 克罗齐《美学纲要　美学原理》,外国文学出版社,1983 年。
9. 洪堡特《论人类语言结构的差异及其对人类精神发展的影响》,商务印书馆,1997 年。
10. 爱德华·萨丕尔《语言论》,商务印书馆,1964 年。
11. 海德格尔《人,诗意地安居——海德格尔语要》,上海远东出版社,1996 年。
12. 布龙菲尔德《语言论》,商务印书馆,1980 年。
13. 李洁《莱奥·魏斯格贝尔的语言理论及其相关语法》,《国外语言学》1988 年第 2 期。
14. 《国外语言学概论》,赵世开主编,北京语言学院出版社,1990 年。
15. E. Sapir, *The Status of Linguistics as a Science*, *Language*, Vol. 5, No. 4, 1929.

16. B. Whorf, "The Relation of Habitual Thought and Behavior to Language", in J · Carroll(ed.): *Language, Thought and Reality: Selected Writing of Benjamin Lee Whorf*, MIT, 1956.

17. Gao Yihong(ed.), *Collected Essays of Shen Xiaolong on Chinese Cultural linguistics*, 东北师大出版社,1997 年。

18. 张世禄《张世禄语言学论文集》,学林出版社,1984 年。

19. 郭绍虞《照隅室语言文字论集》,上海古籍出版社,1985 年。

20. 郭绍虞《汉语语法修辞新探》,商务印书馆,1979 年。

21. 陈望道《文法简论》,上海教育出版社,1978 年。

22. 陈望道《陈望道语文论集》,上海教育出版社,1984 年。

23. 申小龙《文化语言学》,江西教育出版社,1993 年。

24. 高一虹《语言文化差异的认识和超越》,外语教学与研究出版社,2000 年。

25. 启功《汉语现象论丛》,台湾商务印书馆,1993 年。

26. 金克木《艺术科学丛谈》,三联书店,1986 年。

27. 姜亮夫《古文字学》,浙江人民出版社,1984 年。

28. 裘锡圭《文字学概要》,商务印书馆,1988 年。

29. 许国璋《许国璋论语言》,外语教育与研究出版社,1991 年。

30. 吕叔湘《汉语语法分析问题》,商务印书馆,1979 年。

31. 申小龙《人文精神,还是科学主义?》,学林出版社,1989 年。

32. 申小龙《汉语人文精神论》,辽宁教育出版社,1990 年。

33. 《中国文化概论》,张岱年、方克立主编,北师大出版社,1996 年。

34. 申小龙《中国文化语言学》,吉林教育出版社,1991 年。

35. 申小龙《语言的文化阐释》,知识出版社,1992 年。

36. 胡文仲、高一虹《外语教学与文化》,湖南教育出版社,1997 年。

37. 申小龙《中国语言的结构与文化精神——申小龙论文集》,光明日报出版社,1988 年。

38. 申小龙《中华文化通志 · 语言文字学志》,上海人民出版社,

1998 年。
39. 张岱年《中国哲学大纲》,中国社会科学出版社,1982 年。
40. 冯友兰《中国哲学简史》,北京大学出版社,1985 年。
41. 郭沫若《中国古代社会研究》,人民出版社,1954 年。
42. 鲁枢元《超越语言》,中国社会科学出版社,1990 年。
43. 《新文化古代汉语》,申小龙、宋永培主编,广西人民出版社,1995 年。
44. 申小龙《申小龙自选集》,广西师大出版社,1999 年。
45. 《文化的语言视界——中国文化语言学论集》,申小龙、张汝伦主编,上海三联书店,1991 年。
46. 《文化语言学丛书》,申小龙主编,吉林教育出版社,1991 年。
47. 《反思:传统与价值》,本社编,上海文艺出版社,1991 年。
48. 《断裂与继承》,《复旦学报》编,上海人民出版社,1987 年。
49. 《大千语言世界丛书》,申小龙主编,湖南师大出版社,1992 年。
50. 《中国文化语言学丛书》,申小龙主编,广东教育出版社,1996 年。
51. 陈五云《从新视角看汉字:俗文字学》,河南人民出版社,2000 年。
52. 王元鹿《汉古文字与纳西东巴文字比较研究》,华东师大出版社,1988 年。
53. 马叙伦《中国文字之源流与研究方法之新倾向》,《马叙伦学术论文集》,科学出版社,1958 年。
54. 徐静茜、苏向红《教师的母语修养》,杭州大学出版社,1998 年。
55. 廖秋忠《现代汉语中动词的支配成分的省略》,《中国语文》1984 年第 4 期。
56. 王菊全《从英语译文看汉语主语的省略现象》,《语言研究》1991 年第 2 期。
57. 吕叔湘《汉语句法的灵活性》,《中国语文》1986 年第 1 期。
58. 王希杰《“N 是 N”的语义关系》,《汉语学习》1990 年第 2 期。
59. 马真《汉语句法里的缩略现象》,《语言研究》1989 年第 1 期。

60. 金立鑫《语用因素对句法结构的制约》,《语文论丛》1997年第5期。
61. 王艾录《汉语语法类型管窥》,《上海青年语言学》1990年第5期。
62. 程家枢、张云徽《并列式双音复合词的字序规律新探》,《云南教育学报》1989年第1期。
63. 史有为《语野问答》,《汉语学习》1991年第6期
64. 李行健《汉语构词法研究中的一个问题》,《语文研究》1982年第2期。
65. 赵元任《汉语结构各层次间形态与意义的脱节现象》、《国外语言学》1981年第1期。
66. 王艾录《论偏正复词的内部组合特征》,《汉语学习》1984年第4期。
67. 饶长溶《动宾组合带宾语》,《中国语文》1984年第6期。
68. 陆志韦《汉语和欧洲语用动辞的比较》,《燕京学报》1936年第20期。
69. 吕叔湘《说"胜"和"败"》,《中国语文》1987年第1期。
70. 李小玲《北京话里的"差点儿"句式》,《汉语学习》1986年第1期。
71. 石毓智《对"差点儿"类羡余否定句式的分化》,《汉语学习》1993年第4期。
72. 王希杰《"想"类动词的句法多义性》,《汉语学习》1992年第2期。
73. 周明强《论"好不AP","好AP"中的AP》,《汉语学习》1998年第1期。
74. 袁宾《近代汉语"好不"考》,《中国语文》1984年第3期。
75. 肖先安《汉语同一词语结构多样性管见》,《四川教育学院学报》1989年第1期。
76. 张伯江《施事宾语句的主要类型》,《汉语学习》1989年第1期。
77. 沈锡伦《从形成和意义谈汉语的意会特点》,《汉语学习》1990年

第3期。
78. 张永绵《近代汉语中字序对换的双音词》,《中国语文》1980年第3期。
79. 韩陈其《史记中字序对换的双音词》,《中国语文》1983年第3期。
80. 郑奠《古汉语中字序对换的双音词》,《中国语文》1964年第6期。

图书在版编目(CIP)数据

汉语与中国文化/申小龙著. —2版(修订本). —上海:
复旦大学出版社, 2008.1(2024.1重印)
(通识教育·名校名师名课系列)
ISBN 978-7-309-05838-3

Ⅰ. 汉… Ⅱ. 申… Ⅲ. 汉语-关系-传统文化-研究-中国 Ⅳ. H1

中国版本图书馆CIP数据核字(2007)第182902号

汉语与中国文化(修订本)
申小龙 著
责任编辑/宋文涛

复旦大学出版社有限公司出版发行
上海市国权路579号 邮编:200433
网址:fupnet@fudanpress.com http://www.fudanpress.com
门市零售:86-21-65102580 团体订购:86-21-65104505
出版部电话:86-21-65642845
江苏句容市排印厂

开本890毫米×1240毫米 1/32 印张16 字数416千字
2024年1月第2版第7次印刷
印数10 601—11 700

ISBN 978-7-309-05838-3/H·1163
定价:68.00元